主　编

尤　政

编　委

余东升　刘金仿　索元元　史铁林

永远的楷模　无限的思念
杨叔子院士纪念文集

尤政　主编

华中科技大学出版社
http://press.hust.edu.cn
中国·武汉

图书在版编目（CIP）数据

永远的楷模　无限的思念：杨叔子院士纪念文集 / 尤政主编. -- 武汉：华中科技大学出版社，2023.11
ISBN 978-7-5772-0089-7

Ⅰ.①永… Ⅱ.①尤… Ⅲ.①杨叔子－纪念文集 Ⅳ.① K826.16-53

中国国家版本馆 CIP 数据核字 (2023) 第 203068 号

永远的楷模　无限的思念——杨叔子院士纪念文集　　　　　　尤政　主编
Yongyuan de Kaimo　Wuxian de Sinian　——Yang Shuzi Yuanshi Jinian Wenji

策划编辑：	周晓方　杨　玲
责任编辑：	许　宏　殷　茵
封面设计：	原色设计
责任校对：	张汇娟
责任监印：	周治超
出版发行：	华中科技大学出版社（中国·武汉）　　电话：（027）81321913
	武汉市东湖新技术开发区华工科技园　　邮编：430223
录　　排：	武汉市武昌区原色图文设计中心
印　　刷：	湖北新华印务有限公司
开　　本：	710mm×1000mm　1/16
印　　张：	34.5　插页：12
字　　数：	513 千字
版　　次：	2023 年 11 月第 1 版第 1 次印刷
定　　价：	198.00 元

本书若有印装质量问题，请向出版社营销中心调换
全国免费服务热线：400-6679-118　竭诚为您服务
版权所有　侵权必究

1998年,杨叔子院士获全国五一劳动奖章

2011年,杨叔子院士团队成员合影。从左至右:李锡文、吴波、易传云、胡有民、杨叔子、史铁林、赵英俊、陈惜曦

1997年,杨叔子院士(右一)参加中国共产党第十五次全国代表大会

1999年,杨叔子院士(左二)与朱九思(左一)、周济(左三)一起在原华中理工大学纪念五四运动八十周年大会上

2012年9月校庆60周年，华中科技大学部分老领导合影。从左至右：朱玉泉、姚宗干、钟伟芳、杨叔子、李德焕、霍慧娴、曾得光、梅世炎

2018年11月，校党委书记邵新宇院士（后排左一）和校长李元元院士（后排右一）到家中看望杨叔子院士

2021年6月6日,校党委书记邵新宇院士和副书记谢正学为杨叔子院士和徐辉碧教授佩戴"光荣在党50年"纪念章

2021年10月22日,校长尤政院士到家中看望杨叔子院士

2021年12月16日，机械科学与工程学院熊有伦院士和新老书记院长丁汉（后排右二）、高亮（后排左二）、尹周平（后排右一）、史铁林（后排左一）到家中看望杨叔子院士

2011年校学术委员会合影

1994年,校长杨叔子院士为诺贝尔奖得主杨振宁颁发聘书,并邀请做人文讲座

1997年,杨叔子院士(左三)主持的"在理工科大学中加强文化素质教育的研究与实践"获国家教学成果一等奖

2004年11月15日，主讲华中科技大学第1000期人文讲座

2014年5月12日，参加第六次全国高等学校文化素质教育工作研讨会

2019年6月4日，杨叔子院士与新一届教育部高等学校文化素质教育指导委员会委员合影

2019年6月4日，新一届教育部高等学校文化素质教育指导委员会成立，杨叔子院士、新任教指委主任邵新宇教授（前排左一）与华中科技大学国家大学生文化素质教育基地同志合影

1995年，杨叔子院士承担的原华中理工大学第一项国家"攀登计划"项目验收并评价为优秀

2005年，杨叔子院士（前排左四）发起并主持中国人工智能学会智能制造专业委员会（筹）工作会议

担任校长期间经常深入学生中关心他们的学习与生活。1995年，杨叔子院士（右二）与学生在一起

担任校长后利用周末或节假日坚持去实验室。1994年，杨叔子院士（右三）与学生在实验室

20世纪90年代初,杨叔子院士(左二)在实验室指导研究生

杨叔子院士年近七旬依然为本科生授课

1975年，杨叔子院士与学生在一起

2018年5月27日，杨叔子院士和参加长跑的机械科学与工程学院部分学生合影

杨叔子院士在工作中

2007年，杨叔子院士（前排右四）作为评估组组长参加清华大学本科教学评估

2023年9月5日,华中科技大学举行杨叔子院士诞辰90周年纪念大会,校长尤政院士讲话

2023年9月5日,在纪念杨叔子院士诞辰90周年之际,华中科技大学机械科学与工程学院"杨叔子班"正式成立

结婚照（北京，1960 年）

1978 年，杨叔子院士和徐辉碧教授同获学校表扬

1988年,杨叔子院士和徐辉碧教授在家讨论学术问题

银婚照(武汉,2000年)

金婚照（深圳，2010年）

2014年，杨叔子院士和徐辉碧教授在人民大会堂参加院士大会

2019年,杨叔子院士接受《中国科学院院士传记》采编组采访

2012年校庆60周年全家合影

2018年5月,在喻家山下散步,这里是杨叔子院士、徐辉碧教授年轻时爬山的起点

2018年春节,全家在东湖风景区梅园赏梅

2020年9月5日,为祝贺杨叔子院士87岁生日,全家身穿红色衣服,喜气洋洋在院子里合影留念

2022年7月,杨叔子院士在病床上坚持念诗

内容提要

本书通过杨叔子院士的领导、同事、朋友、学生、家人和媒体朋友撰写的纪念文章,以及丰富的资料和鲜活的图片,回顾了杨叔子院士的成长、成人、成大家、成"大先生"的过程,呈现了杨叔子院士一生诗礼传家、科研报国和教书育人的精彩瞬间、典型成果和重要贡献,凸显了杨叔子院士浓厚的爱国情怀和极具个人气质的科学家精神和教育家思想,体现出杨叔子院士言行一致、德行合一、大道至简的高尚品格。杨叔子院士就是一面旗帜,体现了奋进中的中国人的一种精神,永远值得我们怀念和尊敬。杨叔子院士虽然离开了我们,但他留下来的宝贵精神对当下的中国高等教育具有重要的启发和激励意义,希望借此书能倡导、传承杨叔子院士的精神和品格。本书主要是面向高等教育界的教育者、管理者和学生,也可以辐射到整个教育界和科研院所等。

永远的楷模　无限的思念

邵新宇[①]　李元元[②]　尤政[③]

　　杨叔子院士已经离开我们快一年了。一年来，我们时常回想起他在华科大学习、工作70载的奋斗岁月和学术人生，感念他矢志不渝科技报国、心系教育、情怀家国的高贵品质和人格魅力，敬佩他在科学研究和文化素质教育领域所取得的卓越成就，感谢他为华科大和中国高等教育事业所做的巨大贡献。

　　杨叔子院士是华中科技大学（原华中工学院）建校之初的第一批学生，1956年毕业后留校任教，开启了奉献终身的教育生涯，一辈子扎根喻家山下，并在学习工作中成长为我国著名机械工程专家、教育家，在喻园的发展史上留下了浓墨重彩的一笔，是华科大人的卓越代表。他潜心教书育人，奉献科技事业，赢得广泛赞誉，先后获"全国高等学校先进科技工作者""全国优秀教师""全国五一劳动奖章"等荣誉称号，当选中共十五大、十六大代表。1991年，因其在机械工程和先进制造领域的卓越成就，当选为中国科学院学部委员。1993年至1997年，担任原华中理工大学校长，积极倡导文化素质教育，支持理科、文科发展，推动华科大向综合性大学转型。退出校长岗位后，杨叔子院士先后担任华中理工大学、华中科技大学学术

[①] 邵新宇，湖北省委常委、省政府常务副省长，中国工程院院士，2017年12月至2021年8月任华中科技大学党委书记。
[②] 李元元，华中科技大学党委书记，中国工程院院士。
[③] 尤政，华中科技大学校长，中国工程院院士。

委员会主任，持续关心支持学校教育事业，直至生命最后一刻。

杨叔子院士一生心怀家国，是传承"清廉爱国，师表崇德"家风庭训的典范。他谢绝了来自美国大学的邀请，毅然回国回到母校，在60余年的科研与教学生涯中，勤勉敬业，尽心尽职，带领华中科技大学跻身国家"211工程"重点建设高校行列。他平易质朴，待人谦逊，在师生员工中具有崇高威望。杨叔子院士把毕生精力献给了党和国家的教育事业，献给了华中科技大学，为学校的建设和跨越式发展做出了卓越贡献。

杨叔子院士一生心系教育，知行合一，是"育人，而非制器"教育思想的践行者。他甘为人梯、奖掖后学，是学生们的良师益友，为党和国家培养了一大批机械工程和高等教育领域的栋梁之材。他曾大声疾呼：一个国家、一个民族，没有现代科学，没有先进技术，就会落后，一打就垮；而没有优秀传统，没有民族精神，就会异化，不打自垮。他在我国高校首倡并大力推进文化素质教育，长期致力于文化素质教育的理论研究与实践，建立了全国首个大学生文化素质教育基地，形成了丰富的文化素质教育思想，对中国高等教育的发展产生了重大而深远的影响。由他任编委会主任的丛书《中国大学人文启思录》，被誉为"重塑大学人文精神的力作"。

杨叔子院士一生致力于科学研究，是贯彻"严谨求真、敢担重任、勇于创新"精神的大专家。他长期致力于机械工程与信息技术、人工智能等新兴技术领域的交叉研究，为中国科学技术事业贡献了毕生精力，获国家自然科学奖、国家技术发明奖及省部级科技奖共计20余项，成就卓著。他推进了时间序列分析的工程应用，解决了切削过程中的颤振问题并实现了无颤振切削，攻克了钢丝绳断丝定量检测的国际难题；在国内率先提出并开展了智能制造探索性研究，牵头承担了智能制造领域第一个国家级基础性重点项目，是我国智能制造基础理论与关键技术研究及工程应用的开拓者，为中国智能制造的发展做出了卓越贡献。

60多年来，杨叔子院士始终牢记立德树人初心，持之以恒为党育人为国育才，夙夜在公，殚精竭虑，他忠党爱国、求真为民的家国情怀，以文化人、以育为法的教育思想，敢为人先、追求卓越的创新精神和甘为人梯、淡薄名利的师德风范,赢得了广大师生和社会各界的崇高敬意,是公认的学高为师、德高为范的"大先生"。

一年来,广大师生、校友、海内外各届人士以及受杨叔子院士感召而砥砺奋发的人们,无论识与不识,都和我们一样,怀着崇敬的心情和深深的悲痛,通过各种形式追述杨叔子院士的志业贡献,回忆与杨叔子院士交往的点点滴滴。大家思念他,感谢他,纪念他,写下了大量感人肺腑的文字。这些文章再现了杨叔子院士睿智通达、见常人之未见、识常人之未识的战略眼光,勤勉笃行、自强不息、终身奋斗、献身教育的伟大情怀,诚挚待人、先人后己,宽容大度、甘于奉献的高尚品德,使我们更真切地感受到杨叔子院士作为优秀的共产党员、卓越的科学家和杰出的教育家所体现出的精神品质和人格魅力。

杨叔子院士虽然离开了我们,但给我们留下了宝贵的精神财富。在世界百年未有之大变局加速演进、新一轮科技革命和产业变革深入发展、教育强国战略稳步推进的进程中,我们要继承和发扬杨叔子院士的精神和品格,研究他的教育思想,总结他成长的经验,使之成为滋养华科大人心灵的精神营养,成为华中科技大学建设世界一流大学的强大动力,让华中科技大学更好地担负起立德树人的历史使命,为实现中华民族伟大复兴贡献智慧。

永远缅怀杨叔子院士!

2023 年 10 月

目 录

第一篇　学高为师　德高为范

03　追记杨叔子院士：学高为师德高为范的"大先生" / 华中科技大学

11　悼念杨叔子先生 / 周济

13　融人文·科学于一生——杨叔子其人 / 周远清

17　怀念杨叔子老师 / 邵新宇

20　山峻汉江邈　云横楚地宽 / 郑欣淼

23　是"育人"非"制器"——深切怀念杨叔子同志 / 王义遒

30　亲爱的杨叔叔，敬爱的叔子先生 / 杨卫

33　深切怀念我最尊敬的师长杨叔子院士：身边真正的"大先生" / 郭广生

35　深切缅怀！纪念杨叔子院士诞辰90周年 / 熊有伦

38　德才满溢，遍洒星光——忆念导师杨叔子院士 / 丁汉

第二篇　思想风骨

43　从杨叔子看大先生之大 / 罗海鸥

53　"大先生"的精神品格和人格魅力——杨叔子院士的精神肖像 / 余东升

77　"育人"：教育永恒的主题——杨叔子教育思想述评 / 余东升

92　《科学人文总相宜：杨叔子传》导言 / 许锋华

99　高山仰止　止于至善——深切怀念杨叔子先生 / 许锋华

103　他是一位爱国科学家、教育家 / 肖海涛

108　《育人而非制器——杨叔子口述史》后记 / 肖海涛

第三篇　潜心治校

133　学友·挚友·战友 / 李德焕

137　怀念杨叔子校长 / 朱玉泉

141　科技人文相宜，学术人品俱佳——送别杨叔子校长 / 吴廷俊

147　从本科教学忆杨校长 / 范华汉

151　杨叔子院士为我改诗 / 张昆

156　铭记教诲，送先生远行 / 赵振宇

159　怀念杨叔子院士：阳光普照生命，大爱温暖人心 / 耿建萍

163　悼念杨叔子院士 / 张端明

165　悼念杨院士 / 刘武

167　忆杨校长 / 郭得森

169　愿杨校长在天堂一切安好 / 喻珊丽

171　我们心连心——怀念杨叔子院士 / "生物无机化学"团队成员

174　追忆院士爷爷杨叔子 / 华中科技大学附属小学

第四篇　文化素质教育

181　文化素质教育的辛勤开拓者——深切怀念原华中理工大学校长杨叔子院士 / 刘献君

193　用生命之光照耀我国高校文化素质教育：深切怀念敬爱的杨叔子院士 / 欧阳康

199　"大先生"杨叔子院士 / 彭林

207　回忆杨叔子院士：大德襟风宛在目忆，忆来使人泪沾巾 / 陆挺

222　附：杨叔子院士文化素质教育类主要论著

第五篇　立德树人

- 229　杨叔子老师永远活在我们心中 / 汪大总
- 232　缅怀恩师杨叔子院士 / 丁洪
- 234　育人为本的"大先生"杨叔子院士 / 吴波
- 237　走进师门找到"家" / 赵英俊
- 239　诗魂永留心中——悼念恩师杨叔子院士 / 刁柏青
- 241　人生航程的引领者——怀念我的老师杨叔子院士 / 徐宜桂
- 243　深圳市圆梦精密技术研究院悼念杨叔子院士 / 李军旗
- 245　我心中那份特殊的敬仰：缅怀恩师杨叔子院士 / 胡春华
- 248　杨老师，这一年我都走在去看望您的路上…… / 张海霞
- 251　怀念恩师杨叔子先生 / 周杰韩
- 254　缅怀恩师杨叔子先生 / 饶贵安
- 256　缅怀恩师杨叔子先生 / 李巍华
- 258　忆叔子先生 / 胡友民
- 262　杨叔子先生：我们大学的启蒙教师 / 李诚
- 265　斯人已去犹忆影——回忆敬爱的杨叔子老师 / 陈定方
- 277　怀念我的师父杨叔子院士 / 杨祥良
- 280　附：杨叔子院士历年研究生名单

第六篇　探索与创新

- 285　大师风范　我辈楷模——忆恩师杨叔子院士 / 史铁林
- 292　智能制造的先行者杨叔子院士 / 吴波
- 298　深情寄哀思：杨老师带领我们在钢丝绳上行走 / 康宜华
- 308　重温杨叔子院士智能制造里程碑论文的感悟 / 黄培

314 告别——杨叔子院士《中国机械工程》发文回顾 / 《中国机械工程》杂志社

317 沉痛哀悼杨叔子主编 / 《科学与社会》编辑部

321 杨叔子院士十分重视并热情支持湖北省机械工程学会工作 / 陈万诚

325 附：杨叔子院士机械工程专业类主要论著

第七篇　诗词悼念

343 中华诗词学会

353 湖北诗词学会

364 华中科技大学瑜伽诗社及部分诗友

第八篇　思念与传承

379 永远怀念杨叔子：同学、朋友、夫妻的73年 / 徐辉碧

399 言传身教，家风淳朴 / 李晓平

403 永远怀念叔外祖父杨叔子 / 孙肖南

407 怀念舅舅 / 黄农红

408 怀念姑父 / 徐江

409 先生驾鹤西去，道德风范长存
　　——深切悼念九江学院名誉校长杨叔子院士 / 甘筱青

415 深切怀念当代"仁人""国士"杨叔子院士 / 孔汝煌

425 江汉云停汗青永载鸿儒绩，赣鄱波咽故里长萦院士魂
　　——家乡湖口人民沉痛悼念杨叔子院士！ / 湖口发布

429　故乡山海远，情深不为念 / 江西省湖口中学

431　白首不改故乡情 / 江西省湖口中学

437　出处何由初志改，桑泥梓土竞芳香 / 江西省湖口中学

439　哀思一缕何处寄，江南江北悲秋风
　　　——沉痛哀悼杰出校友、中国科学院院士杨叔子 / 九江同文中学

第九篇　华年光影

447　痛悼！中科院院士、华中科技大学原校长杨叔子逝世 / 人民日报

450　永驻华中大人心中的"大先生"——追记杨叔子院士 / 光明日报

456　痛别杨叔子院士！曾疾呼"没有人文精神，不打自垮" / 中国青年报

459　痛别！杨叔子先生，一路走好！/ 中国教育报

463　痛悼！华科大老校长杨叔子逝世 / 长江日报

468　痛别！杨叔子逝世 / 湖北网络广播电视台

471　没有人文的科学是残缺的——追忆大先生杨叔子院士 / 湖北日报

475　追忆"大先生"杨叔子：49年前来十堰支教为汽院培养出第一批研究生 / 十堰晚报

479　**附录　杨叔子年表**

533　**后记**

第一篇

学高为师 德高为范

追记杨叔子院士：
学高为师德高为范的"大先生"

◇ 华中科技大学

2022年11月4日22时53分，中国共产党优秀党员、我国著名机械工程专家、教育家、中国科学院院士、原华中理工大学校长、全国优秀科技工作者、全国教育系统劳动模范、全国优秀教师、全国五一劳动奖章获得者、大学生文化素质教育的先行者、华中科技大学机械科学与工程学院教授杨叔子同志，因病医治无效，在武汉不幸逝世，享年89岁。

89年的人生旅程中，杨叔子院士将具有卓著贡献的69年时光，留在了苍郁葱茏的喻园，留在了高质量快速发展的华中科技大学——

作为机械工程专家，他着眼于应用急需，推进了时间序列分析的工程应用，解决了切削过程中的颤振问题并实现了无颤振切削，攻克了钢丝绳断丝定量检测的国际难题；

作为科学家，他前瞻学科交叉发展趋势，在国内率先提出并开展了智能制造探索性研究，牵头承担了智能制造领域第一个国家级基础性重点项目，成为我国智能制造基础理论与关键技术研究及工程应用的开拓者；

作为教育家，他主张"教育是'育人'而非'制器'"，科学教育与人文教育必须两翼齐飞、不可或缺，率先在全国理工科高校中扛起文化素质教育的大旗，为党和国家培养了一大批德才兼备的栋梁之材。

诗礼传家勤奋求学
"出国就是为了回国"

生于乱世，长于乱世，是杨叔子幼年生活的真实写照。1933年9月5日，杨叔子出生于江西省九江市湖口县一书香世家。他的父亲是被誉为"辛亥风云人物"的民主革命先驱杨赓笙。父亲提出的"清廉爱国，师表崇德"的家风庭训，影响了杨叔子的一生。随着父亲躲避抗日战火的岁月，杨叔子无法进入小学接受正规教育，5岁起便在父亲指导下念古书。9岁进入高小学习时，杨叔子已遍读"四书"、《诗经》、《书经》，唐诗三百首与百篇古文更是烂熟于心。深厚的传统文化教育，在他心中埋下了家国情怀的种子。

1952年，新中国建设初期，百废待兴。怀揣工业报国梦，数学成绩总是第一名的杨叔子报考了武汉大学机械系。院系调整时，该系并入华中工学院。1953年，他转入新成立的华中工学院机械工程系继续学习。

谈起大学时光，杨叔子脱口而出的一个词是"艰苦"。"因为从天资上讲，我这个人不太适合学工科。"数学、物理等基础课程门门优秀的杨叔子，面对机械工程学必备的动手能力显得有些力不从心。但杨叔子知道"人生在勤，贵在坚持"，想要成人成才，必须克服困难。

1956年，杨叔子加入中国共产党，他激动地写下了《七律·喜讯批准入党》，用"自此螺钉装配罢，无朝无夜奋奔腾"来表明自己激动的心情以及要用所学技能为组织贡献力量的决心。同年，杨叔子毕业并在华中工学院机械工程系金属切削机床教研室担任助教。

幼儿时期的杨叔子

为了当一名合格的教师，杨叔子下了一番苦功。除了讲慢一点，再慢一点之外，杨叔子会提前将整堂课的讲授过程都思考一遍。哪儿该慢，哪儿该停顿，哪儿该提问，甚至连每一块黑板该如何书写，他都会提前做好安排。有条不紊的课堂教学，渐渐受到了同学们的欢迎。1980年，杨叔子成为系里的学科带头人，47岁破格晋升，成为当时湖北省最年轻的两位正教授之一。

1981年，杨叔子前往美国威斯康星大学麦迪逊分校做高级访问学者。访问期间，杨叔子分秒必争、潜心学术，完成了一本题为《动态数据的系统处理》的讲义初稿，为本次访问提交了一份完满答卷。临近访问期满，美国方面以优厚的待遇来挽留杨叔子，希望他延期返华。面对优越的科研环境，杨叔子没有犹豫，毅然踏上了回国的路程。

有人问他："为什么要回国？"杨叔子反问："为什么不回国？"因为在他心里始终坚持——"出国就是为了回国"。1982年底，杨叔子学满归国。

"见困难就上"
在科研道路上力耕不辍

"见困难就上"是杨叔子在科学探索和研究道路上一贯的行事风格。

——填补国内空白，时间序列分析的工程应用结出硕果

在美国访问期间，杨叔子接触到了时间序列分析的相关研究，并意识到其在机械制造领域的应用价值。回国后，杨叔子将在美国学习的收获与教学科研相结合，大力推动时间序列分析在国内机械工程中的应用研究，填补了国内在时间序列研究领域的空白，使得中国的时间序列研究达到甚至领先国际先进水平。

在实践方面，杨叔子带领团队与武汉军区总医院三内科、六七二医院以及华中工学院附属医院合作，开展肠鸣音临床检测研究。后来，杨叔子又在卫生统计领域中引入时间序列分析方法，建立模型，成功实现对人口死亡情况的群体预报及气象因素分析。

在理论方面，杨叔子通过课程教学、举办会议以及著书立说等途径，进一步发展了时间序列分析的理论研究。1983年，杨叔子以《动态数据的系统处理》讲义为基础，为华中工学院机械工程系研究生开设了"时间序列分析及其工程应用"课程。同时，杨叔子积极联络相关专家学者，促成

了国内"时间序列分析在机械工程中的应用学术讨论会"的定期召开。

随着理论与实践的丰富与深化,杨叔子连同王治藩、吴雅等人对《动态数据的系统处理》讲义进行反复修订,最终形成了颇具影响力的《时间序列分析的工程应用》一书。书中提出的众多概念与方法,填补了国内在时间序列研究领域的空白,大多达到甚至领先国际先进水平。

—— 攻克国际难题,钢丝绳断丝定量检测至今仍处于先进水平

随着改革开放后国民经济的迅猛发展,对精密器械、精密仪器制造的需求与日俱增。钢丝绳是工业生产中的常用部件,它的承载能力直接关系到设备及人身安全。断丝是钢丝绳损伤的极端表现,一旦发生断丝则意味着钢丝绳无法继续工作。当时,国际上普遍认为对钢丝绳断丝进行定量检测是不可能完成的事情。

但杨叔子以"见困难就上"的行事风格,相信中国人可以凭借自己的努力攻克这一国际性难题。1984年底,他与同事接下了这项世界难题——"钢丝绳断丝在线定量检测"。他们与煤炭部抚顺煤研所合作,经过反复试验,仅花一年工夫,就研制出"钢丝绳断丝定量检测系统",解决了这个世界难题。他们还结合电磁理论、信号处理技术、计算机技术、模式识别等多学科知识,不断在实践中修正系统,相继开发出"GDIY-I型便携式钢丝绳断丝检测仪"和"GDJY-II型钢丝绳断丝定量检测仪"等。

这一系列仪器在断丝定量检测技术方面是国内首创,达到了国际先进水平,并荣获国家发明奖。直到今天,这项技术在国际上仍处于先进水平,不仅运用在钢丝绳上,也运用到了油田的抽油管上。

—— 再铸科研领域里程碑,首倡智能制造成为国家战略

20世纪80年代以来,以智能技术及信息通信驱动为标志的第四次工业革命开始萌芽,智能制造就是这次工业革命的核心议题。西方发达国家争先恐后地发起智能制造工程,力图在这一全新领域抢占科技制高点。这一动态很快便被密切关注国际科技发展前沿的杨叔子捕捉到了。

经过广泛研读与系统思考，杨叔子发现，仅仅将人工智能引入机械制造，只会形成一个个"智能化孤岛"，无法从总体上提升制造中决策的自动化水平。要迈向智能系统的全面智能化，必须从"人工智能在机械制造中的应用"上升到"智能制造"。

1989年，"机械制造走向2000年——回顾、展望与对策"大会在华中理工大学召开。杨叔子在会上宣读了以"智能制造"为主题的论文，在国内首次探讨智能制造系统的问题。1991年，杨叔子率先在华中理工大学组建了智能制造学科组，带领团队开展国内最早的关于智能制造、智能装备等方面的研究工作。1992年，华中理工大学组建智能与集成制造研究中心，为我国智能制造领域的基础性研究开了先河。1993年，杨叔子牵头申报的"智能制造技术基础"的国家自然科学基金重点项目获准设立，成为我国首个智能制造方面的重点项目。

在杨叔子提出"智能制造"之初，这一概念并未受到国内同行的认可与重视。如今，智能制造已上升为国家战略。2015年5月，国务院印发我国实施制造强国战略第一个十年的行动纲领——《中国制造2025》，明确提出要"把智能制造作为两化深度融合的主攻方向"。

1991年，杨叔子当选中国科学院院士，
成为华中科技大学第一位院士

高擎文化素质教育大旗
掀起"人文风暴"

除了在科研领域取得辉煌业绩,杨叔子也因在国内理工科高校中掀起声势浩大的"人文风暴"而享誉高教界。

严格意义上,自1951年在南昌一中担任班主任起,杨叔子即有了正式的教学经历。自1956年留任华中工学院以来,杨叔子更是将毕生精力都奉献给了教育事业。多年的教育教学经历,使杨叔子对我国高等教育的弊病甚为明晰。他认为,我国高等教育的主旋律应是"育人",而非"制器",

1995年,杨叔子与学生在文化素质教育讲座后交流

其真正使命是培养既有爱国情怀,又有创新意识的"现代中国人"。但长久以来国内高等教育却表现出过窄的专业教育、过弱的文化陶冶等问题,掣肘了我国高层次人才培养质量的提升。这是杨叔子倡导文化素质教育的根本原因。

而让杨叔子下定决心推进文化素质教育,还与其亲身经历的两件"小事"有关。

第一件事是杨叔子在美国做访问学者时,几位美籍华人教授对我国的教育现状提出疑问:"中国来美的留学生ABC(英语)很好,XYZ(数学)

很好，也懂得美元、英镑（经济），就是不太了解长城、黄河（地理），不太了解文天祥、史可法（历史），也不太知晓'四书'、《老子》、《资治通鉴》和《史记》（传统民族文化），这种学生毕业以后能不能为中华民族服务？"

第二件事是杨叔子在1994年初任校长时收到一封学生来信。信中说："杨校长，有件事情我想不通。作为一个中国的大学生，英语四级过不了关就不能获得学位证书，这点我赞成。因为要改革开放，要中外交流。但是汉语错别字一大堆，用词不妥，句子不通，文章不顺，居然可以拿到学位证书。请问杨校长，这应作何解释？"

这两件事情引起了杨叔子的深思：如果一个人对自己国家的地理、历史知之甚少，对悠久的传统文化一无所知，甚至都不能掌握自己国家的语言，那怎么会对祖国产生深厚的感情呢？怎么会为民族服务呢？鉴于此，杨叔子希望通过实行文化素质教育，通过科学教育与人文教育的有机融合来培养爱国情怀与创新意识兼备的现代大学生。

为了将这一理念落到实处，杨叔子在华中理工大学领导班子的支持下，于1995年面向各层次学生首次举行了"中国语文水平达标测试"。随后，学校还通过开办人文讲座、首创大学生文化素质教育基地等多项有力措施，在全国高教界逐步掀起人文热潮。同时，杨叔子不断走出校门推广文化素质教育。他先后在清华大学、北京大学等国内百余所院校举办人文讲座300余场，吸引听众30余万人次，在国内外产生了强烈反响。此外，由他任编委会主任、汇集国内高校人文讲座精品的《中国大学人文启思录》现已发行数十万册，并被《人民日报》誉为"重塑大学人文精神的力作"。

如今，中国高等教育界广泛传颂着杨叔子的一句名言："一个国家，一个民族，没有现代科学，没有先进技术，就是落后，一打就垮，痛苦受人宰割；而没有民族传统，没有人文文化，就会异化，不打自垮，甘愿受人奴役。"

2022年国庆期间，杨叔子从医院回到家中三天，他同爱人徐辉碧教授说："回顾我这一生，在党的培育下，在同志们的帮助下，做了一点工作，我是幸福的。"

而今,他将"人生在勤,贵在坚持"的毕生奉献留在了华中科技大学,将"学高为师、德高为范"的卓著贡献留在了华中科技大学,将"爱国情怀与创新意识兼备"的殷切期望留在了华中科技大学。三尺讲台上,那个激情吟诵诗词歌赋的"大先生"身影,将永驻华中大人的心中。

科学人文总相宜,大先生风范长存!

2010年9月18日,杨叔子为新生做入学教育报告

悼念杨叔子先生

◇ 周 济

今天,我们怀着无比沉痛的心情送别杨叔子先生,怀着无比崇敬的心情悼念杨叔子先生。

一代宗师,人之楷模。杨叔子先生是优秀的人民教师、杰出的教育家、卓越的科学家。他用忠于祖国、热爱人民的坚定信念,开拓进取、勇攀高峰的创新精神,严谨务实的科学作风,无私奉献的崇高品格,为我们树立了光辉的榜样。我们会永远怀念他,我们要永远学习他。

杨叔子先生的一生,始终忠诚于党和人民的教育事业和工程科技事业,他鞠躬尽瘁、殚精竭虑,把全部心血和智慧倾注在挚爱的事业上,为华中科技大学的发展、为党和人民的事业做出重大贡献。我们要永远学习先生忠于祖国、热爱人民的坚定信念。

杨叔子先生倡导并力行立德树人的教育思想,领导人文素质教育深入开展,推进科学教育和人文教育深度融合,开创了中国高等教育的新篇章。杨叔子先生是世界上最先提出智能制造理念的先行者之一,他高举制造业数字化智能化转型升级的旗帜,引领中国机械工程科技创新奋进在世界前列。我们要永远学习先生开拓进取、勇攀高峰的创新精神。

杨叔子先生"对工作极端地负责任"。他做事极其认真、精益求精,周到细致、一丝不苟,不务虚名、务求实效,脚踏实地、真抓实干。我们要永远学习先生严谨务实的科学作风。

杨叔子先生是一位厚德载物、高风亮节的道德模范。他"对同志对人民极端地热忱",热爱学生、团结同志,严于律己、谦虚谨慎,光明磊落、虚怀若谷，时时处处蕴含着深厚的人格魅力。我们要永远学习先生无私奉献的崇高品格。

杨叔子先生是一位"高尚的人，纯粹的人，有道德的人，脱离了低级趣味的人，有益于人民的人"，是我们永远的老师。先生永远活在我们心里！永远活在人民心中！

（周济，中国工程院原院长、教育部原部长、华中科技大学原校长、中国工程院院士）

融人文·科学于一生
——杨叔子其人

◇ 周远清

杨叔子是一位著名的科学家。

杨叔子是一位做出了重要贡献的教育专家、教育思想家。他对人非常谦和,对事非常认真,对事业非常执着,对学问非常严谨,是一位很值得尊重的老者、长者。

2020年,周远清(左二)、杨叔子、刘凤泰(右一)受邀参加华中科技大学教育科学研究院40周年庆典

综观《杨叔子教育雏论选》,回顾杨叔子同志过去从事过的事业,感到:

一、杨叔子同志有深厚的文化底蕴

杨叔子同志有深厚的文化底蕴,他对中国优秀的文化、古典诗词脱口而出,倒背如流,人文素质修养很高。在中国大学的校长中,特别是学工的校长中无出其右者。他本身是一位科学家,是一位院士,在他身上很好地体现了高度的人文素养与科学素养的融合。所以他的讲话和报告深受欢迎,影响甚远。

二、杨叔子对我国素质教育、文化素质教育,包括对文化、教育等的认识和理解非常深刻,并且做出出色的贡献

杨叔子的文章高屋建瓴,特别是对文化素质教育的理解与认识,紧紧围绕教育是"育人",文化素质教育的主题是"育人"。围绕"做人""如何做人",他有很多精辟的论述,如"教育是'育人'而非'制器'"。特别是他经常讲到,一个民族,没有现代科技,一打就垮;没有民族文化,不打自垮。自始至终宣传人文教育要与科学教育相融合。

所以说,《杨叔子教育雏论选》是水平很高,对教育、对素质教育、对文化素质教育的理解和认识非常深刻的著作,很值得大家读一读,也是多年来我国文化素质教育的重要成果。我非常感谢杨叔子同志,当年我在岗位时对我工作的大力支持,并且从内心感谢和赞扬他对教育做出的贡献。

三、素质教育是我国带有方针性的有中国特色的教育思想

早在1985年5月,小平同志在改革开放以来第一次全国教育工作会议上指出,我们国家国力的强弱、经济发展后劲的大小越来越取决于劳动者的素质,取决于知识分子的数量和质量。他明确地提出了民族素质、劳动者的素质。1985年5月27日发布的《中共中央关于教育体制改革的决定》明确提出:"教育体制改革的根本目的是提高民族素质,多出人才、出好人才。"李岚清同志把它概括为我们国家素质教育的思想源头。

1994年的第二次全国教育工作会议和1993年中共中央国务院印发的

《中国教育改革和发展纲要》都提出,基础教育必须从应试教育转向素质教育的轨道上来,全面贯彻教育方针,全面提高教育质量。

1999年召开第三次全国教育工作会议,中共中央、国务院做出《关于深化教育改革全面推进素质教育的决定》,发出了全面推进素质教育的动员令。1999年6月15日,李岚清同志在第三次全国教育工作会议上指出:素质教育要贯穿人才培养全过程,这是关系到教育工作全局和涉及社会各方面的系统工程,要改变那种素质教育仅仅是基础教育或是学校教育任务的观念。要使素质教育贯穿幼儿教育、中小学教育、职业教育、成人教育、高等教育等各个阶段和各类教育,贯穿学校教育、家庭教育和社会教育等各个方面。

2002年在党的十六大报告中,江泽民同志提出全面建设小康社会的四个目标,其中第三个目标是全民族的思想道德素质,科学文化素质和健康素质明显提高。

2006年8月29日,胡锦涛同志在中央政治局第三十四次集体学习时指出,全面素质教育是要解决好培养什么人、怎样培养人的问题,是教育工作的主题。

2010年7月召开第四次全国教育工作会议,发布了《国家中长期教育改革和发展规划纲要(2010—2020年)》并明确提出坚持以人为本、全面实施素质教育是教育改革发展的战略主题,是贯彻党的教育方针的时代要求。

由此,从历次的教育工作会议以及中央高层领导的讲话中可以看出,把素质教育定位为教育的根本目标的线索非常明确,而在高等教育中,明确大力推进以文化素质教育作为切入点和突破口的素质教育。从1985年第一次全教会小平同志提出的民族素质、劳动者素质,到第二次全教会提出的在基础教育中实施素质教育,到第三次全教会提出素质教育应贯穿人才培养全过程,贯穿包括高等教育在内的教育的各个阶段和各类教育,到第四次全教会和《国家中长期教育改革和发展规划纲要(2010—2020年)》中明确提出的全面实施素质教育是教育改革发展的战略主题,是贯彻党的教育方针的时代要求,这个目标越来越清楚,越来越明确,也提得越来越高。这里,把素质教育提到了一个很高的高度,明确地把全面实施素质教育与党的教育方针紧密地联系起来,明确地把全面实施素质教育作为时代的要求,是贯彻党的教育方针的时代要求。这一点值得校长们、教育战线的同志们好好领会学习。

在实施素质教育的过程中,我们已经明确,素质教育不是一种教育模式,而是一种教育思想,是一种中国特色的教育思想。今天,我们更加明确地指出,它是我国带有方针性的一种教育思想。

(周远清,教育部原副部长。此文曾发表于《中国高教研究》2011年第3期,略有改动)

怀念杨叔子老师

◇ 邵新宇

杨叔子老师去年（注：2022年）离开我们了。在他离开的日子里，我时常会想起他，想起他对我们的帮助和培养。过去的那些画面仿佛就在眼前，就发生在昨天，令人难以忘怀。

1992年，我申请直攻博士，当时华科大整个机械学院只有两位博士生导师，杨老师是其中之一。我的硕士研究生导师李培根教授带我去找杨老师，杨老师和我简单地聊了一下，当场就欣然同意我做他的博士研究生。谈到我读博的方向，李培根老师给我建议了一个比较具有探索性的新方向，叫制造环境建模。杨老师说这个方向很新，培根你要多多费心、多多指导。杨老师乐于助人、温恭自虚的态度给我留下了深刻印象。

到了1994年的年底，我直攻博士的第二年，李培根老师推荐我到美国密歇根大学去联合培养。当时的手续和流程还是比较烦琐的，其中就需要学校的研究生院批准同意，然后报教育部出任务批件。李培根老师带我去研究生院办相关手续，一位负责同志一听就摇头，说没有见过这种情况（当时的确很少联合培养），你这个学生博士没有毕业，又没有硕士学位，现在出国我们无法把你的档案归类管理，将来学分怎么认、如何答辩等等。事情看来是办不成了，李老师就带着我闷闷不乐地离开研究生院。在出门的时候正好碰到杨老师，那个时候他已经是华中理工大学的校长兼研究生院院长。他问我们干什么来了，我们马上就跟他汇报了情况。他二话没说，拽着我和李老师的手说你们跟我走。一进那个同志的办公室，杨老师非常干脆地对他说："年轻人出国深造学习是好事情，我们要开绿灯。"听了这话，那位负责同志不再坚持原来的观点，并提供了积极帮助。后来不少人跟我讲，你真幸运，能遇到这么开明的好校长。

我在美国待了近4年，于1998年8月回国。回到学校没几天，我就在东8楼的4楼碰到了杨老师。我说杨老师，我回来了，感谢您当年给我开绿灯。他非常开心，跟我聊了半天，并引用毛主席的诗说："千钧霹雳开新宇，新宇同志你回来了，很好！后面等待你们年轻人去开辟新的天地。"

我留校工作后，跟杨老师的接触也比较多，他一直给予我关心和鼓励。连续好多年，在我生日的当天一大早，杨老师总是第一个给我打电话。他说，新宇同志你今天又年长一岁了，一定要注意身体，尤其是你的胃，要注意劳逸结合，后面的路还很长，学校的建设、国家的建设还要你们持续地努力奋斗。每当我回忆起这些，心中充满了温暖。

还记得有一年，我陪杨老师去我的中学母校。他给在校的高中学生做了一次人文素质讲座，报告厅坐了一两千的老师和同学，他的演讲十分精彩。讲座中有一个细节，我认为对在座的师生教育匪浅。他在主席台上讲课，然后中间有两次服务员来给他倒水，只要服务员到他旁边拿起杯子倒水，杨老师就停下来，站起来，等倒完水以后，杯子放下，他对服务员点头致谢，然后再坐下来接着讲。这充分体现了他对服务员、对劳动者的尊重。第一次大家还没有意识到，等到第二次杨老师再这样做的时候，底下顿时爆发出雷鸣般的掌声。他的言传身教，给下面的老师和同学上了一堂极其生动的素质教育课。我们自己又何尝不是被杨老师身上散发出的教育家的魅力所感染呢？

去年6月26日，我从北京回武汉出差，听说杨老师住院了，就去医院看他。他当时双目已经失明了，人也很虚弱，但知道了我要去看他，一听到我的脚步声，也不知道从哪来的力气，嘴里就念："千钧霹雳开新宇，新宇同志你回来了！"多么熟悉的一幕，我感动万分。杨老师一直握着我的手，问我在科技部工作忙不忙，具体在分管哪些领域等等。我先跟他和夫人徐老师汇报了我在京的工作和生活情况，然后对他说："杨老师，您好好养病，只要我回武汉，就一定来看您。"分别的时候，杨老师对我说：

时任华中科技大学党委书记邵新宇探望杨叔子院士

"保重身体，新宇同志，再见！"这就是我跟杨老师见的最后一面。

杨老师有大德、大爱、大智，是真正的大先生。杨老师给我们留下了宝贵的科学与精神遗产，我们一定要好好传承并将之发扬光大，这应该是对他最好的怀念和纪念。

（邵新宇，湖北省委常委、省政府常务副省长，中国工程院院士）

山峻汉江邈　云横楚地宽

◇ 郑欣淼

杨叔子先生，余久仰者也。

杨先生是机械工程领域的权威学者，是著名的教育家，是成就卓著的院士，也是遐迩闻名的诗人。尤其是先生担任原华中理工大学校长期间及此后，凡20余年致力于文化素质教育以及中华诗教工作的研究与推进，筚路蓝缕，呕心沥血，浇花育草，培土剪枝，赢得四海传颂。

先生幼承庭训，饱读诗书，"三余"坚持诗词写作近70年。虽然先生谦虚地将自己的诗词选集命名为"槛外诗选"，但是读过这本"槛外诗选"的读者，包括我本人在内，都会有一个中肯的评价——杨先生并非诗词的"门外汉"，而且是久在"槛内"，造诣颇深。我注意到，先生诗词对多种诗歌体裁做了积极探索，可谓异彩纷呈。其中涵盖了绝句、律诗和词以及古风，也有新诗和新古体。先生对新诗民族化、传统诗词现代化的尝试，尤其令人难忘。

"山峻汉江逸，云横楚地宽。"请允许我用这两句拙诗来比拟先生开放的学术胸襟和宽阔的艺术视野。先生丰厚的科学、人文学养，以及对中华诗词、中华诗教的高度热情与创造性的认识、主张，大都水乳交融于其热忱、清朗、劲健的诗词创作实践之中了。

先生的诗词选题丰富多彩，洋洋大观。无论是歌民族之兴、英模之魂、科技之光，还是抒山河之恋、即事之感、校园之美，或是记人生之旅、师友之谊、天伦之情及病中之吟，都燃烧着炽热的情感，洋溢着昂扬的精神，充满了生活的芬芳，寄托着高远的境界，雕刻着鲜明的时代印记。先生的

第一篇 学高为师 德高为范

纵情歌吟，为当代诗词的深脉长河注入了一股潺湲活水，也为当代诗词的美丽星空增添了一抹新的绚丽和光耀。

爱国主义、民族精神、家国情怀是杨叔子院士诗作的主旋律。书中相当数量的作品以与国运民生、社会发展相关的重大事件为题材，秉承《诗经》以来的现实主义和以杜甫为代表的诗史传统，以诗见证着中华民族的伟大复兴。先生为我国第一颗人造地球卫星上天欢呼："喜满春风今更告：炎黄此日访鸿蒙！"为南水北调中线工程丹江水库竣工而歌："真如云梦真非梦，绿了神州日日新。"因游昭君墓而赞美沙漠新城、民族团结："春风醒莽野，朔漠涌新城。曲曲琵琶诉，弦弦骨肉情。"系念着迎春的中国梦："诗家彩写中华梦，驮并芳春日畔来。"关爱灾区同胞："千情万爱汶川汇，举国同舟破浪行。"以国家富强鼓舞自己病中康复："纵然微恙何须说，一派春光万里盈。"念念不忘告诫年轻一代："如潮问号需求解，服务人民第一章！"

清代叶燮在《原诗》中指出：诗以"理、事、情"为表达内涵，总而持之以"气"；以"才、胆、识、力"为诗人内秉，并强调以识为先。杨叔子院士的不少作品不唯理，不唯情，经纬时事，神完气足，体现出综合理性、感性与价值思维的现代诗性智慧。从对领袖的由衷热爱："木叶萧萧举国哀，撕心噩耗咽城街。""填海移山垂泪念，开天辟地感衷怀。"到"最美"人物之颂："纯真代代承传统，'最美'朝朝领世风。丑岂遮天徒蔽日，潮终涤垢总朝东！"从凭吊革命先烈："三山誓覆身何惜，十指凭穿志不降。岁月砥磨光彩异，崖头俏立傲冰霜。"到歌颂改革先锋："血盟手印三张契，义聚群情一座坟。时代先锋存处处，英雄岂独上岗村。"在"英模之颂"篇章中，多有这类以事迹为线索，以价值为导向，情理相融的佳作。

从传统说，风、雅、颂中，以"颂"最不易写好；在赋、比、兴中，以"赋"最为基本，且较难用好。以赋为颂的近体小诗满足宏大叙事、反映时代的需要，困难可知。杨叔子院士诗词中颇有些赋得较生动的时代、人生之颂。如《临江仙·洪水·精神·科技》："裂岸奔空呼啸过，洪峰巨浪重重。

侵堤摧坝势汹汹。指标开纪录，直欲撼空蒙。沧海横流撑砥柱，神州荆楚英雄！长城血肉傲天公。军民成铁壁，科技缚苍龙。"杨叔子院士作为杰出科学家、教育家而雅好诗词，其中写作时间跨度长达半个多世纪的"科技之光"篇章，借赋颂艺术探索科技题材的创作，记录了当代中国巨大的科技进步。例如，颂深海、深空双突破："巧手高科精对接，灵心妙技创深潜。龙宫气象真殊俗，玉殿烟霞别样传。"颂科学先驱："萧条寂寞称前觉，万岁千秋启后昆。泪湿衫襟瞻伟绩，为民尽瘁总怀仁。"颂科技强军、首艘航母入列："歌悲壮士周天撼，血染中华大业铭。幸赖长缨今在手，信朋安老与怀婴。"颂个人成长的大好机遇："科学春天好，欣欣万物苏。""回眸伤浩劫，策马莫踌躇。"赋科技，颂复兴，扬正气，励人心。从科学之真中，赋出了人文精神的美善光辉。在知识经济时代，科技是当代诗词不可或缺的题材，杨叔子先生的创新探索有一定的启示意义。

秋老偏宜沉郁气，春深尤惹浩茫思。在北京陟山门街的一间静室里阅读杨叔子先生的诗词稿样，心里颇不平静，有击节赞叹的冲动，也有壮怀激烈的共鸣。于先生诗词选集付梓之际，略赘数语如上，向先生贺，为先生寿，呼同好共赏。

谨为序。

（郑欣淼，原文化部副部长、故宫博物院院长。此文为《杨叔子槛外诗选》序）

是"育人"非"制器"
——深切怀念杨叔子同志

◇ 王义遒

或许是上苍的安排，2022年11月4日傍晚，我从北京到了武昌。此行的正式目的有两个：一是5日、6日两天在武昌理工学院参加中国高教学会素质教育研究分会的年会，我有一个报告；二是7日参加华中科技大学教育科学研究院组织的"校长论坛"，我有一次讲座。当时国内疫情盛行，会议可在"线上"参加，讲座也可调整时间。但我还是决定按原定计划参加现场，现场效果好些，而更重要的是想去看看病中的好友，杨叔子院士。

到宾馆后，我立即给杨叔子院士的助手、我比较熟悉的余东升教授打电话，报告我来武昌的消息，询问杨院士的病况，希望去看看他。余说，杨已进重症监护室，情况不太好，不能去探视。大概在十点钟的时候，余来电话说，杨的心脏跳动恢复正常了！谢天谢地，他有救了，生命可以继续了，我们可以会面了。三年前我曾在他家里见了他一面，虽带着忧虑却也很高兴。这次我来，有人曾事先告诉过他，他是盼望着我来的。可惜，不到一个钟头，就传来噩耗，他的心脏永远停息了。我"啊"了一声，似乎我的心脏也停跳了。刚才说的是回光返照啊！我悲从中来，思绪万端，一夜都没有睡着，眼前尽是我们的往事。

我跟杨叔子同志可以说是中学同级同学。1950年我们都在江西南昌上高中。解放后，江西省将原来南昌的几所中学合并成两所"省立联合中学"，即南昌第一和第二联合中学（稍后就省去了"联合"两字，成为南昌一中和二中）。杨上的是一中，我读的是二中。当然还有一些其他中学。最初团员人数少，我们两所中学组成一个团总支，总支书记是我们校长（留日的南下干部）胡世基的夫人李西林。她有时也会给我们说说一中的情况，说那里有个团员学生杨叔子，是个才子，功课学得好（相当于当下所说"学霸"），特别优秀，我心里就比较钦佩、仰慕。那年暑假，南昌团市委组织了学生团员干部训练班（对外名称叫"暑期学园"），旨在使团员在学生中发挥更好的模范作用和战斗力。暑期学园按学校与年级分成了几个班（团支部）。我们高二年级团支部成员就有杨叔子和我，我们还在同一个团小组。我们的支部书记是一中的徐辉碧，她后来是杨的夫人。我被选为宣传委员。训练班纪律严明。徐辉碧任支部书记工作要求严格，很负责任，经常召开支委会，讨论如何帮助一些团员改进学习（"为祖国人民学好知识"是当时最响亮的口号），也要改变一些人的自由散漫作风。连杨叔子有点独特的言论和行动她也要批评规劝。老实说我还有点怕她呢！这样我们当时反而结下了很好的友谊。后来因"抗美援朝""参军参干"等运动，大家的经历就不同了。我在南昌二中，两次报名"参干"没有被批准，而我弟弟"参干"当了坦克兵。我 1951 年考取清华物理系，第二年院系调整后转到北大，并在北大团委做"社会工作"。1953 年下半年我在团委办公室工作，忽然见到徐辉碧进来了。原来她也"参干"当过坦克兵。当年不少女同志转业，她考取了北大化学系，担任团干部。这样我还知道杨叔子 1951 年毕业后留校当了一年干部，1952 年考上了武汉大学机械系，院系调整到了华中工学院（今华中科技大学）。我和徐辉碧不在一个系，团委也没有让我分工联系化学系，所以我们只是有时开会见面，平常接触不多。毕业后几十年不通音讯。1996 年暑假，国家教委组织几位教委直属大学书记校长带夫人到武夷山休假。名单由教委指定，华中理工大学是杨叔子和徐辉碧夫妇，北大指定我和妻子巩玲华。我当时是常务副校长，名单里特别注明属"正校级"，才算有资格参加。在这些人中，我与杨叔子夫妇最熟，因而每天外出旅行我们常在一起，亲密异常。后来徐辉碧带着外孙女来北京出差，还到我们家来看望游玩。

其实，上一年我就和杨叔子见过面了。1995 年 9 月，国家教委在华中理工大学召开"加强高等学校文化素质教育试点工作研讨会"，时任高教司司长的周远清发表了主旨讲话,阐明加强大学生文化素质工作是"切中时弊,顺应潮流"的,说这项工作对于突破我国高等教育长期以来忽视人文素养,实施过于狭窄的专业教育,更新高等教育思想观念和全面推进素质教育与提高教学质量起着"突破口"和"切入点"的作用。然后就是华中理工大学杨叔子校长做典型报告。他指出,当前教育有重智轻德、重专业轻基础、重物质轻精神的倾向。我国在外国留学的学生懂得ABC、XYZ,懂得美元、英镑,却不大了解长城、黄河,不大了解文天祥、史可法;他还将人文教育和科学教育看成是教育的两翼,"身需彩凤双飞翼"。他的讲话引用了大量我国古典经籍与诗词,说明他的阅历广阔,记忆力惊人。这些话让我产生强烈共鸣,感到十分敬佩。据介绍,他们还对全体学生(包括研究生)进行了"中国语文水平达标测试",结果成绩很不理想,于是全校就开设了中国语文课。他们还开办了人文讲座,盛况轰动。这些对于一个以理工科为主的高校简直难以想象。杨叔子还要求自己带的机械专业的研究生能背诵老子的《道德经》,这甚至使我有点震惊。当年院系调整后的一些文理科"综合大学"都认为自己的人文学科比较强,不大会有缺乏人文精神的问题。我却认为即使是在人文学科内部也有一个加强人文精神教育的问题,因为他们在学习苏联的教学体系中过于强调了狭隘的专业能力,对思想精神上的"人文"却并不充分重视。所以我跟杨叔子确是志同道合,一拍即合。故我称他是"同志",不仅是共产党内的同志,而且是教育和学术观点上的同志!

事有凑巧,那年(1995年)4月我与北大几位同志应邀到美国几所著名大学和一些教育机构进行了一次"面向21世纪高等教育教学改革与管理趋势"的考察。它给我一个强烈的印象是,美国人说,我们过去强调要给学生培养知识和能力,现在还必须增加一个"态度"(attitude)了,这就是要注重团队合作精神、对事业的高度责任心和担当感。回来我跟时任高教司司长的周远清汇报这次考察的收获,讲到这里,他马上就喜悦地说这就是要学会"做人","注重素质"。所以我是真心要将素质教育搞得很出色的积极分子。在会上我也将这次考察的体会跟大家分享。会后成立了"加强大学生文化素质教育试点工作协作组",杨叔子被推举为组长,我和清华大学党委副书记胡显章担任副组长。我心甘情愿充当杨叔子的助手,努力将文化素质工作在全国各高校推广开去,根本改变我国高等教育的面貌。以后成立了教育部文化素质教育指导委员会,他是主任,我和胡显章等人被聘为副主任。此后文化素质教育活动就多了,各校成立了文化素质教育基地,开展各种课程教学与社会实践活动;中央和各省级电视台开展了"五月的鲜花"大型影视文艺活动等。

这以后,他在报刊上发表了大量关于高校文化素质教育的文章,在全国各地做了许多相关报告,影响很大。比如,他有一句名言:"一个国家,一个民族,没有现代科学,没有先进技术,就是落后,一打就垮,痛苦受人宰割;而没有民族传统,没有人文文化,就会异化,不打自垮,甘愿受人奴役。"这话掷地有声,脍炙人口,几乎为我国群众所尽知,对国家发展起了重大作用。我觉得其中还有一个非常重要的主题,就是他所说的教育是"育人",非"制器"。我认为这是教育中最为核心的问题,我完全赞同,并在许多文章中也大力宣扬这个观点。因为我们过去总是用一个模子"塑造"人,将人只看成是国家机器中的一个活的部件或工具。"做一个永不生锈的螺丝钉"成为青年学生喊得最响亮的口号之一。这个观点当然不是他的"发明",蔡元培早就说过,"教育是帮助被教育的人,给他们能发展自己的能力,完成他的人格,于人类文化上能尽一分子责任;不是把被教育的人,造成一种特别器具,给抱有他种目的的人去应用的"。但杨叔子将它简化为"是'育人'非'制器'",十分简练,非常醒目,一目了然。所以我后来也就直接引用(甚至是"抄袭")他的说法了。可见我对这个说法佩服得五体投地。我认为"育人"就是使一个人从动物人变成为社会人,使他的个性、特质、优势、潜能被发现、发挥,在最大程度上贡献给社会,从而实现自己的人格和生命价值。"做一个永不生锈的螺丝钉",实在只是反映我们幼稚无知,只想实现忽视人的主体性的、单纯的"制器"愿望!

杨叔子是校长、院士,还是诗人,又有多方面的兼职,可见他是十分

第一篇 学高为师 德高为范

繁忙的。有时他实在忙不过来了，或因自己身体不适而又难以推却，就只好吩咐我去代劳，毕竟他对我还比较熟悉，信得过我。记得有一次召开全国戏曲教育方面的会议，邀请他参加，他实在离不开，就叫我去应酬一下。我对戏曲，什么京戏、昆曲等都一窍不通。但他信任我去代他说几句话还不至于荒腔走板，就让我走了一趟。后来他已在病中，新一届文化素质教育指导委员会产生，因为新任委员较多，他就叫我以老的教指委顾问的名义去参加成立会议，让我介绍教指委的任务、以往的做法和一些工作情况。

1998年底，教育部决定在中国高教学会下面成立一个高等学校教学研究会，南京大学校长曲钦岳院士被选为理事长，杨叔子和我等人为副理事长。实际上杨是第一副理事长，但秘书处设在高等教育出版社。由于曲和杨两位院士平常不在北京，所以秘书处不时总来找我商量一些事。他们俩对研究会开展活动的一些想法和意见都会及时告诉我。曲校长更是每到北京就住在北大宾馆，宾馆给他专门设置了一个房间，他一到就可住进去，且总要将我找去，海阔天空地谈论高等教育的当前情况与问题，发表意见，我从中也获益匪浅。

杨叔子对人的关心和爱护特别细致。记得2002年夏天，高等学校教学研究会有少数人在北大开会。曲校长那次因故未能到会，会议就由杨校长主持了。中午吃饭接近尾声的时候，服务员忽然端上来一盘大蛋糕，大家觉得十分惊奇。杨校长就说话了：今年是王义遒70岁，虽然生日不是今天，我们也要利用这个机会向他表示庆贺。这实在使人感到意外，我更是感激不尽。后来知道叔子事先偷偷跟北大校办主任说了，要他保守秘密，到时候给大家来个惊喜，从这桩小事可以见到他的为人！

2014年他在院士会议上病倒之后，我心里经常惦记他，希望他早日恢复。每次我来武汉出差，总会到华科大去看他。见他神情尚好，我就十分高兴。有时，他兴致所至，也会给我写点诗。比如，2014年冬，我给他发去短信，询问病情，表示慰问。他收到短信后立即给我发了下面一首诗，不仅表达了我们的深厚情谊，而且希望未来要有所作为。诗的题目为《收义遒同志短信有感》：

> 信短情非短，诗深谊更深。
>
> 华年酬壮志，白首涤曾经。
>
> 大树穿天望，幽香入世吟。
>
> 高山流水意，空谷响寒音。

我因常用家乡话发音读古诗词，故而平仄、音韵都不合，所以虽然欣赏诗，却不敢公开写诗，怕错误太多。这次不得已和了他一首，还请高手做了修改：

> 滕阁初相识，重逢鬓已斑。
>
> 风云一别后，星月廿年间。
>
> 贲志还思报，订盟共克艰。
>
> 桑榆迎绝顶，携手乐登攀。

后来，他兴致极好，又写了一首《次义遒老友和诗韵奉赠》：

> 久矣凌云志，何虑发早斑。
>
> 鸿图轻世俗，小我重人间。
>
> 逆浪帆悬劲，雄关步越艰。
>
> 白头还有梦，绝顶永随攀。

我就不敢再"和"了。心想，他虽已久病了，但总感壮志未酬，还有不少事要干。为了避免打扰他治病休养，我跟他很少提我的活动。2019 年我来武汉出差，又一次看望过他。以后疫情暴发，我很少出京，2022 年找到了机会来武汉，谁知已无法跟他交谈了。按我们原定的计划，11 月 7 日下午在华中科技大学教育科学研究院做完讲座以后，我就得飞回北京。所以我在 6 日开完中国高教学会素质教育研究分会的年会后立即赶赴华科大，在刘献君和余东升两位教授的陪同下到杨叔子家表示吊唁与哀悼，向徐辉碧表示慰问。徐辉碧一见我就抱头痛哭，流着泪诉说叔子的病况和治疗过程。她还说，杨叔子在国庆节时曾从医院回家休养三天。那时他说："我身体可能不行了。回顾我这一生，在党的培养下，在同志们的帮助下，做了一点工作。我是幸福的。我们相处七十年来,从同学、朋友到夫妻,感情非常好!生活是美好的。让我们相互牢记一句话:天长地久有尽时,此爱绵绵无绝期!"她泪流满面,我真是无言以劝她,只好一再规劝安慰她自己保重,在叔子八年多的病程中,她的辛劳与付出实在是太多太累太沉重了!最后我只好默默地含泪退出。

王义遒(中)看望杨叔子夫妇

这篇文章的第一句话是"或许是上苍的安排"。因防疫政策变化,我7日晚只能待在华科大。8日上午,华科大为杨叔子院士举办了庄严肃穆隆重的告别式和追悼会,我有机会参加,并能与叔子最后见上一面。8日上午,我跟着刘献君教授排队进入灵堂,向叔子的遗体默哀、三鞠躬,然后,我以极其缓慢和庄重的步伐绕着他转了一圈,眼睛紧盯着他的脸,希望多看一眼。我有多少话要跟他说呀,然而我却只能肃静,无法交谈了,我们从此永别啦!然后我含着眼泪紧紧地跟徐辉碧握着手,希望她保重,我们的友谊长存!

感谢上苍,我们能最后见上一面。这在我心里多少还感到有点慰藉!

叔子同志,你永远没有走,我将深切地永远怀念你,永远向你学习!

(王义遒,北京大学原常务副校长)

亲爱的杨叔叔，敬爱的叔子先生

◇ 杨 卫

癸卯年的9月5日，是我国著名科学家、教育家杨叔子先生90周年诞辰。杨叔子先生与夫人徐辉碧女士和我的岳母郭日娴女士均是南昌一中的同学，三人保持着一生的友谊。1981年改革开放伊始，杨叔子先生作为访问学者，前往美国威斯康星大学麦迪逊分校进修；该校又是我父母杨光华先生和孙以实女士在20世纪四五十年代的留学之地与相识之处。种种因缘，使得叔子先生理所应当地成为我的长辈，见面后往往称之为"杨叔叔"。从另一方面讲，杨叔子无论是作为一位现代化中国的知名校长（1993—1997），还是作为中国科学院院士（1991年当选），并连续担任技术科学部第十、

2020年，杨卫（前排右一）和夫人郭依群（前排左一）看望杨叔子

第一篇　学高为师　德高为范

十一、十二届学部常委会的副主任，是我们这一辈50后的先行者，值得我们尊称为"叔子先生"。今天缅怀他的音容笑貌、种种不凡之处，我为亲爱的杨叔叔、为敬爱的叔子先生，感到由衷的骄傲与自豪。

叔子先生在现代中国高等教育史上的legacy（遗产）毋庸置疑。从兄弟院校的视角来观察，华中科技大学的起飞与发展有两个重要的阶段，一是从1953—1984年的朱九思时代，奠定了原华中工学院的立校基础，形成了"大学之本在教师、大学之路在综合、大学之源在科研、大学之魂在学术自由"的办学理念；二是从20世纪90年代至今的大机械学科波澜壮阔的发展阶段，得益于杨叔子、周济、李培根、尤政等几代校长的积极推动，使得华中科技大学的大机械学科成为中国第一、世界顶尖的学科群。叔子先生作为华中工学院朱九思教育理念的继承者，华中科技大学机械学科崛起的启动者，在华中科技大学的校史和中国现代高等教育的发展史上留下了浓墨重彩的一笔，也流传了"五星学科"的佳话。

作为一名教育家，叔子先生的可贵之处在于超越了自身学科的学理范围，卓尔不群地践行了中国一流大学教育理念的实质性转变，充分认识到大学育人的核心价值，深刻认识到人文知识的重要性。身为工理文兼修、学贯中西的学者，他从其深厚的人文学养出发，发起并带动了一轮又一轮的在理工科大学中弘扬中华国粹和人文素养的运动。卸任大学校长之后，叔子先生相继担任教育部高等学校文化素质教育指导委员会主任委员、中华诗词学会名誉会长等职务，为文化素质教育大声疾呼。他风尘仆仆地奔走于诸高校之中，呕心沥血地注写各种高校文化书目，以自己的学术影响力、人格感染力和国学渊源，来带动各高校对学生人文素质的培养和对中华诗词的热爱。他的这些推动性工作，在当时无人能及，折射出一名大教育家的情怀与意志。

叔子先生还是一位杰出的伯乐和育人者。在叔子先生的心目中，青年人才是大自然赐给大学的瑰宝，一定要千方百计地呵护好，培育他们茁壮成长。我记得在20世纪末第一次见到杨叔叔时，他就非常热心地指导我如何能在学术精修上再上一层楼，并在与诸位大先生的交流上能改进自己沉默寡言且又自视不低的缺陷的被动思维。他从启发式的案例入手，教导我如何能从学以致用的角度使自己的学术发展更具有整体性，从换位思考的角度更注意吸取百家之长。他建议我成长的关键在于持续努力、兼容并包。叔子先生的谆谆教诲为我的成长之路开辟了一条新的目标，确有与先生一席话，胜读十年书的感慨。叔子先生非常注意提携后学，他总是热心地介绍他的年轻学生和同事，介绍他们的优点和学术或性格上的独到之处。每次我造访华中科技大学，叔子先生总会非常激动地向我介绍华科大中卷动学术风云的年轻教师。他的正能量与传帮带对一批华中科技大学的学术带头人（如丁汉、尤政等）的快速健康成长起到了积极的作用。

叔子先生是一位对工作和生活永远持乐观积极态度的长者。他与徐辉碧阿姨的伉俪情深已经是深入华科大人心的佳话。他们两口子也经常与我岳母进行电话交流，或长谈、或短叙，充满了智慧与诙谐。在我岳母的生活、工作和身体健康遇到难题时，他们之间的交流往往比我们夫妻能够给予丈母娘老人家的心理慰藉要有效得多。在这次疫情持续期间，老人们之间的电话和微信往来起到了重要的作用。即使在双目视力下降和脑梗塞时，亲爱的杨叔叔也始终保持着乐观向上的态度，从来不因身体不适而自暴自弃。我记得他有一次在北京出差期间突患脑梗，临时被送往中国人民解放军306医院治疗。我们夫妻两人前去探望，他在简朴的病房中仍旧非常关心我们的工作与发展，积极勉励我们为我国社会主义发展的新时代多做贡献，而很少提及自身日渐严重的疾病。

亲爱的杨叔叔、敬爱的叔子先生，祝您在天国中能始终保持乐观的心态，让您毕生弘扬的科学、技术与人文能够在下几辈学人中荟萃出更加精彩绝伦的成果。

（杨卫，浙江大学原校长，中国科学院院士）

深切怀念我最尊敬的师长杨叔子院士：
身边真正的"大先生"

◇ 郭广生

2023年5月底我去武汉出差，在余东升老师陪同下看望了杨叔子先生的夫人徐辉碧教授。先生已驾鹤西去，这位令我景仰的教育家、科学家质朴无华的教育思想和为弘扬中华传统文化做出的重要贡献深深印在我的脑海里。

我与先生相识已久，1997年10月我刚担任北京化工大学教务处处长，在推进大学生文化素质教育工作时有幸认识先生，之后的25年时间里，我不管是在北京化工大学工作，还是后来到北京市教育委员会、北京工业大学等单位，以及今天在中央民族大学工作，一直得到了先生的亲切关心、大力支持和无私帮助！特别是我担任第三届教育部高等学校文化素质教育指导委员会副主任期间，先生是委员会主任，耳提面命、耳濡目染，为其高尚的人格魅力所折服。

先生德高望重，虚怀若谷，对大学生和教育事业怀有大爱之心。他对凡是曾经帮助过他的人念念不忘、时常提起，而对于那些他帮助过的人和事却从来不放在心上，只字不提。我任北京工业大学校长期间，先生是北工大的特聘院士，他关心大学生的成长成才，把自己特聘院士的薪金全部拿出来设奖学金，用以奖励那些品学兼优的大学生。先生不仅是机械工程领域的专家、科学院院士，还是"一位有着深厚文学修养的业余诗人"。他自身文学功底深厚，给大学生做学术讲座时信息量丰富，许多古典诗词信手拈来、脱口而出，并给出独特的见解和感悟，发人深思、回味无穷，会场座无虚席，掌声不断。与年轻人聊天时，先生总是换位思考，谈吐谦和幽默，思维敏捷，很受大学生们的爱戴。

先生倡导文化素质教育，并身体力行推动文化素质教育，是我国高等教育领域和科技界真正的"大先生"。他认为"文化素质教育的核心是科学文化与人文文化的交融"，批判急功近利、轻做人重做事、轻成人重成才的高等教育现状，积极倡导在我国高等院校，特别是在理工类院校中，通过开设人文讲座等措施，加强大学生文化素质教育，突出文化建设在大学人才培养中基础性的作用。先生曾任第一、二、三届教育部高等学校文化素质教育指导委员会主任，在全国高校掀起了一股倡导文化素质教育的"人文风暴"，为我国高素质科技人才的培养做出了卓越贡献。

先生毕生致力于弘扬中华传统文化，提倡加强民族文化教育。他认为，一个国家，一个民族，没有现代科学，没有先进技术，就是落后，一打就垮，痛苦受人宰割；而没有民族传统，没有人文文化，就会异化，不打自垮，甘愿受人奴役。他认为想要建设中国特色社会主义国家，就必须大力弘扬、传承包括诗词在内的中华传统文化，大力增强全民族的自强自尊精神，增强民族凝聚力，赓续文明。先生的这一思想有利于增强文化自信，增强民族自信心和自豪感，对于培养和弘扬社会主义核心价值观和实现中华民族伟大复兴具有重要意义。

先生是中国共产党优秀党员，一生热爱祖国，敬业奉献，品德高尚，治学严谨，勇于攀登，诲人不倦，具有崇高的科学精神和人格魅力！先生虽千古，其和蔼可亲的音容笑貌时常浮现在眼前，其教育思想历久弥新。

敬爱的先生，我会永远怀念您！

（郭广生，中央民族大学校长）

深切缅怀！纪念杨叔子院士诞辰 90 周年

◇ 熊有伦

2023 年 9 月 5 日是杨叔子先生九十华诞，谨以此文表达我们的深切缅怀之情。杨叔子先生是我国卓越的机械工程领域专家、杰出的教育家。他带领团队开辟了我国智能制造研究的新领域，是国内智能制造的首倡者，主持我国自然科学基金"智能制造"第一个国家重点项目（联合清华大学、西安交通大学、南京航空航天大学等），加强智能制造的国际合作；他攻克了钢丝绳断丝定量检测等国际难题，为我国机械系统故障诊断的发展做出了突出贡献；杨叔子教授创造性地将机械工程这个古老的学科与其他新兴学科交叉融合，拓宽了机械工程学科的崭新研究领域，使机械工程学科焕发新的生命力。他在机床设计基础理论、时间序列及其应用、机械控制工程以及人工智能在制造中的融合发展等机械工程新兴领域做出了杰出成就，于 1991 年当选为中国科学院学部委员（即院士），成为华中科技大学第一位中国科学院院士。

杨叔子教授当选为中国科学院院士之后，于 1993 年接替已经担任了两届校长的黄树槐教授，出任华中理工大学校长。杨叔子院士作为当时少有的院士校长，对学校的学科建设、计算机系、新闻系的建立与发展、人才引进与培养等做出突出成就。几十年来，特别在他担任校长期间，与清华大学、西安交通大学、哈尔滨工业大学、中南大学以及天津大学等兄弟院校的专家、学者们建立了深厚的友谊，加强学术交流与合作，为建立研究型大学做出突出贡献。除此之外，当杨叔子院士去其他兄弟高校参加"211 工程"建设预审时，经常带着华科大相关部门的负责人，与兄弟院校相互学习与交流，对于各个学校制定"211工程"建设整体规划和实施预审起到了很好的作用，加快了"211工程"建设整体实施的进程。

杨叔子校长率先在理工类院校中倡导加强大学生文化素质教育，提倡科学与人文并进，在全国范围内掀起了一股"人文风暴"……其真正使命是培养既有爱国情怀，又有创新意识的"现代中国人"。在杨叔子校长的倡议和华科大先行先试的带动下，教育部在华科大召开了高等学校文化素质教育试点工作研讨会。华科大被选举为协作组组长单位，清华大学和北京大学当选为副组长单位，南开大学等名校也纷纷加入人文素质教育大潮。这充分说明了华科大在加强大学生人文素养培养方面的作用。由杨叔子担任编委会主任、汇集国内高校人文讲座精品的《中国大学人文启思录》系列丛书，发行数十万册，至今畅销不衰。

2009年12月10日，杨叔子院士应邀参加华中科技大学第七期"心灵之约"访谈，畅谈人生、科学与人文。他对心理学的概念与重要性做了简明扼要的阐述："心理学是科学文化与人文文化的典型交融，它确实既是科学，又是人文。"他同时指出，"国家需要现代化，人就需要现代化；人要现代化，没有强大的心理学支撑是异常困难的"。他认为，心理学这门学科是横跨在科学与人文之间的非常重要的学科，是非常典型的科学与人文交叉的学科。这对我校的心理学科建设起到了极大的推动作用。

杨叔子先生的一生，始终忠诚于党和人民的科教事业，他鞠躬尽瘁、殚精竭虑，把全部心血和智慧倾注在挚爱的科教事业上，为华中科技大学的发展、为党和人民的科教兴国事业做出重大贡献。我们要永远学习杨

2014年，熊有伦、杨叔子、徐辉碧、丁汉参加中国科学院第十七次院士大会，在人民大会堂前合影

先生忠于祖国、热爱人民的坚定信念。

杨叔子先生高举制造业数字化智能化转型升级的旗帜，在极端困难的条件下，召开了重要国际会议"人工智能在制造中的应用"，引领中国机械工程科技创新奋进在世界前列。我们要永远学习杨先生开拓进取、勇攀科学高峰的创新精神。

杨叔子先生助人为乐、严于律己、谦虚谨慎，是一位厚德载物、高风亮节的道德模范。他光明磊落、虚怀若谷，时时处处蕴含着深厚的人格魅力。我们要永远学习杨先生无私奉献的崇高品格。

高山仰止，景行行止。在喻家山下，那位科技报国、育人不倦、知行合一的"大先生"，将永驻华中科技大学人的心间。

（熊有伦，华中科技大学机械科学与工程学院教授，中国科学院院士）

德才满溢，遍洒星光
——忆念导师杨叔子院士

◇ 丁 汉

在我们的一生中，总会遇到那些让我们难以忘怀的人和事。我的导师杨叔子院士就是其中之一，他的高尚人格和言传身教，成为我心中永恒的纪念。

我一直感恩杨老师在我事业起步时的引导和帮助。更让我感动的是，他始终关注和关心我的成长。每逢重要节日，我都会收到他的问候信息，询问我的工作和生活是否顺利。我还记得，他在担任校长期间到访香港城市大学，得知我在该校做访问学者，便特意邀请我参加校长招待晚宴。这些关心和关怀体现了杨老师提携后辈的情怀和对人才的重视。

2013年，我被增选为中国科学院院士，杨老师非常高兴，为我赋诗一首："'资深'好伴善章裁，'天命'刚知大喜来。立地顶天程未半，增光'缩影'卷新开。"这首诗体现了两代人的相知，更饱含了长辈对晚辈的期望。杨老师离世后，每每我读及此诗，愈发感受到他伟大的人格和对我的殷殷期许。

杨老师将自己的一生献给了国家的教育和科技

2016年春节，丁汉（右二）全家看望杨叔子

事业。从教学到科研,他始终坚守着一份执着和热忱,深深影响了我。

杨老师一直强调教研相长的重要性。多年来,他站在三尺讲台上不懈地为各类人员上课,包括本科生、研究生、青年教师、一线科技人员和从业者,不仅传授知识,还在讲授和分析中,不断发现新的科学问题,开辟新的研究方向。

杨老师非常重视教材建设,他编写的教材多次获得国家级和省部级奖励,其中《机械工程控制基础》已经更新至第八版,累计发行量高达80余万册。这些优秀的教材为华中科技大学机械工程学科树立了标杆,扩大了学科在全国的影响力。

杨老师高度关注信息技术和机械制造的结合,开发了国内首台微机信号处理系统;他的成果突破了国际难题,成功实现了钢丝绳断丝的定量检测;他的成果引领了时间序列分析、故障诊断理论研究以及工程应用。

1989年,杨老师在国内首次提出"智能制造"的研究方向,带领我们最早开展智能制造和智能装备方面的研究工作。1993年,他承担了国内第一个关于"智能制造"的国家自然科学基金重点项目,大大推进了智能制造相关技术的发展。

杨老师不仅在学术领域有杰出的成就,还亲自倡导和推进高校人文素质教育,关注学生的全面发展。他不顾自身年岁已高,只要条件允许,定会亲自参加新生开学典礼,讲述做人、做事和做学问的道理。

杨老师是机械工程学科的泰斗,是立德树人的榜样,是知行合一的典范。他经过终身的不懈努力,将自己的才学和品德,化为熠熠星光,永远驻留在我的心里,闪烁在无数人的心中!

(丁汉,华中科技大学机械科学与工程学院教授,中国科学院院士)

第二篇

思想风骨

从杨叔子看大先生之大

◇ 罗海鸥

最后一次见到华中科技大学老校长杨叔子院士，是 2022 年 9 月 28 日。9 月 27 日，我到华科大教科院"校长讲堂"讲学，借此机会于 28 日上午去探望他。其女婿李晓平老师开车带我去校医院。走进病床前，杨院士看到我来，把手从被窝里慢慢地伸出来，低声并吃力地说："我们还是握握手吧。"我们断断续续交谈了两三句话，他就说累了，要休息了。我只能告辞，默默退出。

这次探望，我感慨万千。杨院士自 2014 年 6 月突发脑卒中后，身体大不如以前，常住医院。其间见过他两次。这次看到他身体如此羸弱，我简直不敢相信，有一种不祥的预感。

尽管知道杨院士身体越来越差，但真正听到他去世的消息，我还是难以接受，悲痛万分。说来也奇怪，2022 年 11 月 4 日，我到湛江讲学。这是恩师涂又光先生去世 10 周年的日子。不知什么原因，我没有胃口，觉也睡不着，神分气散，好像冥冥之中，有一种征兆。5 日上午，参加岭南师范学院特殊教育系十周年系庆活动。做完大会发言，便收到深圳大学肖海涛教授发来杨叔子院士于 4 日晚上去世的微信。当晚，我一个人行走在广州沿江大道上，江水无语，苍天无言，我泪流不止，深情地呼唤着那个熟悉的名字、那个境界高远的灵魂。我静静地回忆起与杨院士交往的点点滴滴，感恩他对自己的教导、鼓励和影响。后来看到华科大《今日，送别"大先生"杨叔子》等报道，称杨叔子为"大先生"，十分恰切，比其他称谓都好。"先生"一词，是我国几千年的敬语，也是教育的魂魄。先生，既是一种称谓，也是一种修为、一种境界。在教育界能真正配得上先生称谓的人不多，配得上"大先生"敬语的人更少，而用"大先生"来称谓杨叔子名副其实，充分表达了我们大家对他的崇敬和爱戴。

一、集科学家、思想家和教育家于一身的大先生

杨叔子作为大先生，大在哪里？首先表现在其集科学家、思想家和教育家于一身。

1993年初，杨叔子院士担任华中科技大学（当时叫华中理工大学）校长。我是同年秋季攻读华科大硕士学位的。那时候，只知道他，没有跟他接触过。真正跟他接触交往，是1999年攻读博士学位以后。跟他交往认识后，我就邀请他来我任职的广东艺术师范学校（现广东省外语艺术职业学院）演讲。在导师文辅相教授的推动下，杨院士利用到香港开会的机会，于2001年12月3日来广州，给广东艺师全校师生做人文演讲，题目是《科学与人文相融则利，相离则弊》。站在露天的讲台上，他首先以我的名字作了一首诗，没有讲稿，一口气讲了整整三小时。

杨叔子院士的这场演讲，融思想、逻辑、文采、激情和诗意于一体，对科学与人文各自的特点、重要性及其相融与相离的利弊做了系统深入的论述，让人醍醐灌顶，震撼和感动了在场的1000多名师生，大家被他高度的文化自觉，强烈的家国情怀，古今贯通、中西融汇、文理会通的渊博学识，惊人的记忆力以及富有诗意的表达所叹服。当天，《羊城晚报》以"杨叔子院士羊城话人文"为题做了报道，广东电视台也做了相应报道。后来我们根据录音将杨院士演讲整理成文，发表在《高教探索》2002年第1期上。

这场精彩的学术报告，已过去20多年了，其中许多思想观点并没有过时，对今天中国大学教育仍具有指导意义，杨叔子院士集科学家、思想家和教育家于一身的大先生形象已显露出来。

（一）杨叔子先生是一位科学家

作为科学家，杨叔子先生是华中科技大学首位当选的中国科学院院士，

也是华工 5 万多毕业生中第一位当选院士的人。他曾担任华中理工大学校长、华中科技大学学术委员会主任、中国高等教育学会副会长、中国机械工业教育协会副理事长、高等学校机械工程教学指导委员会主任、亚太地区智能制造协会主席、中国人工智能协会副理事长等职务。他长期致力于机械科学和工程的研究，在先进制造技术、设备诊断、信号处理、无损检测新技术、人工智能与神经网络的应用等众多方面获得了重要成果，尤其是他带领团队成功地解决了钢丝绳断丝定量检测这一世界难题。他还是我国智能制造的首倡者和先行者。他先后获国家级、省部级科技与教学重要奖励 20 余项。

像我国老一辈优秀科学家一样，杨院士有极高的文化修养。他不是那种文理分科造成的只懂科技不谙人文，或只懂人文不谙科技的人才，而是文理会通的优秀科学家，或叫大先生。他不仅在属于自己的自然科学领域有深厚的造诣和卓越的成就，而且在人文学科、社会科学领域也有广博的知识和深厚的修养，对人文经典和古诗词信手拈来，出口成章，还会写诗，是一位诗人。杨院士坚持诗词创作 60 多年，创作了 700 多首诗词，2017 年出版了《杨叔子槛外诗选》一书。他擅长于在演讲和写作中引经据典，用诗词来丰富内涵，净化心灵，激发才情，这也成为其演讲和写作的一个特色。作为中华诗教委员会主任，杨院士大力呼吁让中华诗词走进校园。

（二）杨叔子先生是一位思想家

杨院士从小就十分重视思考，注重培养和提高自己的思维能力。他经常对学生们说，上大学就是要做好三件事，学会做人，学会如何思考，学会知识及其应用能力。他不论是写文章，还是做演讲，都是思想、逻辑和文采俱全，常常会提出许多新思想。如大家都熟知的，"一个国家，一个民族，没有现代科学，没有先进技术，就是落后，一打就垮，痛苦受人宰割；而没有民族传统，没有人文文化，就会异化，不打自垮，甘愿受人奴役"。又如，教育是"育人"而非"制器"。在 20 多年前广东艺师的演讲中，他就提出了许多新思考、新思想。这里择要讲两点。

第一,背靠五千年,坚持三面向。1983年,邓小平同志提出,教育要面向现代化、面向世界、面向未来。杨院士在这个基础上创造性地提出,教育工作应当背靠五千年,坚持三面向。这充分体现了他的理论勇气、教育智慧和使命担当。他讲到"四书"之首的《大学》开宗明义讲高等教育怎么办,即"大学之道,在明明德,在新民,在止于至善"。用现在的话来讲,就是高等教育首先要重视品德学习,要养成高尚的品德;其次要有创新能力,要使学生的个性得到全面健康的发展,也就是成为真正的、有创造性的、高尚的人。我国有非常优秀的教育传统,这就是我们说的背靠五千年的意思,但是有怎样的思想感情,有怎样的创造能力,有怎样的个性,一定要符合时代的要求,要坚持三面向。我们的教育应当背靠五千年,继承、弘扬和超越我国优秀的传统。坚持三面向,就是要求教育要符合现代社会的要求,符合世界的要求,符合未来的要求。他强调我们高等教育应当培养中国的大学生,使中国的大学生成为有创新开拓能力的高层次人才。还具体谈到我国学生是黄皮肤,思想也应是中国的,而不是"香蕉"(黄皮白心)式的人。总之,背靠五千年,是坚实的基础;坚持三面向,是行动的方向。两者相辅相成,相互促进。

第二,在关键科技领域没有知识产权,就永远不能真正自立。在22年前的演讲中,杨院士针对一般情况下建国35年左右会有诺贝尔奖的获得者,而我国本土50多年没有出现诺贝尔奖获得者,对外技术依存度远超过欧美国家和日本、韩国,高达50%以上,大部分关键技术依靠进口的现状,敏锐地提出如果我们在关键科技领域没有知识产权,就永远也不能真正自立。提醒我们,这种状况绝对不行。因此,他指出我们必须严肃对待此事,这就不能不反思中国的教育。现在,回过头来看,这一富有远见的忠告,如果当时得到有关部门的重视,我国今天在"卡脖子"的关键技术上也许就不会那么被动地受制于人。

(三)杨叔子先生是一位教育家

陶行知在《第一流的教育家》一文中说:"我们常说的教育家有三种,一种是政客的教育家,一种是书生的教育家,一种是经验的教育家。这三种都不是最高尚的,只有具有敢探未发明的新理和敢入未开化的边疆两种要素之一的教育家,才可以算是第一流人物。"我认为,杨叔子院士就是这样的"第一流人物"、一位高明的教育家。

1993年1月,杨叔子院士成为华中理工大学第四任校长。此前,他连正副系主任都没有担任过。他担任校长,治校的特点有点像清华老校长梅贻琦"无为而治"的风格。他不是依靠权力,事必躬亲,亲力亲为,而是依靠文化,依靠党委,相信同事,大胆放手。他通过人格魅力,以文化人,像春风化雨,润物无声,感染和引领广大师生,追求卓越,争创一流。

作为教育家,杨叔子先生具有系统的教育思想。其核心是,教育要"育人而非制器"。他明确提出,我们的教育要培养人,培养活生生的人。如果把学生当作机器人看待,就永远不可能给予学生原始创新的能力。因此,我们要注重培养思想感情健康的、高尚的、有思维能力的人,爱祖国、爱人民、爱民族的人,能表现出原始创新能力、能开拓的人。所以,我们应当面对学生,把学生当作人看待,很好地开发学生的思维、情感、思想。

杨叔子院士担任华中理工大学校长虽然只有四年半,但成就巨大。其中最主要的,就是针对中国高等教育中多年来存在的"五重五轻"现象,即"重理工,轻人文;重专业,轻基础;重书本,轻实践;重共性,轻个性;重功利,轻素质"的现象,积极倡导和大力推进我国大学文化素质教育,在中国大学掀起一场"人文风暴",为这一顺应潮流、针砭时弊、涉及根本、载入史册的中国高等教育改革做出了卓越的贡献。与此同时,使华中科技大学成为中国大学文化素质教育的领头羊,以及大学文化素质教育研究的重镇,大大提升了华科大在全国高校中的地位和影响力。对于杨院士这样一位理工科出身的科学家,又是理工大学校长来说,要做成这一大事,真的很难,很了不起。

值得一提的是,杨校长任上把被誉为"教授中的教授"的学术大家,但因种种原因到退休时仍是副教授的涂又光先生破格评为教授,返聘到高等教育研究所任教授,使涂又光先生晚年得以充分发挥学术专长,产生了广泛而深刻的影响。杨校长接触涂先生之后,深感相见恨晚,逢年过节必定登门拜访，与涂先生交流探讨，并自谦地说，涂先生是自己的人文导师。他对我们组织开展涂又光研究给予热情支持和鼓励。他与涂先生惺惺相惜，君子互敬，连去世都碰巧在同一天——11月4日。

总之，对杨叔子先生89年的人生历程做一个深情的回望和深刻的追思，就会发现，他是一个寓高贵于质朴之中、十分纯真厚道而又聪慧过人的人；他是科学家、思想家和教育家；他是中国共产党的优秀党员和共和国伟大的儿子。在他身上，科学家、思想家和教育家三位一体，有机统一，构建了其作为大先生的完整人格，成就了其卓越的人生，使他成为那一代知识分子的优秀代表，成为我们时代知识分子成长的典范。

二、大先生之大，大在哪里

上面，从特殊性上阐述了杨叔子院士作为大先生，其之所以为大，大在其集科学家、思想家和教育家于一体。下面，从普通性上来阐述，杨院士作为大先生，大在其具有大情怀、大学问、大德行和大影响。

（一）大先生之大，大在大情怀

情怀，是支撑一个人事业的基础。没有情怀，任何人都难以成就大事。凡成大事业者，必有大情怀。在杨叔子院士身上，我们可以看到一种强烈的家国情怀，一种出乎本心，源于对祖国、对人民，对学校、对师生，对家庭、对亲友的无私的爱而产生的不私、不虚、不妄，毫无矫情与做作的真诚、单纯和厚道。这一大情怀，正如季羡林先生说的，一是爱国，二是骨气。"君子务本"，这个"本"，首先就是爱国情怀。这是与他从小受父亲的教导和影响分不开的。这也是激励杨叔子先生成为科学家、思想家和教育家的动力源和最深沉的力量。

正是这一大情怀，使杨叔子先生在被选送到哈尔滨工业大学进修时，在气温零下二三十度的环境中，坚持每天早上四点起床读书学习，在等电车冷得要不断跺脚的情况下，仍能坚持默默地背单词、学外语。正是这一大情怀，为了能有更多的时间用在教学和科研上，他和夫人能坚持30年在学校食堂吃饭；正是这一大情怀，使他当上校长后，依然没有丝毫的官腔和架子，在上班路上仍能不时停下来，耐心倾听师生的诉求。正是这一大情怀，使他狠抓教师队伍，大胆提拔年轻干部，让他们尽快挑大梁，将来担大任。罗俊、王乘、骆清铭等被提拔时都不到40岁，他们后来分别成为中山大学、兰州大学和海南大学的校长。罗俊和骆清铭还被评为中国科学院院士。正是这一大情怀，使他十分关心教职工及其子女教育，在学校经费十分紧缺的情况下，新盖了附属幼儿园，修缮了附中附小。正是这一大情怀，使他大力支持罗俊院士团队的科研工作，在学校经济相当困难的条件下，在引力实验室外面建了一座引力大楼，使引力实验室领先世界先进水平，被国际同行称为"世界引力中心"。

类似这样的例子，不胜枚举。这里我再讲讲自己亲身经历的两件事，来进一步说明杨校长对同事、对学生的关爱以及热情鼓励。1999年12月底，华科大为周济校长被评为中国工程院院士举办庆贺大会。会上，杨叔子院士朗诵了一首诗以赠，表达自己的喜悦之情和庆贺之意。会后，我们几位学生随导师文辅相教授一起送杨院士回家。路上，杨院士把学生代表送的鲜花转送给文老师。我悄悄地问他为什么，他说，文老师是我们华工的理论家，自己写高等教育研究的文章，是向他学习求教而来的。多么谦逊和厚道的大先生，心中只有他人，常念他人的好。

还有一件事。2019年6月，我应邀回华科大教科院做客"院友讲坛"。借此机会，我到杨院士住家拜访，向他汇报自己近年来的工作情况，赠送了拙作《北大校徽一解》《清华一解》以及岭南师范学院校园文化景观画册《景在哪里，教育在那里》。他赠送我一本《往事钩沉》。这是他突发中风后，断断续续回忆沉淀在岁月中的往事，以顽强的意志完成的带有自传性的著作。他拿起笔，用颤抖的手在扉页上艰难地写下："天高任鸟飞，海阔凭鱼跃。海鸥同志指正。杨叔子。"十几个字，整整用了十多分钟，每写一字，都像百米短跑，气喘吁吁。对学生的深情，气字互动，渗透纸背。拜访已超时，对我而言，这分分秒秒都是历史的凝固，将永远珍藏心中，化作前进的动力。杨叔子院士就是这样，总是把温暖和鼓励赠送给学生，留给后辈。

（二）大先生之大，大在大学问

这在杨叔子院士身上，体现着"做人，做事，做学问"的统一。用他的话来说，"做人是灵魂，做事是躯体，两者的融合，就是做学问，真正的做学问"。所以，杨院士的学问，不仅体现在教学、科研和行政工作上，还体现在其生活上。他的生活，处处散发着君子的人格魅力和学问的芬芳气息。

在杨院士身上可以看到，学问代表着一种求真务实、为国为民的精神，一种严谨认真、老老实实的态度，一种求知探索、追求真理的志趣和热诚；代表着一种追求卓越、坚毅不拔，寓高贵于质朴之中的生活方式，这是需要长期付出艰苦劳动的寂寞的生活。尤为难得的是，其追求的学问，关注的不是个人利益和琐碎小事，而是整个国家和民族的大事。其学问与人生高度融合在一起，代表着一种价值取向、思维方式和行为习惯的大学文化。

著名文化学者、香港中文大学原校长金耀基在《再思大学之道》中说，大学传授与创新的知识，有"知性之知"（科学），有"德性之知"（道德），有"审美之知"（美学），从而大学将不仅可"卓越"，亦可有"灵魂"矣。杨叔子先生是科学家、思想家、教育家和诗人，在其身上凸显出"知性之知""德性之知""审美之知"三位一体的大学问家的画像。我们不说杨先生作为中国科学院院士在其学科专业的大学问，也不说他作为诗人的学养境界，仅就其作为教育家提出的系统的教育思想和办学治校理念，便可知其学问之大。

杨叔子院士认为，大学定位在文化里，文化的本质是人，是化人和人化，要注重以文化人，以人化文。大学的根本任务是培养人。培养什么人？杨先生提出，要培养现代的中国人。如何培养人？就是要实现从注重专业教育、科学教育转变为科学教育和人文教育相结合，在注重专业教育的同时，高度重视素质教育。如何办学治校？杨先生认为，一靠国家，二靠朋友，三靠自己。如何当校长？校长首先应把眼光放在学校发展战略上，抓办学思想，抓发展方向；同时必须在战术上可行。无前者，是近视；无后者，是盲动。战略战术相结合，学会放手，依靠集体，聚合力量。办大学，学科建设是龙头，教学是立校之基，科研是强校之路，社会服务增加大学活力。管理就是服务，要注重办出大学氛围，办出大学特色。这样，大学才成为其大学的样子。

（三）大先生之大，大在大德行

大先生之大，大在其具有大德行。杨叔子院士在《育人而非制器——杨叔子口述史》里说："我一生的体会是，学好业务，做好工作，报效祖国，是最高的德行。"从这一点来看，杨叔子先生的德行既高又大，让人不得不充满敬佩和爱戴。这里只择要三点阐述如下：

杨叔子先生是华中工学院的首届学生，本科提前毕业，留校当老师，成为学校最年轻的教授，成为我国20世纪80年代少数出国留学的教授之一，放弃留在美国的机会，回国后继续致力于机械科学和工程的研究，1991年当选中国科学院学部委员(后改称院士)，带出了一支高水平的团队，取得了卓越科技成就。

40多年来，杨叔子先生一共培养了100多名博士和硕士、10多名博士后。他们大都学有所成，活跃在各自学科专业领域和工作单位，挑大梁、做贡献。有的成为院士，有的成为"双一流"建设高校的领导，有的当上了省部级领导干部，有的成了知名企业的董事长或总经理，等等。

作为第四任校长，杨叔子院士继承传统，开拓创新，丰富发展，带领学校实现了"第四个转变"，即从注重专业教育、科学教育转向科学教育和人文教育相结合，在注重专业教育的同时，高度重视素质教育，推动学校发展再上新台阶。率先倡导在全国高校尤其是在理工科高校中加强大学生文化素质教育。他作为专家组组长，参加了首轮普通高校本科教学工作水平评估，带队到清华大学、西安交通大学、哈尔滨工业大学、国防科技大学等11所大学开展本科教学水平评估；作为教育部高等学校文化素质教育指导委员会主任，到100多所高校做了300多场人文讲座，参与听众达30多万人次。

（四）大先生之大，大在大影响

大情怀、大学问、大德行，必然带来大影响。先生的本质在于积极而深刻地影响学生。作为大先生，其影响力必然是积极深刻、广泛而持久的。杨叔子院士一生诗礼传家、笃志报国。他秉承"清廉爱国，师表崇德"的家训，怀揣科技报国、文教兴国梦想，在60多年的科研和教学生涯中，志存高远、自强不息，勤勉敬业、尽心尽职，继承传统、开拓创新，尊重他人、依靠集体，吃苦在前、享受在后，知行合一、为人表率，把毕生的精力贡献给党和国家的教育事业，贡献给了华中科技大学，为学校的建设和跨越式发展做出卓越的贡献。杨叔子院士是无数师生心目中的大先生，他的影响力是积极深刻、广泛且久远的。2022年11月8日杨叔子遗体告别仪式上，华科大原校长李培根院士题写的挽联"攻专业究人之本人文融教育享誉千学万塾，去机心悟器之道科技和道德竟比百家诸子"，对杨叔子一生做了高度的概括和评价。党和国家的许多领导人、省部级领导，许多著名大学的党委书记、校长，不少两院院士，都发来唁电、慰问家属或参加告别仪式，这都可以看出杨叔子院士的崇高地位和巨大影响力。

集学问家、思想家和教育家于一身的大先生杨叔子走了，但其情怀、学问、德行、影响仍在，留在人们的记忆里。杨叔子先生渐行渐远的背影，是我们的正面，前行的方向。加快建设教育强国，以中国式现代化，推动中华民族的伟大复兴，需要更多杨叔子院士这样的大先生。

云山苍苍，江水泱泱，先生之风，山高水长。

（罗海鸥，广东开放大学原党委书记，华中科技大学教育科学研究院兼职教授、博士生导师）

"大先生"的精神品格和人格魅力
——杨叔子院士的精神肖像

◇ 余东升

2022年11月4日夜,我的心随着杨叔子院士病情的变化而跌宕起伏:19点40分,病情突变,我的心一沉,暗自祈祷;21点40分,经抢救,心跳恢复,又为之一喜,感谢上苍;快到23点,噩耗传来,不禁泪流满面,悲从中来。从1998年6月我第一次陪他到南京农业大学参加全国农业院校文化素质教育工作会议,到2014年5月最后一次陪他到位于十堰市的湖北汽车工业学院做文化素质教育报告,16年来,我们共同致力于推进文化素质教育事业,每年一起出差十余次,目睹了他为党和国家的教育、科技事业,为华中科技大学的发展,不顾舟车劳顿,奔波在全国各地;2014年6月,我们一同住进协和医院,看到了他面对病魔,乐观开朗;出院后,每次去探望他,他总是或工作,或学习,以超常的毅力与病魔做斗争,完成了回忆录《往事钩沉》,修订再版了个人诗集,案头总是放着唐宋诗词和古文观止,反复阅读学习……体现了他热情、睿智、勤奋、坚韧、宽容、大爱等种种美德的种种细节,还有对我个人成长的关心、支持和帮助,点点滴滴,历历在目,一时千言万语,万语千言,无语凝噎。待情绪稍稍平息,于次日凌晨1点19分在微信上写下了这样一段文字:

> 杨叔子院士在喻园七十载的辉煌历史上,书写了浓墨重彩的篇章,创造了喻园历史上诸多的"第一"。其中,他与教育部领导共同倡导和积极推进的文化素质教育,则是这一历史篇章中的一个绚丽的华彩乐章,不仅深刻地影响了世纪之交的中国高等教育改革发展,而且在国际高等教育界产生了反响(wen-hua-su-zhi-jiao-yu

永远的楷模　无限的思念
——杨叔子院士纪念文集

以汉语拼音的方式出现在国际高等教育研究文献中）；不仅奠定了杨叔子院士个人作为教育家的地位和影响，而且也显著地提升了华中科技大学在国内乃至国际高等教育界的影响力！

二十多年来，为推动文化素质教育事业，杨叔子院士著书立说，由其教育思想凝练而成的教育金句广为传播；他所主导的文化素质教育改革，为众多高校所借鉴；他深入大中小学，为学生做人文讲座，听众有数十万人之多；他主编的《中国大学人文启思录》被誉为重塑人文精神的经典之作。文化素质教育，蕴含了杨叔子院士对党和人民教育事业的无限忠诚，对国家、民族的无限热爱，对学生成长的深切关怀！

我坚信，杨先生的教育思想将不断被后人所提及并为后人所感谢！思想家不死！杨先生的精神将永存！

在接下来的日子里，我看到了人们以各种方式表示对杨院士逝世的哀悼，表达怀念、崇敬、感恩之情。在 11 月 8 日的告别仪式上，我身旁有两位已经毕业的校友不惧疫情风险，从外地专程赶到武汉，就为送杨院士最后一程；当天晚上，杨院士的学生张海霞教授组织的"线上纪念杨老师活动"，一直持续到次日凌晨，全球五万多人收看；我曾陪杨先生到访过四川省简阳市一所以留守儿童为主的小学，八十多岁的老校长朱健康老师发来悼念短信："杨叔子院士：您是中国伟大的人民教育家，您的绿色教育思想永远活在我们心中！"人们对他赞誉最多的是他作为"大先生""教育家"的精神品质和人格魅力。

2012 年，在编辑整理《杨叔子教育刍论选》之后，我曾撰文《育人：教育永恒的主题——杨叔子教育思想述评》，从教育学理论的角度对他的教育思想进行总结。如今，面对人们如潮水般的哀悼之情、怀念之情、感谢之情，我不禁进一步思考：是什么样的精神和人格，使杨院士具有如此广泛而深刻的影响？本着"知人论世"的原则，本文结合我所知道的杨叔子院士，描述其精神品质和人格魅力，并探究其教育思想形成之根源。

一、精神的力量

回忆 25 年来对杨院士言行举止的观察,以及对他诸多论述的学习,我想,他身上体现了爱国主义者、共产党员和科学家的精神,正是这三种精神共同塑造了杨院士的精神品质,并成为他成长和成就的精神动力。其中,对民族优秀传统文化的体认、传承和创造性转化是其精神品质形成的基础。

(一)植根于民族优秀传统文化传统的爱国主义精神

杨叔子的爱国主义精神形成于幼儿时期。他的童年是在抗战的颠沛流离中度过的。1938 年,日寇进攻江西,不到五岁的杨叔子随全家逃难。途中,他的父亲,一位老同盟会会员、民族气节凛然的爱国主义者,告诉全家:"我们是炎黄子孙,是中国人,我们绝不做亡国奴!如果日本鬼子追上我们,我们全家自杀,投河自杀!"浩然正气,铮铮骨气,激荡着幼年杨叔子的心灵,炎黄子孙、中国人自此成为他终身的身份认同。父亲还教他背诵李白的《静夜思》:"床前明月光,疑似地上霜。举头望明月,低头思故乡。"思乡之情、亡国之危,家国情怀自此植根于心灵,成为他终身为国之强大而奋斗的不竭的精神动力。20 世纪 50 年代在填报专业志愿时,响应国家工业化发展的号召,他选择了机械制造专业,因为机械是工业的"心脏",尽管中学时期他已经在数学、人文学科等领域展示出非凡的才华(他曾告诉我,按照个人的基础和禀赋,自己更适合学数学;我曾访谈过他的中学同学,他们众口一词,杨叔子是文科"天才")。参加工作后,他深入企业,利用自己所学的专业知识,帮助企业解决了一个又一个的技术难题。他曾告诉我,70 年代末,某个科研单位承接了某大型企业的一项技术攻关任务,由于某些特殊原因,无法继续完成,找到杨院士,希望他的团队能接着做。但项目经费的使用已超过三分之二,任务完成却不到三分之一,接还是不接,大家有不同意见。杨院士果断决定,接!因为这个项目无论是对这个企业还是对国家,意义重大。经费不足,自己想办法补。80 年代初,他到美国访学,由于具有深厚的数学基础,同时对控制论、信息论等新兴学科有非常深入的研究,使他很快在机电一体化、先进制造、数字化检测等领域尝试新的探索，开拓了机械学科多个研究方向，也为后来我国智能制造学科建设做出了基础性、战略性、开拓性的贡献。杨院士展露出的才华，很快受到美国大学的注意，在访学结束时，该校主动提出希望他留美工作，并许以远高于国内的薪酬，但他毫不犹豫地选择了回国。当有人问他为什么要回国，他坚定地反问道："为什么不回国！"后来我陪他到东南大学看望他在美国访学时的同室好友黄仁教授，在回住所的路上，他告诉我，在美期间，看到美国发达的科技和强大的综合国力，他和黄教授就暗自下定决心，一定要回国，把我们的国家建设得像美国一样强大，并最终超越美国！回国后，他与黄仁教授在博士生培养上相互支持，在机械工程学科领域造就了一批高层次人才。在他看来，爱国主义者要有"傻子"精神。所谓的"傻子"精神，就是把国家和民族的利益置于个人利益之上。

对于高层次人才，杨院士认为，爱国主义精神要落实到创新能力上。培养高层次人才，核心有两条，一是要爱国，二是能创新，两者缺一不可。爱国与创新，是他教育论述和文化素质教育报告中的高频词、主题词、关键词。早期，他强调，大学生首先要学会做人，然后要学会做事。后来，他又告诉我，经过反复思考，觉得这句话还不够全面，对于作为未来高层次人才的大学生群体，爱国与创新是"一体两面"，并引用陈毅元帅的话来证明，一个优秀的空军飞行员，既要爱国还要精通业务，业务能力要强，要能开好战斗机。再后来，他又引用司马光的"德，才之帅也；才，德之资也"来说明两者之间的关系。有才无德，毫无疑问，不仅不可能为国家建设发展做贡献，反而可能会以才谋私，甚至会成为国家建设的破坏者；有德无才，德就是空洞的德，爱国主义就不能落到实处。

在他所做的数百场文化素质教育报告中，爱国和创新始终是核心的主题，结合自己的人生经历和体验，以及大量鲜活的爱国主义典型事例，以充满激情和深刻的理论分析，阐述大学生应具有的爱国主义精神内涵，同时，根据知识经济时代创新驱动发展的趋势，分析我国科学技术发展面临的基础研究薄弱、技术依存度高等严峻挑战，指出未来的综合国力竞争关键是创新能力的竞争，而创新能力的竞争，归根到底是人才的竞争。今天的大学生要全面提升自己的综合素质,为成为引领未来发展的创新型人才奠定坚实的基础。这些报告在广大青年学生中激发起强烈的共鸣。著名的文化素质教育报告《踏平坎坷,成人成才》,就是典型。这个报告在全国各高校演讲100多次,并成为华中科技大学新生入学教育的内容之一。他特意将报告的日期定在每年的"九一八",意在警醒新生,勿忘历史,落后就会挨打,要立大志,奋发有为,掌握先进的科技知识,以科技创新服务祖国建设。

杨院士还大力褒奖和支持爱国行为。担任校长之后,他有机会接触到更多的海外华人学者。他看到,一些华人学者虽身居海外,但仍然保有一颗爱国之心,尽可能地支持国家的建设发展。例如,机械工程领域的专家、加拿大工程院院士顾佩华教授,2005年主动放弃国外高校系主任职务,回国担任汕头大学执行校长,不仅提高了该校的办学水平,同时还积极推动工程教育 CDIO 改革,提高工程人才培养的质量。杨院士对他回国服务大加赞赏,称他是"心系华夏、情系中华、梦绕故土",并且尽一切之可能支持顾校长的工作。2005—2010年几乎每年去汕头大学指导工作,有时一年两次,给全校和工学院师生做报告,从办学理念、教师队伍建设、人才培养到教育部重点实验室建设都给予了全面指导,给全校师生巨大鼓舞。2006年,汕头大学接受教育部本科教学工作水平评估,杨院士欣然同意担任评估组组长。在他看来,支持顾校长的工作,就是对爱国行为的支持,对爱国精神的鼓励。类似的例子,不胜枚举。另一方面,他也看到个别加入外籍的华人,数典忘祖,甚至干出有损国家利益的事情。杨院士深感痛心,斥之为黄皮白心的"香蕉人",同时也深感教育事业的责任重大。

或许正是出于个人成长的经历和对现实深刻的观察思考,杨院士深刻地认识到,民族主要是文化的概念而非基因的概念,文化是民族的身份证;爱国主义精神必须建立在对民族文化认同的基础上,有了民族文化的认同,才能建立起中国人的身份认同,有了中国人的身份认同,才可能成为爱国主义者。这也是对他个人成长经验的总结。如前所述,杨院士出身书香门第,成长于战争动乱时期。颠沛流离的逃难,使他无法受到正式的学校教育，全靠家学渊源的父亲教他中国传统文化，《论语》《大学》《中庸》《诗经》等四书五经以及诗词歌赋、散文名篇、古典小说广为涉猎，其中优秀的道德规范成为他童年时期的行为准则。刚上小学时，他的数学成绩并不好，特别是除法，每次考试只有几分。怎么办？作弊？孔子说"非礼勿视，非礼勿听，非礼勿言，非礼勿动"，违规的事不能做。问同学？孔子又说过："不愤不启，不悱不发"，自己连基本的思路都没有，怎么问？《中庸》说："人一能之己百之，人十能之己千之。果能此道矣，虽愚必明，虽柔必强"，相信自己只要加倍努力，一定能把除法搞清楚！他不断思考，甚至在与同伴玩耍时也在思考，终于有一天，豁然开朗，不仅解决了不会除法的问题，而且得到了方法论的启示。自此数学成绩突飞猛进，初二就能解高二的数学题。从这则故事中至少可以看出优秀传统文化对杨院士的三种影响：一是诚实守则；二是自立自强；三是道高于术，要从本质上思考问题，从根源上解决问题，在学习知识的基础上更要关注知识的方法论。民族优秀传统文化对他精神的滋养，既体现在爱国主义精神上，也体现在道德品质、个人修养上，还体现在创新精神的养成上。

人们每每惊叹于杨院士对传统文化经典的博闻强记，在他的演讲和著述中，传统文化的名篇佳句，信手拈来，烂熟于心。然而，熟知非真知，熟知也未必真爱。杨院士对优秀传统文化的"真功夫"更体现在对传统文化的现代化"转化"上。

其实，上述的故事就反映他出对传统文化的重新阐释。这里的"礼"，已经不是孔子念兹在兹的"周礼"，而是做人要诚实守则的基本准则。杨院士对传统文化的再阐释、赋予传统文化时代内涵的探索集中体现在世纪之交的二十多年，其基本原则就是他一再宣称的实现民族的伟大复兴，既要"背靠五千年"又要"面向现代化"，前者是我们的根基，后者是我们的未来。因此，他坚决反对割裂现代化与传统文化之间的关系，反复强调，对传统文化，既要传承更要创新。

传承是基础。他提出本科生必修"中国语文"，意在更好地传承传统文化；他高度重视对民族文化元典的阅读，要求自己的博士研究生背诵《论语》前七篇和《老子》，与涂又光先生一起开设经典阅读课程并亲自讲授；他大力支持学校成立京剧社和瑜伽诗社，并亲自担任诗社社长，与一批老教授共同开设中华诗词创作课，大声疾呼"让中华诗词大步走进大学校园"，因为在他看来，"国魂凝处是诗魂"，是民族精神的艺术表现。没有对传统文化的基本认知，也就没有传统文化的传承。

提炼是关键。文化总是具有其特定的时代内涵，作为历史，传统文化难免鱼龙混杂，精华与糟粕杂糅。传承传统文化，并不是文化的复古主义，恢复那些已经死去的、没有现代价值的部分，而是要承续那些具有永恒价值和生命活力的部分。文化传承的第一步是对传统的选择，也就是取其精华，去其糟粕。我注意到，他很少从正面意义上提及《三字经》《弟子规》，以及《幼学琼林》之类的蒙学读本，或许他认为这些蒙学读本的现代价值有限。在唐诗宋词中，提到的唐诗（特别是盛唐诗作）远多于宋词；即使提到宋词，豪放派也远多于婉约派。或许在他看来，盛唐诗作表现出的奋进有为、积极向上、开拓进取的精神，其人生格局要远高于多愁善感、卿卿我我、缠绵悱恻的婉约派词作。对爱国主义精神的诗词，他更是牢记在心，张口就来。我曾问过他，喜不喜欢宋词，他回答道，喜欢。文学价值很高，感情表达很细腻，但人生格局小了点。

2005年，为纪念华中科技大学人文讲座举办1000期，我们文化素质教育基地的同志们约他主讲。他提前半年就开始做准备，题目是《民族精神：中华民族文化哲理的凝现》。在报告中，他分析了中华文化哲理所蕴含的整体观、变化观与本质观，阐述了这一整体观、变化观与本质观在世界观、人生观与价值观中的体现，在此基础上，将中华民族精神的核心概括为爱国主义、团结统一、爱好和平、勤劳勇敢与自强不息这五个要点，最后，提出弘扬与培育民族精神，既要反对妄自尊大，还要反对妄自菲薄，同时必须学习一切先进文化，汲取世界各民族的长处，弘扬以改革创新为核心的时代精神。讲座的当晚，西五楼117教室人山人海，连窗户、走廊都挤满了听众，我们十分担心出现意外事故，学校保卫处也派人来维护秩序。看到这一情形，杨院士既感到高兴也难免担心，于是赶紧宣布，第二天加讲一场，走廊上的学生才慢慢散去。第二天晚上，同样是人山人海。

创新性阐释。杨院士主张从整体上去把握中国传统文化，也就是要"以孔解孔""以老解老"，由此往往能对经典做出新的阐释。例如，《论语》中的"民可使由之，不可使知之"，不少人认为这是一种愚民思想。杨院士反对这种解读，认为不符合孔子作为教育家主张"教化"和"有教无类"的思想，这句话应解读为"民可，使由之；不可，使知之"。对《大学》中的"格致"，对《老子》"无为""不争""道法自然"等，他也有自己独特的阐释。其实，世界上每个民族在其民族文化形成的初期，都有奠定其基本精神价值体系的文化元典，而民族文化的发展，则是在对这些元典不断重新阐释中实现的。

令人称奇的是，他从现代科学技术的视角对中国古典文学作品做出新的解读。例如："李白的'日照香炉生紫烟'，有人批评说，太阳光照在瀑布上怎么会呈现紫色呢？应该是五颜六色，七彩缤纷。研究已经表明，光在前进中遇到阻碍它前进的物体时，就会发生各种现象：折射、入射、反射、衍射、散射等等，其中有'漫射'，即当阻碍物的尺寸大体与光波波长尺寸相同时，就会发生'漫射'，而'漫射'强度同光波波长4次方成反比；很可能李白那天看到香炉峰瀑布的水的微粒，其尺寸大体与紫光光波波长相同，就发生了强烈的'全漫射'，而紫光是可见光中光波最短的光，这样一来就'生紫烟'了。这不奇怪！"他还举过描写春天的两个名句，一是王安石的"春风又绿江南岸"，一是宋祁的"红杏枝头春意闹"。自古以来，很多人都讲"绿""闹"用得好！为什么好？古典诗词鉴赏派只有各种文学分析，杨院士则另辟蹊径，从科学的角度来分析："绿"与"闹"分别是在那个特定空间中春天的"特征不变量"。"绿"，是对千里江南这个在数学上可谓是一个无边际的巨大空间的定义域中春天的"特征不变量"，春风吹来，由南而北，"绿"渐遍及！没有第二个字能取代！"闹"，是对小小杏枝头这个在数学上可谓是一个极小的空间的定义域中春天的"特征不变量"，春风吹来，那么一个小的枝头，枝摇、花繁、蜂鸣、蝶舞、虫飞，好不热闹！还有另一个字可取代"闹"字吗？他还认为辛弃疾《木兰花慢·可怜今夕月》实际谈到了现代航天领域中的"高空风",谈到了空间物理的"万有引力",而且还隐约揣测到了月亮围绕地球而行。中华诗词学会在深圳举办年会,他从科学的角度解读古典诗词,以说明科学与人文相通相融,与传统的诗词鉴赏派明显不同,可谓别开生面。报告后,我请教著名古典诗词研究专家叶嘉莹教授对此有何评论,叶教授笑了笑:的确有他自己的见解,也很有趣!

杨院士在机械故障检测诊断方面有很高的创新成就。在一次报告会上,他从故障诊断技术的角度来分析《岳阳楼记》,认为它不但是一篇杰出的政治议论文、一篇绝妙的风景描叙文,而且是一篇地道的有关诊断的学术论文。他首先总结道,无论是工程师的故障诊断还是医生的医疗诊断,有三个共性的步骤:第一步,要决定提取些什么信号,如医生或把脉,或验血,或做心电图;第二步,要从这些信号分析中提取征兆,例如,从振动的波形提取峰值频率;第三步,要根据征兆做出诊断,例如,根据峰值频率诊断出是机器的转子不平衡。此外还要有两个关键点:一是要明确诊断对象;二是要有诊断的参考标准,医生做诊断结论要有大量的典型病例,病例越多,诊断得越准。设备诊断也是一样,一得有对象,二得有参考标准,得有大量的典型故障案例,每种故障有些什么征兆,案例越多,诊断就越准。所谓诊断,本质上就是依据诊断对象的征兆来与参考标准或典型案例的征兆进行对比,从而做出结论。

据此来分析《岳阳楼记》,其诊断对象是"迁客骚人",对比的参考标准或典型案例是"古仁人"。诊断也是三步。第一步,提取信号,即"览物之情",面对"物景"的自然变化,迁客骚人的情感世界也在变:面对"淫雨霏霏""阴风怒号"就有了"满目萧然,感极而悲";面对"春和景明""一碧万顷",就有了"把酒临风,其喜洋洋"。第二步,分析这些信号,提取征兆,征兆是"以物喜,以己悲"。第三步,进行诊断,即同"古仁人"对比,"古仁人"的征兆是"异二者之为","不以物喜,不以己悲"。结论就显然了,他们不是"古仁人",不具有"先天下之忧而忧,后天下之乐而乐"的精神。所以,《岳阳楼记》是一篇诊断学术论文。现场,有代表讲:"范仲淹没到过岳阳楼,不能进行诊断。"杨院士答道:"是的,范仲淹没到过岳阳楼。但是,他根据的是滕子京送上的一幅《洞庭晚秋图》,加上他对迁客骚人的深切了解,就进行了'远程诊断'。医学上、工程上,都有'远程诊断',《岳阳楼记》也是'远程诊断。'对吧?"听罢,众人皆笑,无不叹服。后来,他的这一精妙分析,被某个地区选作中学生作文竞赛的素材,意在培养学生科学与人文相融合的意识,以及多角度观察分析问题的能力。

毫无疑问,杨院士是爱国主义者,是积极、理性的民族主义者,两者密不可分。他的爱国主义精神深深植根于中华优秀民族文化传统之中,植根于对民族精神的深刻体认,以及通过对民族文化进行创造性的再阐释进而赋予其新的时代内涵。

(二)从爱国主义者成长为优秀的共产党员

杨院士是优秀的共产党员,是中共十五大和十六大的代表。在党的教育和培养下,他从爱国主义者进一步成为坚定的共产主义信仰者。

据他回忆,初中时期的他没有接触到进步思想,对共产党并不了解。1949年5月南昌解放前,听到国民党的宣传,对共产党不免有些担心害怕。当看到进入南昌城的解放军,纪律严明,对老百姓秋毫不犯,与溃败的国民党军队以及国民党反动派的宣传形成了鲜明对照,从而认定这是一支仁义之师、正义之师,是人民的军队。他心中感到强烈的震撼,由此下定决心,跟着共产党走。据他夫人徐辉碧教授回忆,1949年5月南昌解放,10月他就提出加入新民主主义青年团(共青团的前身)的申请,1950年1月成为共青团员,年底就被评为南昌市优秀团员。1955年提出入党申请,1956年2月被批准加入中国共产党。

自从下定决心跟党走,他就坚定地听党的话,服从组织安排。高中毕业后原本准备考大学,组织安排他留校工作;后来,又响应组织号召,报考大学并选择了工科专业。1992年底,国家教委决定由他出任华中理工大学校长,这对从无行政管理经验的他有很大的挑战性,但他还是勇挑重担。

他曾告诉我,对他出任校长,有些朋友还是感到惋惜,认为在机械工程学科领域,他已经开拓出若干新的方向和领域,又刚刚当选为中国科学院院士,事业上如日中天,假以时日,一定能在专业领域做出更大的成就。当校长,必然要投入精力,对科研有影响。听到这些议论,他淡淡地一笑:既然组织上让我出任校长,我一定要尽职尽责,全力以赴,办好华中理工大学。卸任校长后,我曾问他如何看待当校长对专业的影响,他回答,专业领域里的教学科研,影响和贡献仅限于本专业内,而当校长,当一个称职的校长,要思考教育问题,影响和贡献体现在全校,甚至整个教育界,特别是能够影响学生的发展,并举竺可桢的例子,竺可桢在担任浙江大学校长之后,由科学家进一步发展为教育家。因此,他认为既然做了校长,就要全力以赴!当好校长,同样也是为国家做贡献,在一定意义上贡献更大!

　　杨院士对党无限热爱,一再宣称,自己最崇拜的是为革命事业献出生命的无名英雄,最向往的是能够到所有在党史上有重大历史意义的故址参观学习,特别是上海、嘉兴、井冈山、遵义、延安和西柏坡。他告诉我,他去过上海、井冈山,后来利用到河北省出差的机会,我陪他专门去了西柏坡。2012年,他应邀到浙江科技学院做文化素质教育报告,浙江省高校得知杨院士到了杭州,纷纷与浙江科技学院联系,希望能邀请杨院士到校讲学。杨院士原本是要从杭州到无锡的,行程安排已满,最多能挤出一天半时间到一所学校。到底去哪所学校,他让我与浙江科技学院的同志商定。当我得知邀请学校中有嘉兴学院,当即决定去嘉兴。我把这一决定告诉他,他非常高兴,连声说道,谢谢你!你是了解我的。我们中午出发乘车一个半小时到达嘉兴,已经年近八十的他,不顾旅途疲劳,直奔南湖革命纪念馆,两个半小时的参观,他始终认真听取讲解员的解说,仔细参观每一件文物。晚上他给嘉兴学院师生做人文讲座,报告的内容还是经典的《踏平坎坷,成人成才》,其中加入了他下午参观南湖革命纪念馆的体会。第二天一大早,我们又乘汽车赶到无锡。路上,他再一次对我表示感谢,嘉兴之行收获很多。同时表示,现在就剩下遵义和延安没去过了。我牢记在心。2013年暑期,文化素质教育指导委员会要举行全体委员会议,我联系了时任贵州大学常务副校长、文化素质教育指导委员会委员封孝伦教授（我们出自同一师门，彼此很熟悉），请贵州大学承办此次会议。这次我们提前一天到达贵阳，第二天即驱车前往遵义。在回贵阳的路上，我们交流参观的体会，他再次表示感谢，并说道，现在就剩下延安没去过了。贵阳会议后，我立即联系文化素质教育指导委员会三北四川片召集人、时任南开大学教务处处长的沈亚平教授，建议2014年暑期三北四川片高校文化素质教育工作会议请延安大学承办，杨院士将一如既往地参加。谁知2014年6月，杨院士病发，已无法参加会议，延安之行终未如愿，留下终身的遗憾。会议期间，我与延安大学的校领导谈到杨院士的这一心愿，他们都非常感动，无不为之动容，也无比惋惜。回到学校，我向他汇报会议情况，并介绍我在延安的所见所闻，他听得认真，问得仔细，向往之情、遗憾之情，溢于言表。

他曾连续当选为中共十五大、十六大代表。每次党代会后，他积极投身于党代会精神的宣讲活动中。由于他的宣讲报告对党代会的精神领会深刻，政治站位高，知识渊博，语言生动，激情四射，深受听众的欢迎，邀请他做宣讲报告的单位络绎不绝。只要时间允许，他总是满口答应。有一天从早到晚，在五个单位连续做了五场报告。嗓子实在受不了，他就泡上一杯胖大海。

作为教师，他忠诚党的教育事业，始终把立德树人作为自己的首要任务，从担任校长开始，将主要的精力投入到人才培养工作中。这集中体现在他大力倡导并积极推进文化素质教育工作。他心中的文化素质教育，既不是简单地学点诗词，会点琴棋书画，也不是简单地移植美国的通识教育，更不是所谓附庸风雅的"文人"教育，而

2013年7月，杨叔子在遵义会议会址前留影

是通过文化素质教育，通过人文教育与科学教育相融合，培养"能爱国会创新"的新时代高层次人才。结合他个人成长的经历以及丰富的教育经验，他认为，要培养"能爱国会创新"的高层次人才，就离不开民族优秀传统文化的教育，离不开人文教育和科学教育的相结合。他的教育著述、文化素质教育报告，无不围绕这一主题及其论证展开。

（三）渗透在方方面面的科学家精神

杨院士科研领域是机械工程，就其主要科研成就而言，可以视为工程科学家。在其长期的科学研究实践中，杨院士充分体现出中共中央办公厅、国务院办公厅印发的《关于进一步弘扬科学家精神加强作风和学风建设的意见》有关科学家精神的概括：胸怀祖国、服务人民的爱国精神，勇攀高峰、敢为人先的创新精神，追求真理、严谨治学的求实精神，淡泊名利、潜心研究的奉献精神，集智攻关、团结协作的协同精神，甘为人梯、奖掖后学的育人精神。

我的专业不是理工科，没有参与杨院士机械工程学科的科研工作，但在20多年的文化素质教育等工作和日常交往中，还是强烈地感受到他身上所具有的科学家精神，爱国精神、创新精神、求实精神、奉献精神、协同精神和育人精神，即这六种精神相互融合，相互促进，是整体性的体现。他曾将自己成长的经验总结为四句话：人生在勤，贵在坚持；敢于开拓，善于总结；尊重别人，依靠集体；理想崇高，自强不息。可以说，这四句话是科学家精神内涵在杨院士身上的具体体现。众所周知，华中科技大学机械工程学科是国内顶级学科。我曾问过他，五六十年代，我校机械工程学科的水平在国内如何，他答道，中等吧。我又问，为什么会成为国内顶级学科呢，他笑了笑，你不是研究高等教育的吗，你可以研究呀。后来，只要是遇到国内机械工程学科的学者，从院士到研究生，我都会向他们请教，虽然答案有所差异，但基本上可以概括为两条。第一，以杨叔子院士、熊有伦院士等为代表的一批学者，依靠其扎实的数理基础，将信息论、控制论、人工智能与机械工程学科相结合，开拓了数字制造、智能制造的新方向，使机械工程学科不再是传统的"车钳铣刨磨,拉压弯扭剪",焕发出新的活力。他和团队合作,运用信息技术解决了长期困扰工业界的钢丝绳无损检测这一国际难题,对数字化检测技术做出开拓性贡献。据机械工程领域的一些著名学者考据,杨叔子院士是国内率先提出"智能制造"概念的第一人。今天看来,华中科技大学机械工程学科最早开始了传统工科数字化、智能化的转型,实现了"变轨超车"。同时,以人工智能为代表的新一代信息科学技术的飞速发展,推动工科朝着数字化、智能化发展,已成为共识,而杨院士可谓先行者。人们都知道杨院士是机械工程专家,但不太了解他在人工智能领域的成就,并担任过中国人工智能学会副理事长。或许因为这一原因,在后来担任校长期间提出的办学"八字方针"中,就有"重交",重视学科交叉和交叉学科。第二,团队内部团结协作,人际关系好。杨院士总结他的团队有三条不成文的规定,一是从内心尊重别人的劳动,二是公开承认别人的劳动,三是时时刻刻为别人着想。论文署名、报奖,争着把自己往后排;奖金,争着少拿。前不久,某西部高校的一位专业也是机械工程学科的校领导告诉我,他思考过华中科技大学机械工程学科跨越式发展的原因,他认为主要的原因之一是杨叔子院士等一批战略科学家的开拓创新能力和优秀的个人道德品质发挥了重要作用,不仅开拓了新的方向,而且赋予科研团队灵魂。

作为战略科学家,他能敏锐地察觉到科学技术发展的趋势并做出准确的判断。1999年,他就提出,面向知识经济时代,21世纪的科学技术发展,"信息科技最为关键","材料科技是科技发展的向导","生命科技极为重要"。在20多年之后的今天看来,这些判断依然具有前瞻性。

坚持真理、实事求是的精神也体现在日常工作和生活之中,他曾经多次跟我谈到,对同志,要多讲好话,以鼓励为主;少讲坏话,避免打击别人的积极性;绝不讲假话,这是做人的基本品德。无论是成果申报还是成果鉴定和评价,他一再强调,慎用"世界一流""国内第一"之类的语言,要用,也一定要有充分的证明材料。2005年至2007年,他作为本科教学水平评估专家组组长、我作为专家组成员兼秘书,对8所高校进行评估,其中包括清华大学、哈尔滨工业大学、西安交通大学、国防科技大学等国内著名高校。作为秘书,我承担评估意见的起草工作。他一再告诉我,要充分肯定学校的工作和成绩,但不能说"过头话",要留有余地;要以正面鼓励为主,但也不要回避问题。鉴于他在国内高等教育界享有崇高的声誉,教育部评估中心的负责同志希望他能担任清华大学、北京大学等国内著名大学评估专家组组长,他明确表示:自己对理工科教育教学工作比较熟悉,可以参加这类学校评估工作;但对著名的文理综合性大学的教育教学工作并不十分熟悉,不宜参加。

严谨的科学精神也无处不在。在一次准备工作汇报材料时,他一再叮嘱我,要严谨,每一个字都要仔细斟酌,经得起推敲,还要充分利用好有限的汇报时间,并以自己汇报学校"211工程"建设为例说明,汇报时间为15分钟,根据播音语速,按每分钟250字准备汇报材料,并反复演练,整个汇报在14分45秒准时结束。

在杨院士身上,我看到了爱国主义者、中国共产党党员和科学家这三种精神所产生的巨大力量。这一力量既体现在他个人成长的经历之中,也体现在他的工作和生活之中。有人说,杨院士一辈子干了别人两辈子的工作。看到他忘我地工作,人们常常劝他要劳逸结合,他总是笑笑:精神可以变物质。或许认识到精神所能产生的巨大力量,他始终把精神的塑造视为教育的根本任务,一再强调,一个完整的教育活动是在传授知识的基础上,培养思维能力,教学生掌握方法,遵循原则,最终是要塑造精神,知识、思维、方法、原则,逐次提升,并最终凝聚为精神。这也是他倡导的文化素质教育的核心内涵。

二、 人格的魅力

在与杨院士25年的交往中,我发现他身上具有两个显著特征,一是他总是充满激情,充满活力,清癯的身躯蕴含着强大的精神力量,而且能给人以鼓舞和力量，体现出强大的感召力；二是无论走到什么地方，也无论是新朋还是老友，他总是受到人们发自内心的欢迎和尊敬。我想，这就是他的人格魅力所致吧。

（一）魅力型领导

无论是作为校长还是作为学术领军人物，他属于典型的魅力型领导，个人魅力在很大程度上弥补了行政管理经验的不足。他治校主要依靠的是人格的感召力而非简单的"行政权力"。这种感召力首先体现在远见卓识上，对学校发展方向和路径的准确把握上。在华中科技大学完成了由工科为主的大学向综合性大学、由教学型大学向研究型大学、由本科教育为主向本科教育研究生教育并重等类型层次转变后，他审时度势，提出加强文化素质教育，推进科技教育为主转向科技教育与人文教育相融合这一新的转变，明确了学校新的发展方向，增强了作为综合性大学应有的文化底蕴和品格，并进一步提出了"强基、扶优、重交、支新"学科建设的八字方针。"强基"就是要加强人文和科学等基础学科建设，"没有一流的理科，就没有一流的工科"，"没有一流的文科，就没有一流的大学"，在学校财政极其困难的情况下，他特意给理科和文科分别支持了20万元的学科建设经费，为学校的文理学科发展打下了良好的基础。他常说"基础不牢，地动山摇"。基础性既体现在文理学科的发展上，更体现在将人才培养视为学校根本的使命。"扶优"就是扶持优势学科，他常常讲，竞争一定是优势学科的竞争，优势学科对学校的发展具有牵引作用。"重交"就是重视学科交叉和交叉学科，这是学科建设的新引擎、学术创新的新机制，这也是他个人及其团队、机械学科发展经验的总结。"支新"就是要支持新兴学科，特别是对学科发展和国家经济建设具有重大牵引作用的新兴学科。后来他担任校学术委员会主任，学校明确提出，面向21世纪，要重点建设好信息学科和生命学科。

他曾回忆道，1993年1月出任校长前，国家教委领导找他谈话，一开始并没有提到接任校长的决定，而是问他：怎样办好重点大学？他以这八个字作答。领导听了很高兴，接着告诉他，组织已决定由他接任校长，就

第二篇　思想风骨

按这八个字来办华中理工大学。

这种感召力还表现在他能凝聚人心，形成共识，团结大多数，朝着既定的目标奋进。以文化素质教育为例，刚开始时并不是所有人都能理解这一工作，"人文"在当时也是敏感词，有些同志难免有些担忧。但他十分善于沟通交流，很快在教师员工中形成共识。我当时住在单身教师宿舍，就经常看到他提个布袋找青年教师谈话。他深入到文学院、高等教育研究所等基层教学科研单位，与教师交流讨论，在校内很快形成了一支开展文化素质教育的骨干力量。在华中科技大学，时任党委副书记的刘献君教授主抓文化素质教育工作，教学部门、学生工作部门成为实施文化素质教育的主要机构，其他部门也全力配合；文学院、高等教育研究所等二级教学、研究单位成为主力军；他还十分重视文化素质教育的理论研究，涂又光、文辅相、张良皋等著名教授主动开展相关的理论研究。在他和刘献君副书记的带领下，大家不定期地到文化素质基地研讨工作，在推进教育教学改革方面取得重要进展的同时，也产生了一批有重要影响的学术成果，形成了理论研究与实践探索相互促进的局面。我本人也是在他和刘献君副书记的推荐下，从出版社调至新成立的文化素质教育基地担任副主任一职，专职从事文化素质教育工作。经过一段时间的努力，学校文化素质教育工作很快走向制度化，并且深入人心，连总务、后勤等非教学单位也积极投入文化素质教育工作中。我担任基地副主任后不久，当时的设备处处长就找到我，专门商量设备处如何服务文化素质教育工作。

他长期担任教育部高等学校文化素质教育指导委员会主任，在教育部的领导下，特别是时任副部长周远清的直接领导下，在全国高教系统形成了一支从校领导到职能部门负责人、从专职人员到一线教师开展文化素质教育的骨干力量。校领导中，有北京大学常务副校长王义遒、清华大学党委副书记胡显章、中山大学党委书记李延保、西安交通大学副校长于德弘、湖南师范大学校长张楚廷、东南大学副校长郑家茂和教务处处长陈怡等；在教师中产生了一批教学名师，有清华大学的彭林教授、南开大学的顾沛教授、东南大学的王步高教授等；在专职工作人员中，有清华大学的程钢、东南大学的陆挺、南开大学的杨桂华和沈亚平、重庆大学的刘访华和朱正伟、上海交通大学的张耀辉、山西大学的宋彩萍、南京农业大学的胡燕等,这些同志十多年一直坚守在文化素质教育工作的第一线,大家都将他视为文化素质教育的旗手。他一再表示:我是做了些工作,但主要是依靠教育部,依靠周远清同志,依靠北京大学、清华大学、东南大学、南开大学、西安交通大学等一批兄弟院校的支持,特别是北京大学、清华大学发挥了极为重要的作用。

作为魅力型领导,杨院士有三个突出的特点,一是对发展方向的准确把握,形成新的思想和思路,并通过有效的沟通交流,将新的教育思想和办学理念传导给管理者和师生员工,使大家成为自觉践行新思想新理念的行动者,并创造性地开展工作;二是能够凝聚人心,形成共识,进而聚集力量,形成合力,持续推进改革发展;三是知人善用,用人所长,容人所短。应该说,这种管理风格是非常契合大学组织特征的。大学作为学术组织、文化组织、智力密集型组织,是学术共同体、学者共同体,其成员必须最大限度地形成共同的价值观和行为方式。作为管理者,要充分发挥价值引领的作用,而不能单纯依靠行政命令。

(二)品德与修养

在与杨院士的交往中,他的品德、学识、修养、睿智、幽默,也使人有如沐春风之感。

平等待人。在杨院士看来,无论从事何种职业、担任何种职务,也无论社会地位高低,每个人在人格上都是平等的,在人格上必须得到尊重。他从不以教授、院士、校长、名人自居,不认为自己就高人一等。即便是普通的劳动者,他也给予足够的尊重。每次乘坐汽车,上车必先跟司机师傅打招呼,下车也一定要道谢,不时还会带点小礼物送给师傅。司机多半会回应道:"这是我的工作,应该的。"他总是笑道:"对你来讲是工作,对我来讲,我接受了你的服务,就应该感谢!我们在人格上是平等的。"每次出差,离开酒店时,他总是把房间收拾得干干净净,被子要铺好,枕头要归位,垃圾桶要清理干净。我曾好奇地问他为什么要这样做,他解释道,这样做可以减轻酒店服务员的工作。杨院士在担任中国科学院技术科学部副主任期间,经常要到科学院出差。院士工作局的同志告诉我,杨院士没有架子,平易近人,风趣幽默,在接待方面从不提要求,他们十分尊敬他,也非常乐意接待他。在这方面,我也有着深切的感受。对我而言,他是领导,是我的博士研究生导师,是父辈长者,但他总是以平等身份待我。我每次给他打电话,接通后总是响起热情的声音:"你好!我是杨叔子。"逢年过节,或者生日,他都会打电话来问候。我们一起出差,他总是坚持自己拉行李箱,从不让我帮忙。我说:"您是长者,是我的老师,我应该多做点体力活。"他回应道:"我自己能做的决不让别人做,你也不例外。"有时需要在火车上就餐,我提出要买单,他十分坚决地坚持由他付费,我争不过他,提出 AA 制,他还是不同意,理由是:"我的工资比你高,负担比你轻。"有时有人误以为我是他的秘书,他总是向别人解释:"他是我校教育科学研究院的教授,是我校文化素质教育基地的副主任,也是我的同事。他陪我出差,主要任务是了解文化素质教育工作,我眼睛不好,顺便也照顾我,我很感谢他。"

　　低调是他一贯的风格,也从另一侧面反映出对他人的尊重,不给别人添麻烦。我陪他出差任务之一就是要提前给接待方打招呼,不能"过度"接待,特别是饮食方面,明确提出"四不吃":天上飞的不吃,山上跑的不吃,海里游的不吃,带壳的不吃(鸡蛋除外)。山珍海味完全被排除,就是家常便饭,如果说有什么偏好的话,有个虎皮青椒、油淋茄子、油炸花生米,他就吃得很开心了。他做了数百场报告,每次邀请方提出要支付劳务费,他总是拒绝,一再表示这是他应做的工作,是义务,而且一再宣称,他的报告没有知识产权,大家可以自由使用。有几次,邀请方找到我,我觉得老先生的报告且不说质量水平,每场报告要讲两三个小时,收个一两千元劳务费也是合理合规的。当我把代收的劳务费转交给他时,他拒绝了。我说你不收也不好处理呀。他建议,将这些钱购买《中国大学人文启思录》,

永远的楷模　无限的思念
——杨叔子院士纪念文集

他签名后寄给邀请方，请他们转送给贫困生。

待人以宽。我协助他开展文化素质教育工作，他总是信任我，鼓励我积极大胆地开展工作，几乎没有批评过我。即使有不太满意的时候，也只是以一种遗憾的口气说："唉，这件事要是这样做，可能更好！"在他领导下工作，你的人格受到尊重，你的劳动得到承认，你遇到困难，他会帮你解决，你遇到左右为难之事，他给你出主意。我曾经开玩笑说，在杨校长手下工作，如果一段时间没有表扬你，就说明你的工作不够出色。有时即使是受到误解，他也不多做解释，为自己辩解。有两件事我印象特别深刻。一次，我工作中受到委屈，不免在他面前抱怨了几句。他给我讲了自己的亲身经历，有一位机械工程学科的同行专家，偏听偏信，给他寄来一封信，打开一看，只有一张白纸，没有任何文字，意味着两人从此绝交。他知道这位专家有误解，但他也没有做解释，而是一如既往地问候、交流、请教，就当此事从未发生。不久，这位专家终于明白了真相并向他致歉。通过这个故事，他意在告诉我，心底无私天地宽。只要自己行得正，公平公正，不谋私利，即使有误解，也会有真相大白的时候。另一件事是，大约在2004年，学校有一位老师写了一本《道德经浅释》，请他写序（请他作序的人很多，其中有一些还是我居中联络。我知道，他一定要看原稿，以判断方向、学术上不会有问题，才会答应作序，而且一定是自己亲自写，不找人代笔）。书出版后，由于一些明显的常识性错误受到学术界的批评，也不可避免地牵扯到杨院士。我也是觉得十分的不解，以杨院士的文言文功底、厚实的国学修养以及对《老子》熟悉的程度（他61岁开始读《老子》，一年后即会背诵，而且只要你说出任何一句，他就可以连上前后句，并告诉你出自哪一章），以他严谨认真的态度，这些常识性的问题他不可能看不出来。于是借出差的机会，我告诉他我的疑惑，他解释道，他看到的书稿与正式出版的书不是一回事。书稿没有出现这些常识性错误，虽有些不同的见解，但也属于正常的学术讨论范围。他猜测作者可能是为了带"私货"，不惜故意曲解、错解《老子》，甚至违背学术常识。他已严厉批评了作者，并要求出版社停止此书的销售并销毁库存。他还一再叮嘱，此事你知道就可以了，不要对外为我做解释。

待人以善。杨院士总是以最大的善意去理解他人，为他人着想，主动帮助他人。有一年深秋，我陪他去北京出差，看到他行李箱中装满了冬装，毛衣、毛裤、帽子、围巾，一应俱全，不禁好奇。他笑了笑："都是徐老师（他夫人）准备的，其实根本用不着。她也是好意，为了避免家庭'矛盾'，我还是带着吧。"每次出差，到了机场或火车站，入住酒店后，他要做的第一件事就是给家里打电话报平安，以免家人牵挂。对家人如此，对同事、朋友、学生也是如此。他多次从自己的工资收入中拿出钱来资助学生，给一些有突出贡献但因学院"创收"能力有限而导致奖金偏低的教师发"奖金"。我自己也深有体会。我抽烟而且烟瘾较大，他劝我虽然戒不掉，还是要尽量少抽。后来我知道他对烟比较反感（毕生从未抽过一口烟），只要跟他在一起就不抽烟。他一再说："谢谢你！为了照顾我，跟我在一起不抽烟。"有一段时间，我带着小女住在学校单身宿舍。2008年，他知道后，主动去找学校有关部门说明情况，帮我在校内租借了一套住房。后来又跟我说，还是要自己买一套房，钱不够的话，他可以"无息贷款"。

待人以诚。《中庸》有言，"诚者，不勉而中，不思而得，从容中道，圣人也。诚之者，择善而固执之者也。"我想，可以借用这句话来描述杨院士的为人之道，也是大家尊敬他、热爱他、喜欢他的根本原因。他平等待人，待人以善，待人以宽，都是内心真挚情感的自然流露，而非沽名钓誉式的"乡愿"，更不是为谋求私利的伪装。认真守诺，绝不敷衍。有一次，我跟他到内蒙古出差，到了吃晚饭的时间，我去他房间请他去用餐。只见他站在窗前，一改往常的热情，面对我打招呼，而是轻轻地跟我说了一句："东升，你请坐。"良久，他转过身来，说道："对不起！我刚刚接到电话，我的老师去世了，我很难受！"

在长期从事文化素质教育工作中，他与教育部原副部长周远清、高教司原副司长刘凤泰、文科处原处长阎志坚等同志志同道合，结下了深厚的友谊。在很多场合，他一再表示，我们一定要牢记他们对文化素质教育工作做出的卓越贡献，一定要牢记周远清同志对华中科技大学发展的支持！

2020年10月，在华中科技大学教育科学研究院建院四十周年庆祝会上，杨院士与周远清、刘凤泰再次相聚，这也是杨院士2014年病后他们首次相聚，他们双手紧紧地握在一起，杨院士流下了激动的眼泪（也是我第一次看到他流泪），全场爆发出热烈的掌声。

其实，"诚"既是情感的真实而自然的流露，但也不是无节制的表达。所谓"从容中道""发乎情，止乎礼义""哀而不伤"，实为圣人君子超常的情绪管控能力。他曾用脑科学的知识解释道，人对事物做出的第一反应首先是情感，其次才是理性。而情感反应往往会出错，所以要控制情感反应，要经过理性思考后再做出反应。杨院士有着非常好的情感控制力。20多年的交往中，我发现除非在一些原则问题、底线问题上，几乎没有看到他有过十分激烈的情感表达，即使是面对一些常人难容之事。他担任中国科学院《科学与社会》的主编，我曾旁听了一次编委会会议。会上，一位编委言辞比较激烈地表达了一些与杨院士不太一致的观点。我很担心杨院士会觉得面子上过不去，甚至会发生激烈争吵，于是看了看杨院士，只见他面色平静，认真倾听，待这位编委发言完毕后，继续陈述自己的观点，其核心是在坚持原则的基础上，最大限度地求同存异。

2012年，在校内外很多同志的建议下，经学校批准，文化素质教育基地开始筹建"文化素质教育长廊"，目的在于将文化素质教育的理念和实践成果以物化的方式呈现，突显文化素质教育的重要性。杨院士明确指出，建长廊，目的是让后人记住文化素质教育的目标是要培养"能爱国会创新"的高素质人才，而不是为谁树碑立传。因此，他要求长廊上不能出现任何人的名字，也不允许出现任何人的图像。其实，他对文化素质教育工作的贡献自不待言，且长廊中的七律诗就出自他的手笔，主要文字的修改和定稿，他都做了大量的工作，却未留下他的名字。甚至长廊上他的名言"一个国家，一个民族，没有现代科学，没有先进技术，就是落后，一打就垮，痛苦受人宰割；而没有民族传统，没有人文文化，就会异化，不打自垮，甘愿受人奴役"，也没有署名。这一要求既表现出杨院士的高风亮节，也表现出极高的工作智慧，客观上也为我们这些操办者减少了难题。

在日常交往中，杨院士有非常强的语言表达能力，他的语言风格睿智而风趣幽默。有人问他身体如何，他笑道：我的 CPU（信息处理器，即思维能力）很好，Storage（存储器，即记忆力）也很好，但传导系统（指视力和听力）不太好，所以，我常常是"目中无人"。我曾问他，如何看待个人发展与单位发展之间的关系，他的回答是，两者如同老虎与山——山壮虎威，虎仗山势。

这种睿智的幽默还化解了交流中可能出现的尴尬局面。1994 年 4 月 6 日，湖北省老领导、老作家李尔重受聘为华中理工大学文学院名誉院长，当介绍到校长杨叔子时，李尔重调侃道："此杨叔子非彼羊叔子。"只见杨院士马上回应道："我知道，您说的羊叔子是西晋时期政治家、文学家羊祜，字叔子，我们的姓同音不同字。"言毕，两人相视一笑：李尔重意在考考你这理工科出身的校长的中国历史文化的修养如何，杨院士立即给出了合格的答案。1999 年底，原华中理工大学、原同济医科大学和武汉大学的合并正处在多方激烈"博弈"阶段。一次有三校领导参加的会议，就餐时，外地高校一位领导关心地问道：你们三家合并进展如何？众人面面相觑，不知如何作答。只见杨院士朗朗一笑：众所周知，现在有两个小伙子在追一位美丽的姑娘。至于结果如何，不取决于小伙子，而是取决于姑娘。众人大笑，无不叹服杨院士的睿智、幽默和应变能力。

这种睿智和应变能力，源于他渊博的学识，而渊博的学识又源于他终身的勤奋学习。前面提到他 61 岁开始读《老子》，一年后就倒背如流，人们常常归结为他有超人的记忆力。我曾请教他如何做到的，他的经验是，有空就背，走在路上也在背。背不下来，就回去翻书，有几次来回，就记住了。1999 年中秋，我陪他在吉林市参加教育部的一个工作会议。晚上，我们一起夜游松花江。皓月当空，波光粼粼，与范仲淹写的《岳阳楼记》描述的景象十分应景。于是，我们一起开始背诵《岳阳楼记》，背着背着就背不下去了，心里难免觉得有点"煞风景"。不久，我就听到他在报告中大谈特谈《岳阳楼记》，整个文章已烂熟于心。他告诉我，从吉林回到武汉后，他马上就把《岳阳楼记》找了出来，反复吟诵，不断思考，不仅把文章背下来了,而且发现《岳阳楼记》还是一篇有关远程诊断的"论文"。

集优秀品德、远见卓识、睿智幽默、极强的亲和力于一身,杨院士展现出极强的人格魅力,有人说他有"君子"之风,也有人说他是当代"圣人"。我想,在他身上,充分完整地体现了中华民族传统美德,以及人类文明所积淀的优秀品质,上述说法应该是符合事实的。

杨院士虽然离开了我们,但他的精神、他的人格成为人们永远的记忆。毫无疑问,他是我们的楷模。如何总结他的精神,探究其精神形成的原因,如何总结他的成长经验,为后人留下宝贵的可资借鉴的精神财富,是我们后辈学人应当承担起的责任和义务。本文既是表达对杨院士的怀念、感谢之情,也是探索杨院士精神和人格魅力的初步尝试。

杨叔子精神永存!人格魅力与日月同光!

(余东升,华中科技大学教育科学研究院教授,1998—2022年任华中科技大学国家大学生文化素质教育基地副主任)

"育人":教育永恒的主题
——杨叔子教育思想述评

◇ 余东升

2010年11月,《杨叔子教育雏论选》出版。该书选录了杨叔子先生1981年至2010年10月间关于教育方面的文章,凡90篇。先生十分谦虚,名之曰"雏论",而且一再宣称:他是校内外许多教育专家的学生,许多思想是向他们学来的。其实,文集涉及教育特别是高等教育的诸多方面,可谓内容丰富;其中有很多影响深远的思想,可谓不刊之论,甚至是经典之论。90篇论述虽各有侧重,然而通观全书,贯穿其中的核心是:"育人"是教育永恒的主题。全书围绕这一主题,构建了一个完整的教育思想体系。

这里的"主题",是指"严肃音乐"中的"主旋律"。先生从有关音乐讲座中体悟出,正如严肃音乐总是围绕主旋律展开的一样,教育也应该有自己的主旋律。这个主旋律就是"育人"。因此,这本文集所蕴含的教育思想,宛如一首主题突出、特色鲜明、结构严谨、乐思丰富、内涵深刻的交响巨作,围绕"育人"这一主题不断展开:或重复,或变奏,或对比。在这一过程中,主题的内涵得以展示,得以发展,得以丰富。"育人"是先生教育思想的基石,也是核心。

本文作为学习《杨叔子教育雏论选》的体会,试图在对先生教育思想进行归纳概括的基础上,阐明其内在的逻辑关系,论述其重要意义,一则以就正于先生和诸位方家,二则以庆贺先生八十华诞。

一、"育人":教育的本体性

要揭示"育人"这一主题的内涵,首先要揭示"人"的内涵。

人是什么，人的属性是什么，这是一个古老的哲学命题。对此，学界的基本共识是，人具有双重属性：动物性和社会性。动物性即人的自然属性，来自先天遗传；社会性即人的文化属性，主要依靠后天教育。人的生命包含自然生命和文化生命两个部分，人的素质既包含先天素质，也包含受后天环境、教育影响而形成的稳定的基本品质。

在此基础上，先生进一步指出，人的文化生命又分为人性和灵性。人性和灵性有多重含义。但先生所讲的人性，主要是指文化赋予人的道德伦理观念和种种行为规范，也就是符合人类、国家、民族、人民利益的行为规范，体现为人的价值观。人性是人区别于动物的第一位的本质属性。灵性，主要是指人所具有的聪明才智，既包含感受力、理解力，又包含创造力，其含义接近于英文的 intelligence。人之所以能够超越其自然属性，根本原因就在于人有自我意识，有灵性。人性、灵性，密不可分。从这个意义上讲，先生认为，"育人"就是"以文化育人"，教育就是文化教育，就是以人类优秀的文化成果来培养人的社会属性，形成人的文化生命。教育既是文化传承的主要形式，也是文化创新的首要基础。因为，从本质上讲，人是文化的动物。生物界靠基因遗传而存在，靠基因变异而演化；人类社会则靠文化传承而延续，靠文化创新而进步。正是在这一意义上，先生十分赞成涂又光教授的观点：如果将人类社会活动分为政治、经济、文化三大领域，那么，教育必须定位在"文化"领域。

毫无疑问，文化具有民族性，世界上不可能存在脱离民族性的文化。文化是人类社会的"基因"。在先生看来，民族主要是文化的概念，而非生物基因概念。而民族文化则是民族的"基因"。正如优秀的音乐作品，其主旋律往往独具特色。如果说，"育人"是教育永恒的主题，那么，中国大学教育主旋律的特色在于，培养中国的大学生。所谓中国的大学生，概括地讲，一是"中国的"，即能爱国；二是"大"学生，即会创新。

教育的主旋律，其实也是教育的本体性。"育人"就是要培养全面而自由发展的人，就是要提高全体国民的素质。人的素质，特别是高级人才的素质，正如教育部原副部长周远清指出的，可以分为思想道德素质、专业素质、文化素质和身心素质。其中，思想道德素质是灵魂，是方向；专业素质是主干；文化素质是基础；身心素质是保证。这已成为我国高等教育界的共识。先生进一步指出，高等学校实施素质教育，就是要培养出既能爱国，又会创新的高级人才；既有深厚的民族情怀，又有现代科技视野的高级人才；有高度责任感的服务于中国特色社会主义建设的高级人才。"以人为本"是"育人"这一主题最为本质的揭示，素质教育是教育本体性最为恰当的表述。

如果说"育人"是教育的"正题"，"制器"就是教育的"反题"。"育人"强调教育面对的是有思想、有感情、有个性、有精神世界的活生生的人；"制器"则是将人视为"物"，视为"器材"，视为"工具"。先生将教育反题在高等教育中的种种表现表现概括为"五重五轻"——"重理工，轻人文；重专业，轻基础；重书本，轻实践；重共性，轻个性；重功利，轻素质"，以及"五精五荒"——"精于科学，荒于人学；精于电脑，荒于人脑；精于网情，荒于人情；精于商品，荒于人品；精于灵性，荒于人性"。"五重五轻"的根本在于"轻素质"。"五精五荒"的根本在于"荒于人学""荒于人性"。归根到底，则是急功近利的思想在作祟。其直接结果是，一些大学生缺乏正确的人生观、价值观，没有理想信念，没有爱国主义情操，对民族文化缺乏基本的理解和认同，个别人甚至自私自利，做出有损人格、国格的事。归根结底，教育的反题就是教育的"失位""错位""越位"。

之所以会出现教育的反题，原因在于没有正确地认识到教育本体性和工具性的关系。毫无疑问，当今世界，科学技术突飞猛进，知识经济初显端倪，科学技术是第一生产力。科技创新离不开人才，人才掌握科技，科技发展经济。人才的培养离不开教育，同时，教育还为经济发展提供了大量的人力资源，由此形成了"今天的教育，明天的科技，后天的经济"这一逻辑推理。应该说，这一逻辑推理本身没有什么错误，强调教育的工具性本身也没有什么错误。但是，如果只是看到教育的工具性而无视教育的本体性，无视教育"育人"这一主题，无视教育是素质教育，是培养全面而自由发展的人，是提高国民素质，其结果就会走向急功近利，走向教育的反面,甚至会出现反教育。因为工具本身是一把双刃剑,既可以用来造福人类,也可以用来为谋取一己之私利而危害人类,危害国家,危害民族。

教育的本体性与工具性的关系,是价值理性与工具理性的关系,是体与用、源与流、本与末的关系。无视本体性而奢谈工具性,无异于舍本求末,其结果只能是缘木求鱼,甚至南辕北辙。

二、文化教育:结构与类型

既然将教育定义为文化教育,接下来的问题必然是,什么是文化?文化的类型和结构是什么?

文化是一个内涵丰富的概念,不同的学科、不同的视角有着不同的界定。先生对文化及其结构的界定以及类型的划分,主要是从教育的角度特别是有关教育本体性认识的角度出发的。通观全书,可以看出,先生所讲的文化,主要是指人类实践活动所产生的成果在精神层面的积淀。人类的一切活动,如政治、经济、军事、科学研究等等,都是短暂的,都会消失,都会成为历史,而这一切最终都会沉淀与凝聚为精神层面上的文化。文化既外显于一系列符号系统,又外化于人类创造的物质成果之中。作为文化活动的教育,同时涉及文化的这两种表现形式,但更多地涉及文化的符号系统。先生指出,文化的构成,可以分为三个层次:形而下是实践;形而中是知识、思维、方法、原则;形而上是精神。

实践是一切文化活动的基础。可以说,文化产生于实践,反过来,文化教育又必须通过实践才能深化,实践将文化的符号系统,也就是其中的知识激活,是知识能内化为素质的根本之所在。

知识是文化的符号系统,概念、判断、定理、公式等构成了知识体系,成为文化的载体。因此,教育首先是知识的传授。但如果仅仅停留于知识的传授,那么,知识就会成为僵死的知识。在知识中还蕴涵着思维、方法、原则。思维是人的智慧,它分为感知力、抽象能力、逻辑推理能力、分析综合能力、批判思维能力以及创造性思维和复杂性思维能力。知识是人类思维成果的结晶,必然内含着人类的思维能力。传授知识,根本在于教会学生思维。方法是连接知识、思维与实践的桥梁。没有正确的方法,知识、思维就无法转换为实践,就不可能有知识的创新和发展。原则是精髓。虽然"真善美"是一切知识追求的最高原则,但在不同的学科知识中,其原则还是有所侧重的,科学求真,人文求善,艺术崇美。

如果说,知识作为符号系统是文化的表征,那么思维、方法、原则则是蕴藏其中的内核。从教育的角度来看,传授知识是手段,激活思维、掌握方法和明确原则是更高层次的追求。

教育活动的根本目标在于建构人的文化生命,塑造人的灵魂,形成人的精神世界。但人的精神世界不是凭空产生的,它是以实践为基础,以知识及通过知识而形成的思维、方法、原则为质料的。因此,精神是一种境界,是在实践的基础上,融合并升华知识、思维、方法和原则而形成的。"真善美"完整而和谐的统一并向"创新"发展是其具体体现。这是教育本体性的具体表现。

先生赞成将文化分为科学文化和人文文化两种类型。自启蒙运动以来,科学文化与人文文化之分裂,由来已久,且愈演愈烈。这种分裂是历史发展过程中出现的暂时现象,而两种文化的融合将是历史的必然趋势。两种文化的分裂,对教育、对人才培养均产生了十分严重而有害的后果。为此,先生花费了大量的精力来分析科学文化与人文文化及其关系。

先生对科学文化与人文文化关系的分析,是从形而下、形而中、形而上,即实践、知识、精神三个层面展开的。在形而下层面,科学文化与人文文化本质上"同源共生",都是源于人类的实践活动,都是生于人的大脑对实践活动的感知及对这种感知进行加工而形成的认识和知识、观

2017年,余东升(左)和杨叔子在学校西5楼117教室(举办文化素质教育讲座专用教室)前合影

念。人的大脑虽然分为左脑和右脑,且其分工不同,但两者密切联系,共同合作,从而使得人脑成为一个整体。而且人的实践活动也是一个整体。因此,科学与人文在本源上是共生的一个整体。

在知识层面上,两者又是确有差异的,功能不同,形态有异。两者分属不同的学科知识体系。科学是指数、理、化、天、地、生等自然科学,人文是指文、史、哲、艺等人文学科;科学是客观世界及其规律的正确反映,所追求的是对客观世界和规律的把握,人文是人文文化的历史积淀,记录的是人类、民族精神的发展历史,所追求的是在精神世界中满足个人及社会需要的终极关怀;科学是知识体系、认识体系,人文不仅是知识体系、认识体系,还是价值体系、伦理体系;科学的知识是一元的,人文的知识是多元的。在思维层面上,科学表现为严谨的逻辑思维,逻辑思维是正确思维的基础;人文表现为形象思维,形象思维是创造性思维的源泉。在方法层面上,科学是实证的、逻辑的,人文是体验的,是非实证的、非逻辑的。在原则层面上,科学求真,人文求善。但是,这种差异是相对的,因为科学与人文"同源共生",人文文化不能不反映客观世界的实际,不能不提炼客观实际的本质,不能不遵循客观实际的规律;同样,科学文化不能不反映精神世界的感悟与多样性,不能不反映精神世界的需要。先生通过对大量科学事实的揭示、对文艺作品的分析,指出"科学中有人文,人文中有科学",科学与人文两者确是同源、共生、互通,并且互补、互动、互融。因而,"没有科学的人文是残缺的人文,没有人文的科学是残缺的科学"。

人文文化在教育中处于基础性地位。人文文化在教育中的重要性表现在:一是陶冶情感,纯洁思想,提升精神境界。也就是说,人文文化决定着人格的高低,严重影响着涵养的深浅;二是启迪智慧,发展思维,开拓原创性源泉。这两者直接关系到个人事业的成败。更为重要的是,人文文化的教育,还决定着民族的存亡,严重影响着国家的强弱与社会的进退。正是在这个意义上,先生指出,"人文求善",乃"为人之本";而"科学求真",乃"立世之基"。

在精神层面上,科学文化与人文文化相融,共同塑造了人的精神世界,情感与思维、人性与灵性不仅得到了提高，而且实现了水乳交融。从这个角度讲，科学精神与人文精神是一致的，而且科学精神本质上就是一种人文精神。

文化的结构和文化的类型分别构成了人的素质的两个基本维度。这两个维度以人的实践为基础，以人的精神世界为归宿，相互交叉，构成了网状结构，从而形成了人的整体素质。

在这里，同样体现出教育的反题。这一反题首先表现为，在教育活动中，严重忽视实践在教育活动中的重要性，其次表现为割裂了知识、思维、方法、原则的内在关联，重知识的传授，而忽视激活知识内涵的思维，忽视揭示知识所包含的方法和原则。再次，割裂了科学文化与人文文化的内在联系，特别是忽视了人文文化在教育中的基础性地位和作用。其最终结果必然是，严重忽视人的精神世界的塑造，忽视人的灵魂的塑造，最终丢掉了教育的本质，失去了教育的灵魂。

三、育人：途径与方法

教育的主题是"育人"，是文化育人。教育的宗旨是提高国民素质，因此，教育本质上就是素质教育。如何"育人"，如何实施素质教育，先生认为，首先要转变教育思想，既要充分认识不同的文化类型和文化结构中各要素在育人中的重要作用，又要充分认识到只有通过整体的文化才能实现培养整体的人，即全面而自由发展的人。具体路径则是学习、思考和实践三者的结合。

首先，要大力促进科学文化/教育与人文文化/教育相融合。如前所述，先生认为，科学与人文不仅应该而且完全可以相融，甚至可以说，在本质上就是相融的，"科学中有人文，人文中有科学"。先生还进一步指出，这种分裂是学术文化分工造成的，一定程度上讲，是人为的。

科学与人文交融的教育功能主要表现在：科学精神与人文精神交融，有利于形成正确的人生追求。无真，善为伪善，美为虚美；无善，真可以用来作恶，美可为恶之花；无美，真可为丑，善也失去了其情感依据而成为教条。真善美的统一而导致的创"新",才是人生的最大追求、最高境界。科学知识与人文知识交融,可以形成完备的知识结构和知识基础。舍此,就不能形成完备的知识基础,也不能形成综合创新能力的基础。科学思维和人文思维的交融,既能保证思维的正确性,又能奠定创造性思维的基础。科学方法与人文方法的融合,使得方法既严谨又活泼,合理顺情。科学原则与人文原则交融,既有利于形成对外和谐的相互关系,又有利于自己的身心健康。即科学文化与人文文化的整体交融,有利于培养全面而自由发展的人。

先生还认为,科学文化与人文文化的交融,在一定意义上讲,就是德才兼备。

先生借用司马光《资治通鉴》中的话来表述德与才的关系:"才者,德之资也;德者,才之帅也。""挟才以为善者,善无不至矣;挟才以为恶者,恶无不至矣。"也就是说,科学更主要地体现为"才",人文更主要地体现为"德";人文为科学引导方向,科学为人文奠定基础。

先生还指出,科学教育与人文教育的交融,实则为绿色教育。所谓"绿色",原意是指保护生态、整体开发、可持续发展。教育本来就应促进人的全面发展、整体发展、可持续发展。在一定意义上讲,教育也是对人的潜能的开发。因此,教育也必须是绿色教育。先生借用柳宗元的名篇《种树郭橐驼传》中的名句"顺木之天,以致其性"来表达这一思想,强调的是教育要遵循人才成长的规律,要积极调动与充分发挥受教育者的主动性,重在引导,重在营造有利于人才成长的环境。

学习、思考、实践,三者紧密结合,层层推进,是实现科学与人文交融的基本途径,也是育人的基本途径。其中学习是基础,思考是关键,实践是根本。这也就是《礼记·中庸》中所讲的:"博学之,审问之,慎思之,明辨之,笃行之。"

学习是基础。实际上也是讲,知识是基础。这里的学习既指学习书本中的理论知识,也包含学习实践中的经验知识。知识是人类在社会实践中积累起来的经验。人类的文明史就是一部知识的发现、发明、创造与积累、更新、发展的历史。教育始于知识的传授,教师首要的任务是教学,在教学中传授知识;学生的首要任务是学习知识。在知识学习中,一是要强调基础性,要打好知识的基础;二是要有广博性,要有知识的宽度,毫无疑问,科学知识和人文知识是最基础的知识,科学知识与人文知识的交融才能体现出知识的宽度;三是在接受高等教育中,每位学生还必须在某个特定的知识领域的学习中,做到专而精。只有在学习前人知识的基础上,才能正确运用知识,掌握分析问题、解决问题的能力,进而才能创造、发现、发明知识。

思考是关键。思考就是反思,就是对已有的知识进行反思。反思的目的在于,一是要掌握知识当中所蕴含的普遍原理,即思维、方法和原则,只有将具体的知识转化为具有一定普遍意义的思维、方法和原则,才可能做到举一反三,培养人的灵性。二是通过反思,发展批判思维能力,即使对那些已有结论的科学知识,也要敢于质疑,通过自己的理性对它们进行再次的审视。只有如此,知识的掌握才是牢靠和可靠的;也只有如此,才能培养发现问题、提出问题的能力,为培养创新能力打下基础。三是通过反思,融会不同学科、不同领域的知识,为提高综合创新能力奠定基础。

实践是根本。先生高度重视实践在育人中的重要作用。在这本文集中,就有多篇文章专论实践与创新的关系。此外,在更多的文章中,也重点论述了实践教育的重要性。因为,从根本上讲,无论是人文文化还是科学文化,都源于实践,都需要经过实践的检验,最终都要通过实践来推动文明的进步、经济的发展。同时,人的能力不是从书本中学来的,只有到实践中才能得到培养和提高。知识离开了实践,就不可能转化为力量。更为重要的是,人的社会责任感、道德品质的培养,主要依靠的也是实践。只有践行,才可能真正地树德立人,更何况一切非认知过程也只有在实践中才能完成。

人的发展具有阶段性,因此教育也具有阶段性。在确立了教育的本体性和基本方法后,先生认为,在不同的教育阶段,教育的重心有所不同。幼儿园与中小学阶段,基本上是文化素质教育,目的在于为做人打基础,应突出情感教育,特别是责任感教育、爱国教育和养成教育。其中,少儿阶段重在"培养情感,背诵精华,引导好奇,保护个性",中等教育阶段重在"认识人生,扩大基础,重视理解,引导个性"。本科教育阶段主要是为创业打好基础,专业教育具有重要地位。大学生的素质包括思想道德素质、文化素质、专业素质和身心素质。文化素质教育处于基础地位,其目的在于"理解人生,提升基础,启迪智慧,发展个性"。而研究生教育阶段旨在培养拔尖创新人才,教育的重心在于教育学生"领悟人生,高度自律,发展自我,完成大我",具体讲就是要"融通基础,拓展智慧,突出特色,张扬个性,融入共性"。更为重要的是,先生一再强调,在教育的所有阶段,做人的教育始终是一条红线。

四、高等教育:育人与学术生态环境

高等学校作为实施高等教育的机构,同样毫无例外,"育人"是其首要的任务,是其永恒的主题。但是高等教育的"育人"有着不同于基础教育的特殊性的一面。高等教育的特殊性决定了高等教育在文化育人方面有着自己特殊的要求。

首先,高等教育是分门别类的教育,实施的是专业教育,培养的是高级专门人才,尤其是要培养拔尖创新人才。其次,高等学校作为实施高等教育的机构,不仅承担着"育人"的任务,同时还承担着科学研究、服务社会的任务。因此,高等学校在"育人"的同时,还承担着更为艰巨的任务,面临着更为复杂的关系。

显然,高等学校是从事高等教育的机构。既然从事高等教育,高等学校就必须将研究高深学问以及创造高级文化、先进文化、前沿文化作为自己重要的任务。一句话,高等学校必须立足于治学,否则,就无法完成上述任务、培养高级人才,更无法培养具有创新能力的高级人才。所谓"育人"也就失去了源头活水。但是,对于高等教育而言,追求学术上的卓越,根本目的在于服务于"育人",如若忘记教育的根本宗旨在于培养人,特别是培养大学生的社会责任感,而盲目追求学术上卓越,那么这种卓越也只能是"失去灵魂的卓越"。

还应该说,高等学校的任务不只是"育人",还有其他的任务。教学(人

才培养)、科学研究(治学)和服务社会是现代大学的三大任务。但这三者,尤其是前两者的关系如何,一直是困扰高等学校的一个重大问题。德国著名教育家洪堡提出了"科研教学相结合"的原则,改变了古典大学有教学无科研的局面,催生了现代大学的产生。但是,随着科学研究的成果在经济发展中发挥着越来越重要的作用,今天的高等学校,明显地更为重视科学研究,甚至出现了伯顿·克拉克所描述的"科研漂移""教学漂移"的现象。重科研轻教学的倾向越来越严重,从而严重地偏离了高等学校的宗旨。先生指出,在高等学校,"育人必须立足于治学,治学首先服务于育人;育人、治学均服务于社会;在服务社会中更好地育人、治学"。这一表述,仍然突出的是"育人"这一主题,同时,辩证地阐述了"育人""治学""服务社会"三者之间的关系,可以说,是对教学、科研与服务社会的关系更为准确的表述。

今天,在全球范围内,高等学校普遍重科研而轻教学。不仅如此,即使在教学中,也普遍存在着重智育而轻德育、重专业学术水平的提高而忽视人的全面发展、重专业教育而忽视人文教育的弊端。为此,先生大力倡导人文教育,十多年来为文化素质教育鼓与呼。应该说,素质教育、文化素质教育是先生教育思想的核心内容。20世纪90年代中期开始,在教育部的倡导、组织下,中国高等教育开始实施全面改革。在人才培养方面,转变教育思想并改革人才培养模式成为主要任务。其中,加强大学生文化素质教育,成为高等教育界的共识。

在先生看来,高等教育虽然是分门别类的专业教育,但不能将专业教育与文化素质教育、素质教育对立起来。高等学校同样要全面实施素质教育,而文化素质教育是高等学校实施素质教育的基础。文化素质教育之所以重要,关键在于它是高等学校实施素质教育的切入点和突破口,是素质教育的基础。先生指出,文化素质教育的核心在于促进科学文化与人文文化的交融,其锋芒直指急功近利、轻做人重做事、轻成人重成才的忽视人文教育的现象,其重点是加强民族文化教育,增强民族凝聚力。文化素质教育的目的在于解决做人的问题,重点在于解决做中国人的问题,核心在于解决做现代中国人的问题。做人，这是教育的主题；做中国人，这是教育主题的中国特色；做现代中国人，这是中国现代教育主题的特色。

文化素质教育首先是一种教育思想，不仅用来指导人才培养模式的改革，而且要渗透到教育的全过程、诸环节。为此，先生十分赞成通过开设相关课程、开展第二课堂活动、加强大学生的社会实践活动来开展文化素质教育。更为重要的是，先生大力倡导在专业课教学中渗透文化素质教育，并身体力行。

高等学校不等于高等教育，同样，办大学也不等于办教育。但从本质上讲，高等学校是实施高等教育的机构，办大学首先必须服务于办教育。办大学，也就是管理大学，关键要抓好两支队伍：教师队伍和管理队伍。教师直接从事教书育人与治学工作，管理队伍必须为第一线的教学、科研工作服务，为教师服务。领导就是服务，管理就是服务。针对我国重点理工科大学一度普遍存在的学科门类单一、专业划分过细、科研水平不高、人才培养层次单一等不足，先生结合华中科技大学发展的历史，认为我国重点理工科大学要实现四个转变：由单一的工科院校向文、理、工、管理学科相结合的综合大学转变；由原来主要从事教学向教学和科研并重，并高度重视社会服务转变；由原来主要是培养本科生向培养本科生和研究生并重转变；由原来单一的科技教育向科学教育与人文教育相结合转变。这四个转变，其根本仍然在于构建良好的学术生态环境，在于提高人才培养的层次和水平。所谓学术生态环境，先生的理解是：学术生态，一是指生态，一是指环境。所谓生态，是指物种；所谓环境，是指土、水、肥、阳光等。将这一观点运用到高等学校，所谓物种，主要指应用科学；所谓环境，主要指科学和人文等基础学科，特别是人文学科。没有良好的环境，就没有良好的生态；生态良好反过来会促使环境更加良好。正因为如此，先生有句名言："没有一流的理科，就没有一流的工科；没有一流的文科，就没有一流的理科，也就没有一流的大学。"当然，没有一流的大学，就不可能培养一流的人才。不过，这里的一流大学，并不单指其学术水平的一流，而且更指其教学水平的一流。自然界良好的生态环境千差万别，同样，大学良好的学术生态环境也应该各具特色，而不是千校一面。千校一面的趋同化，就意味着办学的水平低，就意味着办学的失败。

五、特色与魅力

综上所述，先生的教育思想有其内在的逻辑体系："育人"是其主题，文化育人是主题的基本内涵。"育人"是正题，它的反题就是"制器"。反题的本质在于忽视人生命的整体性，将人视为"物"，视为"工具"。正题是教育的本体性，反题则是忽视教育的主体性而片面夸大教育的工具性所导致的结果。文化育人体现在，不同文化的类型和结构要素在育人中有着不同的功效，而文化类型和文化结构要素又构成了文化的整体；整体的文化培养整体的人。文化具有民族性。文化教育既要吸收人类一切优秀文化的养分，更要突出中华民族优秀文化的教育，以培养有高度责任感且能服务于中国的高素质专门人才，特别是拔尖创新人才。"育人"的途径在于学习文化知识是基础，思考可以激活知识、活跃思维、掌握方法和原则，最终，文化源于人类实践，又必须回到实践，同时还必须大力促进科学教育与人文教育相融合。就高等教育而言，其"育人"的主题又有着特殊的表现，有着特殊的要求。文化素质教育仍然是其基础。大学的"育人"必须建立在"治学"的基础上，建立在良好的学术生态环境的基础上。

笔者认为，先生的教育思想有着十分鲜明的特色，独具个性魅力。先生教育思想的特色可以概括为先进性、科学性、民族性、创造性。先生的教育思想有四个主要源泉，即马克思主义，特别是中国化的马克思主义；中华民族优秀文化，特别是优秀的传统教育思想；先生深厚的人文素养和科学素养以及丰富的大学管理和教育教学经验、个人成长经验；先生所在的华中科技大学成功的办学经验、丰富的教育教学改革经验。

1. 先进性

马克思主义关于人的全面自由发展的教育思想是先生教育论述的理论基础。特别是有关素质教育、教育的本体性论述，直接引用了马克思主义的经典论述。毛泽东、邓小平、江泽民、胡锦涛等中央领导人有关教育的论述，党的教育方针，为先生的教育著述指引了方向。在这一基础上，先生结合教育部的有关政策、指示和决定，结合包括华中科技大学在内的我国高等学校教育教学改革的实践，结合自己数十年从事教育教学工作的经验，对党中央关于教育工作的一系列重大决定，特别是关于素质教育的决定，做出了富有创造性的阐述。《素质教育：改革开放30年中国教育思想一大硕果——纪念中共中央国务院＜关于深化教育改革全面推进素质教育的决定＞颁布十周年》就是代表之作。这一先进性，还表现在融科学性、民族性、创造性于一体。

2. 科学性

先生是一位科学家，在机械工程学科成就卓著，享有很高的声誉。先生关于教育方面的文章有200篇之多，这些篇章无不体现出科学家严谨缜密、实事求是的科学精神。综合先生所有的教育论述，可以发现，其教育思想始终朝着一个逻辑严谨、论证充分、体大虑周的教育思想体系发展。

3. 民族性

先生是一位坚定的爱国主义者。这一爱国主义精神既源自儿童时期的家传父教，又得益于先生对中华文化经典中的精华的深刻体悟。先生自幼熟读《论语》、唐诗宋词，60岁后开始读《老子》，一年后即可背诵如流。知之深，才能爱之切。文集中有关"民族文化与民族文化教育"部分就是明证。正因为如此，先生高度重视民族文化教育，将加强民族文化教育作为文化素质教育的重要内容。先生还充分继承了中国优秀的传统教育思想，《论语》《老子》《周易》《庄子》《孟子》《礼记》等等，甚至司马光、王安石、苏轼、柳宗元、范仲淹等人的散文作品，唐诗宋词，都为先生的教育思想提供了丰富的养料。在先生的教育论述中，大量地引用了中国传统教育思想中的术语，如"学而时习之"，"大学之道，在明明德，在新民，在止于至善"，"化民成俗，其必由学"，"建国君民，教学为先"，"顺木之天，以致其性"，"不知常，妄作凶"，"德才兼备"，"传道授业解惑"，"因材施教"，"博于问学，明于睿思，笃于务实，志于成人"等等，并对这些术语做出富有时代气息的创造性阐释。

4. 创造性

如前所述，先生的教育思想有着严密的逻辑体系，在继承前人教育思想的基础上，有着先生自己的创造性。这种创造性，源自先生对学生的爱、对人民的爱、对民族的爱、对国家的爱、对教育事业的执着。作为科学家，他不仅具有丰富的科学知识，更具有科学家精神，有着长期从事科学研究的经验；作为诗人，他熟读经典，精通诗词，有着深厚的人文修养；作为教师，他有着长达50年的教育教学经验；作为教育管理者，他担任过大学校长、大学学术委员会主任，深谙大学管理之道；作为学习者，先生总是自称为"学生"，善于学习，向所有人学习。他一再指出，他的教育思想，从校外的周远清教授等人、校内的涂又光教授等人那里获益良多。这也表明，先生十分虚心好学，善于思考，致力践行。正是有着全面而丰富的经验，正是有着自身深切的体验，正是有着永无止境的学习，共同凝聚成就了先生教育思想的特色。

先生的这本文集风格独特，魅力独具：可谓恣意汪洋，纵横捭阖，收放自如；理想与现实与共，激情与理性同在；既充满了对未来的乐观，又流露出对现实弊端的忧思。宏观处，消解学科知识的壁垒，圆润融通；微观处，管天锥地，一沙一世界，精妙细微。有道君子，不妨细细品味。

本文力图描绘出先生的教育思想肖像。由于先生教育思想丰富，加之个人体会不深，本文难免挂一漏万。先生不仅是一位思想家，更是一位践行者。他坚毅地践行自己的教育思想，坚定地追求着自己的人生理想。笔者作为先生的学生和助手，15年来协助先生为推进文化素质教育工作而奔走在全国各地，对此有着深切的感受。这一点，容日后专文描述。在庆贺先生八十华诞之际，我衷心祝愿先生健康、更健康，长寿、更长寿！

（余东升，华中科技大学教育科学研究院教授，1998—2022年任华中科技大学国家大学生文化素质教育基地副主任。本文为庆祝《杨叔子教育雏论选》出版而作，并为该书所收录，后发表于《高等教育研究》2012年第7期，略有改动）

《科学人文总相宜：杨叔子传》导言

◇ 许锋华

杨叔子是知名机械工程专家、华中科技大学首位中国科学院院士、中国机械智能制造的首倡者，也是我国高校文化素质教育的重要推动者。

1933年9月5日，杨叔子出生于江西省九江市湖口县一户书香之家。杨叔子的父亲杨康笙是著名的民主革命先驱，且能文善诗。在对子女的教育方面，杨康笙极为重视子女爱国情怀的养成。杨叔子接受正规教育之前，因时值战乱，他的启蒙教育是在逃难途中跟随父亲完成的。杨康笙一方面通过中华古诗文教育，使杨叔子的诗词情怀与爱国主义深刻交织；另一方面通过言传身教，为杨叔子树立了"清廉爱国，师表崇德"的现实榜样。1943年，杨叔子进入黎川县日峰镇第一区中心小学（今黎川县第一小学）读高小一年级（相当于现在的小学五年级）。之后，随着逃难地点的转移，杨叔子的求学之所也一再变更。虽然求学之路充满曲折与艰辛，但杨叔子从不怨天尤人，反而更加珍惜来之不易的学习机会。这段战火中曲折求学的艰难经历不仅塑造了杨叔子珍惜时间、勤奋刻苦的坚毅品格，还为其日后攀登科技高峰打下了深厚的知识基础。

1952年，杨叔子积极响应国家工业化的号召，报考武汉大学机械系并以优异的成绩被录取。在这里，他有幸得到了著名工程图学专家赵学田等人的指导与赏识。1953年，根据中央统一部署，武汉大学机械系并入新建的华中工学院（今华中科技大学），杨叔子随即转入华中工学院机械工程系就读。作为新校第一批学员，他还参与了华中工学院的建校过程。在华中工学院求学期间，杨叔子不仅在学识上得到了陈日曜等机械工程领域知名学者的启迪,还在思想上受到了朱九思等人的熏陶与影响。同时,他志存高远,勤奋刻苦,受到了系里的高度认可。1956年初,杨叔子作为优秀毕业生被系里选中,提前毕业留校任教,随即被派往哈尔滨工业大学进修,接受专家的指导。1957年初,杨叔子回到华中工学院机械工程系,被安排在金属切削机床教研室从事金属切削机床方面的教学与研究工作,这标志着杨叔子高校任教与科研生涯的开端。

1960年1月23日,杨叔子与高中同学徐辉碧结为夫妻,徐辉碧不久后也从北京化工研究院调入华中工学院工程物理系工作。杨叔子与徐辉碧虽然学术研究领域不同,各有专攻,但对待工作与生活,二人的观念则高度契合。他们都愿意把更多的时间与精力投入学习、科研与工作中,生活上则尽可能少占用时间,也从不看重外在的名利。为了节省时间,杨叔子毕业留校后一直吃学校食堂,徐辉碧调到华中工学院后便与杨叔子一起吃食堂,将节省下来的时间全部用于科研与工作。这种情况一直持续到1986年他们的女儿成家。这一"全家人吃30年食堂"的事迹后来被广为传颂。1969年10月26日,中共中央发布《关于高等院校下放问题的通知》。华中工学院积极响应,安排教师下放。时任机械原理教研室党支部书记的杨叔子被下放到咸宁马桥,开展"斗、批、改"运动。由于杨叔子的家庭背景较为复杂,而且他的侄子杨安中尚在台湾,杨叔子毫无例外地被列为"审查对象",在咸宁高寨大队接受隔离审查。杨叔子清者自清,不惧构陷,最终审查人员在没有查到任何确切"证据"的情况下只好恢复了杨叔子的人身自由。1971年12月31日,杨叔子的"下放期"结束,回到阔别已久的华中工学院。1973年起,为支持湖北省第二汽车制造厂(以下简称二汽,现称东风汽车集团有限公司)的教学工作,杨叔子在学校的安排下前后3次前往二汽授课,并在这里成功开展厂校"合办班"的教学工作,培养出了一批优秀学员。在科研上,杨叔子多次助力二汽攻克难关。1978年,杨叔子的研究方向由金属切削机床转向机械工程与相关新兴学科的交叉研究,着重于机械工程中的信息技术与智能技术。这一年,杨叔子晋升为华中工学院副教授,并于当年秋季招收了第一批硕士研究生。他结合自己对学科前沿的敏锐把握，为研究生开设了"机械工程控制""变分法"等基础课程。另外，他积极开展机床主轴部件静刚度研究，取得了一系列突破性成果。1980年，杨叔子在副教授评审仅2年之后便被破格晋升为教授，成为当时湖北省年轻的正教授之一。

1981年12月，杨叔子被公派前往美国威斯康星大学麦迪逊分校（University of Wisconsin-Madison）机械系做高级访问学者，为期一年。在合作导师吴贤铭的支持下，杨叔子主要从事时间序列分析及其在机械工程中的应用研究，并完成了一本题为《动态数据的系统处理》的讲义初稿。后来，他将此讲义的内容反复完善修订，形成了享誉学界的著作《时间序列分析的工程应用》。

1982年底，杨叔子访学结束回到华中工学院。学校为了充分发挥学科带头人的专家引领作用，在人员与设备上予以大力支持，帮助杨叔子成立了工程测试教研室。杨叔子结合自身对学科发展的预判，充分发挥团队优势，带领工程测试教研室推进了时间序列分析的工程应用，实现了无颤振切削，攻克了钢丝绳断丝定量检测国际难题，进入了我国智能制造研究的新领域，为我国机械工程的发展做出了历史性的突出贡献。

20世纪中后期，计算机技术与微电子技术的迅速发展，使得动态数据的获取、处理与分析成为改造传统机械工业的关键。但是，国内用来进行动态数据处理的设备长期依赖进口，且高额的进口费用使得国内大多数企业无力负担。为了改变这种状况，从1984年2月起，杨叔子以APPLE-I（苹果2号）计算机为基础，运用时间序列分析等先进算法对此设备进行改造，最终成功研制出国内首个自主研发的微型机信号处理系统——APPLE-I微型机在线信号（动态数据）处理系统。该成果于当年8月顺利通过鉴定，之后被广泛应用于医疗等各领域，创造了巨大的社会价值。

直到20世纪80年代中期，钢丝绳断丝的定量检测一直被公认为是一项国际难题。1986年，杨叔子紧紧抓住这一与生产安全紧密相关的重大问题，带领研究团队综合运用电磁理论、信号处理原理、计算机技术等多学科知识，最终于1987年研制出钢丝绳断丝定量检测系统，使钢丝绳断丝检

第二篇　思想风骨

测技术从定性到定量方面取得突破性进展，达到了国际先进水平。在此基础上，杨叔子不断深化研究，研制出更为便携与更为精准的钢丝绳断丝定量检测仪器与装置。1992年10月，杨叔子领衔完成的"钢丝绳断丝在线定量检测方法与仪器"项目被国家科学技术委员会授予"国家发明奖四等奖"，杨叔子本人获得"第一发明人"证书与奖章。

改革开放以来，杨叔子敏锐地察觉到学科交叉是时代发展的必然趋势，这一预感在他于美国访问期间得到了进一步确证。为此，他不仅将作为数理统计分支的时间序列分析引入机械工程，还将与计算机科学密切相关的新兴学科人工智能应用于机械制造，开发了面向机械设备诊断问题的专家系统，并成功组织了专家系统工程应用国际学术会议。随着研究的深入，杨叔子意识到之前在此方面取得的成果仅是人工智能在机械制造领域中的应用，要想提升制造过程中决策的自动化水平，必须走向"智能制造"。于是，在1989年召开的"机械制造走向2000年——回顾、展望与对策"大会上，杨叔子宣读了一篇以"智能制造"为主题的论文，在国内首次探讨了制造系统的集成化与智能化问题，即智能制造系统的问题。在其提议下，1993年，一项名为"智能制造技术基础"的国家自然科学基金重点项目获准设立，并于次年正式实施。该项目由华中理工大学（今华中科技大学）、南京航空航天大学、西安交通大学和清华大学四所高校联合承担，杨叔子为项目总负责人。至1999年通过验收，该项目在智能制造基础理论、智能化单元技术与智能机器等多个方面均取得了丰硕成果。

1991年11月，杨叔子当选为中国科学院学部委员（现称中国科学院院士），实现了当时华中理工大学在学部委员人数方面零的突破。1992年1月4日，中央人民广播电台正式公布了学部委员名单。当时，杨叔子还在陕西汉江机床厂（今陕西汉江机床有限公司）进行课题攻关。不久，杨叔子接到了学校的电话，要求他立即返校参加庆祝会，杨叔子只好暂时放下手头的科研任务，赶回学校。华中理工大学举校同庆，不仅召开了庆祝会，还设置了庆祝专栏。向来"尊重他人、团结集体"的杨叔子这次同样将荣誉归结于团队的共同努力。

1993年1月11日，杨叔子被任命为华中理工大学校长。在四年半的任期里，杨叔子以竺可桢为榜样，关怀教师，心系学生，加强软硬件设施建设，推行文化素质教育，加速了华中理工大学从单一的工科类高校向综合性研究型高校的转型，并带领华中理工大学跻身首批"211工程"高校行列。从校长之位隐退之后，杨叔子继续投身科学研究与教育事业，为我国机械工程与教育领域培养出一大批杰出人才。

2016年6月，在中国科协、湖北省科协的指导与杨叔子院士及其夫人徐辉碧女士的大力配合下，杨叔子院士学术成长资料采集工程正式启动。根据院士的学科背景以及采集工程的性质与要求，在项目负责人许锋华教授的统筹下，机械工程、科学技术史、历史学、档案学、新闻学、教育学等不同领域的专家学者齐聚一堂，共同支持项目的推进。为完整追溯与还原杨叔子院士的学术成长轨迹，自项目启动以来，采集小组遍访九江、北京、深圳、武汉等地，对院士的出生地、成长地与科研扎根地进行实地考察，并对杨叔子院士本人、亲属、不同阶段的同学、好友、同事以及大学老师等与杨叔子院士学术成长经历密切相关的人物进行深度访谈达39次。其中，针对杨叔子院士本人的访谈共6次，每一次均涉及不同主题，总体上涵盖了他的家庭背景、求学经历、科研成长、专业成就、重大影响事件及人物等。在与杨叔子院士的深切交往中，他炽热的爱国情怀、严谨的治学态度、深厚的人文底蕴、前瞻的教育思想以及真诚的待人方式，使采集小组成员的人生境界与学术品位均于无声处得到无形的提升。通过数次访谈，采集小组不仅了解了他人眼中的杨叔子院士形象，还从他的家人、学生及好友处获得了大量不可多得的一手资料。例如，杨叔子院士的侄外孙女孙肖南女士不仅讲述了杨叔子院士整个大家族的概况，还提供了关于杨叔子院士父亲的诸多宝贵资料，使小组成员对杨叔子院士的家庭背景有了更进一步的认识。杨叔子院士的学生李军旗深情讲述了杨叔子对其整个人生发展道路的深刻影响，并向采集小组展示了其赴日本留学前后，杨叔子院士所寄的问候与鼓励信件。杨叔子院士多年的挚友、"中国人工智能第一人"涂序彦教授讲述了杨叔子院士与他在日常生活中的相互关心与科学研究上的热切探讨,并提供了他与杨叔子院士的珍贵合影。同时,采集小组还从华中科技大学机械科学与工程学院史铁林书记和陈惜曦秘书那里获得了大量信件类与手稿类实物资料,又从华中科技大学档案馆扫描了大量关于杨叔子院士的科研档案。

通过近三年的持续跟进,采集小组获得了关于杨叔子院士的证书、信件、手稿、著作、论文、报道、视频、照片等12类实物与电子资料,基本覆盖了杨叔子院士主要的学术成长经历。基于所获资料,采集小组严格按照采集工程要求,进行了口述访谈资料的整理、总资料清单与实物资料清单的编目以及大事年表与资料长编的编制工作。这些资料为后期撰写杨叔子院士传记提供了翔实的佐证与支撑。在撰写传记的过程中,采集小组又多次向杨叔子院士本人及相关人士进行了细节的补充与考证。

在采集小组成员反复讨论和征求杨叔子院士本人同意的基础上,杨叔子院士传记的题名最终确定为《科学人文总相宜:杨叔子传》,一方面表明杨叔子院士在科学与人文领域均有卓越建树,且在科学领域取得的诸多成就在很大程度上得益于其深厚的人文素养;另一方面凸显杨叔子院士认为科学与人文同出一源、相融则利的核心主张。本传记共分为十章,第一、

2018年6月17日,采集工程主要成员与杨叔子合影

二章重点追溯杨叔子的家庭背景及求学经历。第三至八章为本传记的核心部分,完整勾勒了杨叔子从起步到成长再到攀登科技高峰的学术成长之路,展现了杨叔子在机械工程领域的重大成就,以及他为我国科技事业的繁荣、国民经济的发展做出的重要贡献。第九、十章重点描绘杨叔子的人文情怀以及他对推动我国文化素质教育的重要贡献。

杨叔子院士既是一位成就卓著的战略科学家,又是一位闻名遐迩的教育家。本传记以朴实的笔触,力求准确、完整、清晰地描绘杨叔子院士的学术成长经历,以全面展现他为我国机械工程的发展与高层次人才培养做出的孜孜不倦的努力,以期为年轻一代树立一个现实的光辉典范。

(许锋华,华中师范大学教育学院教授)

高山仰止　止于至善
——深切怀念杨叔子先生

◇ 许锋华

窗外的阳光被折射成一束彩虹，映照在电脑桌面里所有关于杨叔子先生的口述文字、证书、信件、著作、专利、论文、手稿、学术评价、视频、音频、照片、大事年表等各种资料上。我找寻着与先生同框的旧照，在时光的隧道里追寻着先生从诗礼之家到国之栋梁的足迹！再次品读《往事钩沉》《杨叔子槛外诗文选》《杨叔子教育雏论选》《机械工程控制基础》，脑海里重现着与先生交往的点滴，也回味与感受着先生的卓越建树、才华横溢、真诚善良、乐观豁达、虚心好学、踏实勤奋、严谨认真、敏锐前瞻、忠贞爱国……一个伟大而真实的形象迎面而来，仿佛先生从未离去！

2016年，我因主持"中国科协老科学家学术成长资料采集工程杨叔子院士采集项目"，有幸"遇见"了先生。从来没有想到有一天我会有这样的机缘如此近距离地接触先生，了解先生，全面而深刻地理解先生！其实早在十八年前，我送弟弟进入华中理工大学就读本科时，就在新生入学典礼上听到过关于先生的"传奇"：先生是工科院士，他同时倡导大学生文化素质教育，还在学校推行"中国语文水平达标测试"。那时我便对杨先生心生敬仰。我常常在想若能有幸跟随这样的老师学习将是人生中多么美好的体验呀！不过，缘分真是一件很奇妙的事情。虽未能如愿成为杨先生的学生，但上天却给了我另外一个跟随先生学习、与先生对话的机会。采集工程的要求严格而专业，项目启动之初我的内心存在着惶恐、胆怯、迷茫、紧张的复杂情绪，但此事我从未向先生提及，因为我不敢将这些情绪暴露在这位品行高山仰止、学问博古通今的大先生面前。更为重要的是，

永远的楷模　无限的思念
—— 杨叔子院士纪念文集

自与先生打交道的第一面，我的内心便生出了一股强烈的使命感，那就是要尽一切努力，让与先生相关的珍贵实物典藏于中国科学家博物馆，让先生不凡的学术成长之路印刻于中国科学的历史轨迹，让先生科研领域的前瞻思想、教育事业的深刻洞见、人文方面的深厚底蕴以及待人之道的温良恭谦得以在更多人面前完整呈现。此时翻看着自己亲手编写的《杨叔子年表》，1998那一年还清晰地记载着先生被中华全国总工会授予全国五一劳动奖章，先生所主持的"汽车汽轮发电机组机电耦合动态分析与扭振研究"项目获得湖北省科学技术进步奖一等奖，先生参加国际人工智能工程应用学术会议并发表讲话，先生与学生合撰的著作《非晶态合金传感器技术与应用》正式出版，先生被任命为教育部首届高等学校文化素质教育指导委员会主任。

杨叔子先生是一位成就卓著的战略科学家，也是一位闻名遐迩的杰出教育家！先生认为科学求真，人文求善，二者相融则利，相离则弊，科学人文总相宜。作为一位科学家，先生在机械工程及相关领域取得了非凡的成就。自1984年起，先生运用时间序列分析等先进算法对现有计算机进行改造，成功研制出国内首个自主研发的微型机信号处理系统——"Apple-II微型机在线信号（动态数据）处理系统"，该成果被不断应用于机械、医疗等各个领域，创造了巨大的社会价值。钢丝绳断丝的定量检测一度被公认为是一项国际性难题，先生带领团队综合运用电磁理论、信号处理原理、计算机技术等多学科知识，于1987年研制出"钢丝绳断丝定量检测系统"，使钢丝绳断丝检测技术从定性到定量方面取得突破性进展，

2016年，许锋华采访杨叔子

达到了国际先进水平。与此同时，先生又率领团队将与计算机科学密切相关的新兴学科人工智能应用于机械制造，开发了面向机械故障诊断的专家系统。随着研究的不断深入，先生异常敏锐地意识到之前所取得的成果仅为"人工智能在机械制造领域中的应用"，要想提升制造过程中决策的自动化水平，必须走向"智能制造"。于是，在1989年召开的"机械制造走向2000年——回顾、展望与对策"大会上，杨先生在国内首次提出"智能制造"的概念。作为一位教育家，先生时刻心系教师与学生，不断加强学科建设，着力完善教学与科研条件，带领华中理工大学跻身首批"211工程"高校行列，加快了学校从单一工科类高校向综合性研究型大学进军的坚实步伐。为了培养具有爱国精神与创新能力的"现代中国人"，先生在我国高等院校大力倡导加强大学生文化素质教育，其深刻的教育思想与切实的教育举措在国内外产生了巨大反响。先生多次应邀在清华大学、北京大学、浙江大学等国内百余所院校举办人文讲座300余场，吸引听众30余万人次。由先生任编委会主任、汇集国内高校人文讲座精品的《中国大学人文启思录》一书，发行数十万册，并被《人民日报》称为"重塑大学人文精神的力作"！

  杨先生著作等身，诗意满怀，每一次愈走近先生我都会愈加崇敬先生！我为先生的卓越成就叹为观止，也被先生的深刻思想洗礼升华，但我更为先生与徐辉碧老师一生一世的爱情而震撼动容！先生与徐老师1949年结缘于南昌一中，在一次入团宣誓仪式上，徐老师在节目《朱大嫂送鸡蛋》里的表演让先生印象深刻。此后，先生的诗词文章中多次出现"舞剧巾英"四个字，想来也是源于对徐老师初识时那种朦胧而又美好的情愫。鸿雁传书十余年，先生与徐老师于1960年喜结连理，先生以诗言志，写下了对这段婚姻的庄严承诺："惊鸿一舞十年思，圆缺阴晴无间时。此夕鹣鹣终比翼，同心同结永同枝。"婚后两位先生不仅在生活上相互支持，更在科研上相互促进。虽然二位的研究领域不同，却比翼齐飞、同心协力地为祖国的科研事业奉献着自己的一生。采集过程的日常交往中，杨先生从不掩饰自己对徐老师的欣赏、信任和一往情深，在先生心中，徐老师就是那个"最贤的妻、最才的女"！采访中，先生曾用南宋诗人王奕的名言"遗表不随诸葛死,离骚长伴屈原清",道出了自己与徐老师珍惜有限时间追寻更大人生价值的共同心声。"天长地久有时尽,此爱绵绵无绝期!"这是先生在最后的日子里对徐老师的深情告白,每每看到此处我都会泪流满面!感谢两位先生,让我看到了爱情最美的样子!

  在我心中,杨先生是一个完美的人!先生的魅力不仅在于他作为科学家与教育家所取得的辉煌成就,更源于其上善若水的品性与海纳百川的胸襟。每一位跟先生有所交集的人都会像我一样获得某种温暖而坚韧的力量。这力量像一座灯塔,照亮黑暗,指引方向!这力量像一座丰碑,鼓舞斗志,激荡心灵!斯人若彩虹,遇上方知有!感恩先生!怀念先生!

(许锋华,华中师范大学教育学院教授)

他是一位爱国科学家、教育家

◇ 肖海涛

作为一位科学家和教育家，杨叔子校长在中国当代科学史和教育史上无疑留下了辉煌的一笔。通观其一生，他是一位教师、大学校长、科学家、教育家、诗人，而统率这一切的，是一位充满赤子情怀的坚定的爱国主义者。可以说，他是：

一位关怀学生、启迪智慧的好老师；

一位聪明睿智、成果丰硕的科学家；

一位引领潮流、卓有成效的大学校长；

一位思想深邃、超越时空的教育家；

一位饱读诗书、才情洋溢的诗人；

一位视野开阔、热爱祖国的爱国主义者。

合而言之，他是一位爱国科学家、教育家。

"诚则明矣，明则诚矣"（出自《中庸》）。杨叔子校长鲜明的可敬之处在于，他有一颗浓浓的爱国赤子之心。他认为，民族精神是中华民族文化哲理的凝现，"国魂凝处是诗魂"，"诗魂凝处是国魂"。他曾引用《论语》中的一句话"君子务本，本立而道生"，对其进行了富于创造性的阐释。他说：什么叫"君子务本"？这个"本"，首先是爱国。我们培养的人才一定要德才兼备。爱国是最大的德！这是何其精辟的真知灼见，越深思越觉其精妙。比如说汪精卫，才华不浅，却成为大汉奸，是"昔具盖世之德，今有罕见之才"（"盖世"与"该死"谐音，"罕见"与"汉奸"谐音）。

2010年，杨叔子院士在深圳大学。左起：
向春、杨叔子、徐辉碧、肖海涛

杨叔子校长的爱国之心、爱国主义精神，不仅体现在他毅然放弃国外优厚待遇、竭诚回国工作中，也深刻体现在他的办学实践中。作为一位大学校长，杨叔子校长在20世纪90年代早期引领潮流地推行文化素质教育；后来作为中国高校大学生文化素质教育指导委员会主任，他更在全国范围内大力推动文化素质教育。切中时弊，成效卓著。实际上，这源于他对教育本质的深刻认识。他抓住了两个关键——"人"和"文化"——来思考教育问题，即培养什么人？怎样培养人？他极富创造性地找到围绕各种教育问题的主旋律——"育人"。他旗帜鲜明地提出，教育是"育人，而非制器"；办学，首先要抓办学思想、抓育人。在认真总结学校发展历史"三大转变"的基础上，他立意高远地从战略上提出要努力促进学校的"第四个转变"，即从注重专业教育、科学教育转向科学教育和人文教育相结合，在实施专业教育的同时高度重视素质教育。这"第四个转变"实际上是教育思想深处的变革，也是影响更为深远的变革，从思想深处涉及中国现代大学发展以及如何培养中国大学生的问题。

立足于中国教育现代化发展的需要，他提出，中国的教育要"背靠五千年，坚持三个面向"。而且，这两方面是联系在一起的，如果不讲"背

第二篇 思想风骨

靠五千年",即不讲中华优秀传统文化,"坚持三个面向"就没有依托;同理,不讲"坚持三个面向",不追赶世界现代化的潮流,"背靠五千年"就没有方向。总体而言,教育的现代化,民族文化自觉、文化自尊、文化创新,中华民族的伟大复兴等,都离不开这两点。

杨校长深刻认识到,科学求真,人文求善;人文科学,和而不同。现代科学技术高度发达,既可以造福人类,也可以毁灭人类,如何让科技沿着造福人类而不是毁灭人类的方向服务,需要人文为科学指引方向。因此,他反复强调:"真为善奠基,善为真导向",即科学为人文奠定基础,人文为科学导向。教育应该是促进人文教育和科学教育交融。人文教育和科学教育交融的教育,也就是绿色教育。这一思想,不仅是科学与人类发展的需要,也是国家发展的需要。因此,他鲜明提出:

> 一个国家,一个民族,没有现代科学,没有先进技术,就是落后,一打就垮,痛苦受人宰割;而没有民族传统,没有人文文化,就会异化,不打自垮,甘愿受人奴役。

> 没有一流的理科,就没有一流的工科;没有一流的文科,就没有一流的理科和工科,就没有一流的大学。

"既以为人,已愈有;既以与人,已愈多"(出自《老子》)。杨校长身上有一种中国人所崇尚的君子人格,亲切温润。他身上有很多优良的品格,诸如聪明、勤奋、谦逊、诚恳、务实、正直、善良、宽容、厚道、善于学习、善于合作、能为他人着想、有责任感等等,这也代表了他这一代知识分子的品格特征。生活上、工作中,他总会饱含深情地念他人的好,感念他人对自己的帮助,包括他的家人、他的老师、他的领导、他的同事、他的朋友乃至他的学生,等等。当然,这些优良品德,既有助于他得到帮助和取得成就,也有助于他人取得成就。

比如说,很有意思的是,在当校长之前,他没有多少行政管理经验,只是一个教研室的主任,当校长时却能带出一个团结和谐、出人才的领导班子。当年他手下的一批副校长以及一些他当校长时提拔起来成为"双肩挑"的年轻人,其中不少人后来到其他高校去做大学校长,出现了"华中科技大学校长群"现象。谁说这些与杨校长的"领导"没有关系呢?难道仅仅是偶然?我的感悟是,这似乎既体现了他所喜欢的《论语》中的精髓:"己所立而立人,己欲达而达人";也体现了他所喜欢并要求他的博士研究生背诵的《道德经》中的精神:"无为而治","无为而无不为","生之畜之,生而不有,为而不恃,长而不宰"。他身上是儒道互通的,他身上有一种自强不息、厚德载物、拼搏进取、真诚忠诚的精神。

杨校长提出,教育要培养有思想、有人性、有灵性、科学与人文素养兼备的、有文化生命的"全人"。他一直谆谆教导大学生要学会做人做事。他结合他个人成长的亲身经历,不遗余力地向青年学生宣讲一个人如何成人成才——"踏平坎坷,成人成才",足迹所到,全国100多所大学。他推崇毛泽东主席在《纪念白求恩》中说的做人要做这"五种人":"一个高尚的人,一个纯粹的人,一个有道德的人,一个脱离了低级趣味的人,一个有益于人民的人"。其实,他杨校长自己一直是以做这"五种人"而自勉的。

"俯首甘为孺子牛",是他从年轻时就树立的座右铭,也就是如毛泽东主席所说的"全心全意为人民服务"。"为人民服务",在他身上不是唱高调,而是那么忠实真诚,朴素自然。

冯友兰先生将人生境界分为四个层次,从低到高分别是自然境界、功利境界、道德境界和天地境界。处于自然境界的人,顺着本能或其社会的风俗习惯做事;处于功利境界的人,为自己做事。冯先生认为,前两种人,是人现在就是的人,属于自然的产物;后两种人,是人应该成为的人,属于精神的创造。杨校长无疑属于后者,是处于道德境界和天地境界的人。处于道德境界和天地境界的人,是超越生死的,杨校长的是不朽的。

写到这里,我的脑海像过电影一样浮现杨校长亲切的音容笑貌,那样的神情蔼然、君子之风,那样美好的师者形象、教育家形象、科学家形象,真是:

第二篇　思想风骨

君子之风美誉扬，忠诚报国气轩昂。

智能制造先声发，文教推行宏业彰。

科学求真无止境，人文向善有仁方。

身乘彩凤向西去[①]，遗爱绵绵日月长。

（肖海涛，华中科技大学1996级高等教育学博士、深圳大学教育学部教授，《育人而非制器——杨叔子口述史》整理者）

[①] 杨叔子院士是我国智能制造的首倡者、大学文化素质教育的领头羊，他在提倡人文科学、和而不同，人文教育科学教育应相融时，鲜明化用"身需彩凤双飞翼"。这里用"身乘彩凤"作为典故。

《育人而非制器——杨叔子口述史》后记

◇ 肖海涛

2018年4月的一天,我接到原华中理工大学(现华中科技大学)校长杨叔子院士的夫人徐辉碧教授打来的电话,说是想请我整理杨校长的口述史,出版社的同志也正在他们家。接到杨校长、徐老师的电话我总是非常高兴,我当即开心地接受了这一任务。我说,这是一件非常有意义的事情,谢谢杨校长和徐老师的信任,一定努力完成任务。我还说了8个字:"责任重大,使命光荣。"

记得10年前,我刚协助恩师、著名教育家潘懋元先生整理出版他的口述史不久,我跟杨校长谈起,接下来想协助校长整理他的口述史,杨校长谦虚地说:"潘先生应该写口述史,潘先生是我的老师,我还不够格。"谦虚是杨校长一贯的风格。现在我能有这个机会整理杨校长的口述史,我当然十分乐意,且深感荣幸。因为杨校长无论是作为一名优秀教师,还是作为一位大学校长,抑或作为科学家、教育家、诗人,他本身就是一份宝贵的财富,将其经历和思想整理出来,哪怕是挂一漏万,无论是对中国科学还是对中国教育也是非常有意义的。吾虽不才,愿竭尽全力!

一、春风化雨

第一次见到杨校长,我就被"震撼"了。

那是1996年9月,我进入原华中理工大学(现华中科技大学,当时我们习惯称为"华工",社会上有华工人引以为豪的"学在华工"之说)攻读博士学位。开学不久,学校举行开学典礼。典礼开始了,李德焕书记和

第二篇 思想风骨

杨叔子校长步伐矫健、神采奕奕地走上主席台,一位稍胖,一位稍瘦,都是穿着整洁的短袖白衬衫(在武汉炎热的9月,这多少算是正装),当他们快走到主席台中央时,突然向前走了几步,立定,鞠躬,给台下的师生们认真地鞠躬行礼。我虽然是博士研究生,读博之前在部队待过,但大学书记和校长给老师和学生们认认真真地鞠躬敬礼,这种场面我以前从未见过,我相信在场的"新鲜人"本科生和研究生绝大多数也都没有见过。一种强烈的情感冲击波漫过全场,掌声响起,全场师生发自内心地热情鼓掌!

那是一种尊重,我们的书记和校长如此真诚地尊重广大师生!这一行为一下子就把大家的心给抓住了,油然生出一种庄重感、庄严感和对我们校长与书记的自豪感,热情的鼓掌也都是发自内心的。

这就是我和杨校长的第一次见面。一见面,我就发自内心地、满心欢喜地、真诚地喜欢咱们的杨校长了,也为能在这所绿意盎然的"森林校园"读书而感到庆幸,我暗下决心,读博机会来之不易,一定要好好珍惜学习机会。

我当时是在高教所攻读高等教育学博士,得益于老校长朱九思和所长文辅相教授的关照,我是学校1996年拿到教育管理(后改为高等教育学)博士点后招收的第一位博士研究生,这个博士点是全国第四个高等教育学博士点,也是当年以理工见长的华中理工大学的第一个文科博士点,是学校文科博士点"零的突破"。其意义非同小可,标志着华工结束了没有文科博士点的历史,意味着华工向综合化办学成功地迈出了一大步。高教所有着非常好的传统,也是一个温暖的大家庭。当年耕耘高教所的多是些重量级人物,如老校长朱九思先生、涂又光先生、姚启和先生、文辅相先生等。

老校长朱九思先生,是著名的教育家、华工的功臣,他从校长位子退下来后精心耕耘高教所。高教所的学风很好,视野很宽,特别是每周一次的学术沙龙活动,用朱先生的话说,是"风雨无阻,雷打不动",让我们深切感受到什么叫学术氛围。涂又光先生是著名哲学家冯友兰先生的高足,编纂过冯先生的《三松堂文集》、翻译过冯先生的英文著作《中国哲学简史》,学术功底深厚,我们特别喜欢听涂先生讲课,那种通达贯通、鞭辟入里、生动形象,很少有人能及。姚启和教授从副校长位子上退下来后,长期担任《高等教育研究》杂志的主编,将其办成了国内首屈一指的权威刊物。所长文辅相教授,担任过学校教务处处长,思维敏捷,温厚慈祥,对我更是像对子女般地关爱。

由于我是高教所第一位博士研究生,整个高教所硕士研究生也不多,当时的情形是"师傅多,徒弟少"(我开玩笑说是"粥多僧少"),我得到浓郁而和谐学术氛围中众多老师的厚爱,同心协力、共同指导、关爱、导航和护航。我听导师文辅相先生说起朱九思先生多次同他专门谈到我的培养问题,包括长时间的电话交谈;涂先生同他谈到我的培养时提出了"导航""护航"之说。每每想到这些,便心存感恩。

回想起来,我当时是在身心愉悦地、静悄悄地蜕变。我是典型的文科生,当年朋友们说我有些超凡脱俗和理想色彩,从平日说话和写文章中多少能看出这一点,我自己倒不觉得,但我承认我有些教育理想主义。

不知什么时候起,所里老师说,我的文风有些像杨校长。他们太高抬我了,我自己几斤几两,我还是有自知之明的,绝不敢跟咱们思维敏捷、文理兼通、精通诗词、才华横溢的杨校长相提并论。但是听所里老师们这么一说,我心里多少有些暗自高兴,从心里跟杨校长亲近了起来。从此,我更加留意杨校长的文章和他的讲座。一看见杨校长的文章,我肯定要认真拜读,而且是精读;一有杨校长的讲座,我肯定要去,而且要早早地跑去占座位。杨校长的文章观点鲜明,逻辑严密,文理贯通,一气呵成,收放自如,读来只有敬佩其人品学问之高山仰止的感叹。杨校长的讲座热情洋溢、妙语连珠、激情四射,非常具有感召力,每次听完讲座总有想立志做点什么事的冲动。

喻家山下的华中理工大学简称"喻园",是有名的"森林校园"。校园的每一条道路都是大树参天,绿树浓荫,即使是炎热的夏天也不用撑伞。当时我住在学校西十二的博士楼,我们高教所的位置在学校东边。杨校长的办公室在行政楼——南三楼,他通常是走路上下班,所以有时候就能在路上遇到校长。杨校长人比较瘦,走路轻快,我每次走在路上看到,总是

第二篇　思想风骨

停下来行注目礼，感觉亲切，但并不上前打扰。

当时，杨校长大力推行大学生文化素质教育，学校的人文讲座开展得有声有色，在全国高校中引起轰动。人文讲座大受欢迎，每次的讲座，教室里总是人山人海，教室的地上、走廊上都坐满、站满学生。每到星期五，中午午餐时间，校园广播会播放讲座通知，播放通知之前会有一个固定的音乐前奏曲，讲座前奏的音乐一响起，我就会留意听广播，看看今天有什么讲座。这样，3年多下来，听了不少名人的讲座，有的讲座听起来真是过瘾。

例如，有一次去听《三国演义》里曹操的扮演者鲍国安讲他扮演曹操的经历，真有种追星的感觉，真切体悟到什么叫表演的魅力和声音的魅力。还有一次我去听建筑学院的张良皋教授讲《红楼梦》（张良皋教授讲过好几场《红楼梦》，如"《红楼梦》里的建筑艺术""《红楼梦》超前女性意识"等，讲得真是好），我听见身边的学生小声说"那边是老校长朱九思"，声音里有激动，因为他们大多听过老院长朱九思的大名，很多学生并没有见过朱九思本人。循声望去，朱九思老师真的在场，他也是安静地在听。

当时，人文讲座吸引了不少外校学生慕名而来。一次，我的一位朋友就专门从外校赶来听讲座，那天他真幸运。白天，我陪朋友在校园散步，突然看到前面不远处有杨校长的身影，我告诉朋友，前面那位身材精瘦、步伐轻快的人就是我们的校长杨叔子院士。杨校长之名如雷贯耳，朋友一直仰慕有加，没想到一来华工就能见到真人，惊喜不已，目送杨校长走远，还呆呆地站在原地，连连感叹："没想到，大名鼎鼎的杨校长，竟然如此平易，走路上下班"，最后他说了一句："今天真幸运！"我不知道当时他心里起的是怎样的波澜，但我想，校园里活跃着关爱学生而又深受学生爱戴的校长的身影，是一道多么美丽的风景线。

接下来的一天，我自己更幸运。那天，我正在校园里走着，刚好迎面碰到杨校长，我很自然地喊了声"校长好"。杨校长立即停下来，热情地询问起来。我就自我介绍了一下，刚开始有一些小小的紧张，觉得打扰校长大人不太好意思，可是见到校长温和的态度，我就释然了，回答了校长的一些询问，说到我读了校长的一些东西，说了我的博士学位论文选题，还说了有人说我的文风有些像校长。杨校长表现出关切和兴趣,他说希望看到我的博士学位论文。

我很受感动,一种"小确幸"的幸福感漫过心田。我不知道,有多少次有多少学生就这样被感动着!可能校长自己都不知道,他经常于不经意间就对学生产生了影响,有的影响可能是一生的。大师的作用不就是这样的吗?他的存在本身,就是一种无形的教化影响。

我的博士学位论文选题是关于"大学的理念",教育史上第一个阐明大学理念的是英国红衣大主教纽曼的《The Idea of a University》,国内将其翻译成《大学的理想》。当时国内做这方面研究的人很少,所以当台湾中原大学校长张光正先生来学校做人文讲座时,讲座结束后我跟他说到我的博士学位论文选题,他当即表现出兴趣,邀请我去他们学校访学,所有费用由他们出。这真是"天上掉馅饼"的幸运,所以单从这一点来说,我也是学校文化素质教育和人文讲座的受益者。

博士学位论文写完后,导师文辅相先生吩咐我将论文送给杨校长做论文评阅人(当年论文送审并没有硬性规定必须是"盲审",也没有规定评阅人评阅的格式和字数要求),我便将论文送到杨校长办公室。当时杨校长不在办公室,由他的秘书、热情和善的曹素华老师代为接收,这是我第一次去杨校长办公室,发现校长的办公室竟是如此的朴素。第二次去拿评审结果的时候,杨校长也不在办公室,仍是热情和善的曹老师将装在信封里的评语递给我的。

第三次去杨校长办公室的情形,我终生难忘。那时我博士快毕业了,一直为去哪里工作而纠结,恩师朱九思、文辅相、涂又光等都希望我能留校,学校分管人事的副书记刘献君教授还特地问我需不需要他帮忙。大约更多是为"稻粱谋",我选择了深圳,加之丈夫已经在南方工作。当时我住的博士楼里的不少同学五六月份就去单位报到了,还能多拿几个月工资,这对长期读书的穷博士们来说也是一笔不少的收入,我一直拖到9月份还未定下来。一次在路上碰到杨校长,他问我毕业去向,我说我想去南方,他当即表示惋惜,并邀请我去他办公室找他。不久,我如约去了杨校长办公室,

第二篇 思想风骨

当时他办公室还有其他人，校长赶忙起身，热情介绍，并拿起一本当时正风行全国的《中国大学人文启思录》，题字赠书给我，题曰：中华儿女多奇志，偏向悬崖攀绝峰。

一股暖流涌遍全身，我不知说什么好，只有连声说"谢谢"。那天是1999年9月10日，教师节，一个本应该是学生向老师表达感恩的节日。

后来，我看到冯友兰先生的文字，冯先生在回忆他初次见到蔡元培先生的印象时说道：

> 道学家们讲究"气象"，譬如说周敦颐的气象如"光风霁月"。又如程颐为程颢写的《行状》，说程颢"纯粹如精金，温润如良玉，宽而有制，和而不流。……视其色，其接物也如春阳之温；听其言，其入人也如时雨之润。胸怀洞然，彻视无间，测其蕴，则浩乎若沧溟之无际；极其德，美言盖不足以形容"。

冯先生高超的文字艺术所表达的，不正是那天我在杨校长办公室的感觉吗？杨校长的大家气象，不就是这样的吗？"纯粹如精金，温润如良玉，宽而有制，和而不流"啊！

我曾看过一个故事，说是有个知识分子回忆他第一次见到周恩来总理的时候，周总理给他留下的那种温文尔雅、器宇轩昂、光明磊落的大家气度，是他终生难忘的，哪怕后来他被打成"右派"，受过很多磨难，但周总理这个形象给予他的精神动力是永恒的。我想，那种感觉我懂得。

再说说杨校长给我博士学位论文的评语，那是杨校长亲笔手写的，满满三四页，校长给了我很高的评价，开头就开宗明义地指出："大学的理想问题，实质上也是办大学的方向问题，是办大学的一个根本问题。"在评价中，杨校长还说："在其主要贡献中有许多创造性的成果，可见作者博览群书，肯于思索，颇具灵性，成果丰硕。"

校长太抬爱了，我有些汗颜，但是给了我莫大的鼓舞，特别是"颇具灵性"几个字，让我这个当时的年轻人在"问学"路上能够努力向前，特别是遇到挫折和人生低迷的时候，成为精神的动力。

值得欣慰的是，博士学位论文修改后名为《大学的理念》，由母校华中科技大学出版社出版，成为内地教育理论界第一个研究大学理念成果的著作，于2006年获第三届全国教育科学研究优秀成果二等奖。这是后话。

二、山高水长

"经师易得，人师难求"，能有良师、"人师"指路护航，人生之大幸！杨校长便是我的良师、"人师"和恩师，这一点经过20多年岁月的积淀，历久弥真，历久弥深。

记得毕业时，他的秘书、热情和善的曹素华老师问杨校长，为什么对一个学生这么好，杨校长连说"可惜"！他的意思是可惜我没能留校（理解人生是要有阅历的，我这个所里招收的第一位博士研究生"身在福中不知福"，不知天高地厚地离开，让朱九思老师生气、让文辅相老师伤心、让涂又光先生惋惜等，是当时的我不能完全理解的，都是有浓浓的师恩在里面，"此情可待成追忆，只是当时已惘然"。容另文再述）。我博士毕业头几年，丈夫还在广州，调过来的难度超出了我当初的想象，心里不免有落差。于是除关心我的学术之外，杨校长还关心我的生活，他一度希望我能调回母校。幸运的是，在杨校长和潘懋元先生的帮助下，加之我为任职的深圳大学做了一些事情，丈夫后来也从广州调过来了。

2004年，在潘懋元先生的关照下，我去厦门大学跟着潘懋元先生做博士后研究，幸运地成为潘先生招收的第一个博士后。这也多少是结缘于我的博士学位论文，潘先生是我博士学位论文答辩委员会主席，他对我论文的评审也是抬爱有加，特别是他在评阅中说："文章深入浅出，文笔通畅，文字简淳，文风素朴，无此类文章经常出现的故弄玄虚、摆花架子，或文义曲迁、晦涩难读的流行毛病。"这同样给了我莫大的鼓舞，成为我的精神支柱。

我在厦门大学做博士后期间，一次与一位副院长聊天，他知道我是华中科技大学来的，说了一句："厦门大学缺两个人，一个是杨叔子，一个是涂又光。"我问："你见过他们吗？"他说："听过杨先生的报告，很有感染力,但没见过涂先生,只是读了他的文章和他的书。"这让我感叹他的见识了得,我便又津津乐地道谈起了杨校长和涂先生。

做博士后期间,杨校长跟潘懋元先生沟通时,包括打电话时,总要问起我的情况。现在回过头来想,如果说在这"问学"路上我能坚持和努力做点事情,莫不与恩师们的时时鼓舞和鞭策有关。

虽然深圳是一座崛起很快的现代化新城,但经济的崛起往往比文化的发展要快。由于杨校长在全国教育界的声望,深圳大学希望得到杨校长的支持,杨校长每次都是倾力支持。例如,深圳大学作为一所年轻的大学取得博士学位授权点"零的突破",深圳大学获批成为国家大学生文化素质教育基地等,都有杨校长的功劳和贡献。2007年5月,受教育部委托,杨校长担任评估组组长对深圳大学进行本科教学水平评估,更进一步表现出了他对办好深圳大学的热情。

在这些过程中,我就成了深圳大学和杨校长之间的"联络员"。杨校长总是开玩笑地鼓励我说:"联络员不简单啊,《沙家浜》里的阿庆嫂就是联络员!"他总是记得我当兵的经历。每次我带着深圳大学的任务回到母校去找杨校长,杨校长都是热情地支持,他真诚地希望深圳大学越办越好。

为什么杨校长对深圳大学情有独钟?他说,不仅因为他母亲是广东人,他是半个广东人,他对广东有一份天然的感情,更为重要的是,他认为深圳的全面崛起和办好深圳大学具有战略意义,所以他对办好深圳大学有着特别的期待,认为深圳大学一定要办好。

10多年前,他就诚恳地指出:

> 深圳是改革开放的前沿,正如一首歌中所唱的是邓小平"在祖国的南海边画了一个圈"的地方,深圳的高速发展创造了"深圳速度"和"深圳奇迹",向全世界证明了中国的改革开放和社会主义市场经济路线的英明和正确。不仅如此,更为重要的是,深圳毗邻香港,地理位置非常重要,建设好深圳,不仅是从经济上建设好深圳,而且从文化上建设好深圳,有着十分重要的战略意义。从政治上来说,

香港 1997 年回归到祖国的怀抱。而"回归",更为重要的、更长远意义上的是"文化的回归",这需要一个比较长的过程,也需要坚持不懈的努力。建设好深圳,特别是从文化上建设好深圳,包括建设好深圳大学,让深圳作为中华文化的强大"辐射源"影响香港,这方面的战略意义不可小视,一定要有长远的战略眼光。

这真是高瞻远瞩的真知灼见!

2007 年对深圳大学评估中,杨校长对深圳大学给予了积极的肯定和真诚的期望,也针对深圳大学的特点提出如何促进师资建设、学术梯队建设的希望。当然,还有一件事也体现了杨校长说话的艺术,他提到,这几天不断听到"深圳速度"一说,实际上这里有个潜台词,在迎接评估过程中有些方面特别是投入方面有"临时抱佛脚"的问题。

实际上当时各学校多少都存在这种情况,当然从积极的方面去讲,确实是增加了对高校的投入。不过他认为评估虽然有不同的意见,但大方向是对的。这就是战略思维。

2008 年,杨校长被聘为深圳大学的双聘院士,他特地填了一首词:

浪淘沙·赠深圳大学

睿智画圈圈,画出春天。标新领异卷人间。政革成功开放好,树范航前。

桃李竞芳园,果硕绵绵。赏心乐事此为先。QQ连心传喜讯,育杰培贤。

这首词写得相当漂亮,还很时髦,创新性地用上了"QQ"一词,因为即时通信工具QQ由深圳大学的毕业生马化腾的腾讯公司所创。

成为深圳大学双聘院士之后,他每年都要到深圳大学。他说有很多学校想聘他为双聘院士,但是他只选择了两所学校:一所是深圳大学,另一所就是他家乡的九江学院。

杨校长每年到深圳,日程总是特别满,他是自加任务,自带责任感和使命感。杨校长每次来深圳有几件事是必做的:一是与深圳大学学校领导讨论学校办学思路和办学规划;二是给全校师生做人文讲座;三是给深圳大学诗社做诗词讲座;四是去机电学院讨论办学思路;五是其他单位的邀请,如深圳院士工作站,或深圳高等职业技术学院等。例如,评估结束后,杨校长还在深圳做了几场讲座,除对深圳大学全体师生的讲座外,还到南山区政府给500多位南山区干部们做讲座,到深圳职业技术学院给几百名师生做讲座,到深圳市民文化大讲堂做人文讲座等。这么满的日程,不是一般人愿意的,也不是一般人受得了的。我记得,2007年5月那次一个多星期的评估和随后在深圳市其他单位的讲座中,深圳大学校医院的院长给杨校长检查身体时,有一天晚上发现他不舒服,硬是拉着他去校医院休息和打了点滴。第二天,杨校长照常超负荷地工作,我这个联络员看着都心疼。当时心里还犹豫着要不要给当时"人在武汉、心在深圳"的徐老师打电话,因为杨校长每天都要给夫人打电话"报平安",不过他却总是报平安健康,就像他父亲杨赓笙先生当年追随孙中山先生干革命时所写的"风寒感冒寻常事,写人家书总健康",也像他自己写的"小病微伤常有事,唯将健康报家书"。

作为双聘院士会有报酬,但是他从来没有拿任何报酬,而是将报酬全部用来设立"杨叔子院士奖学金",鼓励学生创新。他设立"杨叔子院士奖学金"也是在两所学校,一所是深圳大学,另一所是九江学院(九江学院称为"叔子爱莲奖学金")。而且杨校长在深圳大学做讲座也是不收报酬的。记得有一次,主办单位将报酬托我转交给杨校长,杨校长让我将报酬原封不动地退回去,并说:"我到深圳大学是来工作的,不是来拿报酬的。"我只好如数奉还。

此后的讲座,深圳大学干脆就不给报酬了,也省了财务上的麻烦。后来与朋友们聊天说起杨校长和此事,我由衷地冒出了一句:"我看见了高尚!"可不是吗?对照当下一些物质主义和金钱至上的现象,高下立判!

每次杨校长来深圳,看到杨校长日程安排得那么紧,我这个联络员都是心有不忍,特别心疼。其实考虑到校长的身体,我这个当联络员的还挡了不少驾,推辞了一些邀请,但杨校长仍是日程满满。深圳大学的领导每次都说:杨校长太辛苦了,去放松一下,参观一下深圳某个景点。杨校长总是婉言谢绝,说没有时间。

永远的楷模　无限的思念
——杨叔子院士纪念文集

杨校长惜时如金。大家都知道，他们夫妻为了教学和科研事业，为了节约时间，吃了30年食堂。大家都知道，杨校长要求自己所带的博士研究生背《老子》，后来又加背《论语》的前七篇，达不到要求不能参加博士学位论文答辩，其实他自己经常研读《老子》。有一次杨校长到深圳，我去接机，他告诉我，他在飞机上在脑子里默念，又将《老子》重温了一遍。杨校长还请涂又光先生去给他的博士研究生讲《老子》。记得有一次，在给杨校长的博士研究生讲授《老子》的第二天，涂先生在我们面前大大称赞杨校长很了不起。

我很幸运，每次杨校长来深圳我都是全程陪同，朝夕相处，享受着过节般满满的幸福，那是一种梅贻琦先生当年所形容的"学校犹水也，师生犹鱼也，其行动犹游泳也。大鱼前导，小鱼尾随"的师生"从游"的幸福。而每次在一星期左右相处的幸福结束之后的送行中，我总有一种依依不舍的怅然若失，期待下一次见面。

唐代大文豪韩愈在《师说》中说："师者，所以传道授业解惑也。"

跟随大师"从游"，收获的何止是传道授业解惑，大师的人格魅力、思想情怀、理想信念、精神境界等，本身就是人文，无不深深地影响学生的学业、思想、性格和灵魂。

看到杨校长和夫人徐辉碧教授比翼双飞，夫妻情深，我们也是非常羡慕和感动的。徐老师是化学家，她陪同杨校长来深圳，不仅仅是生活上的照顾，她和深圳大学生命科学院的倪嘉缵院士有着科研上的合作，她每次来深圳都要到深圳大学生命科学院做讲座。记得有一次，事先说好，徐老师讲座完后中午一起吃饭，吃午饭的时间到了，左等右等，徐老师还没有到，打电话询问，说是大家讨论得正热烈，有些耽误。这时杨校长非常欣慰和开心地说，今天讲座讨论得那么热烈，徐老师一定很快乐。让人感觉到，只要徐老师快乐，杨校长就快乐，而且他们的快乐是建立在事业成就感上的。而且我听徐老师讲到，有一阵子杨校长还带着徐老师读诗，每天一首。每次杨校长来深圳，杨校长和徐老师所带的在深圳工作的研究生们，有机会来看望杨校长和师生相聚，也感到过节般的幸福。对杨校长来说，他当年在国内率先提出"智能制造"的概念,看到学生们取得成绩是他最开心的事,因为那里寄托着他关于中华民族振兴、中国的智能制造、精密制造、中国制造、中国创造的希望和梦想。例如,他1991年招收的硕博连读的研究生、现工作于深圳的富士康工业互联网股份有限公司董事长李军旗先生,就是他当年送去日本深造并学习先进技术的,回国后李军旗先生致力于精密制造的创业,请杨校长为其研究院取名,杨校长取名为"圆梦精密技术研究院",这寄托着他对中国梦和民族自主创新的希望。

2013年,杨校长在八十华诞感悟时,还表达了他的圆梦的心情,他写道:

流逝了的今天是昨天,

要来临的今天是明天,

似乎,永远只存在今天,

其实,永远停不住今天。

丢失了今天,就丢失了天天!

立足现在,深思过去,准备未来,

珍惜今天,抓紧今天,用好今天,

正好圆梦,要圆好梦,势必好梦圆!

三、育人为本

作为一位科学家和院士出身的、教育家型的大学校长,杨校长在中国当代教育史上无疑书写下辉煌的一笔。这里也借此机会,谈谈我所理解的杨叔子教育思想。

杨叔子教育思想主题鲜明,脉络清晰,结构严谨,成果丰硕,构成一个颇具个性特色的完整的逻辑体系,涉及教育的本体论、教育的目的论、教育的方法论等,其教育思想的主要教育观点如下。

1. 教育的本体论

(1)教育的本质是"育人"而非"制器"。

杨校长在讨论教育问题的时候,是从文化与教育的关系之中,将教育定位于文化领域来讨论教育，他抓住了两个关键——"人"和"文化"——来思考教育问题；思考教育问题时，他又抓住了两个关键：一是培养什么人？二是怎样培养人？基于此，他极富创造性又极具个性地找到围绕各种教育问题的主旋律——"育人"。

很有意思的是，这里我很自然地联想到美国高等教育哲学家布鲁贝克所说的，在思考各种高等教育哲学对高等教育实践的指导作用时，要找一个共同的基点，那就是寻找围绕这些问题的主旋律，这个主旋律就是"E"调——"E"代表专门知识，这个专门知识是问题与答案两方面有特色的部分。

杨校长认为，教育的本质是"育人"而非"制器"，而且在他的教育思想中，"育人"是教育的问题与答案两方面都有特色的部分，教育的各种问题和答案总是绕不开"育人"这个主题。

（2）人是有文化生命的。

杨校长一直关注教育对象中的人，在他看来，人是活生生的，有思想、有感情、有个性、有精神世界的，而不是死板的、毫无生机的物或器或工具。再高级的"器"，如再高档的智能机器人，也不过是具有了人所赋予的功能或程序罢了。杨校长创造性地提出，人的生命包括自然生命和文化生命。而文化生命包括人性和灵性。人性，是指文化赋予人的道德伦理观念和种种行为规范，是人区别于动物的第一本质属性，灵性，就是人的聪明才智，既包括感受力、理解力，更包含创造力，有点类似英语中的 intelligence。人的文化生命是人性和灵性的统一。

（3）教育定位于文化领域。

杨校长认为，人类社会的历史本质，是一部文化史、文明史。在社会政治、经济、文化三大领域中，教育定位于文化，教育既是文化传承的主要形式，又是文化创新的必要基础。社会既靠教育的存在而延续，又靠教育的发展而进步。最为根本的一点就是，教育是通过文化去"育人"，进而通过所育之人来为社会服务。

(4)教育就是文化教育。

杨校长认为，教育就是以文化育人，以文化整体育人，以人类优秀文化来培养、构建人的文化生命，塑造人的灵魂，形成人的精神世界。教育过程就是以"文"化人的过程。文化就是以"文"化人，本质就是"人化"。

(5)教育就是素质教育。

杨校长认为，素质教育是针对功利主义提出来的。同时，素质教育就是培养自由而全面发展的人，就是通过提高每一个人的素质来提高整个国民的素质。当然，素质教育既是一种思想，也是一种模式。

(6)教育是绿色教育。

杨校长认为，绿色教育绝不只是环保教育，而是一种遵循人才培养规律，促使学生在一个"可持续"的学术生态环境中自由自在、欣欣向荣、"可持续"生长的教育。现代高等教育应是科学与人文交融而形成一体的绿色教育！当然，绿色教育既是一种思想，也是一种方法论。

2. 教育目的论

在杨校长的教育思想体系中，教育目的非常明确，即培养现代的具有创新能力的中国人。这种中国人是现代的中国人，不是古时候的中国人，是具有创新能力的中国人，是既能爱国又能创新的中国人。他特别强调，"君子务本"，这个"本"首先是爱国，没有爱国，其他的都是空的。我们培养的人才要德才兼备，爱国是最大的德。爱国是具体的而不是抽象的，是实在的而不是空洞的，爱国之爱，首先是对人民的爱、对群众的爱、对家乡的爱、对祖国河山的爱。

3. 教育方法论

在杨校长的教育思想体系中，教育的方法论体现出教育的本体论，且是为教育目的论服务的。

(1)教育是以文化整体育人。

在杨校长看来，教育是以文化整体去育人。文化整体，既是类型上的科学文化和人文文化整体，也是"知识、思维、方法、原则、精神"文化内涵的整体。以文化整体去育人的目的，是培养德智体美全面发展的人、完整人格的人，而不是"半个人"或"四分之一个人""八分之一个人"。

现实教育中的种种弊端，被他高度凝练地总结为"五重五轻"和"五精五荒"。"五重五轻"即"重理工，轻人文；重专业，轻基础；重书本，轻实践；重共性，轻个性；重功利，轻素质"。"五精五荒"即"精于科学，荒于人学；精于电脑，荒于人脑；精于网情，荒于人情；精于商品，荒于人品；精于灵性，荒于人性"。

杨校长认为，这些就偏离了教育的本体性，也不是文化整体育人。而"五重五轻"中，"重"是对的，"轻"是错的，"五重"还要继续重视，"五轻"要引起重视。在"五精五荒"中，"五精"是对的，"五荒"是错的，"五精"要继续精，"五荒"要转变，两方面要做到平衡。

（2）人文教育和科学交融。

杨校长认为，科学求真，人文求善。人文科学，和而不同。现代科学技术高度发达，既可以造福人类，又可以毁灭人类，如何让科技沿着造福人类而不是毁灭人类的方向发展，那就需要人文为科学指引方向，所以他反反复复强调："真为善奠基，善为真导向。"也就是，科学为人文奠定基础，人文为科学提供导向。教育应该是促进人文教育和科学教育的交融，促进"善为真导向"。

杨校长认为，科学文化与人文文化，二者同源互通，二者之间应该交融，可以交融。科学文化与人文文化的分裂，在理论上是假命题，在现实生活中是真命题，实践上教育上如何做到两者结合确实是个大课题。

杨校长还创造性地提出"绿色教育"。他认为"人文科学，交融生绿"，"绿"代表生命，代表生机，代表和谐；绿色教育强调人的正确开发，强调人的可持续发展。这既是一种教育思想，也是一种教育的方法论。

（3）学思行结合，创新之根在实践。

杨校长认为，文化内涵整体从结构来说分为三个层次："形而下"是知识，

"形而中"是思维、方法、原则,"形而上"是精神。其中,知识是基础,思维是关键,方法是根本,原则是精髓,精神就是灵魂。一个人要形成良好的素质和创新能力,离不开学习、思考、实践这三条,其中实践是根本。

(4)背靠五千年,坚持三个面向。

杨校长认为,中国教育需要"背靠五千年,坚持三个面向",民族文化自觉、文化自尊、文化创新等都离不开这一点。特别需要注意的是,这两方面是联系在一起说的,不讲"背靠五千年","坚持三个面向"就没有依托;不讲"坚持三个面向","背靠五千年"就没有方向。

(5)文化要传承,经典需诵读。

杨校长认为,文化(特别是人文文化)是人类社会的"基因",民族文化(主要是人文文化)是民族的"基因"。丢失了文化,就是丢失了文明;丢失了民族文化,就是丢失了这个民族的特性,就是丢失了这个民族。作为中国人,必须学习中国民族文化,而不是做黄皮肤白心的"香蕉"人。《老子》与《论语》,无疑是中国传统文化中影响最大的经典,体现了中国传统文化的精髓,它们蕴涵的深刻哲理,是超越时空的,中国人最基本的应该读《老子》和《论语》。

杨校长在不同的场合反复强调而且被广泛引用的一句名言是:一个国家,一个民族,没有现代科学,没有先进技术,就是落后,一打就垮,痛苦受人宰割;而没有民族传统,没有人文文化,就会异化,不打自垮,甘愿受人奴役。

(6)诗教应先行。

中华诗词最美最人文,要让中华诗词大步走进课堂。更为重要的是,杨校长教育上的贡献不仅是在教育理论上,更鲜明地体现在办大学的实践,在学校、在全面推动文化素质教育的实践之中,在全国推动诗教的实践之中。

杨校长是个谦虚的人,很少谈自己的贡献。但是我们不能不承认他的贡献。例如,在办学实践中,他将本以理工见长的大学办得学术氛围更为浓郁,更像大学,并极大地提高了学校在全国的影响、地位和知名度。又如，在教育和文化素质教育上，周远清同志曾说："杨叔子是一位著名的科学家"，"杨叔子是一位做出了重要贡献的教育专家、教育思想家"，"杨叔子对我国素质教育、文化素质教育，包括对文化、教育等的认识和理解非常深刻，并且做出了出色的贡献"。再如，在诗教上，梁东先生曾说："杨叔子先生作为当代诗教理论的拓荒者，站在理论和实践相结合的最前沿。"孔汝煌先生同样认为，杨叔子先生"是当代诗教文化理论的拓荒者和主要奠基人"。今天我们看到中央电视台的"中国诗词大会"办得有声有色，深受全国观众喜爱，这是因为有良好的群众基础。在20多年前，不可能产生这么好的反响，因为那时没有这么广泛的群众基础。这也从另一个侧面反映了杨叔子先生和同仁们一起做出的开创性成就。

特别是，在办学实践中，他认为，办学要继承传统，面向未来，以学科建设为龙头，注重师资队伍建设，办出大学氛围，要注重文理交融，他提出，理科是工科的基础，文科又是理科、工科的基础；没有一流的理科，就没有一流的工科；没有一流的文科，就没有一流的理科和工科，就没有一流的大学。

他认为，现代大学应"立足于治学，服务于育人，统一于文化，服务于社会"。在大学的三大职能中，教学是基础，科研是提高，为社会服务是活力。大学要追求文化创新，培养创新人才。这些无疑对于一流大学建设具有深刻的启示意义。

总体来看，杨叔子的教育思想是围绕着育人和办学来展开的，激情理性共生，爱国创新与共，具有鲜明的特色，诸如深厚的民族性与爱国精神、浓郁的生命感和人文性、合乎规律的创造性和科学性、强烈的现实性和实践性。

四、爱国科学家、教育家

甫一接任校长，杨校长就极高明地从战略思维上明确提出，办学首先要抓办学思想、抓育人，要继承传统、丰富发展、开拓创新。他富有创造性地、实事求是地总结提炼了学校历史上的"三大转变"，并从战略思维上立意高远地提出要促进"第四个转变"：从注重专业教育、科学教育转向科学教育和人文教育相结合，在注重专业教育的同时高度重视素质教育。

这"第四个转变"实际上是一个更难的转变，是教育思想深处的变革，也是影响更为深远的变革。为此，作为一位科学家、一位重点理工大学的校长，他率先在全国高校中推行文化素质教育，掀起引起轰动的"人文风暴"。他的影响和活动不仅仅局限于华中理工大学校园之内，作为高等学校大学生文化素质教育委员会主任，他走向全国，在全国范围内大力推动文化素质教育，他觉得他有必要去尽一份他应该尽且能够尽的责任。

作为一位科学家，杨校长推行文化素质教育、人文教育，其意义更非一般。关于人文教育，涂又光先生曾精辟地提出"三阶段论"的观点，即"人文—科学—科学·人文"三个阶段。分析杨校长的人生历程，可以很有意思地发现，他本人也是经历了"人文—科学—科学·人文"三个阶段，他童年的家学和私塾，接受的是中国传统人文教育；上大学以后，基本上接受的是科学教育；当大学校长以后，大力推行文化素质教育和人文教育，属于"科学·人文"阶段。

杨校长从切身体悟中深切感受到人文与科学相融的必要性和可行性，他是走过了人文到科学阶段之后，又从科学到人文，站在科学与人类发展的高远视野中，来看待人文和人文教育。这多少与纯粹人文专业出身的校长不一样，因为杨校长本身是一位科学家，多少有些"现身说法"，以自己的成就来证明文理交融是有益的，是行得通的。

杨校长鲜明的可敬之处在于，他有一颗纯真的赤子之心和厚道的谦虚之心。他一再强调"君子务本"，这个"本"首先是爱国；我们所培养的人才一定要德才兼备，爱国是最大的德。说实话，刚开始，这些话我有些没搞懂，虽然我也背过《论语》"君子务本，本立而道生"，但我以往从来没听人这么讲过，后来我就一直琢磨，越琢磨就越觉得杨校长浓浓的爱国赤子之情中，是极其精辟的真知灼见，我们心里透亮，越觉得杨校长了不起！

杨校长的爱国赤子之心，无疑缘于他父亲"诗人的爱国者"杨赓笙先生的影响、他"清廉爱国，师表崇德"家风庭训的影响、他童年深受战争之苦的影响，以及新中国爱国主义和集体主义教育的影响，等等。而他作为一个大学校长，又不遗余力地在全国高校给大学生讲这一做人的深刻道理，其情可感，其心可鉴，其影响之深广不可限量。

杨校长做人厚道，十分谦虚谦和，他不会讲他人的不是，他总会饱含深情地念他人的好，感念他人对自己的帮助，包括他的家人、他的老师、他的领导、他的同事、他的朋友乃至他的学生等（所以我在整理这部书稿时，他念及的那些人和事也在我眼前生动起来、亲切起来）。例如，仅在推动文化素质教育方面，他就常讲，上面没有教育部特别是周远清同志的支持，身边没有他领导班子成员如李德焕、刘献君等的支持，校内没有广大师生如涂又光先生的支持等，没有华中理工大学、华中科技大学这块沃土，他就不可能干成什么事。

杨校长身上有很多优秀的品格，诸如聪明、勤奋、谦逊、真诚、务实、正直、善良、宽容、善于学习、善于合作、能为他人着想、有责任感等，这也代表了他这一代知识分子的品格特征，这些无疑有助于他得到帮助和取得成就。

一个很有意思的现象是，在当校长之前，他没有多少行政管理经验，却能带出一个团结和谐、出人才的领导班子，他手下的那一批副校长、他提拔起来成为"双肩挑"的年轻人，后来不少到其他高校去做大学校长，出现了"华中科技大学校长群"现象，而当年和他搭档的周济副校长后来更是做了教育部部长。谁说这些与杨校长的"领导"没有关系呢？难道仅仅是偶然？

我的体悟是，或者说，我是从他喜欢《老子》来寻找答案的。我想，这与他喜欢《老子》有关，他还强调要让他的博士研究生背诵《老子》，他的思想是道家的思想，"无为而治"，"道法自然"，"无为而无不为"，"生之畜之，生而不有，为而不恃，长而不宰"。当然，他身上是儒道互通的，他身上有一种自强不息、厚德载物、拼搏进取、真诚忠诚的精神。

杨校长一直教导大学生要学会做人做事，他非常推崇毛泽东主席在《纪念白求恩》中说过的做人要做这"五种人"：一个高尚的人，一个纯粹的人，一个有道德的人,一个脱离了低级趣味的人,一个有益于人民的人。

其实,杨校长自己一直是以此自勉的,"俯首甘为孺子牛",那是他从年轻时就树立的座右铭,也就是如毛泽东主席所说的全心全意地"为人民服务"。"为人民服务",在他身上不是唱高调,而是那么忠实真诚、朴素自然,在他当校长时体现为"为教师服务""为学生服务"。所以,他是一位"亲民的校长""新民的校长"。

冯友兰先生将人生境界分为四个层次,从低到高分别是自然境界、功利境界、道德境界和天地境界。处于自然境界的人,只是顺着本能或其社会的风俗习惯做事;处于功利境界的人为自己做事。冯先生认为,这两种人,是人现在就是的人,属于自然的产物;后两种人,是人应该成为的人,属于精神的创造。天地境界又可以称作哲学境界,只有通过哲学获得对宇宙的某些了解,才能到达天地境界。杨校长无疑属于后者,是处于道德境界和天地境界的人。

杨先生是一位教师、科学家、大学校长、教育家、诗人,而统率这一切的是,他是一个充满赤子情怀的坚定的爱国主义者,可以说,他是:

一位关怀学生、启迪智慧的好老师;

一位聪明睿智、成果丰硕的科学家;

一位引领潮流、卓有成效的大学校长;

一位思想深邃、超越时空的教育家;

一位饱读诗书、才情洋溢的诗人;

一位视野开阔、热爱祖国的爱国主义者。

合而言之,他是一位爱国科学家、教育家。

五、致谢

写作的过程是辛苦的,也是幸福的。在整理书稿过程中,我真切感受到杨校长走进我的生命之中,给我带来了内心安静、灵魂洗礼、生命觉悟。

从杨校长的经历、思想、情怀和美德之中,我收获到很多非常有益的启示，这是我人生非常珍贵的财富，我要借此机会表达我非常真诚的感谢。

孔子的学生形容孔子：仰之弥高，钻之弥坚；瞻之在前，忽焉在后！夫子循循然善诱人，博我以文，约我以礼。欲罢不能，既竭吾才，如有所立卓尔。虽欲从之，未由也已！

实际上，这也是作为杨校长学生的我想用来形容杨校长的话。高山仰止，景行行止！

杨校长是个传奇式的人物。20多年来，跟杨校长接触越多，了解越多，时间越长，越充满感佩。我深深地体悟到，什么叫大师，什么叫大家，什么叫大家风范，什么叫君子风范。与此同时，我也深刻体会到，一个人的成功需要付出多少艰苦的努力，以及背后会得到多少人的支持；一座高峰的出现，往往是在由许多山峰组成的山脉之中。

非常真诚地感谢杨校长和夫人徐辉碧教授长期以来的信任、关爱、教诲以及所提供的资料，能亲聆受教、能做杨校长的"联络员"、能得以整理杨校长口述史，是我人生之大幸。"要对得起杨校长！"这是我时时对自己的鞭策，并化为对人生的感悟：

书山有路勤为径

学海无涯乐作舟

此外，要真诚感谢杨校长的女婿、华中科技大学李晓平教授提供的资料；真诚感谢杨校长的外孙女孙肖男老师，华中科技大学教科院的余东升教授、浙江经济职业技术学院教授、中华诗教促进中心副主任孔汝煌先生等为本书初稿和样稿提出的宝贵意见；真诚感谢华中科技大学教科院张应强教授、陈廷柱教授、雷洪德教授等提供的帮助和启发；真诚感谢华中科技大学出版社钱坤编辑、周晓方编辑的热情帮助和启发；真诚感谢中南民族大学许锋华博士热情提供的资料；真诚感谢我的同事深圳大学高教所张祥云教授、李均教授等一次次耐心听我"怡然自得"地讲述我研究杨叔子教育思想心得时的鼓励和启发；真诚感谢我所带的研究生佟彤、夏靖、阳书亮、庞蕾等在研究杨校长教育思想或访谈杨校长时提供的资料；等等。

第二篇　思想风骨

最后，特别感谢家人的支持和帮助。在我们家，杨校长是"神一般的存在"，在我们心目中有着一种敬爱的亲切感、尊贵的高尚感。丈夫向春同志多年来得杨校长关爱甚多，他积极支持我整理杨校长口述史，还不忘叮嘱："要整理好，配得上杨校长的地位！"儿子向世芗同学是在亲爱的杨爷爷和徐奶奶的关照下自在成长的，看到我在写书，他很自豪，有时跑过来看看我写了些什么，还不忘提醒："要写得让人好懂些！"作为小学生，在读五年级时他曾在一篇名为《全神贯注》的作文中，用稚嫩的文字描述了他所看到的妈妈在写这本"口述史"时的情形，现将其主要部分抄录如下：

> 时间碰不到，也摸不着，你看不见它，也听不见它，但是它是在这个世界上的。你全神贯注的时候，不会觉得它的存在，或者你感觉时间过得慢，可时间过得很快。如果人失去了时间，就失去了宝物一样的美好生命。我们不能浪费时间，全神贯注更好。
>
> 我的妈妈就会全神贯注地做事，有可能我们身边就有一个你没有发现的"全神贯注"。我的妈妈工作上很忙，有很多事要做，可她还是挤出时间。比如前几个月，她要写一本书，就算工作很多很多，她也挤出时间来写书。她一会儿用力敲击键盘，一会儿写下一页，一会儿删掉一些，一会儿往上翻，一会儿往下翻，过了几分钟、十几分钟、半个小时……我的天，都一两个小时了！她连一口水都没喝，也没有休息一下。我叫她来教我做我不会的题，她只是说"啊"，或者"嗯""哦"。我喊她："妈妈，这一题我不太会呀！过来教我一下这一题吧！"她就说："啊！"我又说："那你过来啊！""哦！"她说，她也没过来，就是在说话，内心还在她的文章上面。她写文章一丝不苟，她写文章一动不动，她写文章不吃不喝！我服了！
>
> 有一次，爸爸做了很多好吃的，我在房间就闻到了，马上冲出来吃饭。妈妈还在写，我和爸爸一起叫了好几声，妈妈也不回答，过了好久才来吃饭，我和爸爸都快吃完了。

儿子的作文虽稚嫩，却也基本上真实地、形象地记述了我在写这本"口述史"时的情形,当然这其中也写出了我在写作时对儿子的疏忽,在此也表示当母亲的歉意。

而且,整理完"口述史"初稿交由出版社审阅过程中,我又着手重新整理《潘懋元文集》,以贺潘先生百岁华诞暨从教85周年;整理好《潘懋元文集》送交另一出版社之后,又着手修改《育人而非制器——杨叔子口述史》;生活连轴转,工作交替进行,一直忙碌。我跟儿子说:"我是在做大事!"实际上,这也是跟自己说的。因为有同行跟我说,这几年我在学术上包括学术会议上似乎没那么活跃了,我心里就想,我在做有意义的事情,自己少发表几篇文章、少参加一些会议关系不大,可是我正做的这些"大事"真是更有意义、更精彩,也必须有人去做。我且静静地做自己喜欢也更有意义的事情。

更为重要的是,两位恩师的学术品格、学术思想和精神深深地影响着我的生命品质。他们对我的影响,何止是"学术的意义",更有"生命的意义",在我的文化生命中,流淌着恩师们精神的"血液"。我想,作为弟子,求学问学,讲究跟随大师、解读大师。一个人能在多大程度上解读大师的人品学问,解读大师为人为学的真谛,取决于他的努力,取决于他的悟性。他能有多大收获,就在于他在多大程度上解读到大师的魅力与魄力。

当然,最后想说的是,杨校长本人是一本厚厚的书,读懂杨校长实属不易。由于本人才钝智愚,书中难免挂一漏万,这都是由于本人整理的疏漏造成的,敬请各位看官指导。

(肖海涛,华中科技大学1996级高等教育学博士、深圳大学教育学部教授,《育人而非制器——杨叔子口述史》整理者)

第三篇

潜心治校

学友·挚友·战友

◇ 李德焕

我与叔子在1953至1955年间是华中工学院机械制造专业不同年级学生中算得上是相互认识但交往不多的学友。毕业后两人先后留校任教，因都是机制专业青年教师中的骨干，故交往日渐密切。之后我们在工作、学习、思想及生活上相互关心、支持，一起在共和国的旗帜下健康成长，成为挚友。1993年他任华中理工大学校长，我任校党委书记，为了实现建设一流大学的目标，我们带领校领导班子团结进取，心往一处想，劲往一处使，彼此之间成了教育事业的忠诚战友。我们的友谊经过了六十余个春秋的风风雨雨，正如辉碧电话中对我说："你是最了解叔子的，他写回忆录，我俩认为请你写序最合适。"因此，写一篇我所认识的杨叔子的短文任务，很自然地就由我承担了下来。

仔细阅读《往事钩沉》初稿，深感回忆录记载的大量往事，既是叔子的成长史，也是新中国培养的知识分子的共同成长史。

叔子为什么能够成为我们这一代知识分子中的优秀代表？促使他健康成长的动力在哪里？我认真回忆多年交往中留下深刻印象、至今未忘的有关叔子的往事，想从三个方面简要回答叔子取得卓越成就的原因。

第一，他具有良好的学习习惯和优良的学风、勤学苦练的钻劲和拼劲。对叔子学习中的拼劲我有深刻的印象。1957年初，我和他在齐齐哈尔机床一厂准备学生的毕业实习，我吃惊地发现他每天早上四点多钟就起来无声无息地学习，我起床时他已学习近两个小时。当时齐齐哈尔气温在零下二三十度。我们在等电车时，冷得一直跺脚，他在这样的情况下，还在口中念念有词地学外文。后来，我发现他勤奋好学、珍惜时间是一贯的，而且经常看到他因为学习而忘记了到食堂吃饭的时间。同志们很关心这个拼命三郎的身体，担心他肺病复发，要我转达组织意见，让他去医院检查身体。叔子新婚不久，系党总支就研究将他爱人调来，有利于照顾他的生活。我们除向学校人事部门申请派人去联系外，我还利用去北京出差的机会，去化工研究院请求支持，当时该院领导说："等我们培养了接班人再放她走。"（徐辉碧当时任一个研究室的支委）我对那位领导说："才毕业几年的年轻人，哪里谈得上要培养接班人？"极力请求他们尽快同意调出。

同时，叔子他还具有深厚的中华传统文化的底蕴、扎实的数理和工程科学的基础。他的启蒙老师是他的父亲，在当时极为特殊的环境里，他的父亲仍旧系统地教他学习了中华传统文化的经典著作。尽管年纪小，死记硬背并未真正读懂，但随着年龄和知识的增长，刻印在他脑海中的传统文化的精华，逐渐融会贯通，指引他走上为人处世的正确道路。后来他为学生做报告讲了很多做人成才的道理，这些都植根于中华传统文化的精华之中。

此外，他还具有与时俱进、不断追求新知、探索一条学科交叉融合的学术发展道路的决心和能力。叔子从美国留学归来，把机械工程与控制理论、信息技术、人工智能有机结合，开展广泛的、结合实际的研究，这就是最好的证明。我认为叔子要是只抓住机床设计中的问题开展科学研究，他绝对不会有今天的成就。

第二，他今天的成就得益于组织上长期的精心培养。这里，我只回忆三件事情：

一是在1956年，学校决定让他提前毕业留校，并将他送到哈工大做机床毕业设计。他在学生时代就是组织上选中的好苗子，政治上、业务上都是学校重点培养的对象。1956年发展他入党，由于家庭和社会关系的缘故，当时党组织能吸收他入党是十分不容易的。到哈工大进修也是重点培养他的措施。哈工大当时是国家大量聘请苏联专家指导学习的两所大学之一，我校当时还不具备做毕业设计的条件，我的毕业设计也只是被称为结业作业。事实上,当时应该派有教学经验的中青年教师去取经,但后来派了他去,就说明组织上看准了他的能力。

二是1964年派他到上海机床厂下放锻炼一年。这可不是一般人所理解的下放工厂、农村劳动锻炼,而是一次培养又红又专、理论联系实际的学术骨干的重大举措。上海机床厂的大型恒温车间是我国机床行业的宝贝,去参观还要有一机部机床局的介绍信。他们生产高精度的镜面磨床,我去参观时问师傅为什么说是镜面磨床,他要我接近一根磨好的轴的表面仔细观察,果然镜面光滑程度是可以清楚地分辨出自己嘴上的每根胡须的。同时他们敢于把进口的机床拆了再精加工,提高机床主轴的回转精度,敢于提出只要量得出来他们就造得出来的口号,也就是说要多高精度就能做到多高精度的零件。叔子在上海机床厂的一年里,围绕一台从日本进口的高精度磨床开展了系统的试验研究,取得了大量数据,还撰写了论文。这是收获多么大的劳动锻炼!

三是1982年底他从美国留学归来后,系里为把他培养成新一代学术带头人做了精心的安排。我们听了他有关留美学习的汇报后,研究采取了三条具体措施:首先要为他开展科研教学研究组建一个以中青年教师为骨干、优秀研究生为生力军的团队,由他提名,要谁就调谁;其次是将用五十万美元引进的丹麦的振动噪声测试全套硬件软件组成的测试技术实验室,从自动化教研室划归叔子组建的工程测试教研室管理,作为他开展科研的有力支撑;最后是叔子本人的进修提高要落到实处,当时系里重点培养的教师都严格制订了年度计划,包括承担的教学科研任务,计划编写的教材、专著,准备撰写的学术论文,查阅哪些文献资料,掌握的学术前沿动态等,并按月制定进度安排,按年总结分析实际成效,再交系领导审查后送学校师资培养科。

第三,他今天的成就应归功于以他为首的教学科研团队。许多教学、科研成果都是集体辛勤劳动的结晶。一个成功的团队,首先要培育一种敢为人先攻坚克难的进取精神,建立一种团结互助、尊师爱生、老中青和谐相处的人际关系。一个成功的团体还要有明确的学术研究方向,适应国家需求又符合科技发展趋势的科研任务，形成团队成员心往一处想、劲往一处使、力争上游的学术氛围。而这些，叔子的科研团队都具备，他们在八九十年代取得的多项重大成果就是最好的证明。

叔子团队的成功经验，还说明一个优秀的团队，成员应该包括的第一种人是学术方向相同、志同道合的合伙人。例如师汉民同志，他也是系里重点培养的新一代学术带头人，应该说他在叔子实现我校院士零突破的过程中做出了重要贡献。第二种人是具有良好素质、甘当铺路石的助手。例如杜润生同志，他是工农兵学员留校任教的老师，他踏实苦干，在测试技术方面理论知识扎实、操作技能熟练，在科研中发挥了不可替代的作用。第三种人是素质好、潜力大、勤奋好学的弟子。叔子招收的一批硕士研究生、博士研究生中，许多人在毕业时都取得了可喜的成绩。吴雅就是一个典型的例子，她不仅学习成绩优秀，政治表现也很好，1993年还当选为湖北省党代会代表。总之，叔子团队的种种事例在他的回忆录中都有充分的体现。我就不再多加介绍了。

以上这些回忆，作为叔子回忆录的补充，并以此作为《往事钩沉》一书的"序言"，而仍有许多难以忘怀的回忆，就留作我们两人之间的友谊见证吧！

（李德焕，原华中理工大学党委书记，于2020年5月逝世）

怀念杨叔子校长

◇ 朱玉泉

叔子同志是我志同道合的好战友、团结奋斗的好搭档、情深意重的好兄长。

我与叔子同志认识很早，曾同为机械学院的教师，在人才培养、科学研究的岗位上辛勤耕耘多年。

叔子同志于1993年1月至1997年6月任华中理工大学校长。我于1993年4月进入校领导班子，先后任副校长、党委副书记，1996年6月起任学校党委书记。叔子年长我13岁，我尊他为老师辈的兄长，他总是亲切地称呼我"老朱"。往事钩沉，风雨春秋，感慨万分。

那是一个走向世纪之交、迎接新的机遇和挑战的年代。国家大力实施"科教兴国"战略，正式推出"211工程"，高等教育蓬勃发展、千帆竞发、百舸争流。正是在这样的时代大背景下，我们担起了学校班子领头人的重任。

我们一起合作共事了四年多，那是一段思想合拍、步调一致、亲密合作的难忘岁月。1996年6月，华中理工大学第六次党代会刚闭幕，我就主动找到叔子同志，

2009年春节，朱玉泉（右一）陪同湖北省委领导张昌尔（左一）看望杨叔子

就今后学校发展、班子运行等与他促心长谈。我交心表态,在党委书记这个岗位上,一定会尽心尽责,直面挑战;与校长一起,凝聚党委一班人,继承和发扬学校优良传统和作风,团结带领师生员工将学校建设得更好。叔子同志谦虚地表示,虽然我当校长几年了,但仍然是个新兵;党委管总、管方向,我作为校长,一定支持好你这个班长的工作。这次坦诚相见定下的基调,为我们以后的默契合作奠定了基础。后来,我们俩之间还有很多次这样真诚坦率的个别交流和工作研讨,谈当前形势与任务,谈学校发展面临的机遇和困难,谈对内如何壮大力量、对外如何争取办学资源,谈办学方方面面的大事。越谈就越感到事业伟大、责任重大。

作为大学校长,叔子同志对中国特色高等教育发展极具洞察力。他提出,办学首先要抓办学思想,我们要在学校前四十年推进"三个转变"的基础上,大力推进第四个转变,即从注重专业教育、科学教育转向科学教育和人文教育相结合的转变;战略措施上要抓三个方面:一是抓教学,二是抓教师,三是抓干部队伍;学科建设要按照"十六字方针"去推进,即扶优、强基、支新、重交,走向综合,办出特色。这些理念,体现了叔子同志的远见卓识,准确抓住了我校第三次大发展时期的关键问题。我非常赞同他的一系列办学理念,这些理念深刻理解并贯彻了党的教育方针,抓住了高等学校"育人"这个根本任务,抓住了教师队伍这个办学主体,抓住了干部队伍这个关键少数。基于这些高度一致的共识,在其后的办学实践中,我们共同谋划、共同推动,落实到学校办学的指导思想和行动措施中。

我接任党委书记时,学校在叔子、献君等同志的推动下,大学生文化素质教育开展得红红火火、有声有色,并在全国产生了重大影响。叔子同志很早就认识到,教育是"育人"而非"制器",培养接班人不仅是科学知识的学习,还需要进行"铸魂"教育。对于文化素质教育在人才培养过程中的作用,我是深以为然的。我对于叔子同志具备深厚的专业学识和国学修养极为佩服,对他在全校深入开展文化素质教育、在教学体系中广泛融入中华优秀传统文化元素极为赞成,对他大力推进教育教学改革、提高教育质量的各项措施极为支持。在班子讨论文化素质教育的走向时,他坚

第三篇 潜心治校

定地认为,这是方向,也是时代要求,我们个人不仅要身体力行,更要在教育教学体制机制上进行变革,纳入常态体系。于是有了"文化素质教育课程体系"进一步的建设和完善,有了"大学生文化素质教育基地"的建设和加强,有了"让中华诗词大步走进校园"的倡导和推进,等等。这些工作,在当时具有迫切性,更富前瞻性,取得了极大成绩。时光飞逝,以新的时代视角观之,对照高等学校回答人才培养"时代之问"来看,对照高等教育贯彻党中央建设教育强国、科技强国、人才强国的部署和要求来看,叔子同志力主在我校全面开展大学生文化素质教育是何其正确,何其有远见。

叔子同志不仅视野开阔、看事准确,同时也是一位做实事、敢担当、有魄力的校长。1997年初,校党委决定,要大抓师资队伍建设,出台了《华中理工大学关于贯彻落实师资工作会议精神的若干意见》,这就是后来广受赞誉的"师资工作20条"。这个文件的出台,得益于校领导班子做了广泛深入的调研和讨论。班子一致认为,要在学校第三次大发展时期,采取超常规措施,推进教师队伍建设。为切实推进落实,我和叔子同志思想一致、步调一致。我们一起召开了机关部处长会议,在做好充分准备的基础上,分别做了讲话,对校机关强化服务意识、带头做好教师工作进行部署、提出要求。紧接着我们又商量,举办了青年教授研讨班,广泛听取意见和建议,针对具体问题拿出更细更实的措施,推进问题解决。在大家共同努力下,学校上下形成了更浓厚的事业留人、感情留人、待遇留人的良好氛围。

作为校长,叔子同志对工作满腔热情,对同志亲和力极强,善于调动大家的积极性。大团结历来是我们学校的优良传统和作风,在团结中调动积极性,在团结中解决困难。他学识过人,有谦谦君子之风,堪称讲团结的典范。遇事讲道理,这是他的风格;遇难事多商量,这是他的方法;遇大事不回避,这是他的担当。

时间总是过得很快,我与叔子搭班子合作一年之际,他退出校长岗位,接着又担任学校新成立的学术委员会主任委员。叔子同志领导下的学术委员会,做了很多工作。他经常与我、与接任的周济校长一起讨论学校工作。

他以宽和包容的大气、无可比拟的智慧和影响力，带领学术委员会，在学校争创一流大学过程中发挥了重要作用，在构建"党委领导、校长负责、教授治学、民主监督"的学校治理体制中发挥了重要作用。

叔子同志是我的好师长、好战友。斯人已去，其风长存，永远怀念叔子同志！

（朱玉泉，华中科技大学原党委书记）

科技人文相宜，学术人品俱佳
——送别杨叔子校长

◇ 吴廷俊

巨星陨落，喻园肃穆！惊闻德高望重的杨叔子校长病逝的噩耗，不觉悲从中来，他的慈祥的面容随即出现在眼前！

杨叔子出身名门，天资聪慧，记忆超强，1991年当选为中国科学院院士，1993年1月出任华中理工大学校长，任期满后，又担任校学术委员会主任。几十年来，杨叔子对学校建设和学科发展做出了重大贡献，其文质彬彬的人品在喻园广为传颂，并为凡是与他认识的人所公认。

一

华中理工大学的前身华中工学院是一所纯工科大学，20世纪70年代末期，才开始有所转变。时任校长兼党委书记的朱九思先生在1979年访问美国、加拿大、日本等国大学后，谈及一个突出感受，就是："几乎所有著名大学都是综合性大学。"并且这些著名大学开始并不是综合性的，而是单科性的，由单科性逐渐发展成多学科综合性的，这是著名大学发展的一个共同规律。所以，华中工学院从1979年开始就向综合性大学发展，很快办起了理科、文科的系、所，并且呈朝气蓬勃、蒸蒸日上的发展趋势。后来，由于种种原因，华工文科发展变缓，90年代后更有下滑的趋势。学校文科尚没有被国家教委承认，我们的科研课题报不上去。

杨叔子虽然是工科出身，是中国科学院院士，但是，他家学渊源，有很深厚的人文功底和人文情怀，深知发展文科对育人的重要性、对学校整体发展的重要性。就前者而言，他认为，高校的使命是"育人"，而非"制器"，即培养有创新意识和创造能力的高素质人才,但长久以来,我国高等教育却表现出过窄的专业教育、过弱的文化陶冶等问题,掣肘人的全面发展。从后者而言,他完全赞同老校长朱九思先生的办学理念,学校要办成一流大学,必须走综合型发展道路;办一流大学,除了有一流的理工科,还必须有一流的文科。所以,他上任华中理工大学校长之后,采取了许多措施,振兴文科。

当时,校园里充斥着浓厚的工科氛围,学校领导、学校各部处负责人几乎全部都是工科出身的,他们太不了解文科的特点或规律。学校每年制订发展计划,基本上没有关于文科的条款,文科置于可有可无的位置,在管理上,从不考虑文科的学科特性,完全按工科思维和要求管理文科。文科各系、所、中心在学科发展上,与学校领导和各个职能部门负责人之间似乎很难沟通,很难就一些重要问题达成共识。如对文科是否有科研、文科的科研是什么,都争论不休。对个人写的文章、出版的著作算不算科研成果都表示有疑问。

为了改造华工校园里单一的工科文化,杨叔子校长在领导班子统一思想后,于1995年面向各层次学生首次举行了"中国语文水平达标测试";随后,又大力支持开办人文讲座、创立了国家大学生文化素质教育基地,在华工乃至全国高校界中掀起了一股"人文风暴",逐渐改变单一的工科校园文化氛围。

为了尽快振兴文科,杨校长开展广泛调查研究,多方听取广大文科教师的意见,了解学校文科发展放缓的原因,提出解决办法。广大文科教师尖锐指出,华工文科发展近几年来发展速度变慢的原因是多方面的,其中最重要的一条是学校领导的问题,是领导思想认识上存在两个"不够",即对办综合性大学认识不够,对办文科的重要性认识不够。有的领导,口头上说文科重要,实际上不当回事,或只当摆设,或让其自生自灭,甚至有个别领导把文科当负担,当包袱,恨不得甩掉省事。

1989年8月,学校撤销全校各文科系所的正处级编制,成立一个正处级的"人文社会科学学部"(简称人文学部),所辖社会科学系、哲学系、外语系、中文系、语言研究所、新闻系、经济发展研究中心、高等教育研究所。人文学部成立党总支，同时撤销上述各系、所、中心的党总支。人文学部成立后，提出"系办专业"的方针，收缴系、所、中心原有的党务、政务、教务、财务、科研管理和学生管理等所有权限，使其只相当于一个教研室。压缩规模、变更体制，华工文科的生存空间被大大压缩。

杨校长在听取了文科教师的意见后，向党委提出：撤销"人文学部"，成立"文学院"。1994年1月，学校撤销人文学部，并发文成立文学院，由学校党委常委、宣传部部长刘献君兼任院长，辖新闻、中文、哲学、政治与法律、社会学、艺术等六个系。文学院是学校建设发展文科的领导决策机构，担负四项任务：①探求理工科大学办有特色文科的规律、制度和相应政策，并督促各系执行之。②对外联络，对国外、校外的联络。首先争取社会的支持，争取国家教委的支持，并逐步与国外的学校建立联系，走向世界。③通盘考虑专业设置，采取有力措施，加强师资队伍建设。④向学校和社会争取经费，适当增加教学和科研设备，大量添置图书资料，改善教师工作条件。从人文学部到文学院，不是一个名称的变化，而是一个管理体制的变化。

不仅如此，文学院的成立，更是办学指导思想的变化：人文学部是以管控为本位，而文学院是以发展为宗旨。院长刘献君是一位教育家，他有一句名言，就是"凡是有利于学科发展的就支持"。所以，以刘献君为院长的文学院建立后，有效争取校内外资源，狠抓学科建设，尤其是特色学科、交叉学科建设，华工文科发展很快进入快车道。至2006年，经过12年的建设，华中科技大学文科特色发展已初见成效：一是学科布局日趋完善，大多数学科覆盖了本科专业、硕

1999年4月28日，华中理工大学新闻与信息传播学院成立一周年之际，杨叔子与时任校长周济为学院揭牌

士学位授权点和博士学位授权点（拥有 2 个国家重点学科、9 个省重点学科，26 个博士学位授权点、6 个博士后流动站、64 个硕士学位授权点、28 个本科专业）；二是发展规模初步形成，教师中获得博士学位者 150 人以上，学生数量达到较大规模，建成 8 栋文科大楼；三是学科优势开始显现，通过重点学科突破、交叉学科融合，为学校综合办学实力的提升打下了基础。

二

杨叔子校长不仅学问做得好，成为华工第一位中科院院士，而且人品冰清玉洁，无论公德还是私德，均堪称楷模。

他的家国情怀，溢于言表，体现在他人生的每个关键点，体现在教学、科研的实践中。1956 年他加入中国共产党时，激动地写下了《七律·喜讯批准入党》，用"自此螺钉装配罢，无朝无夜奋奔腾"表白心意：入党后，将自己的一切同党联系在一起，为了党和人民的事业，生命不息，奋斗不止。1981 年，杨叔子前往美国威斯康星大学麦迪逊分校做高级访问学者，由于表现突出，临近访问期满，美国方面以优厚的待遇来挽留，希望他延期返华，杨叔子没有丝毫犹豫，毅然踏上了回国的路程。当有人问他为何这样选择时，他说："出国就是为了回国"，出国深造，学习国外先进科学知识，就是为了报效祖国。90 年代，谈到倡导人文素质教育的用意时，他说："一个国家，一个民族，没有现代科学，没有先进技术，就是落后，一打就垮，痛苦受人宰割；而没有民族传统，没有人文文化，就会异化，不打自垮，甘愿受人奴役。"

杨校长品德高尚，绝对的谦谦君子。我在与他的接触中，时时为他的这种品德所折服。比如，1993 年，我还只是副教授、新闻系的副系主任，与院士、校长之间相隔好几个档次，当杨校长从刘献君老师那里听说我对发展文科有些想法时，立即要校办打电话约我，想听听我的想法。当时，一则出于对文科发展下行状况的深切忧郁，二则"直筒子"性格使然，我在向杨校长汇报想法时，无论是内容还是语气，都有一些不合自己身份的表现，简直有点"冒犯"。事后，我有点后悔甚至后怕，悔不该那么不知轻重,不管不顾,怕以后遭报复。但是杨校长对我的"放胆言说""冒犯领导"好像一点都没有不高兴的表现,他一直听我讲,听后只说了一句:"非常感谢,我们会认真研究你的意见的。"随后把我送到办公室门口。后来,杨校长不仅没有给我"小鞋"穿,相反是对我的信任和支持。这也是我后半辈子拼命为华工工作的一个重要原因吧!

事实也是如此。杨校长对我的工作,总是热情关怀和大力支持。1995年,我负责具体筹备"世界华文报刊与中华文化传播国际学术研讨会",杨校长于当年3月1日、9月29日两次亲自听取我关于大会筹备情况汇报,并做出相关指示。

2000年6月7—12日,杨叔子虽然卸任校长职务了,但是为学校文科博士学位授权点申报事情,他还和时任校长周济,带领我们几个文科院系负责人"跑步(部)进京"。北京的几天活动,使我领略到这两位领导为了学校发展文科鞠躬尽瘁的精神和雷厉风行的办事风格。

2011年4月10日,校学术委员会第二届期满换届,吴廷俊与杨叔子合影

杨叔子院士任校长时,我妻子万锦屏在校办任副主任,主要为杨校长做秘书工作。1997年6月,杨叔子校长任期满,转任校学术委员会主任,后来,万锦屏也被调至学术委员会办公室。万锦屏前后在杨校长直接领导下工作11年,深得杨校长的关心和爱护,也从杨校长身上学到了很多好的品质。在《杨叔子散文序函类文选》的后记中,杨校长特别写道:同万锦屏同志相处,头尾11年。我的工作中,渗透了她默默无言的心血,我"衷心藏之,何日忘之"!此外,每年大年初一清早,第一个打电话来拜年的,一般都是杨校长(杨院士),并且开口就说:"感谢吴院长对发展学校新闻教育所做的贡献,感谢万主任多年对我工作的支持!"真弄得我们不好意思,只能重复说一句话:"谢谢德高望重的杨校长!祝您身体健康!"

这种情况一直持续到他生病、行动说话困难后才终止。这些事情虽小，但反映出杨校长身上谦谦君子的美德！对此，在心底我引为学习的楷模。只是他的君子言行，与生俱来，我想学，也只是皮毛，因而只有敬佩的份。他赐予我的几部他的著作《杨叔子教育雏论选（上、下）》《杨叔子散文序函类文选（上、下）》《杨叔子槛外诗文选》，我都比较认真地读过，从中获益不少。

杨院士很幽默，有时我们到他家里去看望他，每次，他和夫人徐辉碧教授都会到门口迎接。徐辉碧教授先后任本校化学与化工学院院长、生命科学与技术学院院长。见面后，我们说："杨院士好，徐院长好！"杨校长会接一句："我们家是院长管院士。"于是四人都大笑了！

杨校长一生辛劳，驾鹤西去

愿他在天国好好休息

（吴廷俊，华中科技大学新闻与信息传播学院教授，1998 年至 2006 年任新闻与信息传播学院创院院长）

从本科教学忆杨校长

◇ 范华汉

1995年5月，我从化学系调到校机关，任教务处处长。从行政口来说，我的"顶头上司"是分管教学的邹寿彬副校长和王筠教务长，再上面就是杨校长——杨叔子院士了。

杨校长作为一校之长，按照当时"党委领导下的校长负责制"原则，是全面负责学校行政工作。学校的教学工作虽然只是他全面主持学校工作的一个方面，但可以说，他是学校教学工作的主心骨。

杨校长上任之初就曾讲过。要当好校长，最主要的是要抓办学思想：一是抓教学，二是抓教师，三是抓干部队伍。从一件"小事"就可以反映出他的办学思想，而且是把"抓教学"和"抓干部队伍"这两件事结合起来了。

这件"小事"就是到课堂听课。我到教务处不久，就听说了杨校长每周听课的事。在此之前，学校发过一个文件，要求各院（系）和校机关各部、处领导干部每周到课堂听课不少于1~2次。这个文件的精神肯定是好的，但是执行起来不太容易，各位领导干部都很忙，一忙就把这件事抛到脑后去了。

但是杨校长身体力行，他身为校长，"日理万机"，无论多忙，总忘不了挤出时间每周听课，至少1次，而且坚持不懈、持之以恒。杨校长不光是听课，课后还与任课教师、上课的学生交谈，听取意见，提出建议，然后认真填写听课情况记录表交教务处，由教务处汇总、保存。在1996年进行的本科教学评估中，评估专家组的专家们在检查教学档案时，发现了杨校长的听课表（不是几张，而是一大沓）。专家们惊喜之余，无不赞赏和感动。

校长坚持每周听课一事，在杨校长之前的历任校长中有没有，我不知道，反正没有听人说起；在杨校长之后有没有，我也不清楚，可能会有，但是很难。校长每周亲临本科教学第一线，善莫大焉。

我初到教务处的 1995 年，正值我国高等教育大改革大建设风起云涌之际。就华中理工大学教学口而言，一件大事是连续推进业已启动的第一轮本科教学学分制改革（第二轮进一步深化的学分制改革到 2002 年了），包括学分制的培养模式、培养方案（教学计划）、课程体系（课程建设）、选课办法（计算机选课系统）、学籍管理（实行弹性学制）以及硬件支撑等多个方面，在很多方面开创了湖北省高校之先河，其工作量之大，自不特言。第二件大事是大学生文化素质教育。杨校长常说："做人、做事、做学问"，其中"做人"是第一位的，因而从他任校长伊始，就多次强调对大学生开展文化素质教育。从 1994 年开始，我校的人文讲座从无到有，从小到大，乃至于形成了华中理工大学一道独特而绚丽的风景线（这方面已有大量文章描绘，兹不赘述）。与教务处工作相关（与人文学院配合）的是"中国语文水平达标测试"，从 1995 级新生开始实行；并开设与之相配套的"大学语文"课程。对 1995 级新生的语文水平测试于 1995 年 9 月进行，时任校党委书记李德焕和校长杨叔子亲临考场视察，学校之重视程度由此可见一斑。由于我校在大学生文化素质教育方面的表率作用，1995 年 9 月，全国高校"加强文化素质教育试点院校工作会议"在我校召开，会议决定成立全国高校文化素质教育协作组，由杨校长出任组长。

1995 年我初到教务处时，王筠处长曾对我说，教务处在教学上要抓大事，抓全局性的工作，起到校领导的"参谋部"作用。教务处工作确实每年都有"大事"要抓。1996 年的一件"大事"就是本科教学评估。

1996 年，教育部决定启动本科教学评估工作，按照"先试点、再推广"的思路，先后确定在西安交通大学、华中理工大学、东南大学和北方交通大学四校开展本科教学工作评估试点工作。时任国家教委高教司司长和教委副主任的周远清曾说过，对本科教育有三所学校信得过：清华、西安交大和华工。因此我校列入首批评估学校也就不足为奇了。

从 1996 年 6 月国家教委高教司在西安交大召开"本科教学优秀学校评

估研讨会"之后,全校即投入了紧张而有序的准备工作,教务处及其他相关部门和各院(系)基本上没放暑假,日夜加班加点做准备。学校成立了本科教学评估工作领导小组,杨校长亲任组长。9月10日是教师节,学校在电影场召开了全校教师干部大会,杨校长在会上做了教学评估工作动员报告。评估前,杨校长两次带队赴省教委、省政府汇报。评估中代表学校做的校长报告,杨校长在评估前就不辞辛劳地预演了三次。

经过全校近半年的紧张准备,终于在1996年底迎来了针对我校的本科教学工作试点评估。自12月1日国家教委评估专家组进校,至12月8日专家组离校,杨校长和我们、和全校师生一起,度过了紧张、热烈、战斗和胜利的一周。

国家教委评估专家组进驻我校后住招待所8号楼,并在8号楼租了一个标间作为临时办公地点,类似于战争年代战役的"前指"。在那里的七天中,每天要与专家组对接,了解专家组当天的工作情况(听课,召开师生座谈会,参观多功能教室和实习基地,看材料等等)和第二天的工作计划,并及时通知到各有关院(系)。除教务处的几位副处长外,与教学评估有关的其他部门(设备处、财务处、人事处、学工处等)的负责人也不时赶来,一起商量讨论评估工作。最令人欢欣鼓舞的是,学校的两位党政一把手、时任校党委书记朱玉泉和杨叔子校长都来到"前指"看望大家,并做重要指示。至于分管教学的邹寿彬副校长,更是名副其实的"前指"总指挥。

在学校党委的统一领导下,在杨校长的亲切关怀下,在邹校长和王教务长的直接指挥下,经过全校各院(系)各部门的通力合作,我校本科教学评估获得了"优秀"。继1995年我校研究生院在全国研究生院评估中首次进入前十之后,本科教学评估结果"优秀",再次为华中理工大学在新时代的崛起写下了浓墨重彩的一笔。

记得1995年我到教务处上任之前,时任校党委分管组织工作的副书记霍慧娴约我进行"任前谈话"。谈话中她问我:到教务处之后首先要考虑什么?我一时没答出来。她告诉我,改革!在各项工作中,要始终把改革放在第一位。

杨校长念念不忘的也是"改革"。本科教学评估获"优秀"之后，紧接着就是一年一度的元旦和春节。杨校长是"快马加鞭未下鞍"，脑子里已经在考虑下一步的宏图大略。1997年春节刚过完，大年初六，校党委就召开了常委扩大会议，讨论进一步深化改革的问题。根据杨校长的提议，决定在全校开展教育思想大讨论。3月18日，学校召开教育思想大讨论动员大会，杨校长在大会上号召全校师生深入开展教育思想大讨论，进一步转变教育思想，更新教育观念，深化教育改革，进一步促进学校上水平、大发展。

2019年，范华汉（左一）全家看望杨叔子

这次教育思想大讨论，是华中理工大学继朱九思老院长70年代末80年代初在原华中工学院发动的若干次教育教学讨论后的又一次全校性的教育思想大讨论。除教育思想、教育观念、办学模式、发展方向等全局性议题外，还具体到本科教育模式。杨校长认为，在近几年拓宽专业口径、培养"宽口径专业人才"的同时，还应加强通识教育基础，提出对本科生"按学科大类前三学期打通培养"的大胆设想。经过反复讨论，我们提出了"通识教育基础＋宽口径专业教育"的本科人才培养模式，纳入1997级本科生培养方案并实施。后来我校的这一提法被教育部高教司采纳，优化为指导全国本科教育的"通识教育基础上的宽口径专业教育"人才培养模式。

继杨校长倡导的教育思想大讨论之后，华中理工大学迎来了波澜壮阔的"面向21世纪教学改革工程"大潮。岁月流逝，一转眼已经过去二十多年。与杨校长相处的日子，宛如昨日，杨校长的音容笑貌，永远留存在我们心中。

（范华汉，华中科技大学原教务处处长、研究生院原常务副院长）

杨叔子院士为我改诗

◇ 张 昆

11月5日，突获噩耗，老校长杨叔子院士驾鹤西去。喻园震惊，举国同悲。

叔子校长是我敬佩的教育家。我在武汉大学工作时，就知道他的事迹，读过他的诗文。2006年，我应时任校长培根的邀请，调到华中科技大学担任新闻与信息传播学院院长。在新的岗位上，我第一个拜访的领导，就是叔子院士。

我清楚地记得，当时他在南三楼校学术委员会主任办公室接见了我，非常热情。知道我来自武汉大学时，先生兴奋地握住我的手说："欢迎欢迎，我们是校友啊！""你到新闻学院非常好！新闻学院与我有着别样的关系！"接着，他侃侃而谈："新闻学院是我的领导。"我有些不解，先生解释说："我做校长时，新闻学院吴廷俊教授夫人万老师是我的秘书；现在做校学术委员会主任，秘书曹老师又是新闻学院孙发友教授的夫人。所以啊，一直是新闻学院在领导我、支持我。"说罢，先生哈哈大笑，这种真诚的近乎顽皮的笑脸，至今刻印在我的记忆里。

从此，我经常拜访叔子校长。他担任最后一任校学术委员会主任时，我也兼任了学术委员会委员，直接在他的手下工作，见到他的机会更多了。在我的印象中，他总是有求必应，有时让我感到很不好意思。譬如，请他给学生讲座，按规定要安排一点劳务费，但他坚决不收。秘书曹老师说，这是叔子校长的一贯原则，无论何时何地，所有演说讲座，都不收取演讲费、出场费。不仅不收费，他还把自己获得的各种奖金捐出来作为学生奖学金。叔子校长对人文素质教育情有独钟，而且深有研究，对于人文社会科学的建设与发展，也是十分关心。

新闻与信息传播学院正式成立时，叔子校长与时任校长的周济院士为新闻学院剪彩。他对新闻传播学科寄予厚望，希望新闻传播学科能够探索出一条以工科、医科为主体的大学发展人文社会科学的新路。记得在第四轮国家一级学科评估结果公布出来后，我去拜访他时，叔子校长显得很兴奋，一打开话匣就说："你们新闻学院干得好啊！这次新闻传播学科能够进入A档，与复旦大学新闻传播学科并列全国前三，真是了不起！"他接着问："你认为新闻传播学科还有进一步提升的空间吗？"我回答，空间自然有，但是更需要时间夯实基础。先生肯定我的说法，语重心长地说："学科建设不能'放卫星'，要扎扎实实地做，现在起点高了，建设发展起来难度更大，这与经济建设的道理是一样的。"我深以为然。

叔子校长不仅是一位具有博大情怀的教育家，还是一名激情澎湃的诗人。我拜读过他不少的诗作。作为后学，我虽然没有专门学过诗词，却有幸向叔子校长请教诗歌。特别引以为自豪的是，叔子校长还修改过我的一首小诗《传之魂》。

那是2013年国庆节后，新闻学院刚刚成功地举办了华中科技大学新闻传播教育30年庆典，欢庆的气氛还没有消散，学院师生还沉浸在节日的氛围中，我也是如此。华中科技大学新闻教育到了而立之年，成就斐然。一大批杰出的学生校友成为业内翘楚，新闻与信息传播学院的学科建设、学术研究也异军突起，华中科技大学新闻与信息传播学院俨然成为新闻学术界、教育界不可忽视的重要存在。作为院长，我深感自豪和骄傲。

有一天，我在喻家山环山道上运动，来到凤飞台旁，面朝东湖，清风徐来，一股豪迈之气油然而生。我突然感觉有话要说，如鲠在喉，不吐不快。于是，一首四言诗《传之魂》在山间形成。诗云：

喻家山麓，东湖水滨；乔木参天，人杰地灵。学子问津，切磋争鸣；楚才柱国，于斯为盛。大学之道，唯德是尊；木铎金声，志士成仁。

春秋大义，昭彰公理；天听民听，至真至诚。经世文章，振聋发聩；指点江山，龙马精神。

术精业勤，心通九境；迁固风流，铁笔垂训。与时俱进，匡扶社稷；秉中持正，求新博闻。穿云破雾，烛照万象；山水共鉴，彰我院魂。

这首诗充其量属于"打油"级别，但确实抒发了胸臆，蕴含了我的教育情怀、历史使命和新闻理想。教育的本质使命乃是立德树人、铸魂强基。新闻传播教育的核心目标，便是为学生铸就新闻专业之"魂"，进而锤炼出职业之能。虽然诗不好，但我还是敝帚自珍，在三两好友间分享，后来在一定的范围传开。

当年春节后，我像往常一样，准备给叔子校长拜年。突然想起了这首不成熟的诗作。叔子先生不就是现成的老师吗？我早就知道，校长5岁开始就熟读《论语》《诗经》，属于童子功，国学根底深厚，我等晚辈难以望其项背，是一般人找不到见不着的大师级存在啊！

于是我带着打印的诗稿，到了校长的家中。校长拿到这首诗时，立即念了起来，抑扬顿挫。"喻家山麓，东湖水滨；乔木参天，人杰地灵。……秉中持正，求新博闻。"念着念着，先生轻轻地拍着桌子说："好啊，秉中持正，求新博闻。好！这是对新闻人最高的要求。"接着，校长又说："这首诗写得不错，只是韵律平仄方面还不够妥帖。把稿子放这里，我仔细看看再给你。"校长说得很准，我确实没有专门学习过诗词格律，所以有感而发时，难免出现这方面的问题。

没有想到两天后，叔子校长让秘书电话通知我去见他。在办公室，先生专门等着我呢。他笑着拿出诗稿递给我。我一看，上面写着满满的批注。校长在批注中说："①向你学习！诗写得很好！感情充沛，行文也美。②略作修改，供参考：a. 诗前一半，用庚韵（ing、eng），全押，均为平声；b. 诗的后一半，用文韵（in、en）平仄（即上、去）相间；c. 最后的，用'山水'、'天地'各有优劣。"

接着，叔子校长便以商量的语气，一一讲解起来。"我改了几个地方，不一定对。主要是平仄问题，个别字词，我建议调整一下。""大学之道，唯德是尊，'唯德是尊'建议改为'善止德明'。""经世文章，振聋发聩，'振聋发聩'建议改为'鉴古察今'。""与时俱进，匡扶社稷，建议把'匡扶社稷'调到'与时俱进'之前。"校长的指点，非常到位，这样一改，表意更加深刻、精准，也能押韵，真是醍醐灌顶啊！

最后叔子校长用手指着最末一行说："'山水共鉴'，也可用'天地共鉴'，用'山水'可与第一、二句相呼应，用'天地'呢，气魄更大。"到底是校长的境界，明确比较了两者的优劣，我稍做了些思考说："学生赞同先生的见解，用'天地'更有气势。"先生看上去很兴奋，他鼓励我说："张昆，你的基础很好，国学基础扎实，以后希望能够更多地读到你的大作。"

这次拜访，给了我太多的收获。我不仅在叔子校长的亲自指点下将这首不成熟的《传之魂》修改完善，而且还真正零距离地领略了大师的风采。当时我内心产生了跟校长学习古诗词的冲动。但是，校长的时间那么的宝贵，我们怎么能够忍心过分地打扰，这种愿望最终变成了奢望。

如今，叔子校长永远地离开了我们，再没有机会当面向他讨教诗词了。我真后悔没有能够跟他多学一些诗词基本功，让校长失望了。

现抄录经叔子校长修改定稿的《传之魂》全文，以表达我的哀思：

喻家山麓，东湖水滨；乔木参天，人杰地灵。学子问津，切磋争鸣；楚才砥柱，于斯为盛。大学之道，善止德明；矢志弘毅，木铎金声。春秋大义，昭彰群伦；天听民听，至真至诚。经世文章，鉴古察今；闯关越险，拨乱反正。迁固风流，铁笔垂勋；术精思锐，求微索隐。匡扶社稷，与时俱进；秉中持正，求新博闻。穿云破雾，洞照万仞；天地共鉴，斯为传魂。

叔子校长一路走好，愿先生在天国安息！

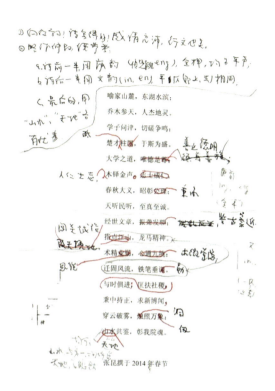

杨叔子的修改手稿

（张昆，华中科技大学新闻与信息传播学院原院长）

铭记教诲,送先生远行

◇ 赵振宇

尊敬的华中科技大学原校长、中国科学院院士杨叔子先生离我们而去远行了。选用几张往时照片寄托我对先生的一片敬仰和哀悼之情——

2001年初,我的一本激励学专著《神奇的杠杆——激励理论与艺术》准备由湖北人民出版社出版。责任编辑约请杨院士为拙著作序,邀作者同行,这是我第一次到先生家中拜访。

2001年,赵振宇到杨叔子家中拜访

2月4日,杨院士用5页信纸为拙著写序。他在序中不仅用他深邃的理论阐释了激励理论研究的意义和作用,还在文尾介绍并欢迎我从《长江日报》评论理论部调入华中科技大学新闻与信息传播学院,"深深祝愿赵振宇教授在今后的岁月里为我国高等教育事业、为我国新闻事业、为我国伟大的第三步战略目标的实现做出更大的贡献"。

为纪念改革开放30年,我撰写了《我们说了些什么?——一个新闻学教授的历史回眸》(武汉大学出版社,2009年出版)。在新书发布会上,杨叔子院士对新书的出版表示祝贺,他指出新闻工作者需要在历史的滚滚车轮当中吸取经验教训,在新闻改革当中奉献自己的力量。他认为反省是人类的最高智慧,而这种智慧在该书中体现得淋漓尽致。

2001年，杨叔子为赵振宇的专著《神奇的杠杆——激励理论与艺术》写序的手稿

2001年11月19日，全国高校第一个大学生评论团在华中科技大学成立，杨院士题词：欲为繁荣陈利弊，敢将坦直献年华。2005年开设新闻评论班，2006年成立新闻评论研究中心，2012年成立新闻评论学社，先后召开七届新闻评论高层论坛、多届新闻评论东湖开放论坛。

2011年4月，华中科技大学新闻评论特色教育十年会、新世纪第四届新闻评论高层论坛、马克思主义理论研究和建设工程重点教材"新闻评论"课题组专家会议在华中科技大学召开。

杨叔子先生远行了，但他的教诲仍时时激励、鞭策我不敢滞行。在吴廷俊院长、张昆院长和张明新院长持续不断的关怀和支持下，华中科技大学的新闻评论特色教育结下硕果：2018年获教育部颁发的国家级教学成果二等奖，2022年获中国新闻史学会新闻传播教育史研究委员会颁发的首届学院创新奖；2019年在新中国成立70周年之际，我写的《讲好真话》一书由华中科技大学出版社出版，列为中共湖北省委宣传部与华中科技

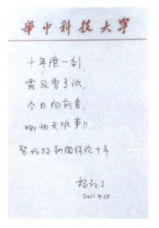

2011年4月25日，杨叔子为华中科技大学新闻评论特色教育十年会题词

大学、中南财经政法大学新闻学共建项目，入选湖北省社会公益奖励项目。

先生远行了，但他的身影和教诲却历历在目。党的二十大报告指出，"敢于说前人没有说过的新话，敢于干前人没有干过的事情"。实践是检验真理的唯一标准，而时间长河则最终评判认知与实践的是非功过、真伪优劣！只要我们活得越长，我们希望看到的好事将会越来越多，不希望看到的坏事将会越来越少。

送先生远行，祝愿诸位同仁身心健康，多多保重！

（赵振宇，华中科技大学新闻与信息传播学院教授）

怀念杨叔子院士：
阳光普照生命，大爱温暖人心

◇ 耿建萍

2022年11月4日对我来说是一个无比沉痛的日子。在这一天，曾给予生命科学与技术学院和我悉心指导与帮助的杨叔子院士离开了我们。听闻噩耗，回想起在杨叔子院士支持下开展工作的日子，我不禁泪流满面。

杨叔子院士与我的缘分要追溯到20世纪90年代。1993年，杨叔子院士任华中理工大学校长期间，因生物工程系的发展，需要选拔一个得力的领导。杨校长对干部考察后，向学校党委推荐我。就这样我被任命为生物工程系党总支书记。

2021年，耿建萍（右一）和生命科学与技术学院党委书记刘笔锋（右二）、院长刘剑峰（左二）看望杨叔子

早在1979年，在朱九思院长的领导下，学校派骨干教授出国学习，为学科发展打下了基础。1983年，我校牵头在武汉举行了我国首次国际生物力学学术会议。同年1月，我校是全国最早设立生物医学工程学科博士学位授权点的两所高校之一（申请博士学位授权点的三位教授是王君健、康华光、徐辉碧）。像朱九思老院长一样，杨叔子校长也清楚地认识到生命科学的重要性与无限前景。90年代的生物工程系力量还较为薄弱，可以说处于"四无"状态：无学术大师、无财政支持、无学院大楼、无重点学科。杨叔子

院士提出，要克服这些困难。他大力支持生物工程系的工作。他促进了刚成立的生物物理与生物化学研究所的发展，为生物医学工程、生物学方向的发展打下了基础。

1999年，在时任校长周济院士的积极推动下，以生物工程系为基础，调入光电系、自动控制系、化学系从事相关生命科学研究的教师，华中理工大学正式成立了生命科学与技术学院。我被任命为学院第一任党委书记。徐辉碧教授出任生命科学与技术学院第一任院长。杨叔子院士当时已经卸任校长职务，但他仍心系学院的发展建设。在杨叔子院士的建议下，我们从建院之初就明晰了华中大生命科学与技术学院的发展思路——理工医交叉融合。

杨叔子院士提到，我们学校以工科见长，学校的生命学科领域又呈现出一个显著的特点：老师们从不同的学科出发，走向与生命科学的交叉，并促进不同学科之间的交叉融合，以此推动生命学科的发展。在他的建议下，我们研究了生物医学工程和生物学两个重点学科的发展思路。事实证明，这样的决定是正确且明智的。

生物医学工程中的生物医学光子学，它是光子学与生命科学相互交叉、相互促进而产生的新的学科分支，渗透且融合了生物、医学、电子信息、光子学、材料学等多学科知识。但是在学院成立时，生物医学光子学受到部分老师的质疑。此时，徐辉碧教授和我经过仔细研究，在交叉融合的思路指引下，果断决定重点支持这一学科的发展。在骆清铭教授的带领下，这个研究室发展很快，不久就成为教育部重点实验室。现在，生物医学光子学已经成为生物医学工程的重要方向，主持各类科研项目共百余项，为国家的科学研究做了重要贡献。

在杨叔子校长的工作中还有一个重要思路——把握住"人才"这个根本。他说，发展学科是离不开人的。他不仅给了我们这样引领性建议，在引进人才过程中，也提供了许多实际的帮助。例如，当时我们想要引进校友徐涛——原华中理工大学博士，后留学海外，师从德国马克思-普朗克生物物理化学研究所诺贝尔奖得主Erwin Neher教授。杨叔子院士作为学术委员会主任，支持组织全国数位权威学术大师对他进行了学术评价。院士们一致高度评价徐涛，认为未来他一定会在生命科学的发展中发挥重要作用。徐涛进入学院后，作为学术带头人带动了生物物理方向的进步。学院也将生物物理作为重点，促进生物学科建设。

骆清铭教授作为第二任生命科学与技术学院院长带领学院快步前进。2007年生物医学工程和生物物理均入选国家重点学科，真正实现了我们最初拥有"两个重点学科"的设想。2017年和2019年，徐涛和骆清铭分别当选中国科学院院士，此时他们已经离开了学院。

从1994年到2015年我担任学院党委书记期间，学院先后从美国、英国、德国、法国、日本等16个国家引进了50多位高层次留学回国人员，打造了一支充满活力、年龄梯次合理、拥有博士学位数占学院教师总数99%的专任教师和科研队伍，除徐涛和骆清铭外，还有如王擎、汪宁、刘剑峰、刘笔锋等从海外引进的高端学者，也有余龙江、杨祥良、闫云君等一大批在我校培养起来的优秀教师，学院教师队伍建设取得重大突破。可以说，这与杨院士对人才重要性的建议有一定的关系。

回忆起来，不论我什么时候去请教杨叔子院士，不论他有多忙，一定会抽出时间听我讲述我们遇到的困难和挑战，给予我建议和思路，并且帮助我们推进、化解这些问题。杨叔子院士不仅在工作方面给予学院和我很多的帮助，还十分关心我的生活状况。2002年，由于长时间的工作奔波，我的身体出了问题，进行了手术。杨叔子院士和徐辉碧教授听说后，要求我好好休息。为了我能安心休养、尽快恢复，还特意嘱咐学院领导班子不要给我打电话，工作上的具体问题其他同志可以帮忙解决。手术结束后的十余天时间里，我果真一个工作电话也没有接到，收到的只有大家的关心和问候。

2010年，杨叔子院士为生命科学与技术学院30周年院庆题字："三十而立。立稳，立前，立新，立出带头作用，立出世界一流。"这短短22个字里，凝聚着杨叔子院士对生命学科几十年如一日的深切关怀，也承载着他对学院未来发展的殷切期望。

在我担任学院党委书记的21年时间里，得到了学校历届领导的指导、关心。我从一位年轻的党员干部迅速地成长起来，学院也从最初仅有30多人的生物工程系蓬勃发展到今天拥有150余名教职工和3000余名学生的生命科学与技术学院，立于时代的潮头。在20余年的时间里，生物医学工程与生物学两个学科齐头并进，均被列入国家A类学科，促进了学院跨越式发展。

我60岁生日时，杨院士特意写了一首诗送给我。

丹心一片向阳开，傲雪披冰净垢埃。

正气盈枝香万里，中华儿女有奇材。

卸任学院党委书记时，杨叔子院士的关心给了我莫大的鼓励，让我有勇气继续发挥我的余热贡献给学院和学校。本着对工作的热爱和对学校的感情，我继续留在学院担任顾问，力所能及地支持和关心学院的建设。

杨叔子院士病危的时候，他始终记得我的名字。我万分感动，也万分感慨，倘若杨叔子院士心里没有装着学院，怎会记得如此深刻？

如今，杨叔子院士虽然离开了，但他的精神永存。我虽然已经退休，但思想上不会退休。杨院士将他生命里的温暖全部给了我们，用人文情怀，促进了中国的大学教育，影响了许许多多的华中人。我要循着这束光继续发挥余热，在这片立德树人的沃土上，为党、国家和人民不断培育生命科学技术的生力军，在传承大爱的路上书写新的篇章！

（耿建萍，华中科技大学生命科学与技术学院原党委书记）

悼念杨叔子院士

◇ 张端明

惊悉杨叔子院士、校长于11月4日晚不幸病故。曾几何时我们一起在协和医院住院，看到校长在沉疴之际，每日由徐辉碧教授朗诵唐诗宋词的感人场面。杨校长大家风范，其父曾任孙中山大元帅府参议和江西讨袁军总司令部秘书长，乃缔造共和之元勋，有连续电视剧《铁血共和》描写之。斯人也，不仅学术精湛，系华科大第一位科学院院士，而且博通文史，诗词巨匠，在全国高举人文素质教育大旗，身体力行，诗教进学校，长期担任教育部文化素质指导委员会主任，我校瑜珈诗社创始人。

杨校长对我教育甚多。足为模范。亲自指导我校物理学院学科建设，博士学位授权点申报。与北京理工大学校长王越院士共同督促，以两校合作方式申报凝聚态物理博士学位授权点。此事虽由有关政策改变未果，但为尔后我院成功申报材料物理与化学博士学位授权点打下坚实基础。

他登门拜访，请我在他领导的课题组，以"老子道德经与现代物理学"为题，演讲为时一周。我俩共同培养一名教育学博士。他将我引荐进瑜珈诗社，耳提面命，总算初步学会诗词格律，能写一点古典诗词。呜呼，斯人已去，哲人其萎。痛何如哉。赋此律以悼念之。

壬寅秋夕哭杨叔子校长

秋风凄冷雁南归，驾鹤哲人霜夕萎。

铁血共和大家范，诗教高唱九州垂。

科峯绝顶凤池阁，大道初心红烛词。

细雨春风几度沐，前途解惑更求谁？

(张端明，华中科技大学物理学院教授)

悼念杨院士

◇ 刘　武

惊闻老校长仙逝，一时间竟反应不过来。杨校长淡出我们视野已好些年，但校群里如潮的吊唁将我们二十多年受教的记忆再次勾起，让我们深切怀念母校的那座高山、那盏明灯。

杨校长是我校第一位院士，他是我国著名的机械工程专家，但国学造诣极深，演讲时激情洋溢，出口成章。校长能把《论语》《孟子》倒背如流，他曾经仔细地跟我们讲君子应该"己所不欲，勿施于人""不迁怒，不贰过"，还认为现在对"民可使由之，不可使知之"的理解有误，应该读作"民可使，由之；不可使，知之"。校长热切的言传身教让我见识真正儒家的积极入世和治学态度。

校长任上极忙，但似乎和我们很多同学都聊过天、握过手。当邀请到重量级的教授来人文讲座时，通常都能请到他亲自来暖场。每当他挟个小文件包笑容可掬地悄悄出现时，西五楼水泄不通的阶梯教室就会掀起一波欢笑声浪，那种亲近感觉现在回想还是极暖。

杨校长当时开创推动的大学人文教育，对于我们这所工科学校极其可贵难得。同学们都考过大学语文，听过人文讲座，必修过人文课学分。京剧、交响乐、希腊诸神、《红楼梦》、经济学的主题都请到了各路高人主讲，经常几个教室同时开讲不同的主题，让人难以抉择该听哪一个，有点百花齐放、兼蓄并包的意思了。其中京剧太受欢迎了，还变成选修课，几百人抢报12节选修课，讲演旦角的漂亮老太太竟是我们的专业课老师；《红楼梦》讲得也多，有建筑系80多岁的资深教授边讲边复原大观园；讲经济学请来了某位"京城四少""吹牛";讲中西文化请武大教授最多。在那个大学毕业不愁工作的年代,人文方面的启蒙让我们散淡之余浸染了些"无用之用",这些职业培训之外的趣味和新鲜感至今真切,而且在许多时候引导和滋养着我们,我觉着这才是完整丰富的教育。

多年后还有几次机会再见到杨校长,离任的他白发苍苍还一个人行色匆匆。很想上前问候甚至再想交流一些个人疑惑,但还是打住了。校长曾经讲过那时华工一年的运转经费要4个亿,可国家只能给1个亿,他愁他急可无处可说,所以君子做到"不迁怒"是极大的修养。校长把激情的诗词、严谨的科研、繁芜的行政杂务化作炽炭一炉,一如《论语》中教过,我们还要说不懂吗?

以此悼念杨院士千古,校长走好!

(刘武,华中科技大学能源与动力工程学院1995级学生)

忆杨校长

◇ 郭得森

11月5日清晨，还没起床的我习惯性地刷下朋友圈的时候，突然看到瑜珈山上又坠落一颗闪耀的星的消息，原来，在昨夜也就是2022年11月4日22点53分，杨校长与世长辞了。

不由得想起与杨校长见面的几个场景。

第一次近距离接触杨校长是在一次人文讲座之后，还记得那次的讲座杨校长稍微晚到了几分钟。杨校长一到西五117教室，就道歉地说因为接待蹼泳冠军入校的事情给耽搁了。具体的内容倒是忘记了，只记得杨校长扶着断腿的眼镜慷慨激昂地赋了一首诗。讲座结束，凑到讲台处就用随身带的软抄本请杨校长题词。可惜后来搬家次数太多，不知失落在什么地方。但是杨校长题的词一直还记着，"河水虽广，一苇渡之"时不时出现在眼前。只是这么多年没有深刻领悟到字句的含义，面对困难缺少了勇气。平时也没有好好地修炼，缺少能用一苇去渡河的技能。

再后来的两年怕了学校考试完寄家里成绩单的操作，人文讲座去得少了（第二学期好几门刚刚过关的成绩着实吓人），总不能几门挂了被迫回家不是？毕竟好不容易从乡下角落里考出来。不参加人文讲座之类的活动也就少了校长的好多消息，一直到毕业时，在南一楼前面的广场上举办毕业典礼那天，天气晴朗，远远地听着杨校长慷慨激昂的毕业致辞。过了两天，拿着毕业留言册和同学一起赶到杨校长家麻烦杨校长写下了留言。可惜没能深刻理解杨校长的嘱托，遇到困难的时候未能全部都坚持到最后，愧对杨校长的提点。

最后一次见到杨校长纯属偶遇,那是周日(刚上网查了一下是2012年4月15日),闲着没事去浙江省图书馆闲逛。一进大门,看到杨校长正在做《时代发展趋势:科学人文交融》报告的宣传海报,于是轻轻地溜进了报告厅,在图书馆的大厅里再次聆听了杨校长的演讲。那时已年近八十高龄的杨校长还是那么激情四射,声音依旧宏亮,将近两个半小时没有休息。报告一结束,估计是一些校友围了上去,我有些不好意思,没有赶上前去,只是远远地望了一会我的杨校长,后来听说杨校长身体不是很好,结果那次就成了最后的一面。

写朋友圈的时候,再次翻出了毕业留言册,看着杨校长的题词,回想着杨校长那慷慨激昂的神情。

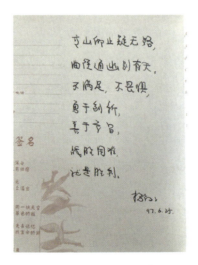

杨叔子给郭得森写下的毕业留言

(郭得森,华中科技大学材料科学与工程学院铸造专业1993级学生)

愿杨校长在天堂一切安好

◇ 喻珊丽

2022年11月5日早上打开微信，惊闻噩耗，悲痛不已，默默流泪……

过去的几天非常忙，但总会在某个不经意的瞬间想起杨校长，眼泪止不住地流……还是用文字记录下无尽的哀思吧……

永远忘不了1995年秋天的某一天，我拿着一份几页长的材料找到杨校长，他认真看完，又静静听我讲了几分钟，要我别着急，然后在材料第一页写上"请邹××校长解决好此事"（大概是这个意思）。

永远忘不了1995年的某一天，杨校长在西五楼117教室举办一场人文讲座。偌大的阶梯教室里挤满了学生：座椅上和讲台前的地上全坐满了，教室的空地上全站满了，就连窗户上也趴满了男生。杨校长一边讲一边不时提醒趴在窗户上的男生注意安全。整场讲座生动风趣，不时传来同学们的笑声。多么怀念那个纯真美好的时代啊……

永远忘不了，大概是2003年吧，一个阳光和煦的中午，我走在通往南二门的路上，远远看见杨校长走在马路对面，和我方向相反。遇见杨校长好开心激动啊，好想跑过去跟他打个招呼，可是我又犹豫了，他一定在思考什么问题吧，又或者是匆匆赶回家吃午饭吧，我跑过去会不会打扰他……我停下脚步，隔着马路望着他，好想跑过去问问杨校长是否还记得当年那个去他办公室找他的无知无畏的小女孩，好想告诉他我又回学校读研了，好想告诉他我们每一位同学都多么爱他，多么喜欢听他的每一场讲座、每一场演讲……我就站在原地，静静地看他往西边住宅区走去，直到他的背影越来越模糊……

毕业后依然默默关注母校，关注杨校长，最近几年偶尔在朋友圈看到他身体不太好的消息，默默担忧，默默祈祷……

从此，华科大校园里，再也见不到一位衣着朴素、身体单薄的老先生，或匆匆走路，或骑自行车，或停下脚步和学生们欢声笑语……

杨校长为中国科技事业贡献了毕生精力。他一生追求卓越，淡泊名利，质朴谦逊，他平易近人，全心全意为学生和老师着想。当得知他离开了我们后，所有的校友群都沉浸在无限的悲伤与哀思中。

杨校长给我，以及和我同一个时代的千万华科大学子带来了什么，我很难精准描述，也很难量化。对于毕业了20年、30年……的我们，他的高尚与纯粹依然在影响我们，激励我们，给我们信念与力量，他永远是我们前进路上一座闪亮的灯塔。他的每一场人文讲座都是经典之作，滋养了无数理工男和理工女的灵魂。他的声音并不洪亮，略带沙哑，却永远激情高亢。是他让我明白了什么是通识教育，是他让理想的火炬在我们的心中燃烧，是他带领华科大走向崛起之路。

杨校长走了，但他没有走，他永远活在我们的心中。

杨校长千古，愿他在天堂一切安好！

(喻珊丽，华中科技大学电子信息与通信学院1994级本科生、数学与统计学院2001级硕士研究生)

我们心连心
——怀念杨叔子院士

◇ "生物无机化学"团队成员

得知2022年11月4日晚杨叔子去世的消息后,他熟悉的"生物无机化学"科研组的老师、早年的研究生,纷纷表达了他们对杨叔子院士的哀思。

第2天(5日)一大早,年过80岁的周井炎教师第一个来到院士楼,在杨叔子遗像前痛哭流泪。廖宝凉老教师不顾耳聋,冲在长长队伍的前面,在杨叔子遗像前鞠躬表达对他杨叔子的深深怀念。年迈的苏嫦老师体弱多病,在高秋华的陪同下,与何佳文同时来到,大家含泪回忆和杨叔子几十年的友谊。不幸的是,苏嫦老师于2023年3月去世。高中洪、甘璐、刘红

2018年春节,"生物无机化学"团队早年的研究生来拜年
前排左起:刘红梅、徐辉碧、杨叔子、田卫群
后排左起:梅之南、罗勇、高中洪、刘宏、周军、李晓平

梅和周军几位年轻的教授，虽然工作很忙，他们怀念杨叔子，还常来家看望。周井炎、廖宝凉、苏嫦、何佳文、高秋华、范华汉都是杨叔子院士和徐辉碧教授数十年的好朋友。

"生物无机化学"团队早年的研究生对杨叔子院士就像和自己的导师一样亲切。

11月5日下午，范华汉教授（曾任研究生院常务副院长）带全家来悼念杨叔子。他在微信中说：徐老师您好！今天下午我和李涛、范龙、潇潇、及豚豚一起去了你家，对杨院士的逝世致以沉痛的哀悼。我们见到了晓平和村春。看到了您躺在床上休息，知道您昨夜和今天上午的劳累和疲倦，就没有打扰您，没有当面向您表达我们的哀思。虽然我们没有什么办法分担您的悲伤和痛苦，但是我们的心是永远和您在一起的。……万望保重。

陈春英（国家纳米科学与技术中心研究员，国际纯粹与应用化学联合会IUPAC 2023年度化学化工杰出女性奖）发来微信：惊悉杨叔子老先生噩耗，心情万分悲伤。祝老人家一路走好，愿徐老师和家人节哀。徐老师，这几天，我数次翻看了你和杨老师的照片，看了"桑榆记事"相册，回顾往事很伤感，杨老师的音容笑貌永存我心中。

张罗平（美国伯克利大学研究员）从美国发来微信：徐老师，惊悉杨老师去世，非常痛心，也为你担心。等我回武汉去看你。可现在难的是签证很困难。

涂欢（深圳湾实验室副主任）从深圳湾实验室发来微信：徐老师，惊闻噩耗！十分悲伤！杨叔叔安息！您多保重！杨叔叔这一生为科学、教育做出了巨大贡献；与您情投意合，他对家人的爱，我们能够感受到那种陪伴的温暖；他对我的指导、关心，历历在目，难以忘怀！（涂欢是徐辉碧同学的孩子，从小称杨叔子为杨叔叔。）

刘琼（深圳大学教授）发来微信：徐老师，惊闻噩耗，十分悲痛。杨院士的形象会永远留在我们心中。我因8号上、下午都要上课，无法前去参加杨院士的追悼会。我已经微信禹宏宇老师帮助我买两个花圈献上。一

第三篇 潜心治校

个是深圳大学倪嘉缵院士课题组敬上;另一个是我及家人敬上。请您多多保重。

黄开勋曾担任化学系系主任9年,为化学系的发展做出了重要贡献。他是出色的生物无机化学硒专家。黄开勋从英国发来微信:徐老师,我这里还是凌晨三点多钟,惊闻杨院士仙逝,心情十分悲痛。过去的一幕幕浮现在我的眼前……杨先生那慈祥的容颜,听他的报告,总是在我的眼前浮动,久久不能入睡。在我主持化学系工作时,得到杨先生的支持和帮助。我去你家时,杨先生常开玩笑说:"你是大水冲来的。"杨先生的宝贵遗产福泽后代!杨先生永垂不朽。

邹娟(英国爱丁堡大学教授)从英国发来微信:惊闻噩耗,十分悲痛。杨院士科研杰出,文采飞扬,绝对是科学、文化双全的老科学家。他在平凡中创造了伟大。祝杨先生一路走好,愿徐老师和家人节哀。

杨叔子生命最后时刻,在协和医院,尤政校长、史铁林、李晓平和杨祥良等守在病床边,悲痛地目睹亲人离去。杨祥良是我国纳米生物医学领域的著名学者,华中科技大学国家纳米药物工程技术研究中心主任、生命科学与技术学院原常务副院长。他写了一篇怀念杨叔子的文章,情深意长。

周召银在我校硕士毕业后,赴美国哈佛大学攻读博士学位,成绩优秀。在美国长期从事新材料研究,并取得重要成果。周召银从美国发来微信:徐老师,没有想到杨老师这么快就离开了我们,非常悲伤。几十年来,每次去您家,杨老师都是非常和蔼可亲,非常客气。2013年回去时,有幸和杨老师、您、苏老师一起合影。这张照片非常珍贵。杨老师去世,在国外的校友中也引发强烈反响。广大校友在同学群里纷纷回忆往事,表达对杨院士、杨校长的感激之情!大家都对我们华中科技大学第一位院士的去世感到惋惜、感到悲痛。

追忆院士爷爷杨叔子

◇ 华中科技大学附属小学

2022年11月4日，这是一个难忘的日子，这一天我们敬爱的院士爷爷杨叔子永远离开了我们！

原华中理工大学校长杨叔子院士，在任期间非常重视学校人才队伍建设，他提到大学的发展，很大程度上取决于广大教职工作用的发挥。为保证大学稳步健康发展，更好地让大学教职员工投身学校发展的工作，不仅要事业留人、感情留人，还要关注"子女"留人。办好附属中小学和幼儿园，是留住人才、吸引人才的重要办法。从那时起，大学就更加重视附属中小学和幼儿园的建设，杨院士更是加倍关心、关注着附属学校的发展。

附小发展历程中的引领者

杨叔子院士说："教育培养的人如果思维能力低下，才华浅薄即'无才'，那么'灵魂'丑恶，危害还有限；如果思维能力超群，才华出众即很'有才'，那么'灵魂'丑恶，危险就很大，而且越有才越危险。无才，则无知、愚昧；缺德，则卑鄙、无耻；缺德而有才比缺德而无才更为严重。"

时任华中理工大学校长的杨叔子院士一直都在倡导科学与人文的融合。2003年六一前夕，杨叔子院士在参观我校的少年科学院后，欣然题笔，写下了"怎么栽苗，怎么结果；怎么播种，怎么开花。幼而学，长而行，为民富，为国兴。"的珍贵留言与学校师生共勉。在此后不久杨院士个人捐资一万元，为学校科学教育购置设备，修建了附小的袖珍科技馆。2014年梳理学校文化时，学校征得杨叔子院士的同意，将"幼而学，壮而行。为民富，为国强"

当作学校精神写进华中科技大学附属小学章程。

在杨叔子院士的带领下，华中科技大学开创了在工科院校进行人文教育的先河，作为华中科技大学的附属小学，学校牢牢把握"秉承华中科技大学文化传统"的文化定位，以"科学与人文的融合"作为文化发展主题，力求自觉通过科学文化与人文文化的传承与熏染，提升、发展学生的科学素质、人文素质，明确了科学与人文相融合的课程开发理论基础。20世纪90年代末，在杨叔子院士的关心下，附小提出了科学精神和人文情怀并重的办学目标，并提出"博学、审问、慎思、明辨"的校训。

"'大爆炸'的那部分知识往往是高精尖的知识，恰恰又是这部分知识淘汰最快，而那些基本的知识是万古常青的。爱因斯坦的理论被推翻了吗？牛顿力学被推翻了吗？在生活中，我们还是在以牛顿力学作为基础。"这是采访杨院士后，他留给我们的宝贵财富。2014年杨叔子院士在与我们交流中谈到，希望将批判性思维教育引入基础教育，并强调"批判性思维教育应当从娃娃抓起，最好是从幼儿园开始"。2014年下半年，批判性思维课程被纳入我校星期五下午的"快乐周末"课程体系，华中科技大学附小也成为中国首例开设小学生批判性思维课程的学校。

2003年，杨叔子院士为华中科技大学附属小学题词

2003年，杨叔子参观华中科技大学附属小学少年科学院

教师成长过程中的大先生

杨叔子院士一次次走进附小,为附小师生开展各种讲座,倡导教育是'育人'而非'制器'" "一个国家,一个民族,没有现代科学,没有先进技术,就是落后,一打就垮,痛苦受人宰割;而没有民族传统,没有人文文化,就会异化,不打自垮,甘愿受人奴役" "科学教育与人文教育的交融,实则为绿色教育" "在不同的教育阶段,教育的重心有所不同。其中,少儿阶段重在'培养情感,背诵精华,引导好奇,保护个性'"。杨院士一次在与附小教师的座谈中提道:"目前高等学校教育最严重的问题在什么地方?问题虽然很多,但最根本的不在高等学校,而在中小学、幼儿园。目前学生的问题主要反映在人格不健全、感情不健康、习惯不良好等方面,这是小学教育造成的。幼儿园、小学很关键的问题是培养什么样的人,长大就会成为什么样的人。"这是杨院士生前反复叮嘱老师们的话语,附小教师也将之作为成长路上的法宝。

2004年4月,杨叔子院士走进附小政治学习活动现场,他为附小教师做了一场《人文文化与科学文化的交融是时代发展的必然趋势》的精彩报告,勉励教师在教育教学中培养孩子的"真、善、美"。老师们不仅被报告中阐述的观点所折服,也被院士不凡的语言魅力、人格魅力所征服,深感自己肩上担子的重大;深知自己懂得的知识还太少太少,需要努力学习;深悟出作为教师要教育学生求真、求善,自己首先得求真、求善。杨叔子院士对教师的引导,让教师们从身边的事例中提高认识,受到启发和教育,也促使我校的师德建设向更高的层次发展。

杨叔子在华中科技大学附属小学做讲座

少年儿童眼中的大学问家

2014年六一前夕,杨院士在给孩子们的节日寄语中说道:"少年儿童是祖国的花朵,是民族的未来,国家民族希望寄托在你们身上。当代的小学生们是十分可爱的、完全可以信赖的,十分珍贵的、大有作为的,未来在你们身上!"杨叔子院士为附小六十年校庆的题词写道:"少儿德,则国家强;少儿智,则国家富;少儿健,则社会康;幼而学,壮而行,少儿无德,无感恩之情,无思源之心,则一切无望。祝我们附小在六十周年基础上,在圆中国梦中,创造更美好的未来!"

杨院士这位大先生,更是孩子们眼中的大学问家。学校聘请校外辅导员16人,他们结合自己专业发挥优势,对学生进行指导教育,成效显著,杨院士就是其中的一名校外教育辅导员。在《鹤发与童颜》一课中,一位学生在听了杨叔子爷爷的报告会后,感到十分吃惊:杨叔子爷爷下放农村时被安排喂猪的工作,可他从未做过此事,为了解猪吃什么食物,竟赶着一头猪到猪圈外细心观察。从这个小故事中,他感受到杨叔子爷爷严谨的工作态度,并懂得了"留心观察,就会有收获"的道理。

杨院士经常走进附小给学生做科技报告,使学生生动地了解最新科技发展动态。杨院士更是自始至终用行动支持着附小的孩子们!学习《水域的污染和保护》一课后,自然老师带学生实地考察了华工青年园池塘水污染情况。学生通过考察发现,青年园池塘水被严重污染的主要原因有两个:一是游人乱扔大量废弃物,二是青年园附近工厂排出的污水。通过考察,学生们萌发了给有关部门写信的念头。学生给当时的华中理工大学校长、中科院院士杨叔子写了一封信,要求尽快解决青年园水污染的问题。学生们的信很快得到杨叔子院士的高度重视和大力支持。他专门派人到附小来感谢学生们关心华工校园、爱护环境的可贵行动,并当面表示要在短期内改善青年园的环境。很快青年园池塘的治理问题得到解决。

学校按照杨叔子院士的想法,构建了培养未来科学家的小学课程创新研究,在学校发展过程中,附小创设丰富的实践课程,拟按照"发现自我、探究世界、服务社会、创造未来"的课程目标，统整为杨叔子课程，即科学家课程。课程建设研究持续 20 多年，2022 年学校进行了全国基础教育国家级优秀教学成果申报工作，申报的教育成果《面向未来科学家培养的小学个性化课程 20 年探索与实践》已荣获湖北省优秀基础教育教学成果特等奖。

我们将继承院士爷爷的遗志，在培养祖国需要的未来科学家的事业上不断努力，做出附小人应有的贡献。

杨叔子院士千古，我们永远怀念您！

2014 年，杨叔子给附小 60 年校庆的寄语

第四篇 文化素质教育

文化素质教育的辛勤开拓者
——深切怀念原华中理工大学校长杨叔子院士

◇ 刘献君

2022年11月7日下午，本人陪同北京大学原常务副校长王义遒先生，来到杨叔子校长家，上一炷香，送别老人家。杨校长夫人徐辉碧教授含泪介绍了杨校长离别的最后时刻。徐老师深情地说，这几年叔子在病中，念得最多的人之一是刘献君，隔几天便要问到，我眼泪夺眶而出。近三十年的工作交往中，我们亦师亦友，情感深厚。作为科学家、院士、校长、教育家，杨校长对国家、民族、人民做出杰出贡献。特别是在文化素质教育方面，作为开拓者，经过近三十年的辛勤努力，贡献更为突出。以下，回顾和叔子院士的工作交往，寄托哀思。

一

认识杨叔子院士比较早，但密切接触还是在他1993年担任华中理工大学校长之后。近三十年来，我们的交往主要体现在以下四个方面。

1993年，叔子院士担任校长时，我是学校党委常委、宣传部部长，1996年任校党委副书记，同在一个班子，除共同参与学校决策外，有两件事我们接触较多。一是学校宣传，叔子院士初任校长时，对经常报道他有异议，他认为自己当校长做点事是应该的，要多宣传党委、党委书记、学校师生。这时，我和他讨论，我说，现在"杨叔子"三个字已不属于你自己，属于学校，杨叔子名气越大，学校的名气越大，对学校发展就越有利。他听了以后，感觉有道理，认为只要对学校有利的事，就干。因此，不仅接受宣传，还主动关注、参与宣传，有时亲自撰写、修改稿件，我们配合十分默契。二是文科发展。这段时期,正是我校文科由起步到发展的关键时期,我刚好 1994 年兼任文学院院长,1996 年开始分管学校文科工作。叔子院士旗帜鲜明地表示,"没有一流的文科就没有一流的理科,没有一流的理科就没有一流的工科"①。1994 年,他积极主张撤销人文学部,建立文学院,加强对文科建设的领导,本人兼任文学院第一任院长。几年后,根据学科发展,将文学院拆散,成立新闻与信息传播学院、法学院、外语学校、公共管理学院、人文学院、社会学系等,将文科发展往前推进了一大步。发展过程中,院长们有困难找校长,叔子院士有求必应。在学校文科大发展中,杨校长以及后来接任的周济校长发挥了至关重要的作用。

刘献君与杨叔子在一起讨论工作

1994 年,在文学院倡导、开展人文讲座的基础上,叔子校长开始领导探索文化素质教育。1996 年至 2005 年,我作为学校党委副书记,分管文化素质教育,具体负责组织实施工作。1998 年,教育部高校文化素质教育指导委员会成立,叔子院士任第一届指导委员会主任,我任秘书长;叔子院士任第二届指导委员会主任,我任副主任兼秘书长;叔子院士任第三届指导委员会主任,我任顾问。关于文化素质教育工作,我在后面专门进行回顾。

叔子院士卸任校长后,1998 年 8 月担任学校首届学校学术委员会主任,直至 2011 年 6 月。其间,1998 年至 2005 年,我作为学校领导分管学术委员会工作并兼任副主任委员,2006 年以后担任学术委员会副主任,协助

---

① 杨叔子. 人文教育:民族之基,人才之础——兼谈要重视办好文科【J】. 中国高等教育,2000(Z2):21-22.

第四篇 文化素质教育

叔子院士开展工作。在担任校学术委员会主任的13年中，叔子院士亲自制定校学术委员会章程，探索开展学术委员会工作，指导、帮助各学科开展学科建设，提升学术水平，做了大量工作，推进了学校学术发展。

叔子院士在担任校长和学术委员会主任期间，都十分重视教育科学研究和教科院（高教所）的工作。他在《我是如何认识学校发展的》一文中提道："我认为，高教所首先要将我们学校当成活的样本来研究，所以，我希望高教所的所长应列席校长办公会，了解情况。"我1999年兼任高教所所长，后高教所改为教科院，我兼任院长。在这一段时间内，我们的交往主要在两个方面：一是叔子院士经常和涂又光、文辅相、姚启和先生等共同探讨教育规律，特别是文化素质教育规律；二是将叔子院士聘为教科院博士生导师，共同指导研究生。我指导的研究生常找叔子院士请教，探讨学术问题；叔子院士指导的研究生，我常"代管"，相互信任，相互支持。

看到一些关于叔子院士与文化素质教育的文章，有两个感觉，一是对文化素质教育的理解，还仅仅停留在人文讲座和中国语文水平达标测试上；二是对文化素质教育的深远意义和叔子院士在推动文化素质教育中的作用阐述不足。

首先，回顾一下文化素质教育开展的过程。文化素质教育是一个从偶然到必然到自由的过程，是一个"研究实践、相互推进"的过程，是一个"共同创造"的过程。

文化素质教育是一个从偶然到必然到自由的过程。事物的发展往往从偶然开始，偶然是指事物可能存在，也可能不存在，存在与否不取决于自己。必然性是可能性与现实性的统一，必然性带有一定的盲目性。自由则是对必然性的认识，只有概念本身才是自由的，是必然性的力量和现实的自由。文化素质教育正是从偶然开始。1994年，学校为推动文科发展，成立文学院，我兼任院长。当时，文科力量弱小，为取得工科师生支持，探讨如何为其服务，在讨论中提出，为全校师生举办人文讲座。经过招聘主讲人、内容研讨，1994年3月贴出海报，开始第一场人文讲座，结果人山人海，原定的教室坐不下来，换到了一个大的阶梯教室。这件事促使我们思考，人文讲座为什么受到大学生的欢迎？我们向时任校长杨叔子院士汇报，引发了叔子校长的极大关注。他向时任国家教委高教司司长、后任教育部副部长的周远清同志汇报，1995年，教育部决定开始在52所大学试点文化素质教育。经过反复探索，共同创造，推动文化素质教育走向必然、走向自由。

文化素质教育是"研究实践、相互推进"的过程。文化素质教育是一个新事物，探索中会出现各种各样的问题，既要进行理论研究，又要深入开展实践，两者相互推进。从校内文化素质教育看，从开设人文讲座，举办中国语文水平达标测试，到文化素质教育进入课堂，通过实践将人文知识转化为人文素质，结合专业教育进行人文教育，等等，都需要理论研究和实践探索。从全国来看，从52所大学试点，到全国高校开展文化素质教育，建立国家大学生文化素质教育基地，教育部发布有关政策规定，再到中央提出"普遍提高大学生的人文素养和科学素养"，等等，同样是一个研究和探索的过程。文化素质教育在理论研究和实践探索的过程中，一步一步往前走。

文化素质教育是一个"共同创造"的过程。首先，教育部强有力的领导，时任教育部副部长周远清、高教司副司长刘凤泰、高教司文科处处长阎志坚，我们称之为"军长、师长、团长"，他们深入高校，积极参与、支持文化素质教育。周远清副部长提出并组织在52所大学开展试点，亲自界定了文化素质教育的内涵，阐述了文化素质教育的意义，并适时提出指导性的意见，如1998年5月在四川大学召开的试点学校最后一次工作会议上提出，文化素质教育从"三注"（注重素质教育、注视创新能力培养、注意个性发展）到"三提高"（提高学校文化品位、提高教师文化素养、提高学生文化素质）。其次，北京大学、清华大学等高校领导和学者大力支持。教育部高校文化素质教育指导委员会，我校为主任单位，北大、清华为副主任单位，北大常务副校长王义遵、清华党委副书记胡显章担任副主任，积极参与、支持文化素质教育。张岂之、张楚廷、于德弘、陈春声等一批学校领导、学者参与活动。再次，本校领导、教师积极参与。学校新老领导朱九思、李德焕、朱玉泉、周济以及广大教师，纷纷参与，大力支持。文化素质教育在"共同创造"中发展。

在推进文化素质教育过程中,杨叔子院士是开拓者,发挥着关键的无可替代的旗手作用。这主要表现在:叔子院士深厚的人文底蕴,对教育规律的深刻洞察和认识,形成了重视人文教育的坚定信念;著名大学校长、中国科学院院士的双重身份,其影响力无人可及,其作用无人替代;高尚的人格,吸引、聚集了一大批追随者,跟随奋斗,无怨无悔。他对文化素质教育的贡献和影响主要表现在以下几个方面:

1. 以科学教育和人文教育相融合为核心的"文化素质教育"理念,丰富了国家高等教育理念

文化素质教育是我国高等教育思想和实践的本土化创新,深刻影响着我国高等教育的健康、长远发展。这一理念,经叔子院士的提出并阐述,变得生动、鲜活。他说:"一个国家、一个民族,没有现代科学,没有先进技术,就会衰弱,就会落后,一打就垮;一个国家、一个民族,没有优秀传统,没有人文文化,就会异化,就会迷路,不打自垮。"① "教育是'育人',而非'制器'。"② 掷地有声,惊醒世人。针对现在提通识教育多、文化素质教育少的状况,叔子院士指出:文化素质教育比通识教育具有更全面、更丰富、更深刻的内涵,也符合我国高等教育发展的要求。③ 后来,他又进一步强调:"文化素质教育要解决的问题是信仰、信念、人生价值取向;锋芒是针对忽视人文教育,解决好做人的问题;重点是针对漠视民族文化教育,解决好做中国人的问题;核心是针对割裂科学教育与人文教育,要促进两者的联合。"④ 可见,文化素质教育涉及教育的根本,通识教育是文化素质教育的题中应有之义,文化素质教育包涵了通识教育的内容。

---

① 杨叔子. 科学人文 和而不同【J】. 中国高教研究,2002(7):4-7.
② 杨叔子. 是"育人"而非"制器"——再谈人文教育的基础地位【J】. 高等教育研究,2001 (2):7-10.
③ 杨叔子,余东升. 文化素质教育与通识教育之比较【J】. 高等教育研究,2007 (6):1-7.
④ 杨叔子. 文化素质教育的今日再审视【J】. 重庆高教研究,2013(4):1-6.

2. 推进文化素质教育进入大学课堂，改变了中国高等教育课程结构、教学体系

长期以来，我国高等教育课程体系属专业课程体系，缺乏类似于国外自由教育、通识教育性质的基础性课程，不利于培养人才。叔子院士在文化素质教育中，和志同道合的同志们共同努力，采用多种方式，推动文化素质教育进入课程体系，改变课程结构。其途径和方法主要有以下五个方面：

一是举办中国语文水平达标测试，开设有关中国语文的系列课程。在叔子校长的亲自倡导下，1995年6月27日，学校颁布了《关于提高我校学生人文素质和中国语文水平的决定》。学校决定，从1995年入校的新生开始，每年对全校各层次的学生（本科生、硕士研究生、博士研究生）举行一次"中国语文水平达标测试"，所有学生在校学习期间必须通过该项测试，对未能通过者，将不颁发（学士、硕士、博士）学位证书。学校中文系教师编写了《中国语文》教材，配套出版了《文学作品集》，专门开设有关中国语文的系列课程，供学生选修。中国语文水平达标测试不断完善，规定每年6月的第二个星期六上午为测试时间，坚持至今，取得了良好效果。

二是开设文化素质教育课程。这是一项创新性的系统工程。大约做了以下工作：学校组织课题组，与四川大学、西北工业大学等高校共同调查研究，认识文化素质教育课程的特点，通过对国内外高校现状与历史的调查，明确这类课程具有民族性、国际性、导向性、综合性等特点，从而确立正确的方向；探索理工科大学生中开设人文社会科学课程、文科大学生中开设自然科学课程的目标、结构、科目；组织编写教材、培训教师，进行试点开设。最后，得到教育部的认同，发文做出了有关规定。我校在执行的过程中，力图实施大学本科教育前三学期按学科大类"打通培养"，以强化基础教育和文化素质教育。

三是实行人文社会科学辅修专业制。学校鼓励学有余力的非人文类专业学生，选择一个人文社科专业作为辅修专业。对于完成辅修专业主干课程学分要求的学生，学校颁发辅修专业证书。一段时期，理工科学生中获

人文社科辅修专业证书的学生达 40%，比较系统地改变了工科大学生的课程结构、知识结构。

四是结合专业教学进行人文教育。科学、人文都是人创造的，两者是相通的。学校通过对 100 多位优秀教师的调研，总结了结合科学教育进行人文教育的八种方法，并出版了专著，教师人手一册，用调研成果推进老师们结合专业教学进行人文教育。叔子院士亲自参与研究，并对成果进行了充分肯定。

五是阅读经典。叔子院士要求自己的学生读《论语》《道德经》，并推动教科院组织经典读书班，涂又光先生授课，吸引年轻教师积极参加。湖南大学校长段献忠教授，就是当时自觉参加经典读书班的学员之一，他感到通过学习，收获很大。

3. 创建全国性文化素质教育交流平台，促进大学教育方式的探讨

工科出身的叔子院士，深知实验室对科学研究、学科建设的重要性。在推进文化素质教育的过程中，他十分重视交流平台的创建，以此作为推进文化素质教育的载体、依托，组织起来，开展研究，同时也促进了大学教育方式的探讨。主要的交流平台有：

一是建立文化素质教育基地。在叔子校长推动下，经过近半年的筹备，1997 年 5 月 12 日，我校建立了全国第一个文化素质教育基地，杨校长在图书馆划出 200 平方米的房子，首期投入 100 万元资金用于建设。基地成立后努力探索建设目标、任务、制度，积极开展工作。在叔子校长的推动下，1999 年 1 月 22 日，教育部批准建立 32 个国家大学生文化素质教育基地，我校文化素质教育基地成为国家基地之一，学校任命刘献君为国家大学生文化素质教育基地主任，余东升为专职副主任。2007 年，教育部又批准建立了 61 个基地，基地总数达 93 个。杨叔子院士以教育部高校文化素质教育基地主任的身份，在全国推进基地建设。如，1999 年 3 月 29—30 日，在湖南师范大学主持召开大学生文化素质教育基地建设研讨会，决定成立基地评估课题组，确定评估指标体系和评估方案。2002 年，组织对首批

32个基地进行实地评估考察。2003年4月13—14日，在华中科技大学召开了基地建设研讨会，对基地评估工作进行了总结，受时任教育部周济部长委托，袁贵仁副部长到会并做了重要讲话。基地对推动文化素质教育起到了积极作用。

二是编辑出版《中国大学人文启思录》。1996年10月，在叔子校长推动下，文学院和出版社共同组织出版《中国大学人文启思录》。该书主要汇集全国部分知名大学受欢迎的人文演讲录，反映人文讲座中的精华内容。第一卷收集了杨叔子、杨振宁、任继愈、田长霖、葛剑雄、章开沅、冯天瑜、王先霈、舒乙、曾卓、涂又光、张世英、鲍国安等人的最新演讲。《中国大学人文启思录》在学术文化和大众文化之间架设了一座桥梁，仅前五卷就发行了50多万册，受到广泛欢迎和好评。光明日报发文称，"《中国大学人文启思录》……展现在任何专业的大学生面前，都是一个色彩斑斓的思维天地。……对提高当代大学生的文化品位、格调、情趣和价值取向均大有裨益"[①]。

三是分片开展活动。我国地域辽阔，高校众多，情况千差万别。根据这一情况，文化素质教育指导委员会分片开展活动，是叔子主任的一大创造。全国共分为四个片，三北（华北、东北、西北）四川片，北京片，中南、重庆片，华东片。各片由一位副主任负责。各片组织活动时，叔子主任都会去参加、指导。一般各片每年至少召开一次会议，每次会议选择不同地点，不仅交流、探讨，而且"每到一地，就点燃了该地文化素质教育火焰"，对文化素质教育的开展，起到了很好的推动、促进作用。

四是创建"五月的鲜花"全国大学生文艺汇演直播。2001年开始，教育部高等学校文化素质教育指导委员会、中国教育电视台、浙江电视台共同发起，每年5月举行一次"五月的鲜花"全国大学生大型校园文艺演出直播活动，节目为广场文化形式，全部以大学生自编自导自演为主，展示

[①] 夏斐，陈思中．重塑素质再起人文潮——华中理工大学系列报道之二【N】．光明日报，1998-10-14（2）.

大学生文化素质教育成果,起到全国大学生之间交流的作用,体现大学生热爱党、热爱祖国、热爱人民、勤奋学习、报效祖国的精神风貌。"五月的鲜花"第一次活动在浙江大学,此后分别在中山大学、重庆大学、武汉大学、中国人民大学、吉林大学、同济大学、云南大学等学校开展。叔子主任每次都要亲临现场指导,和同学们互动,指导活动的顺利开展。后来,"五月的鲜花"由中宣部、教育部组织,在中央电视台主办,现在办得越来越好。

4. 让中华诗词大步走进大学校园,推进优秀传统文化的传播

1998年8月,全国第11届中华诗词研讨会在乌鲁木齐举行,杨叔子院士应邀出席并在大会上发表讲话,他说:"让中华诗词大步走进大学校园,让中华诗词陶冶大学生情感,活跃大学生思维,融入大学校园铸造辉煌,这是时代与形势的需要,这是国家民族的需要。"[①]叔子院士身体力行,在学校组织开办古典诗词创作者,并亲临授课。在一般创作班的基础上,以极为特殊的方式,举办提高班。由诗词方面造诣深的程良骏、张良皋、李白超、黄志良等先生,每人招收五六名学生,在家里授课,面对面指导。培养了一批热爱优秀传统文化、热爱诗歌的学生。同时举办"中华诗词吟诵晚会""中华诗词大赛""唐宋诗词赏析"等活动。我这个不懂诗词的"瑜珈诗社"兼职副社长也被感染,常陪叔子院士参加诗社活动。与此同时,叔子院士开展中华诗词的理论研究,提出当代诗教理论,被誉为当代诗教理论的主要拓荒者和奠基人。

5. 自创杨叔子人文讲座品牌,为教师教学树立了榜样

"杨叔子人文讲座"已成为中国文化素质教育的一道风景线,形成了品牌,在推进文化素质教育中起到了重大作用,也为教师开展教学树立了榜样。叔子院士究竟讲了多少次人文讲座,由于没有记载,难以计算,只能大体估算。估算的依据是:从清华、北大到一般民办大学、高职院校,

---

[①] 杨叔子. 让中华诗词大步走进大学校园【J】,高等教育研究,1999(2):17-20.

没有请叔子院士去做人文讲座的不多；有的大学讲过多次，例如，华中科技大学 1994—2004 年的人文讲座上就讲了 25 次，建校刚 20 年的文华学院讲了 7 次，西南交通大学报道中提到讲了 3 次……不仅大学，中小学及其他单位也去讲过，如浙江图书馆、湖北省博物馆、部队、企业、政府部门。保守估计在 800 场以上。杨叔子人文讲座的特点主要有：

一是讲座内容紧紧围绕人文教育，成人、成才，如：传统文化·人文底蕴·大学教育；踏平坎坷，成人成才；理想崇高，立志成才；人生在勤，贵在立志；时代发展趋势：科学人文相融；现代大学与人文教育；大学理念与人文精神；知"形而上"，通"形而下"，等等。这些讲座对学生成长产生深刻影响。例如，华中科技大学的一位学生说：杨叔子院士关于求学、治学经历的讲座，有些话让我终身受用。如在抗战时期，他随父亲逃难，他父亲说的一段话："我们是中国人，是炎黄子孙，我们绝不做亡国奴，不做日本顺民。日本鬼子追上我们，我们全家自杀，投河自杀！"这样的民族气节，这样的爱国精神，怎不震撼人心，催人醒悟："做人要做这样的人！"我把"心系华夏""服务祖国"作为自己的最高理想，是杨院士给了我这样的启示。文华学院一位 2003 级新生听了杨叔子院士的人文讲座后说："我要以杨院士为楷模，珍惜大学时光，制定规划，勤奋学习，积极工作，提升能力，做一名优秀大学生。"后来，这位学生在校学习和毕业后工作期间，都表现得十分优秀。

二是引经据典，谈古论今，语言风趣、幽默，内容生动活泼，深入浅出，能紧紧抓住听众、深深打动听众，讲座具有强大的吸引力。令我十分羡慕。一次在广州讲座，原定讲两个小时，结果叔子院士一口气讲了三个小时，听众非常感动。讲座结束后，一位大学生在接受记者采访时，边流泪边谈自己的感想，场面感人至深。

三是联系实际，引发思考，每次讲座，在当地引起一场人文风暴，掀起重视文化素质教育的热潮。这也正是叔子院士不顾年龄，不顾休息，坚持人文讲座的重要动力。这样自创品牌、身体力行，尽一己之力推进文化素质教育，在当今中国，找不出第二人。

二

想到杨叔子校长，脑子里首先冒出来的是毛主席在《纪念白求恩》中提到的"五种人"："一个人能力有大小，但只要有这点精神，就是一个高尚的人，一个纯粹的人，一个有道德的人，一个脱离了低级趣味的人，一个有益于人民的人。"杨校长就是这样的人，我含泪和徐老师说："杨校长是我见过的人中，最纯粹的人。"杨校长受到全国那么多人的尊重和爱戴，辛勤开拓文化素质教育，人格的力量是第一位的。

我与叔子院士一家比较熟悉。和叔子院士夫人徐辉碧教授认识，比叔子院士还要早。我读大学时，1965年学校介绍徐辉碧老师的先进事迹，号召师生向她学习，给我留下了深刻印象。后来，徐老师担任化学系系主任、生科院首任院长，工作上有较多的接触。徐老师毕业于北京大学，学术上造诣深，我认为已达到院士水平，工作上有开创性，在学校领头发展了两大学科。我因工作或子女的事找到徐老师时，徐老师总是满脸微笑，轻声细语，有求必应，帮我解决问题，给我留下深刻的印象。叔子院士的女儿杨村春退休后到文华学院城建学部工作了三年，做图书资料管理工作，受到好评。我去看她时，都在认真工作。她从不以院士、校长女儿自居。女婿李晓平谦和、平实，勤奋工作，工作之余勤勤恳恳为岳父、岳母服务，本来应该由学校工作人员完成的工作，往往都是晓平替代，毫无怨言。外孙女杨易是杨院士、徐老师的掌上明珠，我们看着她健康成长。可见，叔子院士一家具有优良的家风。家风体现了一个家庭的传统，一家之主的思想、人格、作风。

杨院士受到人们发自内心的尊重，首先是来自人格的力量，这主要表现在：

一是心中只有工作。大家都熟悉的他和徐老师两个人三十年吃食堂，一心扑在工作上等很多事例，不再赘述。我和叔子院士有多方面接触，如陪同参加各种研讨会、工作会，接受中央电视台白岩松等对其采访，陪同到协和医院检查身体，我们探讨的都是工作，从不议论别人。叔子院士可以说是一个透明的人,这么多年,对他没有任何非议。

二是处处以身作则。他从不以权谋私,那么多讲座该收取的报酬,也分文不取。到教室听课,一坐就是一个上午。有一次,一个学生在网上评价历任校长,谈到杨叔子校长时,他说,我看到杨校长在路上匆匆走着,突然停下来,将地上的废纸捡起来,丢到垃圾箱,然后又匆匆走了。这位学生感叹:"圣人也莫过如此。"

三是尊重每一个人。在叔子院士眼中,人没有高低贵贱之分。每一个找他的人,都平等相待;每一个希望他办事的人,都尽力而为。我指导的博士研究生罗家才,因课题研究找叔子院士访谈,谈访结束后,杨校长赠送了他一本自己刚出版的影集,从轮椅上吃力地站起来,颤抖地写上真挚的寄语:"祖国希望在你们身上"。令罗家才十分感动。这样的事例太多、太多。

我和叔子院士亦师亦友,他对我的影响至深。在回顾的过程中,更激起我要向他学习,在余生为祖国、人民的教育事业做力所能及的工作,贡献自己的一分力量。

(刘献君,华中科技大学原党委副书记,教育科学研究院教授,文华学院校长。本文发表于《高等教育研究》2022年第12期,略有改动)

用生命之光照耀我国高校文化素质教育：
——深切怀念敬爱的杨叔子院士

◇ 欧阳康

惊悉敬爱的杨叔子院士不幸仙逝，深感震惊和悲痛！久久难以平复！在杨院士感召和引领下参与我国高校文化素质教育工作和开展文化建设的点点滴滴，不断浮现脑海！

杨叔子院士是我国智能制造基础理论与关键技术研究及工程应用的开拓者，华中科技大学的第一位院士，一名成就卓越的科学家，曾任华中理工大学校长，也是极具底蕴和深厚情怀的人文学者。他以卓越科学家和重点高校领导的特殊身份，凭借其深厚的人文底蕴，在华中理工大学担任校长期间，

欧阳康（左一）和文化素质教育基地的同志看望杨叔子

倡导并全力推进大学文化素质教育，并将其推广到全国。又作为教育部高校文化素质教育指导委员会的三届主任委员，数十年如一日，殚精竭虑，不懈推进我国高校的文化素质教育，对中国高等教育的人文发展做出了杰出的贡献，可以说是用生命之光照耀了我国高校文化素质教育！我作为他全力推进高校文化素质教育团队成员之一，参加了其中部分工作，深深感受到他的崇高使命感、高度热情和丰厚文采，在工作中努力去体会和落实

一些他的思想，去做一些很有意义的工作，收益很多，甚至也在一定程度上扩展了我的学术轨迹。

在杨叔子教授担任华中理工大学校长期间，时任校党委常委、宣传部部长兼人文学院院长刘献君教授和人文学院党委书记李振文教授等策划开设人文讲座。1994年3月，何抗生老师开启了第一讲，杨校长知道后大力支持，一大批优秀学者应邀前来，每年数十场讲座，受到师生广泛和热烈欢迎，持之以恒，形成了蜚声海内外的华中大"人文讲座"品牌。杨叔子校长主张教育的使命并非"制器"而在于"育人"，努力推动"从专业教育、科学教育向科学教育与人文教育相结合转变"，大力推行文化素质教育，成立了中国高校首个文化素质教育基地，形成了优良的文化素质教育传统并不断发扬光大，也让后来合校而成的华中科技大学成为中国大学文化素质教育的旗帜。我在武汉大学工作时便曾应邀来到华中理工大学做人文讲座，还应邀在华中理工大学出版社的"荆楚青年人文学者文丛"中出版了《欧阳康自选集》，不觉中结下了某种缘分。自2000年10月到华中科技大学工作，担任校长助理，协管文科工作，杨叔子院士便让我直接参与文化素质教育工作，为我的学术研究增加了文化素质教育的特殊视域。尤其是在我作为学校党委副书记分管学生工作和宣传工作期间，按照学校安排，兼任华中科技大学国家大学生文化素质教育基地主任，按照杨院士的指导，与基地同仁们一道，努力将文化素质教育、大学文化建设、学生工作和宣传思想工作结合起来，将学校的文化素质教育推向了大学生实践教育新阶段。

杨叔子院士对于文化素质教育的首倡得到教育部和全国高校的积极响应，得到时任国家教育委员会高教司司长周远清、北京大学原常务副校长王义遒教授、清华大学原党委副书记胡显章教授等人的大力支持，大家齐心协力推进高校文化素质教育工作。教育部于1998年成立全国高校文化素质教育指导委员会，华中理工大学成为主任委员单位，该教指委迄今一共四届，杨院士担任了其中三届主任委员。时任华中科技大学党委副书记刘献君教授担任了前两届教指委的秘书长，我有幸被教育部聘为第三届教指委的秘书长，我们在杨院士的直接领导下接续开展工作。高校文化素质教

第四篇　文化素质教育

育指导委员会按照教育部的要求,每年召开学术年会,逢五逢十举办纪念会,年中各种专题研讨会,全面指导全国 100 多所高校大学生文化素质教育基地,全面推进全国高校文化素质教育工作,发挥了非常重要和积极的引领作用。在担任第三届教指委主任委员时,杨叔子院士年事已高,他辞去了其他所有社会兼职,唯独保留了教育部高校文化素质教育指导委员会主任委员职务,初心不改,奔走于有关高校,指导各地的文化素质教育基地和文化素质教育建设,张扬人文,化成天下,展示了特殊的智能、热情和魅力!

杨叔子院士国学底蕴深厚,对于弘扬中华优秀传统文化具有特殊才华和热情,也保持着高度的敏锐。2002 年 11 月召开的党的十六大首次提出"必须把弘扬和培育民族精神作为文化建设极为重要的任务",杨院士即带领我们在华中科技大学成立了全国高校首家"民族精神研究院",他亲自兼任院长,由时任党委副书记刘献君教授和时任校长助理的我担任副院长,在学校党政领导和各方面关心支持下积极开展学术活动。该院先后举办了"全球化与民族精神"国际学术研讨会、"后现代视野中的科学与精神"国际学术会,杨院士都亲自到场参加开幕式,发表精彩演讲。他总是激情洋溢,文采飞扬,给外国友人们展示出中华文化的博大精深和中国学者的特殊魅力!

2003 年,教育部首次设立哲学社会科学重大课题攻关项目,其中有"弘扬与培育中华民族精神研究"项目,我们组织团队,积极申报,成功获批,这也是我校首次获得的教育部重大课题攻关项目。该课题由杨院士担任首席专家,我和刘献君教授协助推进,组建了较大规模的学术团队,开展跨学科研究。经过 3 年多的积极努力,撰写的主要成果《弘扬与培育民族精神研究》达 55 万字,入选"教育部哲学社会科学研究重大课题攻关项目"文库,由经济出版社于 2009 年 11 月出版。成果发布时,杨院士亲自与我们一道前往北京,参加成果发布会,并做了大会发言。此项研究还产出了系列成果,先后由人民出版社出版了由杨叔子、刘献君和欧阳康总主编的"民族精神研究丛书",含《民族信念与文化特征——民族精神的理论研究》(张曙光主编)、《思想碰撞与方法借鉴——民族精神的比较研究》(欧阳康主编)、《社会理想与精神追求——民族精神的实证研究》(雷洪主编)、《现实挑战与路径选择——民族精神的对策研究》(刘献君主编)、《文化反思与价值构建——全球化与民族精神》(欧阳康主编),取得了非常丰硕的成果,在结题时被评为优秀。这是当时华科大文科学者在学术研究方面的一次大协作。我是此项研究工作的具体组织者,但各主要环节均得到杨院士的热情关心和大力支持,他就是我们团队的精神领袖。

2004年,教育部启动了985项目Ⅱ期工程,华中科技大学成立了"科技进步与人文精神"国家哲学社会科学创新基地,整合全校文科院系开展协同攻关。学校决定由我担任该创新基地主任,杨叔子院士是专家委员会主任,给予我们极大的关心和支持!设立这个基地充分体现了杨院士将科技与人文相融合的理念,着力探寻其机理和哲理,他和一些院士与人文学者们热情参加我们的各种重要活动,给还比较弱小的文科打气鼓劲,也呼吁学校和各方面来支持文科建设与发展。不少文科学者感叹,华科大文科建设的快速发展背后,有像杨院士这样的一大批大科学家们的鼎力支持!

人文讲座是杨院士担任华中理工大学校长时便大力支持持续推进的,到现在已经2400多期,成为华科大的一道格外靓丽的风景线,这也是杨院士格外关注的活动。他不仅亲自出面邀请很多顶级专家学者前来做讲座,还身体力行,不时亲自到场做讲座。记得2004年11月14日他亲自主讲第1000期人文讲座,西五教学楼117教室被挤爆,盛况空前,我们在现场都深受感染!由于很多同学没有能够挤进教室,杨院士现场决定第二天晚上再加讲一场。当人文讲座快到2000期时,他自己的身体已经不太允许再去做讲座,却专门做出安排,让我去讲第1999期,请时任校长李培根院士去讲第2000期,希望能够把人文讲座及其品格继续传承和发扬下去。

《中国大学人文启思录》自1996年开始由华中科技大学出版社出版,收录了历年人文讲座的精彩讲稿,是华中科技大学人文讲座和文化素质教育的重要见证之一,也凝结着杨院士的心血和特别关爱!杨院士担任编委会主任,并特别请到时任国家教育委员会副主任周远清教授为丛书作序。该丛书第一卷的首篇便是杨院士在担任华中理工大学校长时的演讲稿《传

第四篇 文化素质教育

统文化·人文底蕴·大学教育》。这不仅是他对人文教育的理解,也是他的办学治校理念之一。在后续出版第7至10卷时,他执意要我担任主编,并在百忙中亲自为丛书作序,为丛书领航,令人非常感佩!

华中科技大学文化素质教育的内容非常丰富,除了中国语文水平达标测试,文化素质教育系列课程,丰富多彩教育教学活动外,还有瑜山国学社、夏雨诗社、笛箫协会、书画协会、越剧队、京剧社和瑜伽诗社等多种社团。杨院士对其都予以热情关心,尽量参加其活动,有的还亲自担任名誉职务,给大家以很大鼓励!当时我不时陪同他去参加各种活动,让在这些方面很不在行的我也深受感染,很受教育。

我自己主要从事哲学教育教学和研究,在学校工作时期对于学生事务、高等教育、文化素质教育和人生价值等做过一些思考,做过一些演讲,发表过一些文章,杨院士一直给我热情鼓励!经有关方面建议,将其中的部分成果汇聚成为拙著《大学·文化·人生》由华中科技大学出版社2008年出版。杨院士看到后非常高兴,亲笔撰写了书评《在止于至善———读欧阳康<大学·文化·人生>一书有感》,刊发于《高等教育研究》2009年第5期。珍贵的书评洋洋洒洒近5000字,深入阐释他所理解"大学的文化"和"文化的大学",批判"没有灵魂的卓越",分析大学之道如何才能"止于至善",阐释"极高明而道中庸"的中华思想精髓等,给我很多鼓励与教益,让我每每想起就充满感激之情。

在华中科技大学校园南一楼后面的树林和绿地里,有一片大学生文化素质教育纪念墙,是华中科技大学国家大学生文化素质教育基地的一个形象展示。那里也凝结着杨院士的很多心血!他亲自参加了策划,除了学校的经费支持,还筹得社会捐赠。从总体布局到主要场景,从设计到施工,杨院士都亲自关注和参与,提出主导性意见。经过努力,该纪念墙成为国家

杨叔子为欧阳康专著撰写书评

大学生文化素质教育基地为华中科技大成立 60 周年的特别校庆献礼。也正是在那里的一块石碑上，刻写了杨院士的一段话："一个国家，一个民族，没有现代科学，没有先进技术，就是落后，一打就垮，痛苦受人宰割；而没有民族传统，没有人文文化，就会异化，不打自垮，甘愿受人奴役。"杨叔子院士是一个人格完满、境界崇高的人，具有非凡的人格魅力。他具有崇高的家国情怀，为人善良纯真，对人真诚热情，才华横溢，幽默风趣，对于各项事业始终充满热情，对于文化素质教育更是终身不怠，对于国家大学生文化素质教育基地工作的同仁们更是关爱有加！只要大家做出努力，他都给予热情鼓励！在杨院士的指导下工作，不仅非常有意义，也感到非常快乐！

杨院士曾经明确指出，"首先要学会做人，同时必须学会做事；以做事体现与升华做人，以做人统率与激活做事。"这就是杨院士一生的真实写照。

杨院士以其毕生精力践履中国文化所推崇"立德、立功、立言"之"三不朽"境界。他就是那种"学高为师、德高为范、文理兼修的大先生"。

杨叔子院士用生命之光照耀的文化素质教育事业是光辉的事业！这样的事业将被永续传承！

杨院士永远活在我们心中！

（欧阳康，华中科技大学原党委副书记，哲学研究所所长，国家治理研究院院长）

"大先生"杨叔子院士

◇ 彭 林

昨天（注：2022年底）下午看手机，无意中刷到一条"今日头条"的消息，标题是"他是当年那场高校人文风暴的领头羊"，我断定这文章一定与杨叔子先生有关，因为只有他配得上"高校人文风暴领头羊"的资格。再看副标题，确然。杨先生老迈年高，身体虚弱，媒体已很久不见他的消息，现在突如其来出现一篇赞扬他的报道，恐是不祥之兆。我赶紧点开标题，果然，杨先生11月4日即已邈归道山，9日开的追悼会。杨先生尽管身体不好，但毕竟一直还在，时间久了，大家甚至形成一种潜意识：老先生不会走的，永远不会。没想到，还是走了！我与先生既无师生之缘，亦无同僚之宜，我的专业是中国古代史，杨先生的专业是机械工程，相隔十万八千里，唯一的交集是都在大学工作，而且都对大学的发展忧心，我因此而受到杨先生沾溉，学业与事业都入新境。

中国的大学，是19世纪和20世纪之交在"全盘西化"思潮下，从西方直接引进的。20世纪50年代以后，中国大学又转而走"全盘苏化"之路。"文革"后高校复办，正值改革开放，经济制度与价值观念急剧改变，西方思潮乘势漫灌中国，拜金主义、享乐主义盛行。有人用文化宿命论发出预言，中国人长的是黄皮肤，脚下是黄土地，喝的是黄河水，这种黄色文明注定打不过西方的蓝色文明！大学向何处去？中国文化还有没有存在的必要？许多青年学子陷入苦闷与彷徨，迫切需要有人指路。

我读硕士研究生的第一年，全校70多位同学上大课，大家一致希望老师结合形势与社会现象开课，为大家的解疑破惑。老师不为所动，固执地坚持讲与现实几乎没有直接关联的《反杜林论》。学生以"罢听"表达不满，或者做其他作业，或者听音乐。某日，该老师提问，一连点了17人，而无一人作答，老师只好作罢，以后亦不再提问。期末考试是开卷，回家自己写，不得超过2000字，老师说是没时间看。结果所有人的成绩都是85分以上！我的这段经历，在当时的高校具有普遍性。高校思政课队伍人数不可谓不多，而此时居然放弃阵地，令人想起五代女诗人花蕊夫人的诗句"十四万人齐解甲，更无一个是男儿"（《述国亡诗》）。有大学教师在课堂上公开宣扬："人都是自私的，每个人都希望将个人利益最大化，这是天经地义的真理。"有学生坦率地跟我说："我如今遇事不再考虑是与非，而只考虑自己的输与赢。"四顾茫然，不知所归何往，《诗·小雅·小旻》说："我视谋犹，伊于胡底！"是之谓也。

然而天不灭斯文。在此艰难而重要的历史时期，挺身而出，挽狂澜于既倒的，居然是一位时任华中理工大学的校长、一位在自动化领域有着杰出贡献的院士——杨叔子先生！从1994年开始，杨先生在华中科技大学创办人文讲座，每周都有，讲者主要是国内文史哲领域的知名学者，内容博及经史百家，高扬中国传统文化，深受学生欢迎。至2004年底，讲座逾1000期，听众达50余万人次，成为该校蜚声高校的文化品牌。与此同时，杨先生在各地高校做讲演，宣传人文素质教育，据统计，至少有200余场之多，在南北各地掀起了一场人文狂澜，万人倾倒。真所谓"千人之诺诺，不如一士之谔谔"（《史记·商鞅传》）。听杨先生的讲演，印象最深刻的是如下三点。

首先是杨先生的人格魅力。第一次见到站在台上的杨先生，感觉他就是一位被中国文化所化了的霭霭长者，温良恭俭让、仁义礼智信，都可以从他身上读出来。杨先生生于民国，尽管天下已经大乱，但乡村的私塾教育还在，丰厚的文化土壤还在，而且下层民众依然将村塾教育作为安身立命之地。杨先生这代人，自幼认真读圣贤书，并且诚心地秉持与践行，时时涵泳其中，种种为人之道都内化于心，从而成就了他们的品格乃至事业。所有听众都可以从杨先生身上照见自己的缺陷，进而追慕与思齐。"桃李

第四篇　文化素质教育

不言，下自成蹊"，此之谓也。

其次是文采，讲演是用语言感化、说服听众的过程，语言是否出彩、富于感召力，是演讲成败的关键之一。陆游《严州到任谢王丞相启》说："言之不文，行之不远。"当年听惯了空洞说教，或者言必称欧美的听众，突然从杨先生的报告中听到了"四书"、《老子》、《庄子》、《尚书》、《礼记》，以及李白《秋浦歌》、鲍照《芜城赋》、张文姬《沙上鹭》、韦应物《滁州西涧》、范仲淹《严先生祠堂记》、司马光《资治通鉴》、王安石《读孟尝君传》、刘勰《文心雕龙》等，领略它们的或隽永，或典雅，或豪迈，或深刻，无不惊喜，这是与自己血脉相连的文化，最容易入心。当年的"理工男"，绝大多数连《大学》都没读过，遑论其他。

再次是有思想。一场讲演，如果不能给人以人生启迪，再热闹也只能算是一出秀。严复先生说，国民教育的核心有二：人格与国性。无人格谓之非人，无国性谓之非中国人。诚哉斯言！杨先生对此有深刻的把握，认为传统文化的一贯思想是"高度重视文化素质教育"，故每次讲演都围绕人格、品德、素质展开。他认为孔子说的"绘事后素"一语，就是"将底子处理得素白后才去绘画"，认为"启蒙读物《三字经》《千字文》《弟子规》等就是对孩子的思想品质起'素'的处理作用，这些启蒙读物的含义就是文化素质教育作用"。他痛斥社会上的"卑鄙、无耻、龌龊、下流。人而无耻，胡不遄死"。德与才，他旗帜鲜明地主张要将德放在第一位："无才，寡用；劣德，多害；富才劣德，灾难。"他认为，无德无良，什么都做不好，"无德何能有信？无耻何能有法？无信无法，哪能算市场经济？"

杨先生的讲座，如清流、如甘醴，酣畅淋漓，正本清源，令我受益良多。此前，我自己憧憬的学术前程，是钻进象牙塔，一生研究一两本难懂的古籍，在名物考据中体现自己的学术水平。杨先生的教诲使我认识到，应将自己的研究成果转化为文化素质课，为推动全校学生的进步做出贡献。于是，我调整了学业方向，在做专精研究的同时，为清华学生量身打造了"文物精品与文化中国""儒家文化的十五个关键字""中国古代礼仪文明""民族文化与民族命运"以及"四书讲读"等课程，将学术研究与社会担当有机结合,并成为清华文化素质教育战线上一名自觉的战士。

有一次,我在清华主楼后厅上五六百人的大课,有学生站出来问我:"你们文科的这些课程有什么用?"在不少学生看来,理工科才是真学问,文科都是耍嘴皮子的玩意。眼前有人当众挑战我,其他同学都笑成一片,想要看我如何狼狈出丑。我理直气壮地回答:"我这个学问,虽然不能造机器,不能盖房子,但是,它是塑造民族精神的,是塑造民族灵魂的!"始料未及的是,全场学生发出了暴风雨般的掌声!为自己的学问正名,为自己的理想发声,觉得从未有过的扬眉吐气。应该说,能有此底气,亦是拜杨先生所赐。

杨先生在讲演中提出过一个更加深刻的命题:我们是办"在中国的大学",还是"办中国自己的大学"?前者,尽管校址在中国,但实际上却是哈佛大学、MIT在中国的分校而已。后者,则是具有中国特色、为中国发展之需而办的大学。两者具有根本的区别。为何一定要强调"办中国自己的大学"?杨先生从学理上做了深入的论述。

首先,即使是西方人办大学,后者也不全部照抄前者,必定要在前者的基础上加入自己的个性。大学最早诞生于意大利,其后,大学的中心由英而法,由法而德,由德而美,不断转移。每一次转移都必定是他国经验与本国实际相结合的创造性产物。即使是今天的美国高等教育,也是西欧学术传统与美国本土的自然环境和社会环境长期相互影响的结果。中国的自然与社会环境、文化传统与美国相比,差异之大远超于英与法、德与美,故最不应该全盘照抄。合乎逻辑的做法应该是,"将他人成功的经验融入本国的实际,进行本土化的自主创新,才是中国高等教育发展的必由之路"。而当年的胡适,领着他的美国老师杜威,到中国做了200多场讲演后,就原封不动地将美国大学的模式搬到中国来了。削中国文化之足,只为适美国大学之履。

其次,东西方文化是现当代世界的两大文化传统,两者各有所长,不可分离。但在现实中,两者各执一端,各有偏重:西方重科学,中国重人文,两者原本应该是一整体。科学不能离开人文独自发展,科学必须有人文引领。

第四篇　文化素质教育

西方人从古希腊开始就重视技术教育，其后又进入大学，导致大学专业教育的进一步发展，这是它的积极方面，但是，我们应该看到，"专业教育是建立在文理教育的基础上的"，放任专业教育，必然会导致"人文教育的弱化和知识整体性的分裂"。杀人的原子弹、祸害世界的生物病毒等反人类的罪恶技术，都是在"科学研究"的旗号下完成的。近代以来，中国的知识精英将"科学"神圣化、绝对化，拜倒在西方文化面前，大失偏颇。

在当代的中国大学教育中高扬本土文化的人文精神，强调中国文化以"人"为中心，高度重视人文教育，重视"做人"，重视"在明明德"的教育，对于弥补西方文化之阙，彰显中国文化对人类文明的贡献，无疑具有战略意义。

杨先生的论述令我意识到，在西方文化面前，中国人没有自惭形秽的必要。中国学者必须找出中国文化的优秀与独特之处，然后用它去与西方人做平等的交流。不如此，中华民族就永远不能真正抬起头来、挺起胸来。这成为我这些年研究"三礼"所不敢忘怀的使命。当年八国联军侵华，把中国当西瓜，准备切开分了。国民都认为中国必亡。梁启超站出来说，中国不会亡，因为中国文化不会亡。其后，钱穆先生继起，用毕生精力研究为何中国文化不会亡？受两位前辈以及杨先生的启迪，我将此生研究的目标，调准到从经学的角度回答中国文化是什么。需要提及的是，杨先生最早引用梁思成先生关于"走出半人时代"论述来谈素质教育，听后有振聋发聩之感，其后，我结合多年的《礼记》研究，以之作为解读儒家文化的重要思路，亦是拜杨先生之赐。

我与杨先生过从不密，多为神交，但有一次交集，却是终生难忘，堪称奇缘，我想借此机会形诸笔端，以存没世不忘之念。

2002年，教育部开始评选国家级精品课程，我在清华主讲的"文物精品与文化中国"居然在两轮投票中全票通过。不过，我并没有特别地欣喜，因为评审专家都不听课，是根据申报材料投的票；再说，该课程并非我的专业特长。我在清华开设的"中国古代礼仪文明"课，乃是荟萃"三礼"而成，更能体现我的学术水平。2008年，我准备申报国家精品课。真是无巧不成书，同年5月，教育部对全国高校实施教学评估，以杨叔子先生为组长的专家组一行二十余人进驻清华，当天下午，在清华主楼后厅召开全校教授与干部大会，介绍工作方式与注意事项等。所有专家组成员都要下去听课，由抽签确定所听课程。我想，若能请杨先生亲自听我一堂课，亲身感知这门课的实际水平，即使评不上精品课，我亦心甘。

不少青年教师害怕被抽中，而我则唯恐失去这次机会。为此，散会后我候在会议厅门口。杨先生出门后我上前打招呼，他停下脚步，微笑着问我："找我有什么事？"我说："后天晚上我正好有一门课，想请您到教室里指导，不知道有没有这个荣幸？"杨先生微微歪着脑袋、略带调皮的表情说："我这次来清华，就是想听你的课。"我正是高兴无比。

我那天要讲课的主题，是《仪礼》记载的"乡射礼"。射箭比赛的渊起，国际奥组委下属的国际箭联的章程说，是由英国贵族在16世纪所发明。殊不知中国早在公元前8世纪就已经盛行乡射、大射、燕射等各种名目的比赛，将比射与礼仪融合为一，称为"文射"，以此涵养君子之德，展现君子风范，人文内涵极其丰富。

上课那天，杨先生与他的助手余东升老师早早到场。余老师对我说："今天的课，杨先生只能听前半节，因为评估组每天晚上都要碰头，汇总当天调研的信息。"清华的课以85分钟为一大节，前后各一小节，都是40分钟，中间有5分钟休息。我顿时觉得很失落，因为这堂课的前半段属于背景铺垫，后半段才是我的研究心得之所在。如果只听前半部分，则等于没听。奈何？我紧急决定，调整课程节奏，压缩前半段的内容，尽快将后程内容提前，并从容发挥，激发杨先生的兴趣，力争使他不忍离去。

教室有280个座位，我请杨先生前排就座，杨先生不同意，执意坐在最后几排靠右边的座位。为了避免学生紧张，我没有把教育部教学评估专家组组长就在我们教室听课的消息告诉大家，我希望能让杨先生看到我的正常的教学氛围。我那天的开场白比较"抓人"："同学们！北京奥运的开幕式倒计时，已经不到一百天，我想问大家：你们都准备好了吗？"

在座的学生面面相觑："我们又不是奥组委的，我们准备什么？"

第四篇　文化素质教育

我接着说:"如果我是一名外国记者,我一定会到清华来采访,因为清华是中国的最高学府之一。我会提出如下三个问题:第一,中国是文明古国,那么中国古代有体育吗?第二,如果有体育,那么有体育精神吗?第三,如果有体育精神,请问,它与古希腊奥运会的体育精神相比,孰优孰劣?哪位同学能回答?"

学生听完全傻了,没人考虑过这些问题。于是,我缓缓地说:"今天这堂课,我试图来回答这三个问题。"于是,全场学生的注意力全被我调动起来,都想听我的答案。我朝教室左后方望去,杨先生端端正正地坐着,眼镜的镜片泛着亮光,我想,他一定也想听我的答案。

我从卜辞、金文记载的射箭讲起,讲到周代礼乐文明,再导入乡射礼的过程与内涵,步步深入。第一小节的下课铃声响了,余东升老师是评估组的秘书,起身离场了,而杨老师安坐不动,这给我以极大信心。为了保证课堂气场的连贯,我课间没有休息,一口气讲到下课铃响,感觉不错,学生掌声热烈之极,杨先生也鼓掌。至此,我才告诉同学,教育部教学评估专家组组长杨叔子院士今天亲临听课!学生大为惊喜。我请杨先生对今天的教学过程批评指导。杨先生站起来朝学生们拱了拱手,没有说话,随即离场。次日上午,清华校办的一位老师给我来电话,说昨晚杨先生听完课回到专家组讨论的会议室,对你赞不绝口,说:"这个彭林,居然把一个古代体育专题讲得这么精彩!"专家组结束在清华的评估后,转场东南大学,不料,东南大学又有校部机关的朋友告诉我,杨先生到我们这里提到你的课,评价很高啊!这令我非常感动,这是我一生中唯一一堂有中科院院士的专家在场、端坐听完全程的课,弥足珍贵,毕生难忘。此年秋,我的"中国古代礼仪文明"经杨先生主持的评委会投票,入选国家精品课,我未私托,杨先生亦无私诺,干干净净,令人欣慰。

此后,杨先生几次邀请我到华工的大讲堂做讲演,每次,他都会亲自到酒店看望,问长问短,令人倍觉温暖。其中一次,适逢教育部文化素质教育指导委员会在华工开会,杨先生特意安排我晚上到校内的爱因斯坦广场做讲演,说是学生在宿舍开着窗就可以听到,影响会更大。这是我此生唯一做过的一场露天讲演，承杨先生厚爱。

杨先生一生培养的博士研究生百余名，他要求每位学生都要背《老子》、读《论语》，在文化上传中华文明的衣钵。我看网络报道，遗体告别仪式上，弟子送的花圈，在离杨先生灵柩最近处摆成一长列，下款一律写着"学生某某"，犹如一排树木，肃然而壮观。我不由得想起《山海经》里"与日逐走"的夸父，这是一位敢于与太阳赛跑的诗史级的英雄，夸父渴极，饮干了河、渭，又北饮大泽，最后还是道渴而死。夸父"弃其杖，化为邓林"，他留下的手杖，化为郁郁葱葱的树林。杨先生的一生堪与夸父相比，他遗下的手杖，不亦化作了这一片"邓林"？

(彭林，清华大学首批文科资深教授)

回忆杨叔子院士：
大德襟风宛在目，忆来使人泪沾巾

◇ 陆 挺

2022年11月5日晨，刚打开手机就看到余东升教授发在文化素质教育老友群中的消息，告知大家杨叔子院士已于昨晚驾鹤西去。看着微信，眼泪不禁夺眶而出。此时想起往事，心中悲痛不已，久久难以平静。

杨先生离世的消息实在是太突然了。前不久，一则新闻引起了文化素质教育老友群中的热议。华中科技大学机械科学与工程学院专门在校庆前夕举办了"杨叔子喻园七十年图片展暨'杨叔子教育基金'启动仪式"，杨先生的夫人徐辉碧教授和学校领导均应邀出席。群中老友都在议论为何杨先生没有参加活动，大家都特别关心老先生的近况。后来余东升教授告诉我们，杨先生因为住院治疗未能参加。这个活动意义非凡，因为按照传统算法，2022年9月是杨先生九十大寿，又恰逢华科大七十周年大庆。杨先生对华科大有着无比深厚的感情，他是建校之初被抽调出来参加建校的三位学生之一，也是学校的创建者。后来在此学习、工作、生活也有七十年了，他在这片热土上见证了华科大成为一流名校的全过程，在此过程中也创造了华科大发展史上诸多"第一"：第一位院士、第一位国务院学位委员会委员、第一位教指委主任等。杨先生和徐先生一贯低调，无论是展览内容，还是展览规格，都没有张扬。余老师还告诉我们，据说杨先生的身体情况不错，有望打破华科大名人的寿数纪录，只是经常要去医院住院治疗。群里的各位老友听了都特别为老先生感到高兴。有老先生在，就感觉文化素质教育事业的精神支柱仍在，这项神圣的事业就还在延续。可是这些对话还言犹在耳，先生却已经永远地离开了我们。

生命中的许多事情，错过一小会儿就错过了一辈子。自从 2016 年底与杨先生华科大一别后，就特别希望能再有机会去看望他，当面表达自己的惦念和问候。2018 年底也曾给先生写过信件，表达了思念之情和景仰之意，但是没有收到任何回复。顾宁院士因为与徐先生从事相同专业而和杨先生熟识，对先生的为学为人十分景仰。今年（注：2022 年）看到华科大举行的图片展活动后，他就和我联系相约找时间去华科大看望杨先生和徐先生，但是后来又被疫情以及各种繁杂事情所耽搁。这次本也特别希望能够到武汉去送先生最后一程，以表达心中的敬意。但最终还是因为疫情防控政策而无法前往，现在想起和先生的交往点滴来，心中就只有"赋得永久的悔"了。

人文教育：倾尽全力的事业

杨院士是科学与人文融合的完美典范，无论在其学术研究的科学领域，还是后来注入其全部心血的文化素质教育领域，他都做出了杰出贡献，创造了许多人生的传奇。在科学与人文方面的努力，让他一生完成了自己的使命，在有限的人生中生发出无限的生命意义。

作为机械工程专家和科学家，杨先生精研学术，开拓创新，前瞻引领，攻克了一系列工程领域的国际难题，是国内智能制造的首创者，将人工智能和机械制作紧密结合，在我国智能制造基础理论与关键技术研究及工程应用方面做出重大突破，对我国科学技术发展产生了重大而深远的影响。

作为教育大家，先生坚持以培养既有爱国情怀又有创新意识的"现代中国人"为初心，率先在全国扛起文化素质教育的大旗。他长期致力于文化素质教育的理论和实践推广，在中国大学掀起了"人文风暴"，成为 21 世纪以来我国教育界影响最为重大的事件之一，对中国高等教育发展产生了重大而深远的影响。杨院士对文化素质教育的事业可谓全情投入：他倡导国文教育，华科大学子入校必考国文，对其博士研究生有更严格的要求，要求博士毕业答辩前必须先背诵《老子》，后来又加上《论语》的数篇，虽面临争议但其坚定不移；他自己应邀在清华、北大、交大、华科大、南大、东大等高校举办的人文讲座有 300 余场，在一次次激情四射的演讲中引领学子，让 30 余万人次听众从中受益；由他任编委会主任、汇集国内高校人文讲座精品的《中国大学人文启思录》一书，发行数十万册，被誉为重塑人文精神的经典之……在他离任华中理工大学（现华中科技大学）校长后，文化素质教育事业成为他最为重要的舞台，他为此呕心沥血、鞠躬尽瘁。今天当我们想到杨院士的时候，那个伫立在大学人文讲堂上，置身于无数青年学子中间，激情四溢地舞动着双手，大声吟诵着那些撞击青春心灵的文化经典语句，充满着精神力量的老先生的身影，将会永远定格在无数学子的心中。

忘年之交：历久弥新的情谊

先生是我们心中永远的榜样，我们在长期的文化素质教育事业中结下了深厚的友谊。我和先生从相识、相知到后来成为忘年之交，这当然主要源于先生对我的抬爱，以及对我所从事的东南大学文化素质教育工作的肯定。

1999—2016 是我们直接交往的 17 年，在此过程中亲身感受到杨先生对人的关怀，先生对于后辈的提携和对人的尊重是发自内心的。十多年前，当时我刚刚毕业留校不久，自己的学历和职级不高，从事文化素质教育事业虽然热情高涨，但是底气和自信还不够足。先生当时特别关心我，并没有因为这些而有丝毫的轻视，每次见面时都会给予我鞭策和鼓励。在我的记忆中，特别有一次在活动结束后，先生特地紧紧拉着我的手，边走边叮嘱，要抓紧时间，尽快提升自己。那种殷殷之情、关心之意真可谓溢于言表，迄今为止都深深印在我的脑海中，想起来的时候感到特别温暖。大家可能都想不到，先生的谦逊和温情会到何种程度。从 2004 年至 2013 年他生病前这段时间里，老先生每年过年都会在大年三十这天亲自给我打来电话拜年。每到这个时候，作为晚辈的我接到先生的拜年电话，一方面感到激动，另一方面更是惶恐，这心理压力太大了。这里还有段有趣的经历，第一年接到先生的拜年电话，第二年我就提前给老先生打电话拜年，第三年老先生就打来得更早，如此往复下去。有一年我抢在了老先生的前面，他还很

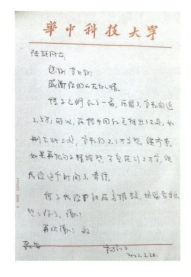

2002年2月20日杨叔子给陆挺写的信

不高兴。杨先生就是这样的平易近人。

先生和我深挚情谊的最高峰是应邀担任我的主婚人,这是我生命中的"高峰体验"。2009年11月,内子和我经过相恋准备携手走进婚姻的殿堂,我们正是在文化素质教育事业中结缘的。在筹备婚礼的时候,考虑到我们和文化素质教育事业的极深缘分,且邀请了许多过去从事文化素质教育工作的老友和著名专家等,因此我们特别希望能够邀请作为文化素质教育"精神领袖"的杨院士担任主婚人。但当时一来决定时间较晚,二来作为国内的顶级科学家,杨先生实在太忙了。我就去和余老师商量,想请他出面帮忙邀请。但他听后感觉很为难,估计是杨先生的日程实在是太忙了,他建议我自己直接试试,不要抱太大的希望。或许是和杨院士的缘分太深,也不知道是哪里来的勇气,我就直接给先生写了封言辞恳切的邮件。记得邮件中谈到文化素质教育面临的困境、自己从事文化素质教育的经历以及提出的相关建议等,然后正式提出邀请先生担任主婚人。邮件发出以后,也确实没有抱太大的希望,因为杨院士是享誉崇隆的大家,是出了名的"大忙人"。但出乎意料的是,第二天就收到了杨院士热情洋溢的回邮,邮件中先生欣然答应了我们的请求。我一直作为珍贵宝藏保存着这封邮件。每当读起来,就会增添前行的动力,并充分感受到老先生满满的正能量。这封邮件的内容如下:

> 陆挺同志:
>
> 您好!一上班,收到你长长的电子邮件,十分感动。谢谢你的友谊与信任,谢谢你的合作与工作!我深信,我们的事业、我们国家的社会主义事业、我们中华民族的伟大复兴,就如万里长江,虽然有曲折、回流、旋涡,但毕竟奔腾东去,不可阻挡。

我十分高兴出席你与芹溪的婚礼,作为你们的主婚人。祝福你们比翼双飞!

我相信你与东升同志合作,一定能将11月的精品课程会议与未来国家奖申报两项工作做好。工作会有困难,克服困难,就是胜利!

匆匆此复。谢谢!

祝好!

杨叔子

2009.8.31

后来杨先生不仅出席了我们的婚礼,还即兴发表了妙语连珠和充满深意的精彩致辞。这次婚礼真是文化素质教育的大聚会,来自五湖四海的文教老友和专家云集,充满了温馨、浓郁、人文的情谊。杨先生的莅临成为婚礼的亮点,可谓点睛之笔,也让我们再次感受到先生的温润与智慧。

陆挺和杨叔子在一起

最后见面:难忘的华科大之行

2016年底,我们已经两年多没有见到杨先生了,先生一直在华科大家中休养。有天忽然接到余老师的电话,邀我们这批当年从事文化素质教育工作的老友前往华科大参加会议。应邀参会者虽只有十多人,但都是曾经从事文化素质教育工作的骨干与中坚。虽然余老师并未明说会议的具体内容,但我当时猜想一定与杨先生有关。尽管当时工作和家务都很繁忙,但是想都没想就放下事情,急忙赶往华科大。2016年12月15日,大家相聚在文化素质教育事业的发源地——华中科技大学。参会人员都是老友,大家许久未见面了,互相见面先畅聊了一阵儿,气氛十分热烈。果然会议的

杨叔子和从事人文素质教育工作的同志在一起

重头戏,就是杨先生和众人的相会。先生病后经过治疗已经初愈,恢复得很好,但是就是部分记忆受损,很可惜无法再从事他所钟爱的工作了。当杨先生坐在轮椅上进入会场的时候,全场起立报以热烈的掌声,当时大家的心情都太激动了,能见到老先生真是太亲切、太兴奋了,大伙儿眼眶都湿润了。没有想到的是,老先生虽然部分记忆受损,但竟然在参会人员中老远看到我就喊我的名字,让我当时十分感动。我和先生太有缘分了,无论是文化素质教育工作还是个人的成长,都凝结了老先生的关心与教导。杨先生当时情绪也是十分激动,现场讲了几句令人感动的话语,和大家合影留念后,主办方就立刻安排先生离开。估计是从先生的健康角度来考虑,生怕时间长了情绪波动太大会对先生的健康不利。现场的各位都争抢着去送杨先生,由于想去送先生的人太多,就让中山大学龙莉和南京农业大学胡燕两位女老师作为代表送先生上车回府。她们回来后和大家说,杨先生上车的时候还一再喊我的名字。当时真是太幸福了,真的有种复杂的情愫油然而生,总感觉老先生对人文教育的期望和自己身上的使命责任之重大。"此情只待成追忆,只是当时已惘然",没想到这次华科大之行,竟然是我们和老先生最后的诀别,成为我们人生中最为难忘的记忆。

那次为何要在华科大举办文化素质教育会议,其实目的不言自明,这也充分说明文化素质教育事业在杨先生心中的分量和地位。前段时间在老友群中,余老师说最近半年也很少去见杨先生。一则出于疫情防控的安全考虑,二则现在见杨先生,他会非常激动,恐不利于他的健康。余老师解释说"关于文化素质教育的人和事,他的记忆力特别好,每每忆及都会十分激动"。据说 2020 年华中科技大学教育科学研究院成立四十周年，周远清、刘凤泰等两位曾经分管过文化素质教育工作的领导前往看望杨先生，先生激动得泪流满面，在场的人无不为之动容。

  杨先生对文化素质教育投入了全部的感情，在这方面付出了太多太多。他掀起的"人文风暴"，影响了千万大学生。这种影响是对心灵的冲击、精神的提振和境界的提升。我有时候在想，曾经引领"人文风暴"的杨院士应获评"感动中国人物"，他以及他所开创的文化素质教育工作将永载高等教育的史册，因为这项工作深深改变了中国大学，特别是推动了人才培养的深入改革，让成千上万的学子从中受益：强调"国文"能力，提升"人文素养"不是其个人爱好使然，而是看到越来越多的青年学子成为"单向度的人"，避免掌握着高科技的人才成为人文文盲的锐意改革；强调阅读中华文化经典，增强"文化自信"，不是单纯实用主义的考虑，而是"看到越来越多的年轻人浮躁、焦虑和压抑"，以中华文化经典对年轻人进行文化的陶冶、心灵的净化，更重要的培养他们对中国文化的温情和敬意；强调加强人文教育，提高人生境界，不是给学生增加额外的负担，实则是培养学生文理兼通的综合素养，进行科学与人文融合的通才教育。对于文化素质教育工作所起的作用，人们越来越清晰地体味到其中所蕴含的价值所在。著名历史学家张岂之先生 20 世纪 90 年代曾在一篇文章中写道："当人们再次总结文化素质教育对中国高等教育的贡献时，他们将会衷心感谢 20 世纪末中国教育家和教育工作者，感谢他们为子孙后代做了一件好事，使后代受益匪浅。"我相信，这也是杨院士深深铭刻在师生心灵中的重要原因。

东南情深：历久弥新的友谊

  杨先生与东南大学有着长期的联系和深厚的友谊，主要的交往集中在机械学科建设和文化素质教育工作。他很重视这份愈久愈醇的友情，给予了学校很多方面的支持。他和东南大学的交往，前期集中在机械学科，这也是先生的本行，后期基本集中在文化素质教育事业方面。我自己则亲身经历了杨先生与东南大学在文化素质教育方面的交往。

永远的楷模　无限的思念
——杨叔子院士纪念文集

杨先生作为倡导者和奠基人的大学生文化素质教育工作是在华中理工大学首先发起的，这项工作可谓切中时弊，涉及根本。后来得到神州大地许多著名学府的响应，一时间成为高等教育界的热潮。但真正从内心认同并长期坚持开展的是一批工科高校，这些工科高校都从办学实践中认识到学校发展的偏颇。其中，尤以华科大、清华、东大三所大学最为重视，始终坚持不懈。杨院士曾幽默地称这三所学校为中国大学文化素质教育的"三驾马车"，确实这三所大学在深入推进文化素质教育的过程中，不但各自保持特色，而且还互相支撑、互相帮助、携手共进。

杨院士对与东大在文化素质教育中的交往特别重视，曾多次应邀来校讲学。先生特别重视学生，也特别愿意走进他们中间，每次只要来东大都要给学生做精彩的人文讲座。

他的报告内容涉及人生经历、成长成才、古典诗词等方面，题材十分丰富。老先生做起演讲来十分投入，浑身充满激情，语气慷慨激昂，精神十分振奋，不高的身躯中迸发出无限的诗情和蓬勃的力量。杨院士的人文讲座总是气氛热烈，充满了科学的智慧和人文的光辉，常常给人深刻的启迪与思考。直到现在还清晰地记得先生在讲述自己人生经历的题为《踏平坎坷，志于成人》的演讲中提到的他总结的32字箴言：人生在勤，贵在坚持；敢于开拓，善于总结；尊重别人，依靠集体；理想崇高，自强不息。这篇演讲十分动人，后来我们将其整理出来并请杨先生审订修改过后编选进《健雄文化（书院卷）》，让以后的学子都能从中汲取生命的力量。聆听先生演讲的师生，常会被其中所蕴含的赤子情怀和爱国之心所感染，感觉精神向上提振。

除了应邀来校讲学，杨先生还经常来东大参加文化素质教育方面的各种活动，包括成果鉴定、学术会议、调研座谈等。可以说先生对东大的要求总是有求必应，给予了全

1998年12月3日，杨叔子给东南大学学生题词

第四篇　文化素质教育

方位的支持。有两件事情直到现在都让我记忆犹新。2003年11月10日至11日，由中国高等教育学会、清华大学、东南大学、华中科技大学、高等教育出版社等单位联合发起的首届中国人文教育高层论坛在东南大学隆重举行。这次活动经过了精心筹备，得到社会各界的积极响应和热烈支持，成为中国大学人文教育史上的盛事。一批学养深厚的名师大家积极参与其中。钱伟长院士欣然与会并做精彩演讲。全国人大常委会副委员长许嘉璐，全国政协副主席罗豪才，著名学者季羡林、张岱年、王元化等发来贺信或题词表示热烈祝贺。海内外科学名家杨叔子、肖纪美、谷超豪、魏荣爵、何继善和人文学者文怀沙、汤一介、陈鼓应、何兆武、叶嘉莹、许倬云、韦政通、张岂之、刘梦溪、庞朴、成中英、钱逊、金耀基、张祥龙，作家沙叶新、诗人席慕蓉等专程出席论坛或做精彩演讲。本次会议准备向全国高校师生发出阅读经典的倡议，倡议的初稿早就草拟。但如此之多名家大腕云集，最终要能够形成共识、达成一致是很困难的事情。会议正式开始后一度出现认识上的分歧，这让主办方十分为难。这时作为文化素质教育"精神领袖"的杨院士挺身而出，给出了强有力的支持，极力凝聚大家的共识，可谓发挥了"定海神针"的作用。在杨先生等一批有识之士的支持下，论坛最终取得了圆满成功，产生了广泛的影响。最后论坛成功发出了《关于在高等学校进一步开展文化经典阅读活动的倡议》，作为会议的成果永载史册，让这次论坛终于成为中国高校文化素质教育史上浓墨重彩的一笔。

　　另一件值得深深铭记的事情是杨院士应邀担任东南大学本科教学评估专家组组长的事情，这里面过程还是有点曲折的，但也充分体现了先生对东大的深情。2008年是本科教学评估的大年，教育部组织了大批在高等教育界较有影响的专家到各高校开展评估。杨先生因其在学术界的崇高声望和对高等教育的精深研究（他曾是清华大学等名校的评审组组长），成为多所著名大学争抢的热门组长人选，当时许多高校（无论是综合性的还是理工类的）都希望能请到杨院士担任组长。东大作为老牌的工科大学，当然强烈希望能够邀请到杨院士担任本科教学评估组组长。当时各高校的本科评估日期都比较集中，当学校领导准备去邀请的时候，却被其他学校捷足先登了，杨院士也已初步同意。这时候学校很是着急，因为要能找到像杨院士如此熟悉和理解东大的著名专家担任组长实在是太不容易了。易红校长亲自和杨先生商量，老先生似乎有点为难。后来我和党办的李昭昊陪同郑家茂副校长也赶赴华中科技大学，亲自拜访杨先生并再次当面表达邀请之意。可能是东大的真诚打动了先生，也可能是先生考虑与东大的极深渊源，先生最终婉拒了其他高校的邀请，应允担任东南大学本科教学评估组的组长。在杨院士的主持下，东大的本科教学评估工作取得了优异成绩。杨院士的诗人气质和人文关怀在这次评估期间表现得淋漓尽致，他对东南大学的发展也充满了希望。记得在2008年4月的启动会上，杨院士即兴赋诗一首：烟笼暖水月笼纱，夜赏秦淮乐万家，此日东南成胜地，满园春色满园花。他是以此诗来勉励东南大学师生向世界一流大学迈进，现在想起先生现场赋诗的情景，仿佛就在昨天一般。

先生最后一次来东大应该是在2013年，这年他正好80岁。那次我依旧按惯例，去接杨先生和余老师。记得那次是去火车南站接他们，记得先生手里提着个沉甸甸的纸袋，里面装的全是杨先生的著述，包括《杨叔子教育雏论选（上、下）》《杨叔子散文序函类文选（上、下）》《杨叔子槛外诗文选》《杨叔子科技论文选（上、下）》等。这些是杨先生特意准备这次访问中赠送给东南大学图书馆收藏的。纸袋子其实蛮重的，但老先生坚持自己拿着，我想或许是因为这是他一生的结晶，这让他无比珍重吧。这个纸袋子现在还存放在办公室里，每当见到它就想起了当年的事情。现在回想起来，感觉都像上天安排好的一样，这次来访是专程来和东大告别的。最后一次到访东大期间的活动很丰富，杨先生举办了文化素质教育座谈会，依旧按传统做了精彩的人文演讲，这次讲的是《品读古典诗词，践行传统文化》，与学校领导和其他老友等相聚……今天回想起来，此行先生的健康状态已不同往日，有些患病征兆已经显露出来，例如话语变少等。杨先生访问的下一站是杭州，学校计划派车送他前往，但他坚辞不受，一定要坐高铁前往，说这样人会舒服点。他那步履蹒跚走向月台的场景，永远定格在我们的记忆之中。

第四篇　文化素质教育

人生典范：热泪盈眶的铭记

遇到杨先生是此生的幸运。每当想起老先生，心中就涌起万千感慨。在交往中所感受到他的人格魅力、精神境界、生命活力，都永久地印在脑海中。和先生相交的时光永远美丽，先生的精神已经成为我人生中宝贵的内生动力。老先生对国家民族的担当、对美好生活的热爱、对真善美的追求，永远让人热泪盈眶。有时候在想，老先生的哪些生命特质给我们留下印象，我自己的感受主要是以下三个方面：

永续奋斗。杨先生始终保持着昂扬的精神状态。奋斗是他人生永续的状态，他的勤奋是超人的，有点像稻盛和夫所说的"燃烧的斗魂"，这是一种非常强烈的进取心。每当我们想起先生，首先浮现在眼前的就是他伏案工作的场景。林萍华教授曾和我们说，杨先生勤奋到了极点，只要有时间他老人家都在办公室埋头工作。林校长在华科大工作期间，其办公室的隔壁就是时任学术委员会主任杨先生的办公室。我曾经去过华科大的行政楼，简朴到极点，还保留着数十年前的样子。其地面就是那种没有任何装饰的水泥石子地。在这样的环境中，杨先生读书、写作和工作。华科大曾流传着杨先生夫妇 30 年没有开过火，都是在学校食堂搭伙的轶事。我曾向余老师求证过，还竟然果真如此，直到其女儿结婚后才稍有改变。先生的生活是极简主义，他把对生活的要求降到最低，腾出时间来搞研究、做教育。难怪先生能取得如此丰硕的成果，各种著述达到上百万言。在他的世界里，时间都是靠"挤"出来的。十余年前，余老师还在跟随杨先生读博士。先生总是催促余老师尽快把博士论文弄出来，余老师总抱怨没有时间。先生总不能理解，"怎么会没有时间"呢？杨先生人生箴言的开头四个字就是"人生在勤"。先生的勤奋和对事业的投入让我们这些后学都惭愧不已，在他的人生中事业是最重要的，也正因为他的事业心极强，所以他很难接受自己生病后不能继续从事他所钟爱的事业，不能继续做贡献的事实。

家国责任。凡是和杨先生接触过的人，都会被他身上所洋溢的特有的正能量所感染。在他认为前途一定是光明的，他对国家和民族的前途充满着乐观与自信。深厚的传统文化家学底蕴，织就了杨先生的爱国情怀。他对脚下的这片土地爱得如此深沉，这种感情让身边的人为之动容。杨先生曾在东大的演讲中，提到他一生中最崇拜的人就是天安门前"人民英雄纪念碑"的英雄们。他和其他教育家们所开创的文化素质教育事业，正蕴含了杨叔子院士对党和人民教育事业的无限忠诚，对国家、民族的无限热爱，对学生成长的深度关怀。"一个国家，一个民族，没有现代科学，没有先进技术，就是落后，一打就垮，痛苦受人宰割；而没有民族传统，没有人文文化，就会异化，不打自垮，甘愿受人奴役。"从这些话中能够体会到老先生对家国的责任。他经常告诫当代大学生"做人要有骨气，做事要能更好地为国家服务"。其实，杨先生对社会上的负面现象也是很关心的，但他采取的态度是"只听不说"，听着大家在旁议论，自己却从不发表任何评论。在他的世界里，国家民族是最重要的。他曾以匈牙利爱国诗人裴多菲的诗为例解读，"生命诚可贵"，说的是人生价值的个人取向；"爱情价更高"，说的是人生价值的家庭取向；"若为自由故，二者皆可抛"，就说的是人生价值的国家民族取向是最为重要的。

人文关怀。杨先生在学术上一丝不苟，严谨到了极致。我曾经多次近距离地接触过先生，很多细节难以忘怀。例如先生的行李箱永远收拾得那么整齐，衣服叠得方方正正，要找的时候很快就能找到，体现出科学家的严谨有序。但是生活中更多表现出深度的人文关怀，他对人诚恳真挚，热情随和，和老先生接触的人总能感觉如沐春风。虽然是科学大家，但是他深深浸润在人文世界之中。杨院士和哲学家涂又光先生的情谊就让很多人感动，他们经常在一起讨论各种问题。这种科学与人文的融合，不仅让他提出很多到今天仍有较大价值和指导意义的原创性思想，而且他还真正做到了知行合一。杨先生重情重义，对人的关怀都体现在细节之中。就拿杨先生和东大的交往来说，他和东大的很多学者都有联系，建筑学院齐康院士、机械工程学院黄仁教授以及教务处老处长陈怡教授等，都与老先生有着深厚的友谊。他对大家给予的支持总是铭记在心，念念不忘。现在还清楚地记得，2008年他来东大进行本科教学评估期间，曾主动提出并亲自登门去看望齐康院士和黄仁教授。

这些相见的气氛现在回想起来都是热烈而温馨的，记得保持童心的齐康院士还专门让杨先生从他自己的油画作品中挑了一幅，作为礼物赠送给杨先生。

杨叔子登门拜访齐康

齐康将自己的油画赠送给杨叔子

出身东南大学机械学科的林萍华教授曾在华中科技大学担任常务副校长，工作数年后准备转回东大工作。在林校长离别之前，杨先生还专门出面请他吃饭，表达感谢和不舍之意，并希望林校长能推动东南大学将文化素质教育事业长期坚持下去。

永续奋斗、家国责任、人文关怀，这些都是我和先生在交往过程中感受到的最深刻的生命特质，这些特质都来源于先生的赤子之心。杨先生是位诗人，"诗人者，不失其赤子之心者也"。正因为有着赤子之心，才会让他对这个世界充满热爱，也才会激发他为这个世界留下那么多宝贵的财富。臧克家先生的名句"有的人活着，他已经死了；有的人死了，他还活着"以前读诵过很多遍，这次总算是体会到其中深刻的含义了。就拿先生投注毕生精力于其中的文化素质教育工作来说，就改变了中国大学文化的精神谱系，并让无数的青年学子从中受益。

我有幸在东南大学将杨叔子院士所开创的教育理念发扬光大，与陈怡教授、董群教授等同道一起推进东南大学的文化素质教育。春风化雨，润物无声，这项工作深刻改变了东南大学这所以工科为特色大学的文化性格和精神气质，也让东大学子建构起自己的精神家园，改变了自己的人生方向。尤其是20世纪末21世纪初的十多年间，成为东南大学文化素质教育的"黄金时期",呈现出"大师云集,盛甲东南"的繁荣景象。费孝通、钱伟长、金耀基、杨振宁、叶嘉莹、丘成桐、许倬云、丁肇中……以及几乎当时中国人文学界的名家大师在那段时间里都应邀到东南大学开筵讲学。以人文讲座为主要形式的文化素质教育活动,不仅成为东大学子精神生活的重要内容,而且还吸引了周边南大、南师大等兄弟高校的学子;不仅本科生积极参与其中,而且还吸引了硕士生、博士生等研究生群体;不仅吸引了文科学生参加,还有大量工科、理科、医科等其他学科的学生加入其中。东南大学搬迁至九龙湖校区后,为此专门修建了人文讲座报告厅,设计了人文讲座的专用礼仪,优化了人文讲座的整体氛围。"华灯初上,大师入席;群生拥座,校歌声起;讲者娓娓,听者如醉;相与问答,引人入胜"的壮观人文讲座场面,与这所大学的大楼和大树一样可以留存至我们灵魂的最深处,成为东大学子人生中最美好的记忆。

  文化素质教育事业蕴含着理想主义的力量。人的生命是有限的,但是文化素质教育事业影响却是无穷的。我个人在从事文化素质教育工作过程中,也深深感受到其所蕴含的魅力和特色,始终坚信其中的价值与力量。后来无论在何种岗位,都始终坚持着文化素质教育理念,并将其贯彻在人才培养的过程中。我欣喜地看到很多年轻人从中获得生命成长、境界提升和格局拓展。我自己也在其中找到人生方向,并为此矢志不渝,从中获得人生的意义和价值。所以我个人始终以杨院士为榜样,虽不能至但心向往之。

  杨叔子院士对文化素质教育事业倾注了大量心血,饱含着无限深情,寄托着殷切期望。杨先生自己也从文化素质教育的事业中获得幸福感。徐辉碧教授在杨先生去世后,披露了先生国庆节期间回到家中的一段谈话。在这段谈话中,杨先生说"我是幸福的"。这段话也启发我们思考"何谓幸福"的人生命题,先生的这段话正体现了他的价值追求,归结起来就是一是事业,二是家庭。事业完满是其一。先生提到"回顾我这一生,在党的培育下,在同志们的帮助下,做了一点工作",他说得是那么谦逊低调。记得杨先生曾说,只有尽到应尽的责任,生活方充裕,人生才富有价值。杨院士的这生尽到了自己的责任,完成了他的使命,发挥了他的潜力,最重要的是他所倡导的文化素质教育事业影响、鼓舞和激励了无数青年学子。家庭幸福是其二。杨先生对人都是充满真情，对家庭更是如此。他和徐老师相濡以沫，堪称典范。杨先生在谈话中对徐老师说，"我们相处七十年来，从同学、朋友到夫妻，感情非常好！生活是美好的。让我们相互牢记一句话：天长地久有时尽，此爱绵绵无绝期"。先生的这段话真是浸润感情、发自肺腑、令人动容，也感动了无数人。无论是事业，还是家庭，杨院士都做到了"敦伦尽分"，并把自己的角色做到了极致。

闻一多先生曾有名言："诗人的主要天赋是爱，爱他的祖国，爱他的人民"。作为胸怀赤子之心和人文情怀的大先生，杨院士把人生大爱献给了国家、民族和学校，也献给了他所遇到的每一个人。心中的家国之光，让他在有限的生命中生发出无限的生命意义。许倬云先生在"纪念吴健雄先生诞辰110周年国际学术研讨会"的献词中说："吴健雄先生，你的专业，因为有了你而改变；同时，因为你在，你周围的世界，因你而改变。"同样的话语，用在杨叔子院士身上也是如此。杨叔子院士的专业，因他而有所改变，他提出的很多学术思想到现在都还具有指导意义；也因为老先生的文化素质教育事业，让他周边的人、气氛和世界都有所改变。

杨先生永远离开了我们，成为我们生命中永恒的记忆。太上有立德，其次有立功，其次有立言。中国古代有"三不朽"说。"年命有时而尽，荣乐止乎其身，二者必至之常期，未若文章之无穷也"。杨先生虽然离开了我们，但是他的精神、思想、温度，却通过他的文章、他的事业、他的演讲，永远温暖和激励着我们。相信先生已化作闪烁星星，与清风相伴，与白云蓝天共枕，与天地同在。杨先生永远活在我们的心中，永远绽放对美好生活的追求。

哲人虽逝，精神长存；

先生之泽，永被后昆。

（陆挺，东南大学吴健雄学院党总支书记）

附：杨叔子院士文化素质教育类主要论著

一、论文类

【1】杨叔子. 为培养研究生努力开出新课【J】. 高等教育研究, 1981 (4)：37-39, 47.

【2】杨叔子. 努力提高研究生培养质量 建设第一流社会主义大学【J】. 高等教育研究, 1995 (2)：26-31, 38.

【3】杨叔子. 加强素质教育 实行两个"优先"【J】. 学位与研究生教育, 1996 (1)：12-15.

【4】杨叔子, 张福润. 面向21世纪改革机械工程教学【J】. 高等教育研究, 2000 (4)：73-77.

【5】杨叔子. 现代高等教育：绿色·科学·人文【J】. 高等教育研究, 2002 (1)：18-24.

【6】杨叔子. 科学人文 和而不同【J】. 清华大学教育研究, 2002 (3)：11-18.

【7】杨叔子. 是"育人"非"制器"——再谈人文教育的基础地位【J】. 高等教育研究, 2001 (2)：7-10.

【8】华中科技大学"培育和弘扬民族精神研究"课题组（杨叔子, 等）. 当代中华民族精神的反思与建构——"培育和弘扬民族精神"研究构架【J】. 华中科技大学学报（社会科学版）, 2004 (1)：8-15.

【9】杨叔子. 科技发展的世纪回眸、当前趋势与若干人文思考【J】. 图书馆杂志, 2005 (12)：81-88.

【10】杨叔子. 关注与加强科学文化与人文文化的交融【J】. 中国科学院院刊, 2005 (5)：406-408.

【11】杨叔子. 继承历史财富 不断丰富发展——由庆贺朱九思同志九十华诞而作【J】. 高等教育研究, 2006 (3)：1-7.

【12】杨叔子.才者德之资 德者才之帅——谈大学生的"德"【J】.中国高教研究,2006(3):1-3.

【13】杨叔子,等.面向工程 打好基础 全面发展【J】.中国大学教学,2006(7):4-9.

【14】杨叔子.人文文化与科学文化的交融是时代发展的必然趋势【J】.苏州教育学院学报,2007(1):5-7.

【15】杨叔子."人是为别人而生存的"——写在"相对论"诞生100周年之际【J】.南京邮电大学学报(社会科学版),2007(1):1-3.

【16】杨叔子,余东升.大学的生命:日新之德——为温家宝总理在同济大学百年校庆时的讲话发表一周年而作【J】.高等教育研究,2008(5):1-6.

【17】杨叔子.谈谈我对"CDIO——工程文化教育"的认识【J】.中国大学教学,2008(9):6-7,30.

【18】杨叔子,等.再论机械创新设计大赛很重要——纪念中共中央、国务院《关于深化教育改革全面推进素质教育的决定》颁布十周年【J】.高等工程教育研究,2009(5):5-10,35.

【19】杨叔子.文化的全面教育 人才的拔尖创新【J】.学位与研究生教育,2005(10):1-5.

【20】杨叔子.民族精神:中华民族文化哲理的凝现【J】.华中科技大学学报(社会科学版).2005(1):7-17.

【21】杨叔子.下学上达,文质相宜【C】// 厦门大学高等教育科学研究所.两岸大学教育学术研讨会论文集.厦门:厦门大学出版社,1998:245-259.

【22】杨叔子.了解具体,超越具体【M】//卢嘉锡,等.院士思维(选读本).合肥:安徽教育出版社,2000:409-417.

【23】杨叔子,陶绪楠.时代呼唤:让大学生走近京剧【M】//戏曲研究:第55辑.北京:文化艺术出版社,2000:1-7.

【24】杨叔子．文化：知识、思维、方法与精神的集【C】// 技术科学论坛第十七次学术报告会议论文集（主题：科学、技术、人文），2005：1-8.

【25】杨叔子．踏平坎坷 成人成才【M】// 王晓纯，吴晚云．大学生GE阅读：第6辑．北京：中国传媒大学出版社，2011：3-10.

【26】杨叔子．总结过去，分析现在，谋划未来，将文化素质教育推向新的阶段【M】// 胡显章．十年探索 十年发展——纪念文化素质教育开展十周年．北京：高等教育出版社，2006：33-40.

【27】杨叔子．走出"半个人"的时代【M】// 马强．现代教师人文与师德读本（上）．北京：教育科学出版社，2007：25-36.

【28】杨叔子．序：素质教育的一个创新成果【M】// 陈子辰，等．研究生素质教育论．杭州：浙江大学出版社，2004：1-3.

【29】杨叔子．序【M】// 夏昌祥．人文素质教育探索与实务．上海：上海交通大学出版社，2004.

【30】杨叔子．序【M】// 涂序彦．糊涂集诗四百首．北京：北京邮电大学出版社，2005：1-2.

【31】杨叔子．序【M】// 陈丽萍，等．高水平大学建设的国家战略与模式选择．天津：南开大学出版社，2008：1-3.

【32】杨叔子．序【M】// 郭昊龙．科学、人文及其融合．北京：高等教育出版社，2009：1.

【33】杨叔子，欧阳康，刘献君．总序【M】// 刘献君．现实挑战与路径选择——民族精神的对策研究．北京：人民出版社，2009：1.

【34】杨叔子．序【M】// 甘筱青，等．《孟子》的公理化诠释．南昌：江西人民出版社，2011.

【35】杨叔子．总序【M】// 胡骄平，刘伟．中西哲学入门．北京：国防工业出版社，2012：V-VI.

【36】杨叔子．序：解读中国人文经典的可贵探索【M】// 甘筱青，等．《论语》的公理化诠释．桑龙扬，等译．北京：外语教学与研究出版社，2014.

【37】杨叔子."读好书"与"做好人"【N】.光明日报,2012-04-24(13).

【38】杨叔子.在开放中飞跃发展【N】.华中科技大学周报,2012-11-12.

二、著作类

【1】杨叔子.杨叔子槛外诗文选【M】.武汉:华中科技大学出版社,2009.

【2】杨叔子.弘扬与培育民族精神研究【M】.北京:经济科学出版社,2009.

【3】杨叔子.杨叔子文化素质教育文集【M】.武汉:华中科技大学出版社,2009.

【4】杨叔子.杨叔子教育雏论选(上、下)【M】.武汉:华中科技大学出版社,2010.

【5】杨叔子,李白超,占骁勇.瑜园诗选(五)——献给华中科技大学六十周年校庆【M】.武汉:华中科技大学出版社,2012.

【6】杨叔子.杨叔子散文序函类文选(上、下)【M】.武汉:华中科技大学出版社,2012.

【7】杨叔子.中国著名大学校长毕业训词【M】.武汉:华中科技大学出版社,2014.

第五篇 立德树人

杨叔子老师永远活在我们心中

◇ 汪大总

非常感谢学友们组织这个追思会。我是杨老师最早的研究生之一。那是"文革"十年动乱刚刚结束的1978年,国家恢复了研究生制度。我当时二十出头,没有大学学历,杨老师破格录取了我,改变了我的一生。这辈子有机会跟着杨老师,学他做事和做人,真是万分的荣幸。在做学问方面,杨老师勤奋、严谨,是前瞻和引领。杨老师在许多方面为我们做出了表率。

他是一个非常勤奋的人,从不浪费一分一秒的光阴。我在母校读研那个时候,休闲活动不多,我能想到的就是每周在露天电影场放映的几次电影。由于十年"文革"中绝大部分电影都禁止放映了,很长一段时间内只有几部看腻了的电影可看。所以电影一解禁,人们都去,场场爆满。至今华工的老人还对电影场情有独钟,和那段经历有关。在我的记忆里,杨老师是从来不去的,他舍不得花那个时间。

在做学问方面,杨老师以身作则教我们,既要有深度,又要有广度。他对自己的专业钻得非常深,从不满足于表面。当时的机械学科比较落后,知识老化,课程设置陈旧。杨老师看到了学科的未来。对于我们这第一届继往开来的研究生他提出了很高的要求,设置了许多特殊的课程。比如高等数学,他让理科专业开设更为深奥的高等数学。为了拓展我们学识的广度,他为我们开设了许多其他专业的课程,还亲自授课,比如控制理论等。虽然我们学的是工科,但他希望我们学点传统文化,学点古诗。这在当时是十分前瞻的。当时,读书的"实用主义"很流行,有人对杨老师的想法与做法很不理解,就问学这些东西有什么用?他的回答斩钉截铁:"你怎么知道没有用？"他关于学识深度和广度的理念使我受益匪浅。后来我在世界一流大学获得博士学位，之后去过几十个国家，曾在世界最大的公司从事重要的技术和管理工作，也曾在国内大的汽车公司担任主要领导职务。我碰到不少挑战，遇到不少难关，都顺利渡过了，靠的就是在华科大打下的基础。

除了学问，杨老师在做人方面也给了我们深刻的影响。熟悉他的人都会说他是一个好人。我认为他是一个伟大的君子教育家。他的家国情怀、他的重德重义都深深地教育了我们。1981年我离开母校以后的大部分时间都在异国他乡，但我仍能感受到他的关怀。每年春节前，我在美国底特律的家中收到的问候短信中，常常第一个就是杨老师发来的。一位八旬的长者、一位学贯中外的大师，会把节日的问候在第一时间送给万里之外的学生。这些短信我很久都舍不得删去。每当我看到它们，一股暖流便涌上心头。从我出国以后，虽然曾几次回国到武汉，但都阴差阳错，错过了同杨老师见面的机会，以致我们再次见面已经是30年以后了。那天，他早早就到办公室来等我，见面时，我们没有感到丝毫的生疏，久久地握着手，他的声音还是那么亲切，他的面容还是那么熟悉。我不由想起王勃的名句："海内存知己，天涯若比邻。"虽然诗是描述朋友之谊的，却也是我们师生之谊的真实写照。这次见面后，杨老师深情地给我发来了如下短信："大总同志：您好！19日十分高兴见到了您，感慨万千。当天写了一首五律诗，由于忙，今天才修改定稿，今寄上，聊达情谊于万一：'《喜见汪大总同志又言别》：忽告君将至，欢言喜不胜。音容今未变，声誉世齐称。报国时时念，谋思事事兴。明朝再相见，楼上更高层。'谢谢！祝事业胜利！杨叔子2013年6月23日。"诗里体现了恩师的厚爱和期待。

我回国工作后，杨老师非常高兴，我们的交往也更多了。我写了古诗，他认真地帮我改，每次都让我受益匪浅。我女儿从哈佛大学和麻省理工学院毕业，我写了七律向她祝贺，杨老师还亲自和诗，让我感动极了：

七律《女儿获哈佛大学、麻省理工双硕士学位》：三载寒窗葛洪承，两番金榜剑桥登。哈佛露育千里马，麻省风翔九霄鹏。古有守和儒林傲，今瞻二兰众人称。荣光昨日皆余事，雏凤明朝又骞腾。

七律《收大总同志诗有感,步韵以复》:文化悠长喜有承,前人攀上后人登。如今愿遂名前列,毕竟心归委大鹏。儿女情深怀故土,诗词意厚敞衷称。中原往事难忘却,一曲新吟伴凤腾。

这样的师生关系,天下有几个?刚才同学们也谈到他对你们的关爱。可见他对所有学生都倾注了很多的心血。他有这么多学生,他是怎么做到的?只有五千年中华文化的沃土才能造就杨老师这样的君子教育家。

2018年10月,我和同学在杨老师家中,他风趣地讲起了当年他"割爱",把我让给余俊、廖道训两位老师的往事。杨老师说他自己"进来是武大,出去是华工"(杨老师1952年考入武汉大学工学院机械系,1953年院系调整到华中工学院机械系)。我则"进来跟杨叔子,出去是跟余俊、廖道训"。事情经过是这样的:余俊和廖道训老师当时承担了计算机辅助和优化设计方面具有开创性的国家课题,它是一个全新的研究领域。因为他们错过了招研究生的时机,便希望杨老师支持几个学生。杨老师说:"没问题,我让汪大总跟你们吧。"余老师和廖老师很高兴。对此,当时有人说杨老师把最好的学生转让。我当然不敢承认自己是最优秀的学生。但客观来看,我当时条件是比较突出的。一是年轻,我在班上年龄最小,比平均年龄小10岁左右。二是成绩好,各科成绩基本都排在前面。记得杨老师甚至说过他羡慕汪大总,意思是说我年轻,又赶上了好时候,因而潜力很大。把这样一个自己最喜欢的学生让给其他教授,可能只有杨老师做得到。就这样我离开了杨老师的研究团队,但在我们彼此的心中,我仍然是他最喜欢的学生,他仍然是我最尊敬的师长。一日为师,终身为父。杨老师走了,老师永远活在我们心中。

2018年10月15日,汪大总(右一)和黄荔(左一,杨叔子的学生)看望杨叔子

(汪大总,1981年毕业于原华中工学院机械工程一系)

缅怀恩师杨叔子院士

◇ 丁洪

痛悉恩师的不幸逝世，像所有人一样，深感悲痛。这两天，不时地触动对三十多年前在导师身边学习与工作时的点滴回忆，深深地怀念杨老师的生平和功绩。

我是 1983 年 3 月来华工参加研究生招生面试时第一次见到导师的。杨老师当时所展现出的活力和对新型制造技术的卓见与迫切感给当时 20 岁的我留下了深刻印象，也直接影响了我后续事业的发展道路。从早期对信号处理系统课题的攻关、多领域故障诊断技术的研究，对智能制造战略方向的提议，以及发起并在华工成功举办第一次人工智能及智能制造国际会议，杨老师的视野与育人思想是卓越与令人惊叹的。杨老师不断地提醒我们，相对国外，我们起步晚了一些，需有紧迫感，更需刻苦努力。导师与我们课题组一起，在实验室工作到深夜或凌晨是常态。与此同时，更需要有赶

2016 年，丁洪（右一）带儿子看望杨叔子

超对手的信心,始终对新技术及发展前景保持饥渴与敏锐的头脑。我想这也是近年来流行的"弯道超车"案例之一吧!导师对智能制造的眼界、倡议及开拓,也再一次展现了他的卓见。如何较系统地阐述它的潜能及必然趋势、如何推动这个交叉学科领域的初成与发展、如何扩大中国在国际同行界的认同与影响,导师再一次展现出卓越的洞察力和推动多学科及多部门合作的胸怀与领导力。

导师,您的这些点点滴滴永远存在我们心中,是弟子们终身的财富。再次感谢您!

(丁洪,美籍华人)

育人为本的"大先生"杨叔子院士

◇ 吴波

恩师杨叔子院士高度重视人才培养工作，一生致力于机械工程领域高级人才的培养。早在 20 世纪 80 年代末，就提出了"育人为本、创新是魂、责任以行"的办学思想，积极倡导"加强学科基础、拓宽专业面向、重视实践创新、发展健康个性"的办学思路，积极推行教育教学改革，先后发表有关教育方面的论文 50 余篇，先生主持的"在理工科大学中加强文化素质教育的研究与实践""面向 21 世纪机械工程教学改革""机械类专业创新人才培养教学改革综合实践的研究"等教学改革成果分别于 1997 年、2001 年、2005 年三次被授予国家级教学成果一等奖。

先生尤其重视本科教材建设工作，大力倡导"教学大计，教材第一"，通过高等教育出版社、机械工业出版社、华中科技大学出版社等出版的专著教材 12 种，获得国家级、省部级教学、图书重要奖励 13 项，对我国机械制造领域本科和研究生教材建设产生了深远影响。

先生在担任教育部高等学校机械学科教学指导委员会主任委员期间，根据 1998 年教育部颁布的新的普通高等学校专业目录，紧密结合"机械类专业人才培养方案体系改革的研究与实践"和"工程制图与机械基础系列课程教学内容和课程体系改革研究与实践"两个重大教学改革成果，由先生担任编委会主任，约请全国多所院校数十位长期从事教学和教学改革工作的教师，共同编写出版了"21 世纪高等学校机械设计制造及其自动化专业系列教材"，这套系列教材涵盖了机械设计制造及其自动化专业的所有主要专业基础课程和部分专业方向选修课程，是一套改革力度比较大的教材,集中反映了华中科技大学和国内众多兄弟院校在改革机械工程类人才培养模式和课程内容体系方面取得的最新成果。教材被全国数百所院校广泛采用,累计发行上千万册。其中部分教材不断迭代更新,已经成为一个著名的丛书品牌。有近20本列入普通高等教育"十一五""十二五"国家级规划教材,多本获国家级、省部级奖励。这套教材加强了国内各兄弟院校在教学改革方面的交流与合作,充分满足了我国新时代高等工程教育人才培养需要,对推动我国机械工程学科人才培养从机械化向自动化、数字化,乃至智能化发展做出了历史性的突出贡献。由先生主编、机械工业出版社出版的《机械加工工艺师手册》在我国机械行业同样发挥了十分重要的作用。

几十年来,先生始终高度重视华中科技大学机械科学与工程学院的本科生教育和课程改革,激励教师潜心育人、创新教学方法,深化教育教学改革,要求院士领衔编撰教材,将最新科研成果融入课程、融入教材。先生身体力行,先后完成了机械类专业基础课用书《机械工程控制基础》和获得过首届"国家图书奖"提名奖《时间序列分析向工程应用》的编著工作,这两本教材至今仍受到广泛的应用与认可,并多次获得国家级、省部级的教学奖励,通过教材的编写也不断完善了人才培养体系改革和人才培养模式的创新,为教育事业的发展贡献了力量。其中《机械工程控制基础》一书至今迭代更新到第八版,累计发行80余万册,为国内众多知名高校所采用,已成为机械工程领域的经典专业教材,该书第一、二、三版曾荣获国家级优秀教学成果二等奖和全国高等学校机电类专业优秀教材一等奖;第四版被列入国家面向21世纪课程教材和国家"九五"重点教材;第五版被定为"普通高等学校'十五'国家级规划教材",以此教材为重要支撑的课程被评为国家级精品课程;第六版和第七版分别被定为"普通高等学校'十一五'和'十二五'国家级规划教材"。鉴于先生在教材建设中的卓越贡献,2021年获评"全国教材建设先进个人"。

作为一位工科院士,先生的人文情怀,一定程度改变了中国的大学教育,影响了千千万万的大学毕业生。先生高度重视专业课中的人文教育,先生在主持"机械工程控制基础"课程期间,不仅将这门课作为专业知识来讲授,而且将这门课作为方法论来启迪思维,来"解惑",并进一步把课程思政与课程紧密结合起来,来"传道",同时,授业、解惑和传道这三者彼此交融,造就既爱国又能创新的高级专门人才。通过在专业课中渗透人文教育,让学生通过专业知识学习有更多感悟,提高思辨能力,升华精神境界。近三十年来,课程教学团队在先生教育思想的指导下,始终坚持育人育才相统一,不断创新教育模式,着力开展知识传授、能力培养和价值塑造一体化推进工作。

深切怀念永远的恩师——杨叔子院士!

(吴波,华中科技大学机械科学与工程学院教授)

走进师门找到"家"

◇ 赵英俊

转眼之间,恩师仙逝已过数月,但与恩师的交往却像电影一样,一幕一幕,不时在脑海中浮现,谨记点滴,以表怀念。

1988年我在华中理工大学生物医学工程专业硕士毕业后,被分配到华中理工大学物理系仪器物理专业任教。工作两年后,自己觉得发展遇到瓶颈,遂决定离职考博,再求突破。

考虑到自己的实际情况,我对校内相关专业导师的研究方向和招生要求进行了比对。经过初步了解,杨老师的高尚人品和研究方向使我充满了向往和期待。在机一系李斌同学的引见之下,我于1990年秋天到机一系工程测试教研室拜访了杨老师,受到杨老师的热情接待。

杨老师介绍了课题组的研究方向和正在进行的课题(包括钢丝绳检测和心电信号处理等),询问了我的学习、工作经历,听取了我对生物医学工程及生命科学发展的看法,对我年过三十决心攻博的想法给予了充分的肯定和热忱的鼓励,欢迎我报考他1991级的博士研究生。

在杨老师这里,我感受到了亲切、随和、真诚和热忱,我觉得这里不仅能给我在学业上成长的空间,而且师门之内和睦融洽的气氛更是我在华工游历十多年后所渴望而未能及的。由此,坚定了我再次离职追随杨老师攻读博士的决心。

于是,在杨老师的指引和帮助下,经过一个冬春的准备,我参加了1991年的博士研究生招生考试,并被顺利录取,正式走进师门。

读博之后，杨老师给了我很大的课题选择自由度，鼓励我在非晶态磁性合金传感器的研究、应用方面进行探索、创新，并从非晶态合金材料的筹集、非晶态合金磁性传感器的工程应用实验等方面给予了非常具体的指导和帮助，不仅使我顺利完成学位论文，获得博士学位，而且还指导我以博士阶段的研究为基础，申请到了自然科学基金，为我的博士后研究做好了铺垫。

杨老师不仅关心我的业务能力的成长，而且关怀着我生活的方方面面。例如，我拖家带口，住房狭窄，杨老师知道后，帮我联系学校有关部门，在政策允许范围内，重新安排住房，解决了我家的住房难题。

1996年博士后出站后，我重新入职华中科技大学，"正式"加入杨老师的团队，在机械科学与工程学院机电信息系任教，直至2017年退休。实际上，我从1978年春天考入华中工学院后，就一直在校园里不同院系间"摸爬滚打"，时而学生，时而教工，身份几度转换，直到走进师门、进入团队，这才找到了"家"的感觉，因而守"家"到底没再"流浪"。

2017年，杨叔子和赵英俊在协和医院名家讲座做报告

三十多年过去，回首往事，不由感叹。对我来讲，走进师门，是我人生最重要也是最正确的一步。

如今恩师虽然仙去，但先生的精神风范仍将引导团队和学生走向未来。

（赵英俊，华中科技大学机械科学与工程学院教授）

诗魂永留心中
——悼念恩师杨叔子院士

◇ 刁柏青

恩师杨叔子院士的去世，让我万分悲痛。恩师的正直、厚德、博爱、敬业，心怀国家，心怀教育，心系学生，一直深深地影响着我，激励着我。

回顾在华科大学习的那些年，给我印象最深的不是郁郁葱葱的校园、悠闲鸣叫的鸟儿，而是恩师的谆谆教诲和前瞻性的战略眼光。

恩师要我们学好数学，从物理世界中寻找事物关联的逻辑，三十多年前接触的模式识别、神经网络、时间序列分析、混沌分析等前沿性的数学问题，目前仍然是科学领域中最活跃的科学分支。恩师大力推进时间序列分析在国内机械制造领域的应用，填补了国内在时间序列研究领域的空白，使得中国的时间序列研究达到甚至领先国际先进水平。

恩师特别强调、反复要求我们好好学习的人工智能则为我们的梦想插上翅膀，使我们得以储备翱翔天空的能力。三十年后的今天，全世界都已经生活在一个智能的社会中，人工智能从一种单纯的技术形态发展成为影响人类未来生活和技术革命的重大命题。恩师是中国智能制造领域的拓荒者，将人工智能引入机械工程，提升制造领域的智能化水平，是他科研生涯中一个里程碑式的成就，而"智能制造"如今依然是国际上一个最为重要的科学领域。

文化是人类社会的基因，难以忘记的是恩师倡导的"科学人文，诗教先行"，擎起了人文教育旗帜。恩师说过："一个国家，一个民族，没有现代科学，没有先进技术，就是落后，一打就垮，痛苦受人宰割；而没有民族传统，没有人文文化，就会异化，不打自垮，甘愿受人奴役。"

人文精神是一个民族的内在灵魂与生命，是贯穿于人们思维与言行中的信仰、理想和价值，是人类不断完善自己、拓展自己、提升自己的一种能力。

学习恩师倡导的人文精神，我深深感到一个人一定要有底气，有技术、有知识、有能力；要有志气，人生自古谁无死，留取丹心照汗青；要有骨气，富贵不能淫，贫贱不能移，威武不能屈。

他经常引用美国大诗人惠特曼的话与学生共勉："一个民族的最高凭证，就是它产生的诗歌。"在人文文化中，诗词是中华民族文学皇冠上的钻石，"国魂凝处是诗魂"。诗已经深深地蕴藏在中华民族几千年的人文精神中。回顾我在华科大的岁月，有着昔我往矣、杨柳依依难以忘却的记忆；有着行道迟迟、载渴载饥艰难的磨砺；也有着再披盔甲、灯火依稀跨越黑暗、期盼黎明的斗志，更有着"欢欣热泪共交流，竟夕沉思卅八秋（杨叔子诗）"的欣喜。一个个难忘的经历，构成了今天忘却不掉的记忆。"敢将壮志酬书史，岂让华年化悔羞（杨叔子诗）"也让学生不断超越、突破自己，把"明德、厚学、求是、创新"的校训融进了我们的血脉、我们的生命里。

"饮水应知源远处，征程跃马越从头（杨叔子诗）"。"有诗酬岁月，无梦到功名（杨叔子诗）"。恩师要求他指导的博士研究生必须会背《老子》和《论语》，让浮躁的心安静下来，让人的精神升华起来。读恩师的诗是一种享受，更是一种激励。恩师的思想、情怀、精神、境界，还有恩师的和蔼可亲，永远是我前进中的指路灯塔！

谨以这一首诗悼念恩师杨叔子院士：

    深秋冷风夜，惊闻导师去。

    辗转难入眠，泪水湿胸臆。

    身为一学子，有幸遇恩师。

    铁骨铸灵魂，丰碑永屹立。

    耕耘为桃李，为国为民志。

    魂鹤西归去，精神传万世。

（刁柏青，山东电力集团公司）

人生航程的引领者
——怀念我的老师杨叔子院士

◇ 徐宜桂

惊闻老师仙逝,很震惊、很悲伤,也为自己未能经常回去看望老师而内疚。

记得 20 世纪 90 年代初,我在一次项目评审中偶遇老师,他即鼓励我在工作之中继续深造、攻读更高学位,并对我说基辛格是美国的国务卿,但人们习惯称他为基辛格博士,由此说明博士学位对一个人事业发展的重要性。特别令我感动的是,老师考虑我当时的工作情况,同意免去我的入学书面考试,使我成为我们那届博士研究生中极少数免书面考试入学的幸运者之一。

入学后,正值老师担任校长职务,工作十分繁重。尽管他在培育我们的同时,一再告诫我们,可随时随地找他讨论专业问题,但我还是想尽量不过多麻烦他。有时不得不去找他时,无论是在南三楼校长办公室内,还是在招待所接见外宾的间隙,他都会放下自己手上的工作,或牺牲自己难得的休息时间,和我讨论专业问题,指点我的学术研究。老师不仅以其渊博的知识和远见的学识,指导我们学生做学术研究,更以高尚的品德和朴实的作风引导我们学生的为人处事。记得有一次我和我们单位领导去请老师为单位做报告,在返程的路上,领导对老师的博学远识和高尚品德发出了由衷的赞叹,我也为有这样的老师感到十分自豪。

毕业后,我走出国门,其间回来拜访过老师一次。当时我正准备和国内某单位筹备建立企业博士后流动站,老师一如既往地对我的工作给予大力支持,并语重心长地鼓励我,要像其他师兄弟那样为国家工业发展做出实实在在的贡献。记得那次，我去拜访他时，他早早地站在楼梯口，我刚上楼就听到他在叫我的名字。我离开时，他还送我一本《杨叔子院士八秩华诞影集》，并特别指出其中有我的照片。每每想及于此，一股暖流涌上心头。想到自己这多年来，很少去拜访他，一是因为人在外面，更多的是感到自己没有做出什么成绩，有负他老人家的期望，不好意思去见他，而不免内疚。学校这次七十周年校庆，我从网上报道中没有看到他的身影，心想老师的健康状况可能不太乐观，下次回去时一定要去看望他老人家。想不到如今天人永隔，心中十分悲伤。

现如今，我们公司深度参与了国内高速、高压、大功率、多任务工况天然气往复式压缩机组特别是天然气储气库压缩机组的振动控制方面的工作，有些我们参与的国家级战略性项目还被中央电视台给予了特别报道，为实现国家能源战略目标乃至中华民族伟大复兴尽自己的微薄之力。尽管与各位师兄弟姐妹的成就相比，我们的工作微不足道，但就我个人来说，如果没有那次与老师的偶遇，没有他为我提供的平台开阔了我的视野，使我得以有机会接触和掌握先进的振动控制和设计技术，我想我的人生达不到现在的高度。可以说，老师就是我人生航程的引领者，是我生命中的贵人。

纸短情长，思念无限。老师，愿您安息，我们永远记着您！

（徐宜桂，加拿大籍华人）

深圳市圆梦精密技术研究院悼念杨叔子院士

◇ 李军旗

1993年，我主导成立了民营非企业研发机构——深圳市圆梦精密技术研究院。研究院锁定精密制造技术的高端装备、精密工具、新型材料，通过引进世界一流的精密制造技术创新团队，搭建一个世界一流、国际化、开放型的精密制造技术创新平台，在"产学研"高度融合的道路上探索出一条别具特色的创新发展之路。

2012年，李军旗（左三）请邀杨叔子参加深圳市圆梦精密技术研究院座谈会

杨老师亲自为研究院命名，并表达了为"圆海归创业的报国梦，圆精密制造的强国梦，圆中华复兴的中国梦"这一远大构想而努力奋斗的美好祝愿。

杨老师非常关心研究院的发展，并于2014年6月为研究院赋词一首：

沁园春·赠深圳市圆梦精密技术研究院

春涌神州,鼓击南天,改革卷涛。

看炎黄裔秀,情终故土;鹏城巢美,翼举云雕。

工具难伦,高装无愧,堪赞新型材料骄。

纡宏愿,任丛荆密棘,水阔山遥。

魂凝智聚才邀,令科技峰峰也折腰。

是海归赤子,心雄青帝;恢宏落笔,精密争鳌。

振我中华,惊彼寰宇,崛起重兴今弄潮。

同圆梦,正云帆破浪,再领风骚。

杨老师三十年前提出的智能制造已成为新时代制造强国的必由之路,也是我们继续奋斗的方向!

杨院士千古!恩师一路走好!

(李军旗,工业富联、深圳市圆梦精密技术研究院)

我心中那份特殊的敬仰：
缅怀恩师杨叔子院士

◇ 胡春华

我是1994年到杨老师这里读博士的，自从认识先生，先生的学问、先生的思想、先生的言语、先生的为人、先生的关爱，像镜子一样照着我，伴随着我走过最重要的人生阶段。

先生的鼓励：我永远记得当我第一次怀着忐忑的心慕名而来见到先生的时候，先生的话语那么亲切，充满关怀和鼓励。那天先生了解完我的情况，因为入学考试时间的问题，我无法参加华工的博士生考试，先生说："如果有导师的推荐和优秀的答辩成绩，可以免试入学。"我说没有把握，先生说："你回去好好准备，一定可以的。"我点头说："好。"回到学校，我非常投入地做课题、写论文。答辩成绩超出我的预期，我的硕士学位论文被评为1994年北航7系唯一的一篇优秀硕士学位论文，我激动不已，第一时间打电话告诉了先生。先生高兴地说："我知道你行的。"经过邓家缇老师的推荐，我也顺利地成为先生的弟子。

先生的教导：从北航到华工，开始的时候我不太适应，课题的选题和师兄弟们都不一样，我有些迷茫。先生鼓励我按照自己的想法去做，大胆尝试，并鼓励我申请国家自然科学基金项目。我申请到了，先生创造实验条件，逐字逐句地帮我修改论文，鼓励我不要拘泥于常规想法，多一些新思路，不要怕困难，勇于探讨新的领域。这些话让我受益匪浅，也带给了我莫大的勇气。那时互联网技术才刚刚开始，我尝试着将一些互联网技术和思路与生产现场仿真监控结合起来应用到智能制造项目中，得到老师的表扬和鼓励，参与的研究项目在验收中也取得了非常好的成绩。

先生的支持：取得博士学位后，我当时希望能做真正解决实际问题的事情，我放弃到美国做访问学者的机会，想出去做企业。先生想让我留校，找我谈话，后来我在自控系博士后出站，还是选择离开学校。先生说，看来你喜欢做企业，那你就去做吧，但是希望你能坚持把学校里研究的东西和工作结合起来，及时总结出来。早些年，先生经常到北京开会，总会给我机会让我见到他，每次都仔细询问我的工作情况，我也总会叽叽喳喳滔滔不绝，先生就呵呵笑，告诉我哪些是有意义的，可以深入探讨。这些年我也做了一些基础性的工作，有了一些积累，每当我遇到困难，总是会想到先生说过的话。

先生的要求：做先生的弟子有一个特别的经历，就是背诵《道德经》。我在学校的时候，还不太理解，直到现在才真正理解先生的良苦用心，才明白一部《道德经》可以受用终身，对先生的敬佩之情油然而生。先生提倡大学人文教育，在学校时没觉得和自己有什么关系，这些年做企业，才真正体会这是个多么智慧英明的倡议和思想，足以影响一代年轻人。先做人再做事，这是最简单的成功之道，先生希望年轻人能真正懂得这个道理。

先生的情怀：读先生的诗，感叹先生的文学功底真好。而这些年经历

胡春华和杨叔子在一起

一些事才知道,在这样浮躁的年代,那份浪漫豪放的诗人情怀是多么难得,而先生的人生态度又多么让人敬佩。

先生的关照:从入学到离开到工作,先生对我的生活像父亲一样的关照,我和爱人都得到了先生的照顾。以往每次去看先生,他都非常高兴,拉着我坐在他身边,问长问短,问工作问家庭问孩子,还张罗着徐老师一起照相,充满了欢乐。我也担心着先生的身体,总劝先生休息,先生总说:"身体很好,只是眼睛不太好,不影响工作。"先生一直带病坚持工作,却真诚地关心着身边的每一个人。

一页纸,写不尽先生的好,写不尽对先生的敬仰,写不尽师生的情谊……

恩师千古,无尽的悲伤追悔,今日在此和大家一起缅怀先生,恩师的音容笑貌历历在目。我曾问先生,人生最重要的是什么?先生说:"当有精神追求。"我深受教诲,谨记于心。

弟子在此泣别,先生一路走好!

(胡春华,北京华夏易联科技开发有限公司)

杨老师，
这一年我都走在去看望您的路上……

◇ 张海霞

敬爱的杨老师：

今天是送别您的日子，可是我不能去武汉当面跟您道别，还是给您写封信吧。

2018年，张海霞（前排左一）和她的研究生看望杨叔子

2021年4月8日我去武汉看您回来后，别提有多高兴了。您唱"这力量是铁，这力量是钢"那一段最后的神发挥"欢迎张海霞，欢迎张海霞"那个视频在我的朋友圈火了好长时间，大家都特别高兴看到您的状态这么好，这么开心，我当然更是开心和得意！

没想到春节前听说您状态不太好，我很是着急，跟我老奶奶请示拿出

第五篇 立德树人

了家里那棵祖传老人参给您快递过去，一定要滋补啊，据说这人参特别好。真期待您快点好起来。可是春节后还是听到您视力不行了，住进医院的消息，真的是心急如焚啊！

为了早点见到您，更好地见到您，我和华科大的朋友商量把4月底的iCANX科学大会放到武汉开，一切都紧锣密鼓地进行，大家还设想在会上为您和徐老师专门设立一些活动，当然还要推出以您的名义命名的奖学金！大会的筹备非常顺利，3位诺贝尔奖得主、150多名世界顶级专家参加！

初春的3月，一切都是那么的欣欣向荣，我们高呼着要去武汉看您啦！可是，突然疫情就来了，突然上海就静默了，突然就哪里也不能去了！只能改到线上！就这样遗憾地错过了春天去看您的机会。

当然还有暑假，暑假还有很多活动在武汉，当然可以去看望您啦！可是5月份北京就不能随便进出校园了，尽管每周都和华科大的朋友在线上交流，可是去武汉和来北京却成了两个看不到头的问题。我真的是想念您啊，7月份、8月份有两次梦到了您来看我，真的是想念老师，可是疫情反反复复无法前去探望，内心也很纠结，就这样我们又错过了夏天去看您。

9月5日是您的生日，那时候刚刚开学，当然不可能出差了，不过，马上就校庆了，今年又是70周年大庆，2021年我们就预定了2022年10月7日在iCANX为华科大70周年做一场国际庆典，国内外校友线上线下一起来，多嗨啊！十一前北京管控更严了，主要是马上要开大会，不能去武汉现场，线上庆祝吧！当时我就跟朋友说，大会过后就去，我必须去看看杨老师，是的是的，必须去！谁能料到会后疫情管控又上新台阶呢！

上周史铁林老师说给我寄校庆纪念品，我还说要马上去看您！可谁知道，我周六一早醒来就等来您离去的噩耗呢？

杨老师，我真的是不愿意相信就这样跟您永别啊！也许是天意，前不久北大人文社科部邀请我在数字人文纵横谈做一场讲座，时间正好是今天下午在光华，我要讲的题目是"创新由我，影响时间"，我将以您的警世名言"一个国家，一个民族，没有现代科学，没有先进技术，就是落后，一打就垮，痛苦受人宰割；而没有民族传统，没有人文文化，就会异化，

· 249 ·

不打自垮，甘愿受人奴役"为主线来分享我从科技创新、教育创新以及在疫情期间创办 iCANX 的心路历程和感悟。杨老师，我想对您说：您 30 年前播下的种子终于在北大光华发芽了！

我相信很多人和我一样，这一年都很努力走在去看望您的路上，只是我们都没有走到，我们只能在线上送您最后一程了，晚上八点，天南海北世界各地想念您但不得见的人们会相聚在网上为您送上祝福，希望您能听得见：

我们爱您，永远爱您！我们将铭记您倡导的科学人文双重并举的创新教育思想，接过您高举的火把，把这个世界照亮！

（张海霞，北京大学教授）

怀念恩师杨叔子先生

◇ 周杰韩

这是一张旧照。照片上，中央那位手提瓜皮竹帽、穿白色短袖、面容清瘦、露出孩童般浅笑的老人就是我的恩师杨叔子先生。这张旧照记录了武汉1998年遭遇的那场百年不遇的大洪水，先生带领师生上长江大堤逐段排查管涌抗洪的场景。背后是滚滚长江，浑浊的江面几乎与大堤齐平。

我与先生结缘于1995年。时值初春，远在兰州求学的我正面临着下一个抉择。在研究生公寓里随机参加的一次交流会上，我向在场的年轻老师们提出了想继续读博的想法。当时有位刚从清华毕业回来的年轻老师告诉我，你们家乡武汉不是有一位大名鼎鼎的杨叔子院士吗？我顿时豁然开朗，连夜打电话到先生家里。接电话的是师母。她叮嘱我，先生星期五要去北京出差，如果早晨能赶到，我可以在校长办公室里见到他。我放下电话，赶快买好火车票南下。就在27年前的那个星期五早晨，我即时赶到了华工。顾不上欣赏华工校园美景，我一路问到校长办公室，敲门进去，就看见和蔼可亲正在办公桌前批阅文件的先生。当得知我准备报考博士研究生，先生当即批了张便条，叮嘱我具体事宜去找团队老师。在经过近三个月紧张备考和复试后，我有缘成为先生1995级博士研究生中的一员。

入师门后，在专业上，先生指导我恶补了多学科知识，从此开拓了我的学术视野。先生倡导的人文素质教育更是让我终身受益，鼓励我不断努力求真求善，不做"半边人"。与先生结缘也间接帮助我建立了家庭。在校园里，我结识了现在的爱人，小孩也出生在校园。博士毕业后，先生得知我要参加清华博士后面试。作为引荐，先生拿出一张名片，认真签上自

1998年，杨叔子带领师生在长江大堤抗洪
右起：周杰韩（右一），江汉红（右二，图片提供者）

己的名字递给我，并开玩笑地说："这个假不了。"就这样我也顺利地圆了我当年报考清华硕士不中的求学梦。后来荣获欧盟科学院 ERCIM 基金，先后去了芬兰、法国科学院，再后来留在芬兰奥卢大学工作。在欧洲工作期间，我帮助奥卢大学建立了与华中科技大学计算机科学与技术学院、机械科学与工程学院之间的教育与科研合作关系。

先生在学术与教育上德高望重，受益者甚众。我的很多朋友都是因为借先生之名而结识的。他们或读过、收藏过先生出版的教科书，或与先生同台辩论过中国教育，或聆听过先生的讲座。在校期间，先生的报告我都是逢有必去。时至今日，先生那慷慨激昂、字字珠玑的演讲声仍时时萦绕耳边；时时品味先生经常引用的"贫贱不能移，富贵不能淫，威武不能屈""不以物喜，不以己悲""不尚贤，使民不争；不贵难得之货，使民不为盗""老有所终，幼有所养""无边落木萧萧下，不尽长江滚滚来""沉舟侧畔千帆过，病树前头万木春""顺木之天，以致其性""问渠那得清如许，为有源头活水来"等等极富做人、做事、治理、育人哲理的诗词警句。

从网络上找来 1998 年 8 月 20 日先生为武汉抗洪而作的诗，再次为先生时刻心系黎民百姓安危的赤子之心而感动。先生虽驾鹤西归，但遗留给我们的积极向上、刻苦拼搏的精神，科学人文总相宜的教育思想常青。

浪淘沙·为武汉抗洪而作

好个疯狂来,海倒山排!惊人水位久高抬。更苦洪峰频迭至,大险深灾。

怒吼撼天阶,势压惊雷。军民百万逞雄才,千里危堤成铁壁,诗史新裁。

(周杰韩、加拿大籍华人)

缅怀恩师杨叔子先生

◇ 饶贵安

1988年高考后曾有机会上当时的华中理工大学，以当年的高考成绩第一志愿上华工应该没有问题。但那时满怀报国强军梦想，最后是提前批上了军校。记得入学后我们学员队队长第一次全队集合讲话就强调：军校学员首先是军人，然后才是大学生。在穿着军装上完研究生后，特别想体验一下地方大学生的生活，找一位本专业最好的导师。于是，就报考了杨叔子老师的博士研究生。

第一次见到先生，大约是刚入学那年（1998年）9月，先生给信息所的研究生讲《道德经》，特别讲了第三十三章："知人者智，自知者明……"听先生讲《道德经》，讲人与自然的关系，有一种豁然开朗的感觉。先生要求自己带的博士研究生毕业答辩，要先背《道德经》，我是第一个到先生家里默写《道德经》的学生。我拜到先生门下的当年9月，犬子降生。实践先生的人文教育思想，孩子小学毕业前，通篇背诵了《三字经》《千字文》《道德经》《论语》《大学》《中庸》。

刚毕业的几年，得益于与先生同住武汉，每年能有几次机会与师兄弟们一起给老师拜年、祝寿，聆听先生教诲。先生脑卒后行动困难，为避免打扰先生，在华科大的师兄们没再组织集体看望老师。有次，我带着在华科大读书的犬子去看望先生，师母徐老师跟我说，先生已记不起许多人和事，但我打电话预约探望时间时，先生就知道我是转业到教育厅工作的他的学生。记得1997年我从部队转业时，曾请先生帮我给地方党政部门写推荐信。先是写给省质监局，我又想多备几份给其他厅局的推荐信，但先生不同意，他说自己只能推荐一个地方。我和犬子告辞下楼时,先生执意要送我们。先生颤巍巍地走到楼梯口目送我们下楼。其后我去过华科大很多次,怕打扰先生,都是在先生楼下转转,仰望先生居住的院士楼二楼。

　　从先生门下毕业,转眼间已二十余年。其间,我从一名科技人员转变为一名教育管理工作者。还记得先生给我们讲"君子不器",不论做什么,在其位谋其政,都要认真做好自己的本职工作。我的办公桌上一直放着钟毓宁师兄在先生生日时送大家的笔筒,上面镌刻着先生论教育的格言:"教育,是育人,非制器。"我当牢记先生教诲,践行先生的教育理念。

(饶贵安,湖北省教育厅)

缅怀恩师杨叔子先生

◇ 李巍华

2003年我博士毕业论文答辩已结束，先生身体小恙在校医院打吊针，史老师安排我陪护。先生听我说要去华南理工大学工作，跟我说到了单位要少说多做，先做再说；做人如做学问，做学问如做人。要多向他人学习。人生在勤，贵在坚持。"人生在勤"有五点：一要勤学，二要深思，三要笃行，四要专心，五要有恒。也就是说，"勤"包括勤学、深思、笃行、专心和有恒。华南理工大学校训就是"博学慎思，明辨笃行"，出自《礼记·中庸》，感觉有点惭愧，那时候我根本不知道华南理工大学的校训是什么。

2016年我带学校赛车队去襄阳参加方程式比赛，归途经武汉，去看望恩师。彼时先生因为2015年得病心动过速，师母害怕先生见到学生激动，通常谢绝一般的访问。因我是外地来访，获得师母特许。先生气色很好，问我出差何事。我说带学生参加比赛，参赛学生都是对赛车感兴趣的学生，来自不同专业，要按照工程标准花一年时间设计研发制造方程式赛车，然后还要比赛，除了工科专业，也有管理、营销专业学生。先生非常高兴，跟我谈起学生培养，引用了《种树郭橐驼传》的两句话："顺木之天，以致其性"。郭橐驼按照树木的客观生长规律种树，树才能种好。作为老师培养学生，也一样要因材施教，培养学生的专业兴趣，重视学生的个性健康发展，才能激发学生的创新能力。先生的话一直激励着我，在自己的教学科研工作中，无论是本科生、硕士研究生、博士研究生，都充分重视引导学生发展兴趣，并激发创新能力。

我们是先生名下第一届需要背诵《道德经》的学生，先生跟我们说，

第五篇　立德树人

2007年，杨叔子带领教育部专家组成员来华南理工大学进行教学评估。其间，李巍华（左二）看望杨叔子

国外有《圣经》，我们有《道德经》。《道德经》教给我们的就是如何做人、如何做事、如何做学问，大到治国，小到修身，都有"道"在里面。不要害怕困难，怕背不会，先生说自己每次出差在路上、在飞机上、在火车上都会心里默背，越背越熟，可以做到倒背如流。我做个人汇报时，他让我当场在书中翻一页，告诉他第几章，他背给我听。我随便翻开书，第三十三章，先生马上背出来："知人者智，自知者明。胜人者有力，自胜者强。知足者富，强行者有志。不失其所者久，死而不亡者寿。"诚不虚言，先生说背诵的意义在于潜移默化的影响，背诵后慢慢消化理解，可以指导我们做人、做事、做学问。因此缘故，这一章我记忆也最深刻，及至在以后的工作中遇到难题、遇到难事，对我们的科研攻关、团结协作，感觉都有很深远的影响。2001年中国教育电视台就先生提出的科技人文融合理念进行采访，记者提到先生要求博士研究生背诵《道德经》，问我能不能背上来，我随口就背出来第三十三章。

我在学校、在企业，甚至工作后多次在不同场合听过老师的系列讲座，从他当年劳动改造打猪草的"天赋猪权"到路上听到小朋友讲加法"1只鸡+1只鸭"怎么加，从"科技人文两相和"到"育人而非制器"，先生的思想智慧、谦和待人、谆谆教导，闪耀着光辉，照亮弟子们前行的路。

先生虽然离去，但先生真正做到了"不失其所者久，死而不亡者寿"。先生永远活在我们心里，先生的精神永存。

学贯中西智能制造拓新域巨星陨落天人同悲
胸怀家国科技人文创典范青史垂名万古流芳

（李巍华，华南理工大学教授）

忆叔子先生

◇ 胡友民

今日得闲在家整理书柜，特意把博士学位论文手稿翻出来又仔细看了一遍，睹物思情，忆及当年有幸投入先生门下，参与团队研究，从博士学位论文选题到完稿答辩，以及之后近20年在先生团队工作并有聆听先生教诲，思绪万千，先生的音容笑貌不断在眼前浮现，挥之不去……

我是在一个偶然机会进入师门成为先生的学生的。进入华工成为先生弟子之前，我在武汉一所省属高校任教，当时已有副高职称且任教研室主任。大约在1998年，原工作的学校鼓励青年教师外出读博进修提高，当时我由于顾及孩子正在上幼儿园，爱人工作忙，放不下家人，考虑在武汉本地读博，因此首选华工的机械系。按当时我的专业应该选择报考液压专业，找人打听说液压专业的博导招生名额满了，如果仍然想读原专业就只能再等一年，否则就要换专业了。纠结了好久后还是决定换专业，而且想着既然换专业就要找个最好的最牛的导师报考，于是慕名直接报考了杨院士（而且报名前没有与先生或先生团队中的任何老师联系过，按现在博士研究生招生规则几乎是不可能录取的）。经过几个月的认真复习备考，顺利通过笔试、面试并录取了！拿到录取通知书时，那个高兴劲就别提了，梦想成真做了先生的学生！

2011年春节，胡友民（左一）携妻女看望杨叔子

第五篇　立德树人

现在回想起来整个报考过程，我真的是非常幸运。从报名到录取一直没有联系过先生，只是慕名报考后顺利进入了师门。一到华工时就听说先生工作非常多，十分忙碌，但是先生对于名下学生的学习科研仍然十分惦记，每半月或一个月至少会安排学生单独见面讨论。记得我第一次去见先生是办理入学手续不久，有几份入学材料和培养计划需要导师签字，就打电话约了时间去他南三楼二楼办公室找他签字。我按约定的时间去他办公室，他正忙着写什么。我站在门口等着，趁他停下看手表的空敲了下门，他立刻抬头看向门口同时说："胡友民吗？请进，请进！"然后离开桌子朝我走过来，走近后拉着我的手，眼睛透过厚厚的镜片仔细打量了一会说："对不起啊，我因为视力不好常常是'目中无人'。欢迎欢迎，热烈欢迎友民同志加入团队啊！从今以后就与民为友，我们将成为忘年交的好朋友。"听到先生幽默诙谐的几句话，一下子就打消了我的紧张。

接下来，先生简单问了我以前的工作和家庭情况后，话题一转详细询问了我来学习的目的和以前的专业基础，并在本子上记下来，最后说希望团队能提供所需要的条件和平台，大家一起努力早日学成。 还说在校学习期间如果有什么困难，一定要及时告诉团队老师和他，团队将尽可能给予解决。最后，先生十分郑重地说："作为我的博士研究生，从你们这届开始，毕业条件要增加一条人文要求，就是答辩前先要背诵《老子》和《论语》。"(确实这样，后来我答辩前就专门去他书房把《老子》和《论语》前七篇逐字逐句背诵了一遍，其间他还会不断打断我的背诵，谈自己的理解并了解我的理解，可以说我真的是幸运的，在先生的亲自指导下完整学习了《老子》和《论语》，受益终身。) 他接着说道："之所以要求我们加强人文素质，学习经典《老子》和《论语》，是因为一个国家、一个民族，没有科学技术，一打就跨，人人皆知，但是没有人文就不打自垮啊！ 我们现在在大学推广人文素质教育，我作为倡议者和践行者之一，就更应该带头在我的学生中推行，你们作为新时代的国家建设者和最优秀人才，自觉践行和学好就更是必须的。"

这是我第一次听他讲到人文与科学的关系，当时还不太留心和在意，后来随着年龄增长，特别是与先生交流多了后（先生基本上每半月最长不超过一个月会与每位博士研究生当面交流指导，每次汇报完工作后先生都会专门问及学生的思想生活和家庭情况，会专门聊下人文、社会和科研），对先生的思想才逐渐理解，现在回想起来每次与他见面和他聊天对我来说都是一种思想的启迪和升华！可惜，现在年纪大了真正理解了，却再也没有当面聆听先生教诲的机会了。

从1999年10月进入原华中理工大学机械学院信息所学习开始，我主要参与的科研项目就是当时所里承担的一类大型重点装备的恢复与自动化改造，当时所里投入这个项目的老师和学生每年都有十多位，前前后后我一共连续十年参与其中，有苦有乐，最大的收获是以这个项目为背景完成了博士学位论文的撰写，留校后第三年也顺利晋升教授职称。可以说，在这个项目上，给我的人生留下了太多太多值得回忆的东西，其中最忘不了的是项目进行中在先生的引导下逐步确定了博士学位论文选题并完成学位论文的撰写。

说实话，由于自己的修行不够，尽管项目解决的是国家急需的重大装备问题，尽管其涉及多个专业方向，各个方向都有瓶颈，而且实现难度在当时来说还是相当大的，但是我总觉得这就是个工程问题，提炼不出其中值得研究的所谓的科学的东西。有一次去先生那里进行例行汇报时，我提到了选题的困惑。先生听了后，说道："目前我们的科研就是要结合国家需求，解决工程中面临的各种实际问题，杜绝那种空对空课题。我们搞工程的人做研究就是要解决工程中的疑难杂症，所谓的科学问题一定是来源于一些很不起眼、不引起大家注意的一些习以为常的司空见惯的现象中的。"他还举了当年带队去二汽解决机床问题的例子说："当年我们去到二汽，只是奔着一定要解决的问题去的，也没有考虑这是科学问题还是工程问题，大家只是全身心扑在现场。后来问题基本解决了，再回头仔细反思才总结发掘出来很多所谓科学问题的。"他告诉我不要心急，先解决实际工程问题，边解决边思索，不放过任何细小问题，肯定能找到研究方向完成学位论文的。

听了先生的话，我稍微平静了些，后来一段时间，我就按先生的说法，工作中多留个心眼，把所有问题记下来，有空就思考出现过的问题，为什么会出现，思考各种问题和现象背后的可能本质，渐渐地思路清晰了，把研究的突破点聚焦到改造中新增的状态监测系统的可靠性上。后来有一次去先生那汇报学习《老子》的体会，我特地选了第六十四章"其安易持，其未兆易谋，其脆易泮，其微易折。为之于未有，治之于未乱"，在谈了我对原文的理解后，就话题一转谈到我的论文选题上说："在改造中，我们专门新增加状态监测系统想提高装备运行的可靠性和安全性，但是在实际调试和运行中监测系统自身也出现了一些问题，感觉不处理好监测系统自身的可靠性，反倒会降低整个大系统和装备的可靠性。在工程上我们设置监测系统的目的和初衷就是老子在这段话里描述的，但是实际中又可能事与愿违。因此我的博士学位论文想针对监测系统自身可靠性开展研究，您看可以吗？"先生听完我的话后立即说："非常好，这就是我们说到的二次诊断的问题。你能通过实际工程项目实践逐步悟出其中的奥妙，就说明你真正体会到了我们搞诊断和监测是自己也要可靠这一关键，我支持你的选题，也相信你能做好，并顺利完成论文和通过答辩。"我听了先生鼓励的话后，心里有底了，后来的论文也就沿着这个思路展开，最后顺利完成了博士学位论文答辩，当时论文的题目就是《状态监测系统的可靠性研究》。

毕业后我留在了先生团队一直工作至今，攻读博士学位期间在先生指导下形成的这个方向也一直没有放弃，始终是我这么多年精进钻研的目标。现在我自己的研究团队也有一定规模了，在不断服务业界的工程实践中还有所拓展并与其他学科结合演化出了我们自己的PHM、数字孪生和数字化工厂方向。可以说这么多年来，不管是我本人还是自己的团队，在先生开拓的智能制造方向上，我们专注于数字制造与虚拟制造、人工智能与PHM以及数字孪生等新兴领域方向并有所发展，形成了自己的特色，也为国家的发展需求贡献了我们的一份力量，这些可以说都是与先生潜移默化的教诲与身体力行的示范密不可分的，先生的思想引领以前是以后也将永远是我和团队的灯塔，照耀着我们前行。

（胡友民，华中科技大学机械科学与工程学院教授）

杨叔子先生：
我们大学的启蒙教师

◇ 李诚

1975年的秋季，我们一批来自祖国四面八方的知识青年，戴着沾着油污的手套，拥着牛粪和麦子的清香，拿着一纸华中工学院的大学录取通知书，来到位于十堰市的华中工学院和十堰二汽设备制造厂合办的机制实验班，圆了我们的大学梦。

作为一名农村知青，我和千万个热血青年一起响应毛主席的号召，到农村去接受贫下中农的再教育，后来我又作为千万知青的代表走进"文革"后的大学。

我们见到的第一位华工老师就是党支部副书记——杨叔子先生。

我们这些来自祖国各地工厂、农村的热血青年，怀揣梦想，原本以为进了华中工学院，就应该有明亮的教室、清洁的宿舍、宽阔的体育场。

可当我知道合办班地点在十堰二汽——坐落在山沟里的中国汽车城一个普通的三线工厂时，我们彻底傻眼了。

这儿，没有明亮的阶梯教室，没有400米的足球场，没有充满学术氛围的实验室，只有由简陋办公室改造的教室和普通的四人间工人宿舍。

每天，我们行走在教室、食堂、宿舍的三点一线，大家都有很大的情绪，这就是开门办学？这就是我们向往的大学生活？

我们实在想不通，不免牢骚满腹，更谈不上静心学习。在时任支部副书记杨叔子老师苦口婆心、耐心劝导下，我们才得以在那山青青却没有水的山沟沟里，开始学数学、读物理、背英语的大学生涯。

那就是我们经历的开门办学的真实写照。1975年十堰市一度断水，我

第五篇 立德树人

们甚至只能将吃饭的碗用纸张擦擦，下顿再吃饭，洗脸则是消防车从十多公里外送水过来。

杨先生也就是在这样艰苦的环境中与学员们结下了深厚的师生情，这种情结持续了40多年，每当我们取得了一点成绩，都会第一时间和老师分享。

每年的初一，同学们都会从各地打来给先生的拜年电话；每年的教师节，大家都会从不同的岗位给老师送来一份问候。

在二汽的那段时间，我们在教室里读书，在露天剧场看电影，唯一的娱乐，是在山脚下的球场打一下排球或羽毛球。

70年代末的人与人，没有那么多的虚伪、私欲。老师和学生亲密无比，记得杨先生当时和我们一样也住四人间，就个人而言，无任何隐私可言。

杨先生在其他老师尚未到岗前，成为我们数学、物理的授课教师，将华工的课堂挪到了十堰二汽工厂的办公室内。初等数学、高等数学、普通物理学、力学、英语课全在一个教室里完成。

我当时和杨先生住隔壁（我们也是四人间），也经常听到先生房间的笑声与喧闹。

记得那是1975年冬季，肖利辉同学因药物过敏，导致白细胞减少急需回汉住院治疗，是杨先生主动承担了护送病人回家的重担。

当时，杨先生身穿单薄的绒衣和外套，都来不及换上御寒的冬装就登上星夜返汉的绿皮火车。还是一位学员将自己的毛衣脱给先生，希望他能安全返汉，平安回来。

在我们回华工读书时，一位叫王洪梓的同学突患急性胃溃疡，是先生及时联系了该同学到教工食堂就餐，得以缓解病痛的伤害（1975年的华工没有小卖部，没有百景园等商业餐厅）。

同学沈合吉至今还在自家儿孙校友们面前吹嘘在校时曾多次到先生家蹭饭，学会做排骨藕汤的光荣资本。

杨先生对学员们无微不至的关心激励大家克服困难，更加努力学习。至此，我们班走出了华二代、华三代的父子、爷孙同学。

1976年，是个多事的年头。那年，我们经历了太多的不幸。

我们终于回到了本校区，还是杨先生带着我们走进了喻家山，住进了南一舍。我们真正感受了大学的魅力与神奇。

东一楼 215 教室的课程给我们留下了终身不忘的记忆，东一食堂的每周加餐至今让我们记忆犹新，东边体育场的巨无霸使我们震撼。我们在喻家山下，长知识，练身体，学做人！

我们班里由于学员入学基础不一致（有小学生、中学生、高中生），老师的教学难度非常大，我们进校从三角函数开始学习（这是现在初中生的课程），英语从 ABC 开始扫盲。

但那个年代，人们都有一种不服输的精神，在杨先生和各位老师的精心培养下，我们都顺利完成了学业，而且毕业时有 4 人留校任教，5 人考取了研究生。

杨先生对学生犹如父亲，以至于很多同学毕业多年，且不论走到美国、英国、澳大利亚，不论他是硕士、博士、还是教授，都会回来探望先生。

我们的同学中走出了教授、官员、企业家，但我们更多的还是共和国的普通建设者。

杨先生永远是我们的榜样和楷模，引领我们为祖国的强盛添砖加瓦。

2018 年，适逢我们毕业 40 周年，已经身患疾病的杨先生还亲自为我们题写了"饮水思源，抚今知昔"的祝语。

从祖国和世界各地回来的同学们再次返回十堰，聚集在我们曾经由办公室改建的课堂，在我们曾经第一次认识机床的车间里，在当年居住的简易四人间宿舍里，我们拉起班庆的条幅，缅怀当年杨先生带我们上课，与我们同吃、同住、同欢乐的时刻。在《难忘今宵》的乐曲中，我们约定 2023 年在喻家山下为杨先生庆祝九十大寿，共叙师生情怀。

可先生仙逝了，他永远地离开了我们。

先生的音容笑貌与谆谆教诲将永远活在我们心里。

（李诚，武汉市经济和信息化委员会）

斯人已去犹忆影
——回忆敬爱的杨叔子老师

◇ 陈定方

杨叔子老师1933年出生于江西湖口，1956年毕业于华中工学院并留校工作，华中科技大学机械科学与工程学院教授、博士生导师、中国科学院院士。荣获国家级有突出贡献专家等称号，是我国著名机械工程专家、教育家。他紧密结合控制论、信息论、系统论，在先进制造技术、设备诊断、信号处理、无损检测等方面取得一系列成果，荣获国家自然科学奖、国家发明奖、省部级科技奖20项，在国内外发表学术论文500余篇，出版专著教材12部，获国家级、省部级教学、图书重要奖励13项。指导了博士百余名、博士后10余人。倡导加强大学生文化素质教育，在教育界有重大影响。

20世纪90年代初期，武汉地区有博士学位授权点的学校很少，原华中理工大学、原武汉水运工程学院等三个学校有机械设计及理论专业博士学位授权点，共有博士生导师10名。兄弟学校一有博士学位论文答辩，我就有了比较多的学习机会。30多年来，我成了回母校次数最多的校友。记得参加答辩最多的时候，有一周仅有一天没有安排参加答辩。不少老师戏说，陈定方是参加我们机械学院博士学位论文答辩的"常委"，杨叔子老师则诙谐地说，应该说是"常主席"。

一、杨老师和团队里程碑的工作及主要成员的特点

（一）杨老师和团队里程碑的工作

杨老师和团队成果很多，这里仅简单地叙述具有里程碑意义的部分工作：

杨叔子和丁洪在《中国机械工程》1992年第2期上发表了《智能制造技术与智能制造系统的发展与研究》。

杨叔子和熊有伦等人先后完成了国家自然科学基金优先资助领域战略研究报告《先进制造技术基础》（1997年12月通过专家组验收，1998年8月出版）。

完成国家自然科学基金重点项目"智能制造技术基础"（1999年5月通过专家组验收）。

杨叔子等人在《机械工程学报》2003年第10期和2006年第1期分别发表了《论先进制造技术及其发展趋势》和《再论先进制造技术及其发展趋势》，在全国的机械工程学科领域起到了重要的推动作用。

2005年4月16日，中国科学院院士杨叔子、中国科学院院士熊有伦发起的"中国人工智能学会智能制造专业委员会（筹）"并于2005年召开了工作会议。

（二）杨老师和团队主要成员的特点

20多年来我有幸参加了杨叔子老师数十位博士研究生的答辩，我了解到当初博士生导师特别少，杨老师就将博士研究生收入门下，请各位老师一起参加指导。先后成长为院士的丁汉、尤政、邵新宇三位教授都经历了这样的过程。我注意到杨叔子团队成员中包括"文革"前的教师、"文革"中毕业的老五届大学生和工农兵学员，以及恢复高考制度后成长起来的大批青年才俊，每个时间段都有突出的人才。从这个合理的结构可以看到杨叔子老师不跟风、不搞一刀切、实事求是的作风。从杨叔子老师和他的学术团队成员杨克冲、杜润生、张福润、吴雅、丁洪、史铁林、赵英俊、吴波、李斌、康宜华、刘世元、易传云、何岭松等人身上我学习了许多，这让我和我的学生终身受益。团队的学术带头人史铁林教授获华中科技大学"伯乐奖"。我体会到杨老师和他的团队主要成员有以下特点：

1. 十分重视本科教学

十分重视本科教学，重视教材建设，重视课件建设，重视学生的全面素质和团队精神的培养，形成了良好的严谨、务实、团结、协作的学风。

2. 主动与兄弟院校教师开展合作与交流

主动与兄弟院校教师开展合作与交流，提高"教育部智能制造重点实验室"的开放程度和影响，更好地支持兄弟学校有特色和潜力的研究方向，早出成果，多出成果，极具凝聚力。

当年由杨叔子老师创建，熊有伦担任主任、杜润生担任副主任的"智能制造技术教育部重点实验室"，鼓励兄弟学校有专业基础的教授作为客座教授并获得研究立项，显著地推进了湖北武汉地区和全国的智能制造与控制的研究水平的提高。我就曾经作为客座教授承担过2个开放项目，对此深有体会。

3. 注意将论文写在产品、车间、工厂、工程实践中

杨叔子老师和团队成员注意将论文写在产品、车间、工厂、工程实践中，从实际工程和产品研制中提炼出需要解决的科学问题，更好地服务于国民经济建设和国防建设，更好地培养能够"顶天"即探索科学前沿，又能"立地"即真刀真枪地解决实际问题的国家急需的高水平人才。

湖北远安066基地项目涉及军工，设置选题并做博士学位论文研究的人较少，又不便发表学术论文，于是杨叔子老师和团队决定邀请多名院士前往远安考察并鉴定有关成果。2001年，由蔡鹤皋院士担任主任，叶声华院士和我担任副主任的鉴定委员会，对这一重要成果进行了鉴定。因为涉密，鉴定会后项目仅做了结题，未申报奖项，但各位院士专家的莅临和高度肯定对066基地与杨叔子老师团队的深度和长期合作起到了促进作用。蔡鹤皋院士对那次在远安的考察鉴定印象深刻，多年后见面，还经常问起066基地的项目。杜润生教授告诉我：李锡文教授从1999年到现在20多年一直在远安做课题，厂里已把他当职工了。

4. 关心兄弟学校的重点学科建设和人才培养，为别人的进步而高兴并鼓励、祝贺

当年武汉水运工程学院申报博士学位授权点的时候，国务院学科评议

组成员是史维祥（西安交通大学）、庄继德（吉林工业大学）、桑正中（镇江农机学院）、路甬祥（浙江大学）等先生，杨叔子老师列席，用他的话来说是没有投票权的"板凳委员"。即便是列席，杨叔子老师亦尽可能地提供力所能及的帮助，使得我们十分感动。当武汉水运工程学院博士学位授权点申报成功时，第一位表示祝贺和参加第一位博士学位论文答辩的就是杨叔子老师。后来，杨叔子老师还将自己的多名博士后安排到武汉水运工程学院和后来的武汉交通科技大学进行合作研究，促进了兄弟院校学科建设水平的提高。

杨叔子老师的家乡是江西省湖口县。他从华中理工大学校长岗位上退下来前夕，当时江西省是没有重点大学、没有院士、没有博士学位授权点的"三无"省，亟待发展。江西省党政主要负责同志三番五次地邀请杨叔子老师担任合并后的南昌大学校长。因为华中理工大学建设的需要，杨叔子老师也放不下自己的研究工作，表示抱歉，未能应允。后来，江西省改为邀请另外一位江西籍院士、时任清华大学学术委员会主任潘际銮教授出任南昌大学校长。为了促进南昌大学进入国家"211工程"和创建博士学位授权点，潘际銮校长上任伊始即邀请杨叔子老师担任南昌大学兼职教授，杨叔子老师推荐并请我支持南昌大学机械设计及理论学科的建设，我亦担任了兼职教授。不久，杨叔子老师又拜托北京师范大学前任校长、江西籍的王梓坤院士与黄树槐教授和我等人支持南昌大学的"211工程"建设，从不同角度为南昌大学出主意。南昌大学顺利地进入"211工程"建设，江西省亦从"三无"成为"三有"，江西省、南昌大学和潘际銮院士都十分满意和高兴。全国有一系列大学的"985工程""211工程"建设中都有杨叔子老师马不停蹄、热心快肠、神采飞扬的点评和有力推进的身影。

作为学生，我深深地记得1989年元旦前后的一次学会活动，杨老师对周围的老师说："我们的大专家来了。"我感到十分惊讶，不知何意。杨老师把我拉到一旁，告诉我："国家人事部已经评出了1988年国家中青年有突出贡献专家，我和你都评上了。"当时，武汉水运工程学院共报了5位候选人，我是唯一没有担任领导职务的，而且是唯一的一名副教授，用当时老师们讲的话是"衬托红花的绿叶",我完全没有想到自己能够评上。杨老师对一位学生的关心让我感到十分温暖。

我的小女儿陈蓉在中国科学技术大学本科阶段的专业是高分子化学,2000 年联系去美国斯坦福大学留学,杨叔子老师和徐辉碧老师十分支持。徐辉碧老师热情地给陈蓉写推荐信,并拜托武汉大学高分子化学专家卓仁禧院士给陈蓉写推荐信。十年后,应李培根校长的邀请,陈蓉学成回国,到华中科技大学机械科学与工程学院工作,杨叔子老师和徐辉碧老师特别高兴,对陈蓉一直十分关心、帮助和鼓励。陈蓉非常感谢二位老师 20 多年来一直的关心,表示要努力做好自己,不辜负老师们的期望。

5. 谦虚谨慎,诚恳待人

教育部极力推进大学合并期间的一天,我们正在学校招待所一号楼会议室举行博士学位论文答辩。不一会杨老师悄悄地走到我身边,轻声地向我请假:"陈定方同志,周济校长派人来告诉我,裘老(裘法祖教授)来学校商量合并的事宜,我要请假。"让我不胜感慨。

杨叔子老师的眼睛很早就不太好了,他恐怕不了解的人误会,就诙谐地对大家说:"各位!我早就是'目中无人了',围坐圆桌子边,我对面都看不清,我是凭声音在辨别各位,请各位谅解。"我没问原因,杨老师说,是眼底黄斑病变,就是说照相的底片(胶卷)坏了,影响成像。

6. 热心和关心全国和省市的学会工作

陈万诚秘书长回忆自己是 1985 年接手湖北省机械工程学会工作的,杨叔子先生 1988 年就倡导学会发起机电一体化学术活动,连续举办了三届研讨会。他为学会做报告可谓是有求必应。我打电话联系他,我很荣幸地成为不被徐辉碧教授拦截者之一。他参加的学会活动,包括做报告、讲课、撰写建议报告等,大事记、纪念册里都有记载。杨叔子老师重视和关心全国、省(自治区、直辖市)、市的学会工作,他多次讲过:"中国机械工程学会,有一位宋天虎,才有中国机械工程学会的今天。湖北省机械工程学会,有一位陈万诚,才办得这样活跃和有凝聚力。"

2020年是湖北省暨武汉机械设计与传动学会成立四十周年，我们十分希望杨叔子老师为学会题词，他于2020年11月12日为学会做了以下勉励和鼓励：砥砺奋进，四十不惑光辉历程；不断创新，设计传动再塑辉煌！

杨叔子老师精心培养了一批优秀的硕士、博士，在全国诸多著名高校、研究所和高技术企业都有他们的身影，而且，周围细心的人都从他们身上看到了杨老师的身影。广西大学的李尚平教授、华南理工大学的李巍华教授、西华大学党委书记李劲松教授、湖北开放大学校长钟毓宁教授、武汉理工大学黎洪生教授、工业富联的李军旗董事长等都给我留下了很深的印象。

二、华中理工大学的第一位院士担任校长

由于长期参加先生的博士研究生学位论文答辩、成果评审等，我与各位老师，特别是黄树槐、杨叔子、熊有伦、李柱、段正澄、师汉民、宾鸿赞等有频繁的见面和学习机会，亦见证了他们之间发生的一些趣事。

黄树槐老师在校长岗位退下来前夕，黄树槐、杨叔子等老师与我在东八楼前往招待所的路上边走边聊。黄树槐老师感慨自己：从黑头发干成白头发，从内行干成外行，从专家干成杂家！杨叔子老师接过来说：杂家是更高水平的专家。未曾料到，不久，他在北京开会期间，当时的国家教委主任约杨叔子老师与时任校党委书记李德焕谈话，通知他担任华中理工大学校长。杨叔子老师推辞不掉，只能走马上任。以后回忆到这个过程，黄树槐、杨叔子二位老师经常互开玩笑，感到太神了，那次聊天就像交接接力棒一样。后来才知道，当时国家教委是希望华中理工大学的第一位院士担任校长，并将学校带向一个新的高度。

对于此前仅有教研室领导经验的杨老师担任一校之长，许多人都担心他难以管理好这么大的一所学校。但是过不了多久，杨老师凭着纯真的赤子之心、厚道的谦虚、诚恳的品德以及善于学习、善于合作的亲和力、凝聚力，带出了一个团结和谐、广出人才的领导班子。他1993年1月担任华中理工大学（现华中科技大学）校长后，作为一名机械工程专家，在这所以工科见长的高校大力推行"人文教育"，并确定了"强基（加强基础）、

扶优(拿优势学科竞争)、支新(支持新生学科)、重交(重视交叉学科)"的办学原则,学校据此在1994年1月建设学科群,组建了一批学院。在杨叔子老师看来,对一所高水平大学而言,没有理科,就没有应用学科的明天;而没有文科,就没有理科、应用学科的后天。他说,"一个国家,一个民族,没有现代科学,没有先进技术,就是落后,一打就垮,痛苦受人宰割;而没有民族传统,没有人文文化,就会异化,不打自垮,甘愿受人奴役"。

无知落后固然可怕,而自甘落后更为可怕。时任校党委副书记梅世炎说,杨叔子和老校长朱九思最明显的共同之处就是重视学科建设;时任常务副校长钟伟芳老师认为,杨叔子对朱九思的办学理念有很多继承和创新,得益于他的科研成就和人文功底,他在学科建设和师资队伍建设上总能发表一些创造性意见,又善于放手发挥团队的力量。杨叔子老师从校长位置上退下来前,每年都会注意学校在社会上公认的程度,他十分欣慰地对我们说:华中理工大学在全国处在八九不离十的位置。

杨叔子老师对朱九思和黄树槐两任校长非常尊重,给我们留下了深刻的印象。他与后任校长李培根出席了武汉市校友会举办的"庆祝朱九思同志九十华诞"活动,分别做了极富哲理、热情洋溢的讲话,杨叔子的讲话发表在2006年第3期《高等教育研究》上,题目为《继承历史财富 不断丰富发展——由庆祝朱九思同志九十华诞而作》。2010年3月,他为《峥嵘岁月 追忆敬爱的黄树槐教授》作序,其文感人甚深。

三、1-6403班与杨叔子、徐辉碧二位老师的深厚情谊

华中工学院机械一系1-6403班的同学们对杨叔子老师十分崇拜和尊敬,他也特别关心我们班留校的张铁华、朱冬梅两位同学,十分关心在全国各地的同学。我们班每次来学校聚会,他都在百忙之中抽空来看望我们,我们也一定去他家拜望他。1964年,杨老师的夫人徐辉碧老师担任我们的化学老师,她教书育人的热情一直深深感动着我们,她对同学们关怀备至,与我们结下了难忘的师生情谊。正因为徐辉碧老师,使得我们有得天独厚的机会近距离接触到学识渊博、才华横溢的杨叔子校长,让我们亲耳聆听

他们的谆谆教诲,受益终身!

1994年11月,我们班同学毕业30周年返校,全体同学与朱九思、杨叔子、周济三位合影后,我们班特意派代表到杨叔子老师家里与他合影。

1994年11月,原华中工学院机械一系1-6403班部分同学看望杨叔子
自左至右:杨武轩、朱冬梅、王益民、阮庆余、尹荣义、朱森酉、袁广、杨叔子、陈定方、黎协卿、张铁华、许泽民、孙金莲

杨叔子、徐辉碧二位老师结合个人的成长,讲述了如何面对现实,坚定信念,扎扎实实,踏平坎坷,成人成才。"敢于开拓,善于总结""尊重别人,依靠集体""清廉爱国,师表崇德""出国就是为了回国""做学问先学会做人,做中国人,做现代化的中国人""一个国家,一个民族,没有现代科学,没有先进技术,就是落后,一打就垮,痛苦受人宰割;而没有民族传统,没有人文文化,就会异化,不打自垮,甘愿受人奴役"……杨老师的忠言如雷贯耳。

2019年10月毕业50周年,我们班再次派代表到杨老师家,与敬爱的杨叔子、徐辉碧二位老师合影,留下了珍贵的瞬间。这六位代表有幸全都参加过1994年的合影。

第五篇 立德树人

2019年10月，原华中工学院机械一系1-6403班同学代表看望杨叔子

黄子强同学曾经担任中山市市长，1997年5月30—31日，杨校长和负责校友会的霍慧娴副书记率原华中理工大学代表团到中山考察，杨叔子老师勉励黄子强努力为中山人民多做贡献，并关心广东校友会的工作。杨叔子老师一行到中山后详细了解中山市的经济发展情况与亚洲金融危机冲击下面临的困难和问题，并深入中山市的火炬高技术产业开发区，了解开发区高新技术企业的发展状况，到威力洗衣机厂等了解企业的发展情况，并给予许多有益的指导意见。

黎协卿是6403班一位广东籍的女同学，她的先生张芹荪曾经担任江门职业技术学院的党委书记，我们每一次聚会，看望杨叔子、徐辉碧二位老师，他都一同前往。他对6403班有这么优秀又如此亲近的良师十分羡慕和感慨。前不久，张芹荪告诉我："前阵子，智能制造与装备学院的书记，请我跟他们学院学生讲点应用文写作之类的讲座，因是熟人就答应了，连PPT都做好了。后来想，此类学生大都偏科，要学的话，应用文写作早在中学就解决了。不能解决认识问题，讲了也是白讲。因此，就自作主张把讲座的内容方向都改了。改成介绍杨校长文理相融的主张，并且力图通俗化，所以就有了人文风暴中的多则趣事，让学生好接受。整个讲座除引言及我与大先生之外，全部是先生原话，不敢随意添加揣测，恐对先生不敬。"他为部分学生开设的"没有人文的科学是残缺的——缅怀致敬大先生"讲座受到热烈的欢迎。

四、杨老师不讳言经历的磨难，留下了一段珍贵的历史

杨叔子老师在工宣队时期即1969年11月到1971年12月底在咸宁山村和向阳湖学校农场的"斗批改"中曾经受到过隔离审查的错误对待，但他对这一段经历十分豁达，感谢在此期间与他相处的老师，感谢军宣队刘崑山指挥长掌握政策"解放"了他。在杨老师的《往事钩沉》一书中他讲道："'文革'的历史，在于如何认识，在于如何对待，在于如何化害为利。'不怨天，不尤人，下学而上达'，鉴古而利今。"

《往事钩沉》对华工的"文革"运动有这样的评价："学校从成立至今，一直是团结的，在'文革'这场浩劫中也不例外，甚至可说，没有什么'内战'；从而，'文革'中学校固定资产和房屋建筑损失很小，这点在学校中深得人心。""文革"中受到过各种不公正对待的师生看到这一段话，感到特别温暖，他们认为曾经担任华中理工大学校长的杨叔子院士留下这样实事求是的评价十分珍贵。这些师生对母校的热爱更深厚了，好几位不顾严寒、疫情和病体，参加了与敬爱的杨叔子老师的最后告别。

校友们经常回忆在喻家山下的青春岁月，交流离校后几十年的奋斗经历，深叹岁月沧桑，感慨万千。校友们回忆当年的华工校园，上课、做实验、早晚自习紧张有序，业余时间东西两大操场人声鼎沸，生龙活虎，周末丰富多彩的文化娱乐活动；那种同学间"我为人人、人人为我"的优良风气仍然历历在目，令人神往。同学们回忆在校经历的史无前例的"文革"，对华工的"复课闹革命"走在全国高校前列一直十分自豪和欣慰。复课是学生的普遍愿望，师生同心协力，克服困难开展复课。"复课闹革命"中扎实有效的实践及取得的成果，包括6440班打破专业界限，探索教育与生产劳动相结合的道路，机一系1963级、1964级围绕项目设计开展教学，电机系抗大支队在大冶钢厂攻关，动力系水机专业的"五七"探索队、电机系的专业委员会、无线电系的探索，"五七"机械公社的建立，造船系

师生互动式教学、彩色电视攻关,华工赴襄阳教改小分队的活动,为学校激光产业的发展打下基础。"复课闹革命"是一个值得追忆的实践。

原华中工学院无线电系 6348 班杨宣安"文革"期间在出版科工作,近三年如一日,干遍了检字、排版、油印、铅印、铸字、校对,为华工"复课闹革命"各种教材的印刷、出版,做出了不懈的努力和贡献。他见证了"复课闹革命"时期,老师们在出版社铅印、油印和胶印教材、讲义的过程。杨宣安和我清晰地记得杨叔子老师在出版科走廊上手捧着自己编写、尚散发着油墨清香的教材时流露的喜悦之情,至今仍历历在目。

杨叔子老师曾经与我们一起如数家珍地回忆过许多令人振奋的信息:当国内高校大多陷于派性斗争之际,华中工学院在国内最先提出重点大学必须教学、科研互相倚重的新型教育观念,学校各院系纷纷出动,努力争取承接国家各部委下达的科研项目,学校内部形成了浓厚的科学研究氛围。20 世纪 60 年代初,美国发明了世界上第一台激光器。在国内激光研究刚刚起步的时候,1971 年,朱九思在机械一系成立了激光科研组,机一系 1964 级与 1965 级留校学生韩晏生、郑启光、何云贵、程祖海、李正佳、叶和青等为该科研组主要成员。以该科研组为起点,在国家相关政策的驱动下,华中工学院的激光学科得到飞速发展,1976 年开设了全国第一个激光班,1977 年在全国率先招收激光专业本科生,1978 年成立激光研究所,1986 年经国家科技部批准成立激光技术国家重点实验室,承担了大量国家激光科技攻关重点、重大课题,取得了一大批具有重大应用前景的科技成果,同时为武汉和全国培养了一大批从事激光研究和产品开发的高科技人才。武汉"中国光谷"知名激光企业的缔造者和领军人物,绝大部分来自 1971 年成立的激光科研组。该课题组研制成功的"气动窗口"项目于 1985 年获国际发明金奖。1995 年经国家计委批准成立的激光加工国家工程研究中心,为这些科研成果的转化和武汉"中国光谷"激光的产业兴起架起了桥梁。在建设激光加工国家工程研究中心的同时,华中理工大学在校内同步组建了武汉华工激光工程公司,在国内率先开创激光技术国家重点实验室、激光加工国家工程研究中心和武汉华工激光工程公司的产学研协同创新模式,孕育出一批全国乃至全球首创的科研成果，为我国激光产业的发展奠定了技术和人才基础。这也是华中地区激光产业集群领先全国、率先迈向全球的重要原因……杨叔子老师每一次都是神采飞扬地介绍母校前进的步伐，有的是满满的赤子之情，完全没有岁月沧桑之感。

五、石钟山是杨叔子老师无比眷恋的家乡

杨叔子老师的家在江西湖口的石钟山脚下、鄱阳湖湖边，这里是鄱阳湖通长江的进出口，站在石钟山上能清晰地看到长江和湖的分界线。杨叔子老师对家乡无比眷恋，他说："我儿时在湖口度过，魂牵梦绕，梦绕魂牵，永远不会忘记！"这段话是 2018 年家乡湖口县委领导来武汉看望他时，杨叔子老师说的。杨叔子老师一直想回故里，希望再能散步孩提时整天玩耍的石钟山，遥望烟波浩渺的鄱阳湖和长江，再看看儿时常乐处的矶头、读书的船厅、看戏的戏台……能再望一眼家乡一山一水、一草一木。但那时由于身体原因，他已经不能离开武汉了！家乡湖口，魂牵梦绕、梦绕魂牵的地方！

杨叔子老师安息吧！我们将专程去瞻仰杨赓笙故居暨杨叔子院士事迹展的纪念馆，并温习少年时代语文课本中苏轼写的《石钟山记》，看看杨叔子老师一辈子魂牵梦绕、梦绕魂牵的石钟山。

（陈定方，武汉理工大学教授）

怀念我的师父杨叔子院士

◇ 杨祥良

杨叔子先生是我导师徐辉碧老师的丈夫，我私下称为师父，类似于师母称谓。从我学生时代、参加工作到成家立业，师父一直关注着我的个人成长、工作进步，他崇高的家国情怀、严谨的治学风范、仁爱的育人方式一直激励着我，指引着我前行。

记得 1987 年 10 月，我通过了化学系推荐免试硕士研究生的面试，成为徐老师的学生，那时候全班只有一个名额，徐老师特别重视，对我在学校的学习生活关怀备至，要求我每个星期日中午去家里吃饭，既汇报一周学习工作进展，实际上也改善我的生活。师父非常慈爱，让我没有任何拘束，其间也会给我讲人文知识。记得有一次开饭前，师父特意叫李晓平（杨院士的女婿）单独盛好一碗菜，送到学生宿舍给他的博士研究生吴雅。因为第二天是吴雅的博士学位论文答辩，给她补充营养的同时给她打气。虽然只是简单的一份热菜，但这件事却给了我很大的触动，让我看到了师父培养学生的用心，不仅在学业上悉心指导，更会关心学生的生活，在重要的时间点给予鼓励，使他们心无旁骛地去攀登科学高峰。在持续一段时间的周日餐叙中，我深刻感受到了杨院士和徐老师一家和谐友爱的家庭氛围、简单俭朴的生活习惯，这也成为我日后生活的准则。

2000 年，正值华中理工大学、同济医科大学、武汉城市建设学院三校合并组建华中科技大学之际，学校理工医多学科交叉融合发展也提上日程。徐老师带领我们开展了"纳米中药"课题研究，运用纳米科技，推动中药现代化。"纳米中药"的提出以及相关研究得到了国家科技部相关主管部门的高度重视。时任华中科技大学校长周济带领学校领导班子,专门听取徐老师和我关于纳米中药的工作汇报。会后,周济校长指示华中科技大学下属企业——当年刚刚在深交所上市的华工科技公司和华工创投公司共同设立武汉华中科大纳米药业有限公司,通过风险投资的全新方式推动纳米医药这一新兴学科的发展。2003年,杨院士向时任学校党委书记朱玉泉报告了有关情况,朱书记三次到化学系与有关领导协商,将我从化学系调到了生命科学与技术学院,解决了项目团队科研用房的急需,极大地推动了纳米医药学科在我校的快速发展,为2009年获批国家纳米药物工程技术研究中心、2011年创建生物制药本科专业奠定了基础。

杨院士特别关注青年教师的成长。在我1995年博士毕业留校任教后,时任华中科技大学校长的杨院士每季度都会组织一次青年教师代表座谈会,听取青年教师在学校的学习工作情况,对大家在工作中遇到的难题给予解答,支持和勉励青年教师奋发向上,开拓进取。杨院士真诚听取青年教师提出的关于学校教学工作、科研创新、学科发展等方面的建议,只要是对学校发展有益的,都会采纳和改善。2012年国家纳米药物工程技术研究中心召开年度总结会,杨院士专程到会讲话,勉励中心教师和学生做好学科交叉,开展前沿研究。他为中心题写了"锲而不舍"四个字,以作勉励。2013年徐老师八十大寿之际,徐老师的弟子们计划筹建一个"徐辉碧图书室"。杨院士知道后,建议我们不要用这个命名。2017年我50岁生日时,杨院士还特意写了一首诗送我,"君今半百正驰闻,仰止高峰耸入云。险阻重重何足畏,英雄胆识敌千军",成为我坚毅前行的动力。

师父对我和我家人一直非常关心。2012年,我深夜从苏州赶到北京开会,在北京机场高速公路上发生了严重车祸,受了很重的伤。在北京医院治疗脱离危险后,我就转回武汉协和医院接受进一步的治疗。师父在

杨叔子为国家纳米药物工程技术研究中心题词

第五篇　立德树人

百忙之中抽空来医院看望，鼓励我尽快康复。对于我女儿杨子辰来说，杨院士既是大神一样的存在，非常值得敬仰，又是一位慈祥的爷爷，从小到大，杨爷爷给了她许多小礼物，她都一直珍藏着。杨子辰上初一时做了一个视频，讲的就是徐奶奶和杨爷爷作为优秀共产党员楷模的事迹，成为广州市中小学庆祝中国共产党成立100周年活动的优秀作品。这个视频作品还被收录在江西省九江市湖口杨赓笙故居暨杨叔子院士事迹展的展室里。2022年8月，杨子辰去英国读书之前，我带她回校看望徐奶奶和杨爷爷。我们到校医院看望杨爷爷，他那个时候身体已经很虚弱了，大多数时间处于昏睡状态。师父见到我女儿的时候，伸出消瘦的手拉着我女儿（小名笑笑），问："笑笑，你以后是中国人还是英国人？"我女儿开始一愣，旋即告诉爷爷是中国人，学成后报效祖国。师父听到这个回答很满意，欣慰地点了点头。虽然这次聊得不多，但是师父的爱国情怀、对青少年教育的远见卓识深深震撼着我。

尽管师父离开我们已有5个月了，但每次去徐老师家时，师父对徐老师喊"徐辉碧，你得意的学生、我的本家又来看你啦"仿佛仍在耳边！谢谢师父，我们无限怀念您，永远爱您！

（杨祥良，华中科技大学生命科学与技术学院教授）

附：杨叔子院士历年研究生名单

1978 年入学：王治藩（硕、博）　汪大总（硕）　韦庆如（硕）

1981 年入学：秦争鸣（硕）

1982 年入学：陈小鸥（硕）

1983 年入学：丁洪（硕、博）　梅志坚（硕、博）　赵卫（硕）

1984 年入学：叶兆国（硕）

1985 年入学：周安法　李劲松（硕、博）　欧阳普仁（硕）　刘克明（硕）

1986 年入学：丁汉　陶涛　郑小军　尤政　昌松（硕）　谭沈安（硕）
　　　　　　桂修文（硕）

1987 年入学：吴雅　康宜华（硕、博）　郑尚龙（硕）　戴林钧（硕）
　　　　　　徐海贤（硕）　杨光友（硕）

1988 年入学：史铁林　钟毓宁　陶友传　翁平（硕）　莫西林（硕）
　　　　　　丁忠平（硕）　柯石求（硕）　吴功平（硕）　李维国（硕）

1989 年入学：吴波　李作清　陈国锋　雷鸣（硕、博）　何涛（硕）
　　　　　　陈根林（硕）　盛秋林（硕）

1990 年入学：丁少华　梅宏斌　徐志良　高红兵　阎明印　何景光（硕）
　　　　　　朱心飚（硕）　郑军（硕）

1991 年入学：王雪　何岭松　黄其柏　赵英俊　黄锐　李白诚　郭兴
　　　　　　刘辉（硕、博）　周汉明（硕）　王贤江（硕）

1992 年入学：邵新宇　梁建成　谈兵　鲁宏伟　石磊　刘建素　赵东波
　　　　　　卢江舟　胡亦农　高宝成　崔汉国　罗欣　胡阳　柏青
　　　　　　周建国（硕）

1993 年入学：管在林　易传云　余佳兵　陈维克　朱钒　陈培林　薛鸿健
　　　　　　张征　李才伟　徐宜桂　李军旗

1994 年入学：刘世元　李锡文　胡春华　左力　李东晓　张中民　浦耿强
　　　　　　李录平　韩西京　龚发云　刘克明（非 1985 年入学刘克明）

1995年入学：江汉红　轩建平　洪生　张海霞　周杰韩
1996年入学：武新军　张洁　吴伟蔚　李晓峰　张桂才　李斌　崔汉锋　周传宏
1997年入学：程涛　熊良才
1998年入学：来五星　肖健华　饶贵安　李巍华
1999年入学：胡友民　张智勇
2000年入学：黄树红　陈勇辉　刘志平　部庆路　王峰
2001年入学：王伏林
2002年入学：蔡洪涛　何锐波
2003年入学：易朋兴　黄弢　谢守勇
2004年入学：杨明金　王林鸿
2007年入学：吴庆华
2009年入学：王二化　高阳
2010年入学：杨璠
2011年入学：熊晶
2012年入学：张贻春　张康

教育科学研究院

1999年入学：余东升　郭昊龙
2000年入学：陈磊
2001年入学：郝远　姚忆江

说明：

1.本名单系指以杨叔子名义招收入学的研究生（个别例外）。入学后，由于各种原因，有些转由有关导师指导，还有的未能结业。

2.本名单中姓名无注明的表示以博士研究生资格或"硕博连读"资格入学；注明"硕"表示以硕士研究生资格入学；注明"硕、博"表示先攻读并取得硕士学位后，又攻读博士学位。

3.郑小军是以路亚衡教授名义招入而一直由杨叔子指导的。路亚衡教授1989年逝世后，他所招收的博士研究生（包括丁汉等）转由杨叔子指导，后有的（包括丁汉）已转由有关教授指导。

4.本名单经一再校核，还可能会有遗误。

第六篇

探索与创新

大师风范　我辈楷模
——忆恩师杨叔子院士

◇ 史铁林

恩师杨叔子院士离开我们已近一年，每每想起先生的音容笑貌总会泪水充盈，充满思念。一直想写一篇回忆文章，来记录和先生相处34年来的点点滴滴，但心情总是无法平静，难以下笔。最近先生的墓园碑刻总算接近尾声，心情稍许宽慰，写下这些印象深刻的点滴，希望能为师兄弟姐妹们留下过去和先生相处的美好回忆。

初识恩师是1987年底在我的母校西安交通大学的校园里。因1988年4月我研究生毕业面临分配问题，当时的分配政策是边远地区的学生必须回到家乡参加工作，我自然只能回到家乡内蒙古工作。分配前夕，我爱人（当时还是女朋友）和我考虑到未来的发展，觉得应该继续深造，攻读博士学位，所以当时申请联系了清华大学、天津大学和华中工学院三所学校的相关导

2019年，杨叔子和史铁林（右一）及其研究生林建斌在机械科学与工程学院门前合影

师。通过查阅文献，我对恩师当时的研究方向很感兴趣，所以就联系了恩师。三所学校的导师很快都给了答复，清华大学和天津大学的导师告知已招收了本校的学生，先生回复欢迎报考他的博士研究生，并告知他近期会来西安交通大学开会，我可以去见他。第一次见先生的印象还非常深刻，是在交大一村一招一楼的一个房间。敲门后先生非常热情地将我迎进房间，尽管是西安的冬天，但心情和身体一下感受到巨大的温暖。先生详细了解了我攻读硕士期间的研究工作，并向我介绍了他目前的主要研究方向和研究课题。我攻读硕士期间的研究工作是噪声的主动降噪，和先生课题组的研究方向有密切的相关性，所以他鼓励我积极报考，并欢迎我加入他的研究团队。我于1988年1月来武汉参加了博士研究生入学考试，5月收到入学通知，9月初来武汉报到，自此开始了和先生34年的相处和追随。

先生1988年录取了李劲松、钟毓宁和我三位博士研究生。李劲松是先生的硕士研究生，毕业后继续追随先生攻读博士学位。钟毓宁是机一系王时任老师的硕士研究生，毕业后也考取了先生的博士研究生。当时先生的课题组有三个大的研究方向：一是无损检测方向，主要聚焦于钢丝绳的断丝定量检测；二是制造业的信息化技术，主要是将信息技术、计算机技术等现代科技应用于传统制造业，实现制造业的升级换代；第三个方向就是设备的状态监测、故障诊断技术以及振动与噪声控制技术。我们三位学生依据自己的研究基础各选一个方向作为自己的博士学位论文的研究选题。先生在研究方向的选择方面非常尊重我们的意见，学生都可以依据自己的兴趣和特长进行选题，这对于研究生培养十分重要，使学生能尽最大优势发挥自己的特长。这一传统一直延续到今天，我自己的学生基本上也可以按照个人的兴趣在一定范围内进行论文选题。

设备状态监测与故障诊断技术是先生1981年作为访问学者从美国威斯康星大学麦迪逊分校回国后开始启动的研究方向，是国内最早在这一领域开始工作的学者之一。这一新技术在国外也是刚刚开始得到军工领域和学界的重视，先生敏锐地意识到这一技术未来广阔的发展和应用前景，特别是将智能技术应用于故障诊断技术，发展智能诊断技术是未来的发展趋势，他建议我选择有挑战性的研究课题。今天回过头来看,先生对学科方向的把握非常具有前瞻性,目前以这一技术为基础的智能运维技术已成为智能制造领域最重要的关键技术之一。

设备状态监测与故障诊断最重要的技术基础是信号处理。20世纪80年代初无论是学界还是工业界,通常都采用模拟信号处理技术进行信号分析,最典型的代表仪器是丹麦B&K公司的2032信号处理仪,频率分辨率很低,通常采用倍频程或1/3倍频程进行分析,这种分析精度远远不能满足诊断设备故障的要求。先生是国内最早提出采用数字信号处理技术进行信号分析的学者之一,并带领课题组在80年代初就开发完成了以Apple Ⅱ为基础的"动态信号处理系统",这是国内最早采用汇编语言完成的数字信号处理系统。该系统采用汇编语言,具有数字滤波、频域分析、时间序列分析等基本模块,可满足教学、科研和工业领域大部分信号分析的功能需求,成为国内高校、研究院所和企业最受欢迎的数字信号处理系统,在国内先后有100多家研究机构使用该系统,对国内数字信号处理技术的发展和工程应用起到了重要的推动作用。这段时间先生在百忙中完成了他最重要的学术著作之一——《时间序列分析的工程应用》。这部学术专著是他回国后将在美国访学期间的研究成果继续完善后的呕心沥血之作,是国内第一部对时间序列分析进行系统阐述的专著。先生给我们用最简洁的语言对时间序列分析理论进行阐述。对一个复杂系统,如果不能对其进行准确建模,我们就可以把它当作一个"黑箱"来处理,通过这个"黑箱"的输入输出就可建立其动力学模型,这个模型和原系统具有相同的动力学响应,通过时序建模就可对系统进行分析。今天看来,这一学术思想和我们目前广泛采用的数据驱动的建模分析是同样的思路,只是建模方式不同,一个是数据驱动的时序建模,一个是数据驱动的神经网络建模,但都解决了复杂巨系统的建模分析问题。

先生在把握科研方向和发展趋势方面非常具有前瞻性。早在20世纪70年代末80年代初就提出要将智能技术应用于工程领域,是国内智能制造技术的开拓者。同时还在国内最早提出智能诊断这一发展方向,我的师兄 1986 级郑小军、丁洪就是国内最早在这一研究领域选题并进行研究的博士研究生，他们的博士学位论文选题都是"基于知识的诊断理论与技术"这一研究方向。我和先生讨论后也选定智能诊断作为自己的博士学位论文研究方向。

先生的学术理念一直秉承需求驱动的研究思想，他始终强调任何研究应该来源于工程需求。论文研究过程中的几件事令我终生难忘。第一次随先生出差是去位于湖南郴州的原广州军区坦克修理部门。这个部门的负责同志慕名找到先生，希望帮助他们解决坦克发动机的早期故障诊断和视情维修问题，以降低坦克发动机的故障率，提高装备的保障能力。我们是1989 年 3 月第一次去郴州现场调研并了解需求。当时国内的铁路系统运力紧张，卧铺票非常难买，广州军区来接我们的同志建议等几天买到卧铺票再出发。可先生却坚持越早越好，坐硬座也没问题。所以我们乘坐没有空调的绿皮硬座车，差不多坐了一个晚上才到达郴州。到达部队后，当天就去现场进行实地调研，坐在狭小闷热的坦克里进行现场体验，并系统了解部队的实际需求和项目目标。返校后先生指导我进行了详细的方案设计与实施计划，并反馈给广州军区相关部门。这是我第一次实际接触来自工程领域的科研项目，深切体会到先生对科研工作的严谨忘我和对日常生活的无所求，这种品质深深影响了我对工作和生活的理解与态度。

1990 年，课题组联合清华大学、上海交通大学、哈尔滨工业大学和机械部哈尔滨电工仪表研究所共同承担了国家"八五"攻关项目"大型旋转机械状态监测、分析与故障诊断技术研究"。华中科技大学负责诊断专家系统和机电耦合机理方面的研究任务。先生在 1980 年前后就提出将智能技术应用于工程领域是未来最重要的发展方向，其后就布局开展了智能制造和智能诊断方面的研究工作。这一学术思想在这个"八五"攻关项目中得到了工程应用，课题组开发完成了具有 3000 多条诊断规则的"大型旋转机械故障诊断专家系统"，并成功应用于项目的工程应用单位通辽热电厂。这也是国内第一套应用于工程实际的智能诊断系统，虽然系统的智能化程度和诊断能力尚不尽人意，但这套系统开辟了国内在这一研究领域工程应用的先河。这套智能诊断系统经过不断的完善和改进后在扬子石化热电厂、湖北汉川电厂、湖北阳逻电厂、湖北荆门电厂、武钢氧气厂等大中型企业得到应用,产生了显著的经济与社会效益。

这期间有一段经历让我终生难忘。项目立项论证初期,先生带着我,还有刚从加拿大回国不久的程时杰院士(2007 年当选中国科学院院士)一起去大庆新华电厂现场调研和立项论证。1990 年铁路系统只有速度很慢的绿皮火车,且卧铺票非常难买,因为时间问题订不到卧铺,先生当时已 57 岁了,坚持和我们一起坐硬座去大庆。这趟旅程记忆非常深刻,先乘坐 248 次列车从武汉至北京,中间在北京站候车有 7~8 个小时,再乘北京至哈尔滨的硬座差不多也是 20 个小时,下车后又乘汽车去大庆新华电厂,好像也有 4~5 个小时,到达新华电厂已是半夜。前后一共 50 多个小时,先生没有一句抱怨,到达后的第二天就开始工作。每每想到这些心里就隐隐作痛,他对生活没有任何要求,多大的苦都能忍受,多大的困难都能坚持,从来没有任何抱怨,即使成为院士和校长后也没有任何改变。1994 年初已是院士和校长的先生,和我一同从北京到南京,参加课题组承担的扬子石化公司热电厂项目的验收,也是买不到卧铺车票,他也不愿意麻烦学校驻京办,坚持和我一同乘硬座,整整一晚上 10 多个小时坐到南京,那时先生已过 60 岁了。这些点点滴滴对我产生了巨大的影响。生活上低标准,工作上高标准,这是先生坚持一生的信念和作风。

20 世纪 90 年代初,随着互联网技术的发展,先生敏锐地意识到远程诊断及远程控制会是未来诊断技术的发展趋势,课题组在先生的指导下开始相关方面的研究工作。恰好 1995 年课题组联合华中科技大学动力工程系韩守木、黄树红教授课题组共同承担了荆门热电厂 20 万千瓦汽轮发电机组监控系统的信息化改造项目。这个项目是国内第一套 20 万千瓦汽轮发电机组监控系统的计算机化改造,将传统的监控仪表全部改造为数字化系统,采用了课题组一系列最新的研究成果,包括具有组态功能的监控软件系统、基于知识的智能诊断系统以及远程诊断中心。特别是远程诊断中心的建立开创了国内远程诊断的先河,解决了诊断专家的异地诊断问题。以此为基础,先生的博士研究生何岭松开发了远程网络诊断系统，进一步发展出了基于互联网的虚拟仪器系统以及基于手机客户端的应用 App，成为目前国内高校最受欢迎的科研教学软件。

先生在注重科学技术应用于工程实际的同时，也非常重视基础理论的研究。围绕智能诊断与智能运维技术，先生先后出版完成了《基于知识的诊断推理》《人工智能与诊断专家系统》《机械故障诊断的时序方法》《时间序列分析的工程应用》等多部学术专著，是国内最早出版的智能诊断专著，起到了在这一研究领域的学术引领作用，在故障诊断和智能诊断领域先后获国家教委科技进步一等奖、二等奖，机械工业部科技进步一等奖，国家科技进步三等奖。更重要的是这些研究成果在工程中得到了成功的应用，为相关行业的安全生产发挥了重要的作用。先生在这些奖项中坚持不做第一获奖人，而是把这些荣誉更多地让与我们，这种谦让一直成为课题组的传统，团队 30 多年来从没有因为荣誉等利益产生矛盾，形成了良好的学术氛围和和谐的工作氛围。这一优良传统能保持至今，与先生的言传身教密不可分，也成为我们终身奉行的准则和信仰。

先生不仅在学术上给我们以巨大的帮助和指导，为我们提供了广阔的发展空间，同时在生活中也给我们以巨大的关怀。记得 1992 年至 1993 年期间，我在扬子石化公司热电厂做项目，那段时间正是我爱人怀孕期间。她一人既要上课，还要照顾自己，甚是辛苦。而让我非常感动且终生难忘的是先生那段时间给我爱人以巨大的关怀，经常在家里煲好鸡汤，然后让女婿李晓平老师给送到家里，先生自己还经常去家里看望。每每想到这些我现在依然感到巨大的温暖。我和爱人经常提到这些，甚至相信儿子如今 186 厘米的身高，与先生及师母当年送去的鸡汤有直接的联系。先生对我们一家人的关心一直持续他生命的最后阶段。每次我去医院或家里看他，他总忘不了问王宇红（我爱人）好吗，昊子（我儿子昵称）怎么样了。这种发自先生内心的关心，一直持续到他生命最后的清醒阶段。这些画面深深地印在我的脑海中，每每忆起依然禁不住落泪，可能这辈子都不会忘记。

回顾过往 30 多年先生的学术生涯，对我们一众弟子一生的学术研究都产生了巨大的引领和指导作用,我们所取得的每一点进步和成就,都倾注了先生巨大的心血。他把我们引到学术最前沿,也把我们推向全国性的学术舞台,为我们提供和创造了尽可能多的学术机会,使我们众多弟子能栖身国内外学术前沿。我们今天所取得的这点成就,这一切都离不开先生的培养和鼓励,我们也将把这一育人传统一直传递下去,为国家培养更多高素质的合格人才。

大师已去,但他的精神永存。我们将以先生为榜样,努力做好自己的本职工作,以教书育人为己任,让先生的思想和精神一直传承下去,为实现中国梦贡献自己的微薄之力。

(史铁林,华中科技大学机械科学与工程学院教授)

智能制造的先行者杨叔子院士

◇ 吴波

1989年,我走进师门,成为恩师杨叔子院士的博士研究生,转眼之间已30多年了。往事历历。先生的情怀、先生的人格魅力、先生的远见卓识一直难以忘怀,谨以此文表达对恩师的深切怀念!

2015年,杨叔子和吴波在机械学院

读博期间,我的研究方向是状态监测与故障诊断,1992年博士毕业后留校,先生找我谈话,谈及留校后的研究方向,一是继续从事故障诊断研究,二是改变研究方向,转向智能制造方向。这是我初次接触智能制造概念。先生谈到,当前国际上已经开始关注到人工智能技术与制造技术的深度融合,提出了智能制造的概念,这是一个重大的研究方向,也是制造技术的发展趋势,但国内还未引起足够的重视。课题组已组建了智能制造研究团队和实验室,问我是否愿意加入。随后在先生的指点下,我查阅了相关资料,了解到先生早在20世纪80年代中期就开始致力于人工智能技术在机械工程中的应用研究,认为这方面的研究,将改变我国制造业"设计落后、装备陈旧、工艺粗糙、管理松懈"的现状。先生通过在机械工程领域引入人工智能这一新兴学科,在基于知识的状态监测与故障诊断和智能控制等多个方面取得了多项成果,对于推动我国人工智能技术在机械工程中的应用起到了不

第六篇 探索与创新

容忽视的作用。我读博期间的研究课题就是基于知识的诊断系统。

时至20世纪80年代末，国内外众多的研究者开发了种类繁多的面向制造过程中特定环节、特定问题的专家系统，基于知识的系统和智能辅助系统，这些研究及成果在一定程度上促进了设计型智能技术、规划型和控制型智能技术、监视与诊断型智能技术的发展，在机械制造领域形成了一系列"智能化孤岛"，提升了制造过程中决策自动化水平。但是，先生认为，所有这些成果尚停留在人工智能技术在机械工程中应用的初级阶段，未来的制造自动化应该是高度的集成化与智能化的有机融合，制造自动化的进一步提高有赖于整个制造系统的自组织能力（即表现出的智能行为），因此，面向制造环境的全面"智能化"研究还处于起步阶段。80年代后期，国外已有学者提出了旨在提升制造过程决策自动化的智能制造的概念。先生敏锐地关注到国际上这一领域的研究动态，并在国家自然科学基金委员会组织的"机械制造的未来"研讨会上首次探讨了智能制造的研究问题，指出"机械制造智能化是当前的主要趋势之一"，认为智能制造是21世纪的制造技术，是制造业从信息时代走向智能时代面临的严峻挑战，是未来经济、社会竞争的一个重要侧面。随后，先生组建了智能制造研究团队，在国内率先开始了智能制造研究的早期探索，相继发表了《智能制造技术与智能制造系统的发展与研究》等多篇学术论文。在这些论文中，先生全面阐述了智能制造的研究背景，分析了智能制造的发展现状与趋势，阐明了智能制造技术与系统的内涵，构建了智能制造研究与应用的基础构架，提出了智能制造技术与系统的研究方向，这对我国制造业发展和智能制造的推进具有里程碑式的意义。

在当时，智能制造不仅在国内是一个较为陌生的概念，国际上对智能制造的内涵也没有一个比较清晰的共识。先生认为应该从两个角度来解析智能制造，一是智能制造技术，二是智能制造系统。先生指出，智能制造技术"是指在制造工业的各个环节以一种高度柔性与高度集成的方式，通过计算机模拟人类专家的智能活动，进行分析、判断、推理、构思和决策，旨在取代或延伸制造环境中人的部分脑力劳动；并对人类专家的制造智能进行收集、存贮、完善、共享、继承与发展"。这也是国内首个关于智能制造技术内涵的明确界定。而智能制造系统是基于智能制造技术实现的制造系统，它将体现在制造系统各环节及环节间相互作用过程中的智能制造技术与制造环境中的人以柔性方式有机集成起来，并贯穿整个制造过程中。智能制造系统表现为制造单元的智能化和系统整体的智能集成化。先生明确指出："从整体来看，制造过程一定要智能化，我们整个工业发展最后也要走向智能制造。智能制造是整个制造过程的智能化，涵盖了产品的市场、开发、制造、管理、销售与服务整个过程。从某种意义上，智能制造就是进一步的现代化的工业化。"

了解到相关背景及研究情况后，我深深感受到先生的远见卓识，随即表示愿意加入智能制造研究团队，从事智能制造研究。当时智能制造研究团队核心成员有丁洪、吴雅、杜润生等老师。与此同时，先生还依托学院原CIMS实验室，组建了智能与集成制造研究中心，并于1993年获批智能制造技术教育部开放实验室，1999年教育部调整认定为智能制造技术教育部重点实验室。这应该是全国首个智能制造技术部级实验室。该实验室后来演化为华中科技大学数字制造装备与技术国家重点实验室和现在的华中科技大学智能制造装备与技术全国重点实验室。

1992年，在国家自然科学基金委员会组织下，先生访问新加坡，与新加坡签订了中新智能制造国际合作研究计划。1993年，该计划中的原华中理工大学与新加坡南洋理工大学智能制造国际合作项目"模具智能设计、制造及系统的开发"（1993—1996）率先启动，这应该是全国首个智能制造国际合作项目，也是我加入智能制造研究团队后参与的第一个智能制造相关研究课题。参与该项目的团队除了我们团队外，还有原华中理工大学材料学院的李德群、肖祥芷等教授团队。

与此同时，在先生多方倡导下，智能制造的研究亦引起了国家自然科学基金委员会的重视，1993年，先生牵头，联合南京航空航天大学、西安交通大学和清华大学提出的"智能制造技术基础"国家自然科学基金重点项目获批立项，这是我国首个智能制造国家级项目。项目研究内容包括智能制造基础理论、智能化单元技术（智能设计 ID／智能工艺规划 IPP／智能制造 IM，智能数控技术，智能质量保证、监测与诊断技术）、智能机器（智能机器人、智能加工中心 IMC）等。其中，我校承担智能制造基础理论、ID／IPP／IM 关键技术、IMC 及其相关技术，南京航空航天大学承担智能机器人及其相关技术，西安交通大学承担智能质量保证、监测与诊断技术，清华大学承担智能数控技术。在国家自然科学基金委的大力支持下，通过各承担单位的共同努力，项目于 1997 年 12 月顺利完成，并于 1999 年 5 月通过国家自然科学基金委员会的验收。

在项目开展过程中，先生带领我们团队首先在基础理论与技术构架方面开展研究。先生指出，制造智能的高度集成是智能制造的重要特性，智能制造的目标是制造环境的"整体的智能化"，要想解放人的脑力劳动，必须提升制造过程整体的自组织能力与决策自动化水平。而制造过程整体的自动化水平与组织能力则取决于各环节的集成自动化水平与集成智能水平，因此，集成智能技术是整个制造行业自动化水平实现质的飞跃的必要条件。其次，智能制造的集成性来源于制造过程各环节的紧密联系性。制造过程的各个环节是密切联系、彼此影响的。从技术的角度看，无论是产品生产的整个生命周期，还是其中特定环节的问题求解，决策工作所依据的制造知识不仅与特定环节有关，还将来源于与该求解问题相关的其他制造环节。从这一角度出发，智能制造在一定意义上就是"集成的智能"或"智能的集成"。先生还特别强调智能制造单元技术的集成，包括并行智能设计，生产过程的智能调度、规划、仿真与优化，产品质量信息的智能处理系统，制造过程与系统的智能监视、诊断、补偿与控制，以及生产与经营管理的智能决策系统等。

在强调智能制造集成性的同时，先生还指出，分布式自治是智能制造系统的本质特征。这一特征既是对传统控制策略的超越，也与智能单元本身的自治性有关。传统制造系统的控制与调度主要采用数据流自下而上、控制信息自上而下的递阶控制策略。这种控制策略尽管取得了一定成就，却并未考虑真实制造环境的不确定性与不可预见性，制造系统的柔性、敏捷性和对环境的适应性受到严重的制约。随着制造单元的智能化水平不断提升，制造单元本身的处理能力增强了，在控制方式上也应给予智能制造单元更大的自主权，由此，制造系统将获得更大的柔性，更能增强对环境的适应性，提升制造系统的决策自动化水平和自组织能力。因此，先生认为，智能制造系统本质上应是一个分布式协同求解的多自主体智能系统，其本质特征表现为智能制造单元的"自主性"和智能制造系统整体的"自组织能力"。

循此思路，我们团队提出了分布式网络化智能制造系统构架，研究了实现智能制造系统运作的相关理论与若干关键技术，如制造自主体统一构架、智能制造系统中的合作与协调机制、面向智能制造系统的信息与知识处理技术、智能制造系统的集成理论与技术、智能制造系统建模与实时运行状态监控技术、智能制造系统中的消息传递机制等。基于上述研究，团队构建了一个"基于多自主体的分布式智能制造系统"构架，使得制造系统中各子系统（或智能自主体）的关系从传统的紧密耦合转变为松散耦合，以提高系统的柔性和自组织能力。

"智能制造技术基础"项目中，我们承担的另一个主要任务是智能机器的研究。项目团队重点研究了智能加工中心（IMC）的智能控制方法和技术、多传感器信息融合技术、刀具状态智能监测技术以及 IMC 自修复技术。并且建立了基于 Agent 的 IMC 智能自主体原型结构，并将其作为一个智能加工单元连接到分布式网络化智能制造原型系统，参与系统的运作，实现了基于网络的 IMC 远程操作控制与运行状态监控。其中的各项智能化技术，通过验证性试验取得了满意的结果，如加工过程的自适应控制在粗加工条件下可提高效率 30% 以上，刀具状态监控能及时准确地预报刀具失效状态并自动进行紧急处置。

在上述研究的基础上，项目团队开发了分布式网络化智能制造原型系统。这些研究成果不仅着眼于制造系统的高效率，更重要的是通过智能化和集成化的手段来增强制造系统的柔性与自组织能力，提高我国制造业的竞争能力和快速响应市场需求变化的能力。

第六篇 探索与创新

在"智能制造技术基础"项目实施期间，1995年6月，先生作为大会主席在原华中理工大学组织召开了由国家自然科学基金委员会、美国光学工程学会、香港王宽诚基金会和原华中理工大学联合主办的首届"国际智能制造会议"，来自16个国家和地区的近百名专家围绕"智能制造技术最新成果""制造的智能化、集成化和柔性化发展"等主题进行了热烈的讨论与交流。其中，先生在会上做的主题报告《智能制造：21世纪中国制造战略面临的挑战及应对》，引起了与会专家的强烈共鸣。

2001年，为了整合我国智能制造研究队伍，促进我国智能制造研究工作的开展和工程应用，经过充分的酝酿和广泛的联络，在获得智能制造相关领域有影响的专家、学者的积极响应和大力支持下，先生与华中科技大学熊有伦院士、李培根院士、黄心汉教授和周曼丽教授等领衔，向中国人工智能学会提出成立中国人工智能学会智能制造专业委员会的建议。该建议得到中国人工智能学会大力支持，2005年，中国人工智能学会理事会同意成立智能制造专业委员会，并上报中国科协。2008年，智能制造专业委员会获中国科协、国家民政部批准正式注册成立。智能制造专业委员会的成立，为我国智能制造相关学科领域的研究人员和相关企业及工程人员建立合作与交流，加强学术界与企业的联系，及时跟踪国际研究前沿，有效地参与国际合作提供良好的平台。作为提议者，先生倍感欣慰！

先生早在三十年前，就意识到推进智能制造是我国提高制造业国际竞争力的必由之路，倡导开展智能制造研究，并为此大声疾呼和身体力行，是我国智能制造的先行者。先生的倡议与行动不仅有力地推动了我国智能制造的起步，而且为我国智能制造的研究与应用奠定了重要的思想基础与发展框架。2015年开始，智能制造成为国家战略，"十四五"规划将智能制造作为我国制造业转型升级，建设制造强国、质量强国的主攻方向，这充分体现出先生的远见卓识。

深切怀念永远的恩师——杨叔子院士！

(吴波，华中科技大学机械科学与工程学院教授)

深情寄哀思：
杨老师带领我们在钢丝绳上行走

◇ 康宜华

杨叔子三个字在我们心中重千钧。他终其一生研究钢丝绳无损检测理论，带领我们用科学与技术安全行走在钢丝绳上。

2017年，杨叔子和康宜华在实验室

缘起

1984年，原抚顺煤炭研究所承担国家"六五"科技攻关项目，开展煤矿提升机钢丝绳的无损检测。项目做了4年即将结题，但依旧还没有获得钢丝绳断丝检测信号的稳定评估结果，急需在国内寻找合作。我不太清楚是谁引荐的，该项目组的刘连顺、韩连生两位专家找到了杨老师，他们听说杨老师刚从美国回来，带来了先进的信号分析与处理理论，寄希望于在处理钢丝绳断丝检测信号上获得突破。他们的项目做到现在，经费所剩无几，就问杨老师"6000元能做不"？杨老师毫不犹豫地答应了。从此，6000元的项目经费就把一帮弟子们串在了钢丝绳上。杨老师直接指导的博士研究生先后有王阳生、李劲松、康宜华、黄锐、胡阳、武新军、谈兵、高红兵、刁柏清、饶贵安等十位，还有十几位硕士研究生。

1995年，我做完博士后留校，开始独当一面时，开张的第一个合作项目是与江汉机械研究所合作的6000元的录井钢丝的无损检测，从此进入了石油行业的"油井管、杆、绳"无损检测理论和技术研究；10年后再跻身冶金行业的"无缝钢管"在线无损检测理论和装备研究；再过了10年，进入汽车轴承零件制造业的产品质量无损检测技术和设备研发。一晃，就过去了近40年，跟随杨老师30多年的人和事仍历历在目。

初试信号处理

等空间采样方法。钢丝绳数字化无损检测的成功，起步就在于把常规的等时间采样的理论发展为等空间采样技术。刚开始，断丝漏磁场检测是采用感应线圈接收的，速度的快慢对信号幅度有直接影响，同时也使得断丝点在空间上定位不够精确。所以，课题组首先提出了采用位置编码器（也即里程轮）实现等空间间隔的采样方法，由里程轮走1.0mm或0.5mm控制信号系统采集一次信号，这样得到的信号序列就不是等时间采样下来的时间序列，而是等空间采样下来的空间信号序列，信号对应的空间位置就有了物理定义，也使得时间序列分析的理论可以直接用来对这一类序列进行信号处理与辨识。同时，检测信号可以做到与速度快慢无关，由此，断丝的定位（定性检测）和断丝根数的定量（定量检测）成为可能。

"差分超门限"方法。钢丝绳断丝检测的第一步是提取断丝产生的异常信号。王阳生博士首先提出了空间序列信号的"差分超门限"方法，采用向前一步差分信号的绝对值作为评价断丝有无的特征量，成功提取出信号，确定出断丝发生的位置；进一步，通过"差分超门限"的数量和分布评估出该位置上的断丝根数；论文首次发表在《NDT&E》杂志上，至今仍被相关人员引用。首次实现了断丝根数的定量检测，打破了日本钢丝绳检测专家滕中雄三说的"钢丝绳断丝定量检测不是不可能，那也是非常困难的"预言。当初，他是国际钢丝绳检测研究的泰斗。滕中雄三教授从事钢丝绳检测工作60余年，来我校交流过两次，第一次请他来讲学钢丝绳检测，第二次请他来参加钢丝绳断丝定量检测的鉴定，两次杨老师两次均做了热情接待。"差分超门限"方法在课题组的后续研究中被不断扩展，基于差分信号的数据平滑、向前多步差分、多通道阵列的多步差分信号矩阵、空间序列的谱分析、空间序列的小波、空间序列滤波器等研究成果形成了空间序列的分析、处理、识别的理论和方法，这些研究丰富了时间序列分析，在《时间序列分析及应用》等专著中均有体现。

计算机应用研究。开展钢丝绳断丝定量检测研究的过程，其实就是我国开展计算机技术应用的历程。杨老师超前的"信息化""数字化"的研究理念根深蒂固地改变了我们的研究方法和方向。课题组最舍得花钱的就是买计算机。我记得1984年刚到实验室参观的时候，是几台APPLE Ⅱ单板计算机，在此计算机上开展"人工智能专家系统"的研究，除了在故障诊断上的研究成果外，还有我当时看好的"中医把脉诊断专家系统"。当时跟上海的长海医院合作研究，已做出来了几台样机，初步完成了测试。要是跟钢丝绳检测方向一样持续研究，到今天可能就成为国产医疗仪器的重大设备了。很荣幸，我们钢丝绳课题组上手就是用的IBM086计算机，随后均是跟随最新的计算机在开展应用，从186、286、386、486到当时最贵的阿波罗便携计算机（1990年一台价格为1.8万元）、军用计算机。杨老师从美国回来时带回来最贵重的也就是两台IBM086计算机。可见他老人家对计算机是多么喜欢，对计算机应用多么挚爱。就连教研室的名称也被改为"工程测试与信息研究所"。

算法研究。数字信号处理理论的关键在于算法，应用的关键在于软件。围绕定量化检测，系统开展了非平稳信号的采集、预处理、特征提取、诊断与辨识等理论和方法的研究，在定量化无损检测基础理论和方法上发表了大量的论文，其中，胡阳博士开创了漏磁CT检测理论的研究先河。随着计算机技术的发展，课题组不断改变算法研究与实施的策略。起初，计算机的运算能力和存储空间不足，算法的研究主要集中在快速算法上；随后，算法的研究集中在多维、多谱、多向量融合上；再后来在小波变换和神经元网络上；在网络和大数据分析上……每一个阶段都是培养和磨炼学生们能力的关键时期。印象比较深刻的是，在实现等空间采样方法上花费了很多的精力，APPLE Ⅱ没有外触发，只能将里程轮的计步脉冲和信号同时等时间采集下来，由软件将检测信号列序列映射到空间计步序列中；086有了中断指令，则可由里程轮的计步脉冲去触发采集中断，实现等空间间隔的采集。为了实现这种嵌入式的软件工作，1987年，我多次往返于武汉和长沙，请教已毕业的刘克明师兄关于汇编程序代码问题，实现了通过计算机串口通信硬件接口到软件采样控制；随后，要解决扩内存、跨段存储、数据防丢失、12m/s的高速采集等诸多问题；又因高性能的计算多任务机操作系统对外触发采集时序带来困扰等，这些均随硬件和系统软件的淘汰、计算机技术的发展而不断出现。到如今，我本人和何岭松等弟子都快到花甲之年了，各种软件也都学习在手、亲自上阵编写，只因对这门技术的热爱。

磁化技术

线圈电磁铁。20世纪七八十年代的钢丝绳断丝漏磁检测探头的磁化是采用电磁铁磁化器，重量在70kg，使用起来十分不方便，同时还存在着供电、发热、防爆等方面的问题。因永久磁铁的磁能密度高、单位体积和重量下能提供的磁化能力强，随后的钢丝绳检测探头均采用了永久磁铁磁化器，具有不需要电源、不发热、防爆、轻便等优点。这是恒定磁化漏磁检测理论的选择。2023年，课题组基于脉冲磁化理论开展漏磁检测研究，可以在单位体积和重量下提供同等的强力磁化，类似"脉冲强磁场技术"而非"超导磁化技术"，通过脉宽小于10ms的窄脉冲下通大电流（1000A内）到磁化器线圈，在某一时刻点实现饱和磁化，同时采集这一时段的漏磁场分布。在传统的恒定磁场漏磁检测方法的基础上，有效实现仅仅用柔性线圈磁化的瞬态漏磁检测。

永久磁铁。永久磁铁磁化器是钢丝绳检测探头中的关键基础件。20世纪80年代末仅仅有铁氧体磁铁，传感器的重量也在20kg左右。随着国内稀土永久磁铁的发展，单个磁铁的磁能积不断提升，传感器的体积和重量不断减小，这段时间课题组的研究重点在于磁化器磁路的优化。到了 90 年代末，钢丝绳检测探头的体积和重量已经优化到了极限：小的电梯钢丝绳（直径 Ø16mm 以下）检测探头 2.5kg，中等的卷扬机钢丝绳（直径 Ø50mm 以下）5kg，但斜拉桥的斜拉索和升船机用钢丝绳（直径 Ø130mm 以下）20kg。钢丝绳探头的设计图从李劲松博士在西七舍挥汗画的第一版（1986 年 7 月）开始，到现在已不下几十版了。

传感技术

感应线圈。在钢丝绳断丝产生的漏磁场检测中，首先采用的感应线圈接收磁场，速度快，切割磁力线产生的感应电压就高。所以，这类仪器在高速时信号大，在低速时信号小，在变动的速度下信号忽大忽小，给定量化的信号分析与评估带来很大的困扰。接手钢丝绳项目后，杨老师就直接指示我们选用霍尔元件，信号幅度与速度以及速度的波动无关，规避了这些困扰，为定量化检测指明了方向。

霍尔元件。1985 年课题组使用的霍尔元件只有裸件，我记得是北京的一家研究所提供的，当成宝贝在用。寒冷的冬天里，在东一楼的一楼做实验，手冻得焊不上霍尔元件的引出线（约 0.08mm 的线），组装探头的成功率很低，围绕钢丝绳一圈 360 度布置 16 只霍尔 64 根引出线，不是断开就是短路，实验做成功一次都不容易。"耐心是成功的秘诀"，杨老师总是拎着装资料的布袋，下班后来给我们鼓劲、加油。1988 年，我发现和找到了南京熊猫电视厂生产的国产集成霍尔元件，解决了灵敏度低、制备困难的问题。为此，我跟熊猫电视厂的销售员郝大姐成了好朋友，只要回江苏老家均会经过南京去看一看她，从她那得到了进口霍尔元件的信息和采购渠道。后来，课题组大量采用了进口集成霍尔元件。只可惜国产的器件没有做成功，一直没有想明白为什么"进口的霍尔件比国产的便宜且性能稳定"。目前，我们使用的是江苏多维科技的 TMR 磁敏电阻元件——从国外回国创业的几位博士做出的国产传感器品牌，历经 15 年的努力，用上国产的传感器心里放心多了，不会担心受到进口的制约。鉴于此，课题组一直秉持杨老师告诫的"人有我有"的研究风格，没有放弃感应线圈传感器的研究，在集成化感应线圈测磁方法上下功夫，有了该类型的磁敏传感器件的制备和应用能力。

聚磁技术。在钢丝绳检测探头的研究中，我率先提出了漏磁场的聚磁检测技术（1993年），武新军教授又在三峡工程升船机大直径钢丝绳检测中进一步研究主磁通的聚磁检测技术（1995年），完善了这一方法。在检测探头上直接实现了测量磁场信号的空间滤波、去噪、信号增强等处理。我自己指导的研究生又开展了深入研究，在"磁真空检测""永磁扰动检测""高速磁化的磁后效""基于磁性板的漏磁场测量""基于磁回路的阵列位移测量""磁导率扰动检测"等方面开展了较为系统的研究，取得了丰硕的成果。

工业实践

实验研究。实验研究是钢丝绳断丝检测原理研究的一大部分。从我入课题组开始，印象深刻的就是实验研究了。干活最多的就是在钢丝绳上来回推拉检测探头，有时要做100组以上的数据，在4米来长的钢丝绳上来回拉100次以上。课题组的每位研究生均需完成这样的基本动作，每篇论文的实验数据都是拉出来的。钢丝绳检测研究的基本功分为四步：推拉探头实验、探头磁铁组装、焊接霍尔元件、统计分析数据等。实验中，杨老师一直要求"不丢一张纸片"，也许记录的数据会有用。在课题组中，我是推探头最多的人，每次重要的客人或客户到实验室参观演示，均由我来推探头。起初，由于探头、硬件、软件等不完善，重复实验中的推拉探头很重要，可能只有我能够推出100次重复试验中较好的重复性，确保计算机评判下来的断丝根数的定量准确率能够达到85%以上。后来，仪器系统的稳定性和准确率均较好了，任何人推探头也都能达到这个水平了。

煤矿实验。钢丝绳是煤矿生产中的"命根子"，对矿工而言性命攸关，从一开始进入课题组大家均有这样清晰的认识。所以，仪器的工业试验十分重要，我们做实验也更加严谨。首先在煤炭行业的提升机钢丝绳上开展实验，下井的罐笼是载人的，一根绳吊着的罐笼中有20名以上的矿工，钢丝绳一旦断裂就会造成重大事故。煤矿的生产时间紧迫，每天能够停机空出来给做试验的时间只有交接班的半小时间隙。刚开始时，试验的提绳速度只能在0.5m/s内，500m深的井半小时内也就只能做2次左右的测试。获得100次可以用于统计分析的数据非常艰难，但课题组硬花3个多月做下来了。

钨矿实验。金属矿的实验也比较困难，我和陈根林、李劲松以及赣州有色冶金研究所的蔡建龙等从江西漂塘钨矿到小龙钨矿、大龙钨矿等花费半年多时间做出了一组数据，得益于计算机性能的提升，这次的试验速度提升到了1.0m/s。在小龙钨矿一天只有半夜12点的夜班交接换班时间，可以做半小时试验测试。为了稳妥地获得试验数据，我们跟开卷扬机的班长搞好了关系，他开得稳、停得准，提高了有效检测数据的次数。那时候（1987年、1988年）到矿上去做实验，从武汉坐汽车到南昌1天、从南昌到赣州1天、从赣州再到矿上1天，跟杨老师打长途电话排队等待需要3小时以上，有时到半夜才能拨通杨老师家的电话。所以，每一个工业数据均是用时间换来的。

铜矿实验。在大冶有色金属公司开展铜矿钢丝绳检测的应用实验。一次，杨克冲教授带领我们到阳新县的赤马山矿开展实验，徒步进矿的路途中遇到临时爆破，碎石乱飞，几个人敏捷卧倒，逃过了一劫。这次试验首次实现了机械臂悬浮检测探头下的在线12.0m/s高速检测钢丝绳的目标，为检测仪器的工业应用打下了基础。长期合作下，至今仍与大冶有色金属公司丁祖俊、徐兵、严昌勇等一帮生死之交保持联络，探讨钢丝绳检测问题。"做研究，先做人"，也是老师谆谆教导我们的。

索道实验。20世纪末，中国的客运索道发展迅速，在湖南劳动局徐杨群等、国家索道检测中心刘京本等领导的支持下，国产钢丝绳检测仪在索道钢丝绳检测中得到应用，我、武新军、王俊峰、马斌等对国内的几十条索道钢丝绳开展了仪器检测，取得了第一手的数据。有一次，王俊峰、马斌两人到玉龙雪山开展索道钢丝绳检测，被大雪封山了三天，没水、没电、没吃的。我还担任过两届中国索道学会理事长,并创办了宋健提名的《中国索道》杂志。

升船机应用。承担了国家"八五"科技攻关项目,完成了三峡工程升船机钢丝绳检测仪器开发,武新军教授开展了三峡工程缆索起重机进口钢丝绳的检测,确保了施工安全。

钢丝绳在线监测。21世纪初叶,集中开展了钢丝绳在线检测系统的研究和应用推广,采用自动装卸检测探头,实现在位、定期自动数据获取。通过历史数据分析,将钢丝绳检测由确保安全无事故,发展到寿命预估最大化使用到寿命期,达到了研究初期的"既确保安全,又延长寿命"的目的。在杨老师第一部专著《钢丝绳断丝定量检测原理与技术》(1995年)出版后,时隔22年,于2017年出版了第二部专著《钢丝绳电磁无损检测》。后续在港口、海上钻井平台、航母阻拦索等行业获得广泛应用。

绳难捆起的成就

承担的项目。在长期的钢丝绳检测研究中,合作的项目无数,取得了一个又一个的成就。其中有小直径钢丝绳(断丝和绳径)定量检测理论与实现(自然科学基金项目59275233),钢丝绳内部断丝检测方法及其检测装置智能化的研究(自然科学基金项目58975266),面向制造业的可重构测试系统理论研究(自然科学基金项目50275061),客运架空索道钢丝绳检测仪开发及检测与评估技术的研究(96-920-36-09-03,国家"九五"攻关项目,2001年6月完成并鉴定为国际先进水平),大型机电系统中若干关键动力学研究"子项"多传感器信息融合技术的研究(PD9521908)(国家攀登B项目,1998—2001年验收评价为优),抽油杆、管一体式在线探伤装置及仪器研制(中国石油勘探开发研究院项目,2000年1月—2000年12月),三峡工程升船机大直径钢丝绳检测设备的研制(85-308-07-04(5),"八五"国家重点科技项目,1998年完成),斜拉索锚固区磁致伸缩导波检测关键技术的研究(国家"863"计划项目2006AA04Z435)等。

获得的奖励。钢丝绳断丝在线定量检测方法与仪器,获国家发明四等奖,

1992 年；时间序列分析的工程应用，获国家教委科技进步二等奖，1992 年；GDJY-1 型便携式钢丝绳在线检测仪，获中国有色金属工业总公司科技进步四等奖，1994 年；客运架空索道钢丝绳检测仪开发及检测与评估技术的研究（96-920-36-09-03），获国家生产安全局科技进步二等奖，1996 年；《钢丝绳断丝定量检测原理与技术》，获中国人民解放军图书奖提名奖，1996 年；EMT-I 型输电线路导线损伤检测仪，获湖北省电力公司科技进步二等奖，2000 年；油井管和钢丝绳高速高精电磁无损检测技术与应用，获湖北省技术发明一等奖，2012 年；高速高精恒磁磁化自动无损检测设备，获瑞内瓦国际发明展银奖，2014 年；在役油气管道缺陷电磁检测与监测技术发明及应用，获湖北省技术发明一等奖，2017 年。

电磁无损检测

在钢丝绳检测理论和方法的指引下，课题组传承和接力开展了大量的关联研究，在电磁超声、脉冲涡流、电磁超声导波、永磁磁扰动、动生涡流、磁导率扰动等方面深入探索。杨老师的弟子，秉承先生的治学和研究思想，在多个相关领域均取得了佳绩。

伟大的文化传承

我在大四上学期的时候（1986 年下半年），"工程测试"实验课的上课地点在东三楼的 228 实验室（既是教研室又兼学生实验室），我们机制 835 班的一位同学去做实验，回来跟大家讲："我今天遇到的实验师傅很了不得，他耐心地指导我做完了实验。"我们就告诉他，那是杨教授，你怎么能叫他"师傅"呢？老师没恼这位同学，但这位同学后悔了终生。

我读研究生时（1988 年下半年）就喜欢听杨老师讲"时间序列分析的工程应用"这门课。在东三楼一楼 102 教室，一人坐一张带台面的木椅子，没有教材，只有油印本。先生每次来上课，要么是一页纸，要么就两手空空，讲两节课，推导几黑板的公式。他一步都没有错！因为我学得很认真，事先做了预习的。课堂上他就告诫大家，"不要人云亦云"，"不超过老师的学生不是好学生"。为此,我发奋,在1988—1989年发表了关于时间序列分析的5篇论文。

我的博士生孙燕华教授传承了上述文化,从2010年开始继承钢丝绳无损检测的研究和应用工作,取得了不错的成绩,获得国家自然科学基金3项、交通部三峡工程升船机平衡钢丝绳检测课题1项、中海油钢丝绳远程智能检测课题1项、国家重点研发计划子课题钢绞线高精度磁电智能感知课题1项等;撰写中文专著3部、外文专著2章节,发表论文83篇(其中有SCI影响因子IF为9.80、8.24、6.82、5.93等),授权发明专利20项(许可转让2项)、软件著作权2项,制定国家《铁磁性钢丝绳电磁检测方法》标准1项等;获得国家技术发明二等奖1项、CSSC科技进步二等奖1项、省技术发明一等奖1项、上银机械优博论文银奖1项(金奖空缺)、全国优秀博士学位论文提名奖1项。

我的博士生宋小春教授传承了上述文化,带领10多人的研究团队,开展漏磁、电磁超声导波等研究,现已任湖北工业大学副校长。如今,他的女儿也送到我们课题组读博士,代代弟子们将先生开创的无损检测事业中薪火相传、生生不息。

(康宜华,华中科技大学机械科学与工程学院教授)

重温杨叔子院士智能制造里程碑论文的感悟

◇ 黄培

2022年11月4日晚，我国著名的教育家、智能制造专家、华中科技大学老校长杨叔子院士驾鹤西去，永远离开了我们。杨叔子院士不仅是我国智能制造领域的开创者，也是我国高校人文素质教育的主要倡导者。大师的丰碑，将永远鼓舞我们智能制造工作者前行！

今天，我再次重温了杨叔子院士于1992年撰写的《智能制造技术与智能制造系统的发展与研究》论文，深深体会到杨叔子院士伟大的预见性，故撰此文，回顾这篇我国智能制造领域开山之作的精彩内容和我的学习思考。

这篇论文发表在《中国机械工程》1992年第3卷第2期，作者是杨叔子院士和丁洪教授。丁洪教授也是我的老师，教过我们"信号处理技术"课程，近年来从事分布式数据库研究与产业化工作。距今虽然已过去30年，但这篇论文对智能制造技术的展望非常具有前瞻性、准确性，具有重要的指导意义。论文共分三部分：智能制造系统的研究背景与发展现状、存在的问题、研究方向与课题，逻辑清晰，言简意赅，为智能制造技术的发展指明了方向。

智能制造为什么？是什么？论文的第一部分介绍了智能制造系统的研究背景与发展现状。

论文指出，面对批量小、品种多、质量高、更新快的产品市场竞争要求，以及各种社会因素的综合影响，制造过程的自动化程度提高面临众多问题，而通过集成制造技术、人工智能等发展起来的一种新型制造工程——智能制造技术（Intelligent Manufacturing Technology，IMT）与智能制造系统（Intelligent Manufacturing System，IMS）可以帮助我们应对挑战。制造过程的核心问题是制造智能和制造技术的智能化。

论文提出，IMT 是指在制造工业的各个环节以一种高度柔性与高度集成的方式，通过计算机模拟人类专家的智能活动，进行分析、判断、推理、构思和决策，旨在取代或延伸制造环境中人的部分脑力活动，并对人类专家的制造智能进行收集、存贮、完善、共享、继承与发展，未来工业生产的基本特征应该是知识密集型，制造自动化的根本是决策自动化。论文指出，探讨智能制造的内涵与前景，定义制造智能的目的是通过集成知识工程、制造软件系统、机器人视觉和机器人控制来对制造技工们的技能与专家知识进行建模，以使智能机器能够在没有人工干预的情况下进行小批量生产。

论文分析了 CIMS（计算机集成制造系统）与 IMS 的关系，指出 CIMS 强调企业内部物流和信息流的集成，而 IMS 强调更大范围内的整个制造过程的自组织能力。集成是智能的基础，而智能也将反过来推动更高水平的集成。

论文强调，国内在当时已开发出众多类型、水平各异的面向制造过程中特定环节、特定问题的"智能化孤岛"，而面向制造环境的全面智能化研究工作刚刚起步。

论文指出，杨叔子院士团队在国家自然科学基金委员会 1988 年组织的"机械制造的未来"研讨会上首次探讨了"智能制造"的研究问题，并密切关注国际研究动态。

论文的第一部分最后强调，智能制造是 21 世纪的制造技术，作为其特征的双 I（Integration & Intelligence）将是 21 世纪制造业赖以行进的基本轨道。智能制造是从信息时代走向智能时代面临的重要任务。

智能制造的三个核心要素在论文的第二部分。杨叔子院士指出，现代工业生产作为一个有机的整体要受技术（包括生产系统）、人（包括间接影响生产过程的社会群体）和经济（包括市场竞争和社会竞争）三方面因素的制约。

论文指出，从技术角度来看，推进智能制造需要解决的突出问题是产品和技术的规范化、标准化和通用化，信息自动交换形式与接口，以及制造智能共享等。

论文提出，从人的因素来看，企业各方面的专家应当充分协同，并行工作；知识的表达应当存在多种层次和多种类型，便于理解和应用；人的因素对现代生产的自动化程度有着关键作用。从经济因素来看，IMS 系统强调全面提高制造过程的生产和经济效益，帮助企业提高市场竞争能力。发达国家普遍存在劳动力成本昂贵的问题，缺乏熟练工人和技术人员，但 IMS 系统的应用将使得发达国家不再依赖发展中国家的廉价劳动力。因此，我国要开发出具有自身特色的 IMS，方能在 21 世纪制造业的竞争中争得更多的机会。这段论述体现出杨叔子院士早在 30 多年前，就意识到推进智能制造是我国提高制造业国际竞争力的必由之路。论文特别提到开发企业的"销售智能"，这体现出杨叔子院士非常强调智能制造要帮助企业解决实际问题，为企业创造效益。

论文的第三部分系统介绍了智能制造与系统的研究方向与课题，包括智能制造系统理论基础与设计技术、制造智能理论及处理技术、智能制造单元技术的集成、知识库系统与网络技术、智能机器的设计，以及制造中人的因素六个方面。

论文指出，IMS 强调面向整个制造过程的系统和各个环节的智能化，有必要研究 IMS 的设计策略和开发环境（包括开发语言、操作系统和开发工具等）。

论文特别强调智能制造单元技术的集成，具体包括并行智能设计，生产过程的智能调度、规划、仿真与优化，产品质量信息的智能处理系统，制造过程与系统的智能监视、诊断、补偿与控制，以及生产与经营管理的智能决策系统。

在智能机器的设计方面，论文特别强调，智能机器人将在 IMS 中占有重要的地位，主要体现在机器的视觉和机器人控制两个方面，还需要研究机器自学习与自维护技术。

论文最后特别强调，要深入研究制造中人的因素。包括人－系统柔性交互技术；未来制造环境的设计，研究人在未来制造环境中的地位和作用，以及未来舒适友好的制造环境的设计；人才培养与教学系统，研究面向IMT & IMS的人才培养计划，研制教学示范系统。

杨叔子院士这篇重要论文对智能制造领域的发展背景和技术发展方向，以及推进智能制造对我国制造业提升国际竞争力的战略价值进行了深入论述，对我国制造业发展和智能制造推进具有里程碑意义。

事实上，我国从2001年加入WTO到2010年成为全球制造业第一大国，再到近年来在轨道交通、新能源、新能源汽车、家电、通信等诸多领域勇冠全球，智能制造技术的应用发挥了极其重要的作用。从2015年开始，我国全面推进智能制造示范工程，"十四五"规划将智能制造作为我国制造业转型升级，建设制造强国、质量强国的主攻方向，这充分体现出杨叔子院士的远见卓识。

e-works一直认为，智能制造是一个复杂的系统工程。智能制造不仅是生产制造环节的智能化，而是整个制造业价值链的智能化；不仅是单一制造企业的智能化，更是整个供应链上下游企业之间协同的智能化。这一点，在杨叔子院士30多年前的论文中就已经明确指出。

推进智能制造，集成是需要解决的核心问题。在20年的智能制造服务实践中，e-works一直强调，制造企业还存在信息孤岛、自动化孤岛、信息系统与自动化系统的断层，甚至云孤岛和多学科设计之间的孤岛等问题。这个问题在杨叔子院士30多年前的文章中就已明确指出，足见大师的前瞻性。正是为了解决智能制造相关软件的集成和互操作问题，国际标准化组织经过多年不断完善，提出了STEP（Standard for the Exchange of Product Model Data）标准。此外，OPCUA标准也有利于打通信息系统与自动化系统的断层，实现IT/OT融合。

时至今日，我们仍然不断强调，制造企业需要注重产品的三化，即标准化、系列化、模块化，要注重设计成果的重用。这方面，杨叔子院士在论文中也进行了阐述。

杨叔子院士在论文中强调要重点研究并行智能设计，生产过程的智能调度、规划、仿真与优化,产品质量信息的智能处理系统,制造过程与系统的智能监视、诊断、补偿与控制,以及生产与经营管理的智能决策系统。事实上,多学科仿真与优化、基于模型的系统工程(MBSE)、制造资源的优化调度与 APS 系统的应用、基于物联网和人工智能的设备远程监控与预测性维护、AI 质检以及基于数据驱动的智能决策,正是当前智能制造领域研究与应用的热点。

在智能制造推进过程中,还存在诸多误区,例如片面强调全自动化,追求"黑灯工厂",而忽视人的要素。实际上,绝大多数制造企业的生产模式都是小批量、多品种,需要生产多种变型产品,因此,推进人机结合的柔性自动化才是真正可行的解决方案。推进智能制造的目的是帮助企业,乃至产业链提升市场竞争力,不能单纯强调技术的先进性。先进性与实效性相结合,注重人的能动作用,积聚经验与知识,实现持续改进,才是智能制造的成功之道。这方面,在杨叔子院士的论文中也进行了阐述。

对于智能机器人的应用,杨叔子院士这篇论文的展望非常具有远见。近年来,我国智能机器人产业蓬勃发展,协作机器人、并联机器人、AGV 应用广泛,多机器人协作,集成机器视觉的智能机器人在零件无序抓取、在风电叶片和飞机机身打磨等前沿应用取得明显成效,基于智能机器人集成应用的非标自动化生产线集成商发展迅速,有力支撑了我国锂电、光伏等行业的蓬勃发展。

杨叔子院士的论文强调推进智能制造的人才培养。在这方面,e-works 已开展了长期实践,每年都举行上百场线上线下的专业培训,还发布了智能制造在线学院,现有 100 多门专业课程,积聚了众多来自学术界、工业界和智能制造产业界的专家视频讲座课件和海量的智能制造资料,50 多家行业龙头企业已将 e-works 在线学院作为企业内部培养智能制造专业人才的在线平台。

正如杨叔子院士在论文中指出,智能制造系统要考虑技术、人和经济三大要素。推进智能制造需要构建健康和谐的生态系统,工业软件、工业自动化、IT 产品供应商和咨询服务机构应当深入合作,帮助制造企业打造互联、透明的工厂，实现人与机器的高效协同，工厂设备的高效运作，按期交付成本合理、质量合格的产品，实现供应链上下游企业的紧密协作，更好地满足客户多样化、个性化的需求，帮助制造企业构建差异化竞争优势，实现可持续发展。

在我个人成长和事业发展的历程中，有幸得到过杨叔子院士的指导，令我毕生受益。杨叔子院士倡导大学生的人文素质教育也深深影响了我，鼓舞我走上研发工业软件、传播智能制造知识、打造智能制造交流与协作平台、为制造企业提供智能制造专业服务的事业发展之路。

谨以此文表达对杨叔子院士的深切怀念，向大师致敬！

1995年，杨叔子到黄培所在的课题组指导工作

（黄培，武汉制信科技有限公司CEO）

告别
——杨叔子院士《中国机械工程》发文回顾

◇ 《中国机械工程》杂志社

2022年11月4日，我国著名机械工程专家、教育家、中国科学院院士、原华中理工大学校长、华中科技大学机械科学与工程学院教授杨叔子先生，因病医治无效，与世长辞，享年89岁。

杨叔子院士1933年9月出生于江西湖口，1956年本科毕业于华中工学院（现华中科技大学）并留校任教，1980年破格晋升为教授，1991年当选为中国科学院学部委员（院士），1993年担任华中理工大学校长。

作为我国机械工程领域的著名专家，他长期致力于机械工程与信息技术的交叉研究，在国内率先开展智能制造基础理论及工程应用的研究，引领探索；作为独树一帜的教育家，他在我国高校首倡并大力推进人文素质教育，形成了丰富的文化素质教育思想，影响深远。

杨先生是《中国机械工程》第1—4届（1990—2017年）编委会委员，是本刊艰苦创业和持续发展历程的重要贡献者和见证人，他在本刊（包括本刊的前身《湖北机械》）的书卷上留下了70余篇科技论文，印刻下他和他的团队在登攀机械工程高峰的征程上坚毅求索的清晰足迹。从德高才厚的作者、可亲可敬的专家，到鼎力支持的编委，杨叔子院士与《中国机械工程》缘分深厚、志同道合，至今我们的编委队伍里还有多位先生的学生，这份信任、支持和传承，厚重珍贵，我们将长久感念！

在此，我们整理出杨叔子先生及其团队发表在本刊的论文集，从中可以约略看到一位优秀学者的学术成长路径、一个子学科及其某一研究方向的发展历程，也见证一本科技期刊的发展简史。

第六篇　探索与创新

以此纪念我们的老编委杨叔子教授。

下文列表是杨叔子老师及其团队刊发在《中国机械工程》的70篇论文（具体文章见附录，略），其中，有多篇文章具有重要价值，试举两例：

（1）1992年4月，杨叔子院士和丁洪老师在本刊发表《智能制造技术与智能制造系统的发展与研究》一文，这是我国关于智能制造的引领性文章。文章评述了智能制造技术与智能制造系统，指出智能制造确系21世纪的制造技术，分析了智能制造在发展中的问题，提出了我国智能制造的研究方向和主要课题，为我国智能制造的发展指明了方向。30年后重温，更令人感叹作者对学科发展的敏锐把握和前瞻性。

（2）2000年2月，杨叔子院士在本刊发表《网络化制造与企业集成》（作者：杨叔子、吴波、胡春华、程涛）一文。该文阐述了网络经济时代制造环境的变化与特点，指出了网络化制造模式的必然性，提出了网络环境下企业集成的基本思路及基于Agent的网络化企业信息模型。文章发表后受到学界广泛关注，并入选第一届中国百篇最具影响优秀国内学术论文（2007年，中国科学技术信息研究所评选）。

杨叔子关于智能制造的引领性文章发表在《中国机械工业》1992年第2期

网络化制造与企业集成

杨叔子 吴 波 胡春华 程 涛

杨叔子 院士

摘要： 阐述了网络经济时代制造环境的变化与特点，指出了网络化制造模式的必然性，研究了基于 Agent 的网络化制造模式及基于利益驱动的动态重组机制。在此基础上，提出了网络环境下企业集成的基本思路及基于 Agent 的网络化企业信息模型

关键词： 网络化制造；企业集成；系统重组；企业联盟；虚拟企业

中图分类号： TH16 TH-29 **文献标识码：** A

1 网络经济与网络化制造

随着信息技术和计算机网络技术的发展，世界经济正经历着一场深刻的革命，这场革命极大地改变着世界经济面貌，塑造着一种"新世界经济"，即"网络经济"[1]。其特征是信息产业将在世界范围内大发展，以此为基础的各种服务行业将成为越来越多的国家的主导产业，它将使世界经济全球化的进程大大加速，使任何国家的市场变得过于狭小，企业跨国家和跨行业联合进一步发展，经济活动将按网络加以组织。

网络经济时代，各国的经济离不开国际市场的信息、技术、资源和产品的交换，从这个意义上说，网络经济是跨国性的、全球性的经济，生产过程已经不再属于一国范围内，而是形成"无国界的经济实体"，在企业集团之间，竞争与合作、交流与限制并存，从而形成错综复杂的局面，引起世界经济结构与组织结构的重大变化。譬如，某种先进的计算机的设计工作可能在美国硅谷进行，芯片为韩国生产，软件在印度编制，整机在泰国组装，营销在香港进行。

网络经济使得制造环境发生了根本性的变化，见表1 制造业面临全球性的市场、资源、技术和人员的竞争。开放的国际市场使消费者更具有选择性，个性化、多样化的消费需求使得市场快速多变，不可捉摸，无法预测；客户化、小批量、多品种、快速交货的生产要求不断增加；各种新技术的涌现和应用更加剧了市场的快速变化。市场的动态多变性迫使制造企业改变策略，时间因素被提高到首要地位。下世纪制造行业的竞争将是柔性和响应速度的竞争，以适应全球市场的动态变化。尽管传统的价格与质量仍然是重要的竞争因素，但已不再是决定因素

表1 制造环境的变化

	传统经济时代	网络经济时代
消费者的可选择性	区域性	全球性
消费需求	物美价廉，满足基本生活需求	个性化、多样化
市场	相对稳定	快速多变，无法预测
生产需求	低成本高质量	客户化、快速交货
生产方式	标准化、系列化、大批量	单件、小批量、多品种
技术与资源	相对单一	全球分布
竞争要素	性价比	柔性与响应速度

面对网络经济时代制造环境的变化，传统的组织结构相对固定，制造资源相对集中，以区域性经济环境为主导，以面向产品为特征的制造模式已与之不相适应，需要建立一种对市场需求驱动的，具有快速响应能力的网络化制造模式，这将是当前以及今后若干时期内制造业所面临的最紧迫的任务之一，是制造企业摆脱困境，赢得市场、掌握竞争主动权的关键

网络化制造以数字化、柔性化、敏捷化为基本特征。柔性化与敏捷化是快速响应客户化需求的前提，表现为结构上的快速重组、性能上的快速响应、过程中的并行性与分布式决策。这意味着系统必须具有动态易变性，能通过快速重组，快速响应市场需求的变化。由于制造资源与市场的全球分布性，因此，这种快速重组必须建立在全球性的分布式网络化基础上

网络环境下，制造企业的组织形态、经营模式和管理机制需要有全方位的创新，使之适应网络化制造的要求。制造企业不再是孤立的个体，而是社会化大系统中的一个成员，并作为动态的制造环境

收稿日期：1999-12-15
基金项目：国家自然科学基金资助项目（59990470）

沉痛哀悼杨叔子主编

◇ 《科学与社会》编辑部

11月4日晚，中国科学院院士、我国机械工程专家、教育家、华中科技大学教授、原华中理工大学（现华中科技大学）校长、《科学与社会》第一任主编杨叔子，因病医治无效，在武汉逝世，享年89岁。

2011—2019年期间，杨叔子院士担任《科学与社会》主编之一。下文是《科学与社会》创刊号中"主编的话"。现以此文悼念故人。

不畏浮云遮望眼 只缘身在最高层

杨叔子　曹效业

《科学与社会》（由《科学对社会的影响》改版）今天面世了。作为刊物的主编，我们愿意用北宋伟大的改革家王安石的名句——"不畏浮云遮望眼，只缘身在最高层"，来表达我们对刊物改版的考虑和期待。

2011年是中国共产党成立九十周年，是辛亥革命一百周年，是我国"十二五"规划开始实施的第一年。中国科学院学部制定了学部"十二五"工作规划纲要，启动了科学文化建设工程，决定由中国科学院学部和中国科学院科技政策与管理科学研究所主办《科学与社会》杂志，作为这一工程的重要载体，它以"高举科学旗帜，弘扬科学文化"为宗旨，以"科学与社会的良性互动、科学与思想的自由讨论、科学与人文的交融碰撞、科学与传统的文化传承"为特色。一方面，广泛地向全社会传播科学理念、科学知识、科学思维、科学方法、科学原则与科学精神，积极地促进科技界提升社会责任感与道德准则,促进社会公众对科学的理解。另一方面,随着科学的社会建制化,其体制、机制、管理和价值观越来越受到社会的影响,人文文化与科学文化的交融互动共同形成了今天的人类知识文明,因此,本刊在继续讨论科学对社会的影响的同时,也将讨论社会对科学的影响。

科学是现代文明的基石。纵观人类文明发展的进程,科学技术作为不断创新的生产力,创造了巨大的物质财富;作为人类智慧的结晶,创造了灿烂的科学文化。她使人类从蒙昧走向文明,不断淬炼和升华人类理性;她使人类不断认识自然、改造自然,不断追求人与自然和谐相处;她与人文文化交融发展,不断追求和创造幸福生活、和谐社会。当今的世界是以科学技术迅猛发展为时代特征的世界,当今的中国是一个建设创新型国家和走向现代化的中国,高举科学旗帜尤为重要。我国是一个后发国家,现代科学技术的发展历史比较短,未能向西方国家那样经历科学启蒙和科学革命的洗礼。展望人类文明发展进程,人类社会将创造继农业文明和工业文明后的新的知识文明,创新成为发展的主要驱动力,知识成为引领发展的主要因素,和谐社会成为社会发展追求的主要目标。中国科学院学部作为我国自然科学的最高学术机构,高举科学旗帜是我们义不容辞的使命。我们有责任在全社会弘扬科学精神,促进社会公众对科学的理解,提高全民族的科学文化素质;更有责任引导中国科技界树立正确的科学价值观,恪守科学道德准则,履行科学的社会责任,实现科学的创新使命。

文化是人类社会的"基因"。文化的产生,使动物人变成了社会人;文化的进步,使野蛮人变成了文明人。科学文化是人类生存与社会发展的基础,人文文化是人类社会文明的前提。不论是科学文化,还是人文文化,都源于实践,源于人脑,是人类对自然系统和社会系统的探索、实践、认知和升华。科学文化中有人文文化,人文文化中有科学文化。在精神层面上,无论哪种文化,都是以知识作为其存在的载体,没有知识,就没有文化;但有知识,不等于有文化,知识载体还应含有相应的思维、方法、原则以及由知识、思维、方法、原则交融而升华成的精神。弘扬科学文化最重要

第六篇 探索与创新

的是弘扬科学精神,正如胡锦涛同志在两院院士大会讲话中所指出的:"必须大力弘扬求真务实,勇于创新的科学精神。"在人类长期的科学实践活动中升华而成的科学精神,如追求真理、捍卫真理,解放思想、实事求是,尊重实践、提倡创新,提倡学术自由、理性质疑等,已成为全人类共同的社会文化财富。与此同时,人文文化也对科学文化的发展产生重要的影响。我国有优秀的传统文化,如《礼记·大学》一开始所提出的作为"止于至善"最基础的"格物""致知",若加以现代诠释,就是研究、认识并力求践行合乎客观世界及其本质、规律,这就是求真务实。《庄子·胠箧》讲的就更为直接:"天下皆知求其所不知,而莫知求其所已知者;皆知非其所不善,而莫知非其所已善者。"这就是说要敢于对现有观点进行理性质疑。

解放思想是发展的前提。纵观人类现代化进程,没有文艺复兴、科学革命和启蒙运动,就没有后来的工业革命、英法的政治革命和德国的宗教改革运动,也就没有欧洲的现代化。回顾我国改革开放的历史进程,没有关于真理标准讨论的思想大解放,就没有中国的改革开放。正是我党确立了解放思想、实事求是、与时俱进的思想路线,中国人民才创造了世界发展的奇迹。在建设创新型国家的今天,需要大力提升全民族的创新意识,而创新需要学术自由,需要宽容失败,需要坚持在真理面前人人平等,需要有创新的勇气和自信心,解放思想在今天尤为重要。培根讲得极富哲理:"真理是时间的女儿,不是权威的女儿。"如果一切都以今天的本本作标准,来判断是非真伪,搞本本主义,岂不是就等于已穷竭了真理了吗?这岂不是打棍子、揪辫子、扣帽子等"十年浩劫"手法的翻版?温家宝在2008年"两会"期间答记者问时指出,新时期的解放思想应突出三个方面:第一就是要继续破除迷信,反对本本主义。第二,要坚持实践是检验真理的唯一标准。鼓励大胆的探索、实践和创新。第三,要使每个人,特别是领导干部的思想得到解放,也就是说要有独立思考、批判思维和创造能力。只有这样,才能使我们的国家永远保持生机和活力。

为了体现上述宗旨,本刊内容框架设计为三大板块。第一板块为我国科技界和其他领域的专家学者自由讨论科学与社会问题的园区,着力突出文章内容的思想性，提倡学术争鸣和学术批评。主要内容包括论述科学的文化传统、科学家的社会责任、科技政策与科技体制改革、科学道德与学风问题等，以及与科技相关的社会热点问题和与社会相关的科技问题等等，以论坛、杂谈、笔谈等为主要形式。第二板块刊载科学与社会相关领域的高水准研究性学术论文和介绍性、综述性文章，内容涉及科学技术与社会、科学哲学、科学思想史、科学文化等。第三板块作为信息沟通的平台，包括热点问题的讨论、学术观点的商榷和争鸣等。

编者殷切期望,本刊能与读者、作者以及关心本刊的学者、朋友一道，站得高，望得远，思得深，扫除一切碍眼浮云，在我国改革开放的大潮中，确能高举科学旗帜，弘扬科学文化，说真话不说假话，说实话不说套话，乘我国解放思想之东风，扬学界自由讨论之巨帆，架科学与社会沟通之大桥，促科学与人文交融之发展，为建设创新型国家、构建社会主义和谐社会、促进我国科学发展，做出应无愧于历史的贡献。

杨叔子生前担任《科技与社会》主编，与同为主编的曹效应业在一起

华中科技大学杨叔子院士，作为我国著名的机械工程专家，对湖北省机械工程学会工作和开展的活动，历来十分重视并热情支持。1994—2000年曾担任学会副理事长，2001年以来一直担任学会荣誉理事长。

杨叔子参加《科技与社会》编委会第三次会议

杨叔子院士十分重视并热情支持湖北省机械工程学会工作

◇ 陈万诚

一、积极倡导开展湖北省机电一体化学术研讨活动

20世纪80年代随着我国改革开放逐步深入，经济社会和科学技术包括机械工程技术迅猛发展。为促进机械和电子科技的深度融合，1988年4月，国家机械工业委员会和电子工业部合并组建国家机械电子工业部。1988年7月，在杨叔子教授的倡导和湖北省科协的支持下，湖北省机械工程学会牵头，联合湖北省电子学会、仪器仪表学会、自动化学会、计算机学会、兵工学会、华工科协和省机电院等单位，分别在1988年7月16日、1989年11月28日、1991年12月11日连续举办了三届"湖北省机电一体化学术研讨会"，每次研讨会杨叔子教授都亲自做报告。第一届研讨会结束后，杨叔子牵头撰写了《关于促进湖北省机电一体化发展的建议》，通过省科协上报省委省政府，当年11月9日的《湖北日报》第4版报道了研讨会，摘要刊登了建议稿。

1988年11月9日，《湖北日报》刊载杨叔子的文章《关于促进湖北省机电一体化发展的建议》

二、积极参加湖北省机械工程学会活动

1997 年，在学会成立 50 周年庆典活动中，时任华中科技大学校长周济致辞，杨叔子院士做报告。

2000 年 5 月，学会在华中科技大学举办 21 世纪机械科学专家报告会，杨叔子院士出席并做关于"网络化制造与集成"的专题报告。

2004 年 3 月，在学会六届四次理事会议上，杨叔子院士受邀做"先进制造技术及其发展趋势"的报告。

2005 年 5 月，学会在华中科技大学举办"先进制造工程学"技术讲座，邀请 8 位著名专家授课，杨叔子院士授课的题目是"科技发展及先进制造技术"。

2005 年 9 月，学会承办了 2005 年国际工业设计研讨会暨第十届全国工业设计学术年会及迅通杯武汉国际工业设计作品大赛，杨叔子院士到会做热情洋溢的致词，并为获奖作品颁奖。

2008 年 9 月，学会在武汉国际会展中心承办节能减排与机电产业发展论坛，杨叔子院士做了题为"走向'制造－服务'一体化的和谐制造"的报告。

2010 年 12 月，学会在武汉工程大学举办低碳经济下高技术装备制造产业与智能制造发展论坛，杨叔子院士到会致辞。

2013 年 3 月，杨院士在学会八届一次理事会议暨先进制造技术高端论坛上做关于"制造科学技术是现代科技的四大支柱之一"的报告。

三、我与杨叔子院士的深厚情谊

1985 年 5 月，我在湖北省机械工业厅科技处任副处长职务，厅党组决定安排我接替老秘书长杨淑荣负责湖北省机械工程学会工作。在长达 30 年的学会活动中，杨叔子院士同我结下了深厚的情谊。他多次在大会上说：中国机械工程学会有位宋天虎，湖北省机械工程学会有位陈万诚，才使得中国机械工程学会和湖北省机械工程学会的影响力、凝聚力和实力都很强。

2019年4月，陈万诚看望杨叔子

1. 对学会组织的活动，请他做报告可以说是有求必应

杨叔子院士是著名专家，社会上打电话请他帮助的人不可谓不多，因此他老伴徐辉碧教授接电话一般会挡驾。而我荣幸地成为不被挡驾者之一。凡是我请他为学会做报告，除特殊原因以外他都是有求必应。

1999年10月，学会在宜昌举办六省区市机械工程学会学术会议。他在女婿的陪同下驱车近400公里赶到宜昌做主旨报告，令我十分感动。

2. 我有幸多次同杨院士一起参加科协和学会的各种活动

湖北省机械工程学会会刊《机械工程》杂志升格为中国机械工程学会会刊以后，我和杨教授作为编委会委员，1990年1月在北京参加了首届编委会会议。

1996年5月下旬，我和杨教授一起在北京参加了中国科协第五次全国代表大会，并有幸同杨院士、陈竺院士同桌就餐。

从2001年开始，每两年举办一届全省性大型科技论坛——湖北省科技论坛，杨院士和我一起多次参加。我们学会承办了首届湖北科技论坛——信息技术与传统工业改造研讨会，杨院士任大会主席，亲自拟定会议主题，并致开幕词。会后在杨院士主持下，由华中科技大学吴波教授和本人执笔，撰写了《大力发展信息化制造技术和产业，促进我省传统产业改造》的建议报告，通过省科协上报省委省政府。

3. 杨叔子院士多次为学会题词

中国科学院院士用笺
CHINESE ACADEMY OF SCIENCES

制造，经济的基础，
机械，工业的核心；
没有先进的制造科技，
没有强大的机械行业，
就没有现代的社会，
就没有富强的国家。

热烈祝贺
中国机械工程学会成立七十周年
湖北省机械工程学会成立六十周年

杨叔子敬题
二〇〇六年十一月

集思广益　博采众长

切磋技术经验　交流学术思想

推动机械学科发展　促进人才成长

为建设制造强国贡献新的力量

——热烈祝贺湖北省机械工程学会成立75周年

杨叔子敬题
2022年3月28日

（陈万诚，湖北省机械工程学会原党支部书记、秘书长、监事长）

附：杨叔子院士机械工程专业类主要论著

一、论文类

【1】杨叔子. 三支承主轴部件静刚度的分析与讨论【J】. 机床，1979（9）：11-20.

【2】杨叔子，师汉民. δ函数在机械制造中的应用【J】. 华中工学院学报，1980（4）：145-154.

【3】Yang Shuzi. A Study of the Static Stiffness of Machine Tool Spindles【J】. International Journal of Machine Tool Design and Research，1981（1）：23-40.

【4】杨叔子. 机床主轴部件静刚度研究【C】. 中国机械工程学会机械加工学会第二届学术年会论文集，1982：8-18.

【5】杨叔子. 平稳时间序列的数学模型及其阶的确定的讨论【J】. 华中工学院学报，1983（5）：9-14.

【6】杨叔子. 动态数据的系统处理【J】. 机械工程，1983（5）：41-43，37.

【7】杨叔子. 动态数据的系统处理——第二讲 ARMA模型及其特性【J】. 机械工程，1983（6）：41-46.

【8】杨叔子，王治藩. 时间序列分析的工程应用——建模方法评述与研究【C】. 时间序列分析在机械工程中应用学术会议论文摘要集，1983：7.

【9】杨叔子. 动态数据的系统处理 第三讲 建模【J】. 机械工程，1984（1）：38-43.

【10】杨叔子. 动态数据的系统处理——第四讲 最佳预测【J】. 机械工程，1984（2）：42-45.

【11】杨叔子. 动态数据的系统处理——第五讲 应用【J】. 机械工程，1984（3）：42-47.

【12】杨叔子．刀具磨损在线的时序监视【C】．第三届机床设计与研究年会论文集（一），1984：301．

【13】杨叔子．计算机时序分析在机械制造中的应用【C】．第三届机床设计与研究年会论文集（二），1984：445．

【14】杨叔子，熊有伦，师汉民，等．时序建模与系统辨识【J】．华中工学院学报，1984（6）：85-92．

【15】杨叔子，杨克冲，赵星，等．平稳时序连续模型建模的探讨【J】．华中工学院学报，1985（5）：1-10．

【16】杨叔子，刘经燕，师汉民，等．金属切削过程颤振预兆的特性分析【J】．华中工学院学报，1985（5）：79-86．

【17】杨叔子．诊断技术的时序模型方法【C】.Proceedings of CSMDT' 86 Conference June 4-7, 1986: 53-59.

【18】杨叔子.APPLE－Ⅱ微型机在线信号（动态数据）处理系统【J】．湖北省计算机优秀应用成果、优秀软件公报（1981—1985），1986：25-28．

【19】杨叔子，屈梁生．机械工程诊断中的时序方法【C】．时间序列分析在机械工程中的应用论文集（第二集），1987：1-11．

【20】杨叔子，师汉民，熊有伦，等．机械设备诊断学的探讨【J】．华中工学院学报，1987（2）：1-8．

【21】梅志坚，杨叔子，师汉民，等．一种无颤振机床技术的研究【J】．机床，1987（9）：9-12，20．

【22】杨叔子，郑小军，周安法，等．人工智能在机械设备诊断中的应用【J】．机械工程，1987（4）：10-13．

【23】杨叔子，郑小军．专家系统的原理、现状和发展趋势【J】．水利电力机械，1987（5）：33-37．

【24】桂修文，丁洪，杨叔子，等．SD375Ⅱ型动态分析仪上三维谱阵图分析功能的开发及其应用【J】．动态分析与测试技术，1987（4）：1-7．

【25】叶兆国，王阳生，杨叔子，等．钢丝绳检测信号的非线性平滑处理【J】．动态分析与测试技术，1988（3）：36-40．

【26】周安法，杨叔子，师汉民，等．基于粗糙的模糊归纳学习方法【J】．北京机械工业管理学院学报，1988（1）：22-33．

【27】杨叔子，丁洪．机械制造的发展及人工智能的应用【J】．机械工程，1988（1）：32-34．

【28】欧阳普仁，杨叔子，谢月云．模态参数识别Prony法的一种改进【J】．振动与冲击，1988（1）：68-71．

【29】吴雅，杨叔子．门限自回归模型建模的有关探讨及其在人口死亡率预报中的应用【J】．天津大学学报，1988（1）：23-29．

【30】吴雅，杨叔子，杜跃芬，等．人口死亡的时序模型分析及其群体预报【J】．信号处理，1988（1）：106-114．

【31】周光前，杨叔子，梅志坚，等．金属切削过程颤振和在线监控的研究【J】．长沙铁道学院学报，1988（1）：68-74．

【32】王阳生，师汉民，杨叔子，等．钢丝绳断丝信号的定量解释【J】．振动工程学报，1988（2）：9-17．

【33】郑小军，杨叔子，周安法，等．机械设备故障的振动诊断及其专家系统方法【J】．湖北工学院学报，1988（1）：39-47．

【34】Li Jingsong, Liu Keming, Lu Wenxing, et al. Investigation on the Intelligent Electromagnetion to Flaw Detector and Its Application in Quantitative Inspection of Write Ropes【C】．Proceedings of International Symposium on Automation and Robotics in Production Engineering, 1988: 117-122.

【35】杨叔子，欧阳普仁，郑小军，等．信号的人工智能处理系统——基于知识的信号处理方法的探讨【J】．华中理工大学学报，1988（3）：1-6．

【36】师汉民，郑小军，杨叔子，等．设备诊断专家系统的核心结构探讨【J】．华中理工大学学报，1988（3）：7-12．

【37】郑小军,杨叔子,师汉民,等.复杂系统的诊断问题求解——一种基于知识的方法【J】.华中理工大学学报,1988(3):13-18.

【38】周安法,师汉民,杨叔子,等.知识获取的多层证据网络模型【J】.华中理工大学学报,1988(3):19-26.

【39】吴雅,杨叔子,陶建华.灰色预测和时序预测的探讨【J】.华中理工大学学报,1988(3):27-34.

【40】吴雅,杨叔子,师汉民.门限自回归模型与非线性系统的极限环【J】.华中理工大学学报,1988(3):35-42.

【41】丁洪,杨叔子,董双文.ARMA谱估计中若干问题的研究【J】.华中理工大学学报,1988(3):43-48.

【42】王阳生,师汉民,杨叔子,等.检测局部异常信号的一个新特征量【J】.华中理工大学学报,1988(3):61-67.

【43】叶兆国,王阳生,杨叔子,等.钢丝绳断丝定量检测中径向随机晃动误差的补偿【J】.华中理工大学学报,1988(3):69-74.

【44】欧阳普仁,杨叔子,谢月云,等.时域模态参数识别法的改进及实验研究【J】,华中理工大学学报,1988(3):95-100.

【45】欧阳普仁,杨叔子.一种改进的 Marple 算法【J】.南京理工大学学报(自然科学版),1988(1):41-47.

【46】杨叔子,师汉民,郑小军,等.机械设备及其工作过程的计算机诊断【J】.机械工业自动化,1988(2):2-6.

【47】杨叔子.机电一体化的发展——兼论机械制造的柔性化【J】.湖北机电一体化学术研讨会论文集,1988:7-13.

【48】梅志坚,杨叔子,师汉民.机床颤振的早期诊断与在线监控【J】.振动工程学报,1988(3):8-17.

【49】杨叔子,吴雅,丁洪,等.时间序列分析在我国工程中的应用【C】.时间序列分析在机械工程中的应用论文集(第三集),1988:1-9.

【50】梅志坚,杨叔子,师汉民,等.机床颤振的计算机控制技术的

研究【J】．工业控制计算机，1988（5）：17-20.

【51】吴雅，杨叔子．死因死亡率的非平稳时序模型预报及有关探讨【J】．成都科技大学学报，1989（1）：125-130.

【52】梅志坚，杨叔子，昌松，等．在线调整刀具前角和后角抑制颤振的原理与试验研究【J】．武汉工学院学报，1989（1）：53-61.

【53】吴雅，杨叔子．时间序列分析及其在工业机床中的应用【J】．机床，1989（6）：46-48.

【54】康宜华，丁洪，杨叔子．最大熵谱谱峰的计算【J】．四川工业学院学报，1989（1）：1-9.

【55】吴雅，杨叔子．时序分析在机床上的应用技术讲座 第二讲 ARMA 模型及其特性【J】．机床，1989（7）：47-50.

【56】吴雅，杨叔子．时序分析在机床上的应用技术讲座 第三讲 建模（一）【J】．机床，1989（8）：46-48.

【57】吴雅，杨叔子．时序分析在机床上的应用技术讲座 第四讲 建模（二）【J】．机床，1989（9）：49-51.

【58】吴雅，杨叔子．时序分析在机床上的应用技术讲座 第五讲 模态参数识别及其应用【J】．机床，1989（10）：42-45.

【59】杨叔子，熊有伦．人工智能在机械制造中的应用【C】．机械制造的未来，1989：132-138.

【60】吴雅，杨叔子．时序分析在机床上的应用技术讲座 第六讲 谱分析及其应用【J】．机床，1989（11）：44-47.

【61】欧阳普仁，杨叔子．一个智能编程系统【J】 武汉水利电力学院学报，1989（3）：76-81.

【62】吴雅，杨叔子．时序分析在机床上的应用技术讲座 第七讲 故障诊断的时序方法（一）【J】．机床，1989（12）：48-50，17.

【63】吴雅，杨叔子，姜莉，等．云锡矿工肺癌的时间序列预测方法【J】．广西大学学报（自然科学版），1989（3）：64-71.

【64】王阳生，师汉民，杨叔子，等．钢丝绳断丝定量检测的原理与实现【C】．中国科学（A辑），1989（9）：993-1000.

【65】杨叔子，桂修文，郑小军，等．专家系统与振动工程【J】．机械科学与技术，1989（5）：2-5.

【66】郑小军，杨叔子．集成节约覆盖模型与概率推理的新方法【J】．华中理工大学学报，1989（S1）：1-8.

【67】丁洪，杨叔子，桂修文．复杂系统诊断问题的研究【J】．华中理工大学学报，1989（S1）：9-16.

【68】桂修文，丁洪，杨叔子．用树表达法进行波形理解与释义【J】．华中理工大学学报，1989（S1）：17-22.

【69】王阳生，师汉民，杨叔子．深度图象用于机器人视觉导引【J】．华中理工大学学报，1989（S1）：117-122.

【70】吴雅，杨叔子．时序分析在机床上的应用技术讲座 第八讲 故障诊断的时序方法（二）【J】．机床，1990（1）：45-47.

【71】吴雅，杨叔子．时序分析在机床上的应用技术讲座 第九讲 最佳预测及其应用【J】．机床，1990（2）：47-49.

【72】吴雅，杨叔子．时序分析在机床上的应用技术讲座 第十讲 最佳控制及其应用【J】，机床，1990（3）：49-51.

【73】史铁林，杨叔子，周继洛．新型管道有源降噪系统的试验研究【J】．强度与环境，1990（1）：7-12.

【74】史铁林，杨叔子，周继洛．高效管道有源降噪系统——理论与试验【J】．振动工程学报，1990（1）：34-39.

【75】Li J S, Yang S Z, Lu W X, et al. Space-domain Feature-based Automated Quantitative Determination of Localized Faults in Wire Ropes【J】. Materials Evaluation, 1990（3）：336-341.

【76】吴雅，杨叔子．时序分析在机床上的应用技术讲座 第十一讲 向量ARMA模型及其应用【J】．机床，1990（4）：49-51.

第六篇 探索与创新

【77】吴雅,杨叔子.时序分析在机床上的应用技术讲座 第十二讲 时序的其他方法及其应用【J】.机床,1990(5):52-54.

【78】Ding Hong, Yang Shuzi, Gui Xiuwen.On Knowledge-based Coagmpsos for Complex【C】.Proceedings of the International Conference on Vibration Problems in Engineering, 1990:672-677.

【79】Yang Shuzi, Mei Zhijian, Shi Hanmin.A Theoretical and Experimental Investigation for the Chatter Suppression by On-line Adjusting the Cutting Tool Angle During Machining Process【C】. Proceedings of the International Conference on Vibration Problems in Engineering, 1990 (6):899-904.

【80】杨叔子,余俊,丁洪,等.产品设计、制造、维护的智能技术【J】.机械工程,1990(3):2-6.

【81】昌松,梅志坚,杨叔子,等.机床颤振信号 互谱特性分析【J】.山东工业大学学报,1990(3):25-31.

【82】钟毓宁,杨叔子,陈继平,等.冷连轧机工作辊轴承失效的定量分析【J】.钢铁研究,1990(4):46-51.

【83】吴雅,杨叔子.时序模型预测、组合预测与预测的智能化【C】.时间序列分子在机械工程中的应用论文集(第四集),1990:1-16.

【84】史铁林,杨叔子,周继洛.一个高效的管道有源降噪系统的试验研究【J】.噪声与振动控制,1990(5):3-7,17.

【85】杨叔子.机械制造走向智能化【J】.机械工程(机电一体化专辑),1990:3-8.

【86】郑小军,杨叔子.汽车发动机诊断专家系统AEDES【J】.自动化学报,1990(5):393-399.

【87】徐海贤,杜润生,杨叔子,等.一种故障诊断专家系统信号接口的研制【J】.振动、测试与诊断,1991(1):43-50.

【88】郑小军,杨叔子,师汉民.基于深知识的多故障两步诊断推理

【J】．计算机学报，1991（3）：206-212．

【89】吴雅，柯石求，杨叔子，等．时变金属切削过程颤振的线性、非线性时序模型【J】．振动工程学报，1991（1）：25-32．

【90】史铁林，杨叔子，师汉民，等．专家系统中的不确定性【J】．洛阳工学院学报，1991（1）：97-103．

【91】吴波，吴功平，杨叔子，等．柴油机喷油压力波形的分析方法【J】．郑州工学院学报，1991（1）：20-25．

【92】王阳生，师汉民，杨叔子，等．激光寻距器作可见物体测量【J】．宇航计测技术，1991（2）：1-6．

【93】吴雅，柯石求，杨叔子，等．机床强迫再生颤振的研究与控制【C】．1991年中国机床设计与研究会议论文集，1991：177-184．

【94】吴雅，杨叔子，柯石求，等．机床切削系统的强迫再生颤振与极限环【J】．华中理工大学学报，1991（2）：69-75．

【95】吴雅，李维国，杨叔子，等．大型专用机床的故障特征与按状态维修的方法【C】．第三届全国机械设备故障诊断学术会议论文集，1991：652-657．

【96】丁洪，杨叔子，桂修文．基于知识的发动机诊断系统的研究【J】．振动工程学报，1991（2）：35-42．

【97】杨叔子，丁洪，史铁林，等．机械设备诊断学的再探讨【J】．华中理工大学学报，1991（S2）：1-7．

【98】康宜华，杨叔子，卢文祥．钢丝绳磨损和绳径缩细无损检测的研究【J】．强度与环境，1991（4）：26-31，38．

【99】戴林均，谌刚，杨叔子．弹性空腔噪声的有限带宽预估法【J】．振动工程学报，1991（3）：27-33．

【100】梅志坚，杨叔子，师汉民，等．机床非线性颤振的描述函数分析【J】．应用力学学报，1991（3）：69-78，150-151．

【101】张文祖，胡瑞安，杨叔子．用向前差分基函数生成二次、三次

曲线的算法【J】. 微型机与应用, 1991（12）：47, 10.

【102】史铁林, 杨叔子, 师汉民, 等. 机械设备诊断策略的若干问题探讨【J】. 华中理工大学学报, 1991（12）：9-14.

【103】杨叔子, 丁洪, 史铁林, 等. 机械设备诊断学的再探讨【J】. 华中理工大学学报, 1991（S2）：1-7.

【104】熊有伦, 杨叔子. 测量自动化、集成化和智能化【J】. 中国机械工程, 1992（1）：20-22.

【105】吴波, 吴功平, 杨叔子, 等. 柴油机喷油系统压力波形的特征抽取及描述方法【J】. 振动工程学报, 1992（1）：34-40.

【106】吴波, 杨叔子, 李白诚. 柴油机喷油压力波形的符号描述与结构模式分类【J】. 国防科技大学学报, 1992（2）：12-16, 42.

【107】杨叔子, 丁洪. 智能制造技术与智能制造系统的发展与研究【J】. 中国机械工程, 1992（2）：15-18.

【108】史铁林, 杨叔子, 师汉民, 等. 基于模糊理论与覆盖技术的诊断模型【J】. 计算机学报, 1992（4）：313-317.

【109】丁忠平, 康宜华, 杨叔子, 等. 集成霍尔元件在钢丝绳缺陷检测中的应用【J】. 强度与环境, 1992（3）：59-64.

【110】吴雅, 梅志坚, 杨叔子. 机床切削颤振的定常与时变特性【J】. 固体力学学报, 1992（3）：271-276.

【111】杨叔子, 史铁林, 丁洪. 机械设备诊断的理论、技术与方法【J】. 振动工程学报, 1992（3）：193-201.

【112】钟毓宁, 杨叔子, 桂修文. 设备诊断型专家系统的一种开发工具【J】. 自动化学报, 1992（5）：559-564.

【113】黄其柏, 杨叔子, 师汉民. 低噪声齿轮副最佳齿侧间隙的确定方法研究【J】. 噪声与振动控制, 1992（5）：26-28, 19.

【114】徐志良, 桂修文, 杨叔子, 等. 3米C级精度滚珠丝杠磨削的研究【J】. 机床, 1993（3）：17-21.

【115】杨叔子. 努力开拓现代机械工程学研究领域【J】. 中国科学院院刊，1993（4）：340-341.

【116】Ding Hong, Yang Shuzi, Zhu Xinbiao. Intelligent Prediction and Control of a Leadscrew Grinding Process Using Neural Networks【J】. Computers in Industry, 1993（3）：169-174.

【117】李军旗，阎明印，史铁林，杨叔子. 基于神经网络的汽轮机组故障诊断系统【C】. 智能控制与智能自动化（上卷），1993：802-805.

【118】杨叔子. 机床颤振研究与控制的新进展 前言【M】. 武汉：华中理工大学出版社，1994.

【119】徐宜桂，史铁林，杨叔子. BP 网络的全局最优学习算法【J】. 计算机科学，1996（1）：73-75.

【120】冯昭志，黄载禄，杨叔子. 一种新的单层神经网络学习算法分析模型【J】. 华中理工大学学报，1996（8）：21-23.

【121】陈维克，吴波，杨叔子，等. 重型机械工艺设计中机床资源动态模型的研究与应用【J】. 中国机械工程，1996（4）：62-64.

【122】叶伯生，杨叔子. CNC 系统中三次参数样条曲线的插补算法【J】. 华中理工大学学报，1996（9）：9-11.

【123】李才伟，胡瑞安，杨叔子. δ-网分形指纹及其在图像匹配中的应用【J】. 华中理工大学学报，1996（9）：68-70.

【124】Wang Xue, Yang Shuzi. A Parallel Distributed Knowledge-based System for Turbine Generator Fault Diagnosis【J】. Artificial Intelligence in Engineering, 1996（4）：335-341.

【125】胡春华，吴波，杨叔子，等. 基于 Petri 网的离散制造过程建模工具【J】. 华中理工大学学报，1996（9）：28-31.

【126】杨叔子，廖晓昕. 神经网络若干理论和应用问题的研究【C】. 中国神经计算科学大会论文集（一），1997：6-18.

【127】徐宜桂，史铁林，杨叔子. 基于神经网络的结构动力模型修改

和破损诊断研究【J】.振动工程学报，1997（1）：8-12.

【128】张海霞，赵英俊，杨叔子.一种新型非晶态合金磁场传感器的设计与优化【J】.传感技术学报，1998（2）：7-12.

【129】胡以怀，史铁林，杨叔子.柴油机燃烧压力波振动识别研究【J】.振动工程学报，1998：224-229.

【130】轩建平，史铁林，杨叔子.基于动力学数学模型的故障检测与诊断理论和方法综述【J】.振动工程学报，1998：11-17.

【131】Zhang Haixia, Zhao Yingjun, Yang Shuzi, et al, A Novel Co-Based Amorphous Magnetic-Field Sensor【J】.Sensors & Actuators A Physical, 1998（2）：121-125.

【132】何岭松，王峻峰，杨叔子.基于因特网的设备故障远程协作诊断技术【J】.中国机械工程，1999（3）：336-337，24.

【133】张桂才，史铁林，杨叔子.基于高阶统计量的机械故障特征提取方法研究【J】.华中理工大学学报，1999（3）：6-8.

【134】武新军，康宜华，杨叔子.大直径钢丝绳直径连续测量方法与装置【J】.机械与电子，1999（3）：3-5.

【135】刘克明，杨叔子，蔡凯.中国古代工程几何作图的科学成就【J】.中国科学基金，1999（3）：163-167.

【136】刘克明，杨叔子.中国古代工程制图的数学基础【J】.成都大学学报（自然科学版），1999（2）：16-23.

【137】康宜华，武新军，杨叔子.磁性无损检测技术中磁信号测量技术【J】.无损检测，1999（8）：340-343.

【138】杨叔子，吴波．依托基金项目　开展创新研究——国家自然科学基金重点项目"智能制造技术基础"研究综述【J】.中国机械工程，1999（9）：987-990.

【139】杨叔子.鼓形齿联轴器　序【M】.武汉：华中理工大学出版社，1999.

【140】杨叔子.快速成形技术 序【M】.武汉：华中理工大学出版社，1999.

【141】杨叔子，吴波，胡春华，等.网络化制造与企业集成【J】.中国机械工程，2000（Z1）：45-48.

【142】杨叔子，熊有伦.先进制造技术——促进经济增长的百年大计【J】.科学新闻周刊，2000（10）：7.

【143】杨叔子，张福润.系统集成，整体推进面向21世纪改革机械工程教学——"机械类专业人才培养方案及教学内容体系改革的研究和实践"项目工作汇报【R】.面向21世纪机械工程教学改革新进展，2000：2-11.

【144】康宜华，武新军，杨叔子.磁性无损检测技术中的信号处理技术【J】.无损检测，2000（6）：255-259.

【145】杨叔子.物理学与人类文明 序【M】.杭州：浙江大学出版社，2000.

【146】周杰韩，吴波，杨叔子.虚拟制造系统综述【J】.中国科学基金.2000（5）：279-283.

【147】杨叔子，熊有伦，管在林，等.信息时代和网络条件下的制造业发展及其前景【C】.新世纪科技与湖北经济发展——2001首届湖北科技论坛论文集，2001：11-15.

【148】Tao Cheng, Jie Zhang, Shuzi Yang, et al. Intelligent Machine Tools in a Distributed Network Manufacturing Mode Environment【J】.The International Journal of Advanced Manufacturing，2001（3）：221-232.

【149】轩建平，史铁林，杨叔子.AR模型参数的Bootstrap方差估计【J】.华中科技大学学报，2001（9）：81-83.

【150】杨叔子，吴波.先进制造技术及其发展趋势【J】.机械工程学报，2003（10）：73-78.

【151】杨叔子.金属切削理论及其应用新探 序【M】.武汉：华中科

技大学出版社，2003.

【152】Weihua Li, Tielin Shi, Shuzi Yang, et al. Feature Extraction and Classification of Gear Faults Using Principal Component Analysis【J】.Journal of Quality in Maintenance Engineering, 2003（2）：132-143.

【153】胡友民，杨叔子，杜润生.制造系统分布式柔性可重组状态监测与诊断技术研究【J】.机械工程学报，2004（3）：40-44.

【154】杨叔子.画法几何与土木工程制图 序【M】.武汉：华中科技大学出版社，2004.

【155】易朋兴，杜润生，杨叔子，等.基于Markov模型的分布式监测系统可靠性研究【J】.机械工程学报，2005（6）：143-148.

【156】杨叔子，张福润，吴昌林.高度重视知识 认真打好基础——兼谈构建专业教育平台【M】// 赵汉中.工程流体力学（I）.武汉：华中科技大学出版社，2005：I-Ⅶ.

【157】杨叔子，吴波，李斌.再论先进制造技术及其发展趋势【J】.机械工程学报，2006（1）：1-5.

【158】杨叔子.序【M】// 马兴瑞.动力学 振动与控制新进展.北京：中国宇航出版社，2006：I-V.

【159】杨叔子，吴昌林，彭文生.机械创新设计大赛很重要【J】.高等工程教育研究，2007（2）：1-5.

【160】杨叔子.序【M】//徐新桥.电能结构优化——以湖北为例研究.上海：上海三联书店，2007：1-3.

【161】Yang Shuzi. Cutting Force Model for a Small-diameter Helical Milling Cutter【J】.Frontiers of Mechanical Engineering in China, 2007（3）：272-277.

【162】杨叔子.制造、先进制造技术的发展及其趋势（上）【J】.装备制造，2008（4）：52-55, 6.

【163】杨叔子.制造、先进制造技术的发展及其趋势（下）【J】.装备制造，2008（5）：38-41.

【164】杨叔子，史铁林.以人为本——树立制造业发展的新观念【J】.机械工程学报，2008（7）：1-5.

【165】杨叔子，史铁林.走向"制造服务"一体化的和谐制造【J】.机械制造与自动化，2009（1）：1-5.

【166】杨叔子，史铁林.和谐制造：制造走向制造与服务一体化【J】.江苏大学学报（自然科学版），2009（3）：217-223.

【167】杨叔子.序【M】// 毛汉领.混流式水轮机转轮叶片裂纹监测研究.北京：中国水利水电出版社，2009.

【168】Ruibo He, Yingjun Zhao, Shuzi Yang, et al.Kinematic-Parameter Identification for Serial-Robot Calibration Based on POE Formula【J】IEEE Transactions on Robotics, 2010（3）：411-423.

【169】杨叔子，丁汉，李斌.高端制造装备关键技术的科学问题【J】.机械制造与自动化，2011（1）：1-5.

二、著作类

【1】杨叔子，杨克冲.机械工程控制基础【M】.武汉：华中理工大学出版社，1984.

【2】杨叔子，吴雅.机械故障诊断的时序方法【M】.西安：西安交通大学出版社，1989.

【3】杨叔子，郑晓军.人工智能与诊断专家系统【M】.西安：西安交通大学出版社，1990.（注：本书作者署名"郑晓军"，实应"郑小军"。）

【4】杨叔子，吴雅，等.时间序列分析的工程应用（上）【M】.武汉：华中理工大学出版社，1991.

【5】杨叔子，吴雅，等.时间序列分析的工程应用（下）【M】.武汉：

华中理工大学出版社，1992.

【6】杨叔子，丁洪，史铁林，等．基于知识的诊断推理【M】．北京：清华大学出版社，1993.

【7】杨叔子，康宜华，等．钢丝绳断丝定量检测原理与技术【M】．北京：国防工业出版社，1995.

【8】赵英俊，杨克冲，杨叔子．非晶态合金传感器技术与应用【M】．武汉：华中理工大学出版社，1998.

【9】杨叔子，吴雅，轩建平，等．时间序列分析的工程应用（上、下）【M】．2版．武汉：华中科技大学出版社，2007.

【10】杨叔子．杨叔子科技论文选（上、下）【M】．武汉：华中科技大学出版社，2012.

【11】杨叔子．机械加工工艺师手册【M】．2版．北京：机械工业出版社，2012.

【12】杨叔子，等．钢丝绳电磁无损检测【M】．武汉：机械工业出版社，2017.

【13】杨叔子，杨克冲，吴波，等．机械工程控制基础【M】．8版．武汉：华中科技大学出版社，2023.

第七篇

诗词悼念

中华诗词协会等各界诗友悼念杨叔子院士

中华诗词学会

痛悼中华诗词学会名誉会长杨叔子院士

巨星陨落大江城，悲起吟坛似雨倾。
科艺双峰皆绝顶，山河万里慕声名。

（周文彰，中华诗词学会会长）

悼念杨叔子先生

诗教又《诗经》，韧乎孔夫子。诗教与科学，鼓乎杨叔子。我自呼先生，蹈蹊一顽李。也为筋骨兮，也为复兴耳。　飞车越层峦，读句惊闹市。颁鼎瘦西湖，续征朱方邑①。步尘入校园，催舟舞长楫。小学二三百，大学八九十。一揖复一揖，咽咽心中泣。

注：① 周时，镇江称朱方邑。

（范诗银，中华诗词学会常务副会长）

沉痛悼念恩师杨叔子院士

喻家山下风吹泪，叶落水寒疑断流。
但使清澄润根柢，更留葱郁上枝头。
一园桃李涵三昧，九畹芝兰芳五洲。
叩首难能再闻语，惟求入梦韵相酬。

（罗辉，中华诗词学会驻会顾问）

悲送杨叔子先生

蓟门挥泪寄江城,难忘依依骚雅情。

雨露长怀杨叔子,弦歌有继大先生。

重吟晚唱心头动,遥送高风天上行。

此去紫毫犹蘸海,银河应是捧潮迎。

(高昌,中华诗词学会副会长)

痛悼杨叔子院士(联)

泪洒遗篇,思两浙同沾春雨;

梦回往事,到三衢怕听秋声。

(林峰,中华诗词学会副会长)

悼念杨叔子名誉会长

诗词入校有宏篇,盯住承传数十年。

一扇门开君手掌,教人走过到春园。

(刘庆霖,中华诗词学会副会长)

悼念杨叔子先生(联)

惟德为先,品格丹心躬行庠序;

自公之后,人文科技谁擎大旗。

(沈华维,中华诗词学会副会长)

第七篇 诗词悼念

【双调·水仙子】悼念杨叔子名誉会长

酸甜事业几宏图，苦乐年华一丈书，人生谁有这长宽度！当年鼓与呼，万千人上了诗途。喊一嗓，忍住哭，走好杨叔。

（张存寿，中华诗词学会副会长）

悼念杨叔子先生

楚云望断赋招魂，江汉长流带泪痕。
已痛波涛倾砥柱，还欣桃李满公门。
两栖自得斯文在，一脉悠然彭泽存。
有梦连宵随素月，喻家山下我心奔。

（周达，中华诗词学会秘书长）

痛悼杨叔子院士（联）

双耀科技人文，丹心济世，争家国千秋立业；
深怀诗魂艺魄，红烛经天，为民族万载传薪。

（梁东，中华诗词学会顾问）

沉痛悼念杨叔子院士

国魂凝处是诗魂，今读华章热泪奔。
院士忽乘仙鹤去，骚坛科技两昆仑。

（李文朝，中华诗词学会顾问）

沉痛哀悼好友杨叔子大师！杨院士一路走好！

杨院士是我的诗友，曾于 2007 年 10 月 7 日为我的第一本诗集《王玉明诗选》撰写第二序言（第一序言是由已故的诗词大家霍松林先生撰写），在机械工程科技拔尖人才培养方面我们也多次共同合作。值此大师陨落之际，谨敬献小诗一首：

    人文科技苦躬耕，诗教大旗曾力擎。
    笑貌长留星陨落，小诗沾泪送君行。

（王玉明，中华诗词学会顾问）

悼杨叔子院士

  噩耗华科尽泪痕，喻园何处觅忠魂。
  无形大象承先圣，有塑人文启后昆。
  钢索千丝惊世界，唐风几缕入簧门。
  扬帆东去应回首，黄鹤楼前酹一樽。

（何江，中华诗词学会副秘书长）

一剪梅·沉痛悼念大先生杨叔子院士

天帝如何夺大贤，恨也难填，泪也涟涟。凄凝旧照忆当年，长者谦谦，教诲拳拳。　　民族精神启思篇，国魄诗魂，大业承肩。人文科技促相牵，爱洒人间，桃李芊芊。

（黄小甜，中华诗词学会副秘书长）

敬悼杨叔子院士

或在科研或课堂,不分昼夜育人忙。

晚年又入诗词界,高举旌旗继宋唐。

(翁苏梅,中华诗词学会办公室副主任)

梅花引·悼杨叔子院士

秋风烈,悲声咽,噩耗传来伤怀切。攻难关,敢登攀。最忆当时,科技勇争先。 初心不改教诗梦,担当使命人人敬。簧门兴,喻园兴。千古流芳,垂泪悼英灵。

(石达丽,中华诗词学会组联部副主任)

悼念杨叔子院士

骚坛恸哭唤杨君,一缕诗魂上碧云。

从此天涯怀泰斗,讲堂千古仰斯文。

(尹彩云,中华诗词学会组联部原副主任)

送别杨叔子大先生

一看哀文惊泪目,风随落叶送先生。

诗词六百山河唱,奖掖后人夸美名。

(袁力,中华诗词学会评论部办公室主任)

悼杨叔子院士

人间失泰斗,李杜加诗友。
吊问去何疾,悲呼君好走。

(薛玉忠,中华诗词学会培训部办公室主任)

悼杨叔子院士

跨界文和理,精工讲与论。
裁诗名槛外,治学耀黉门。
国士高风在,喻园厚德存。
含悲难琢句,别曲慰英魂。

(郭友琴,中华诗词学会诗教部副主任)

挽杨叔子院士(联)

业界立高名,浩浩然于机械、于科教、于诗学,扶梗楠至圣至贤,允称泰斗;

吾侪悲鹤驾,戚戚也那秋风、那愁云、那苦雨,慨天地裂肝裂胆,同悼先生。

(武立胜,中华诗词学会网络信息部副主任)

悼名誉会长杨叔子先生

科技堪为开拓者,骚坛更有奠基名。
忍别诗老乘风去,耳畔尤闻吟诵声。

(秦军,中华诗词学会办公室副主任)

悼杨叔子先生

秋风吹老叶，未忍听喑喑。

鹤路浮云杳，江帆晚日沉。

理工双臂力，家国一生心。

大树悲摧折，诗踪幸可寻。

（潘泓，中华诗词学会《中华诗词》杂志副主编）

读《槛外诗选》怀杨叔子院士

吟怀不负三余日，平仄亦悲桃李枝。

槛外风云真气象，学高身正以为师。

（卢冷夫，中华诗词学会《中华诗词》杂志编辑部主任）

悼念杨叔子院士

昔年几度赐新诗，曾也江城识善慈。

黄叶未飞公却去，今秋最恸莫如斯。

（胡彭，中华诗词学会《中华诗词》杂志责任编辑）

悼杨叔子院士诗家（联）

院士光芒，国士风采，人文科学飞双翼；

诗坛旗手，诗教先驱，警语高歌遗九州。

（王骏，中华诗词学会常务理事）

敬悼杨叔子院士（联）

仁人远游，蠡口石钟长鸣，夸父嫦娥迎郢客；

国士安息，琴台弦指未绝，喻园桃李茁江城。

（孔汝煌，中华诗词学会高校诗歌工作委员会顾问）

感读遗言敬悼杨叔子院士并慰徐辉碧教授

杨先生自知不久于人世，深情对徐辉碧老师说："回顾我这一生，在党的培育下，在同志们的帮助下，做了一点工作。我是幸福的。我们相处七十年来，从同学、朋友到夫妻，感情非常好！生活是美好的。让我们相互牢记一句话：天长地久有时尽，此爱绵绵无绝期。当我死的时候，一定要丧事从简。"

噩耗传来意正悲，秋风却是落黄吹。

缅怀往迹躬身拜，感读遗言拭泪垂。

当日登楼穷达句，终生结伴竹梅知。[1]

纵年百岁有时尽，挚爱绵绵无绝期。

注：[1]杨叔子多次以竹洁梅清写夫妻情贞。如《武夷山休假并赠辉碧》有句："丹山碧水留双照，竹洁梅贞对素秋。"

杨叔子多次化用王粲《登楼赋》名句"人情同于怀土兮，岂穷达而异心"，以志不忘初心。如《赠湖口来访亲友》："情非穷达异，赋此作嘤鸣。"

（孔汝煌，中华诗词学会高校诗歌工作委员会顾问）

第七篇　诗词悼念

闻业师杨叔子先生病逝，痛作

键盘点点泪珠敲，今夜江城冷月高。

效法尊君留范式，追随屈子赋离骚。

未来科技心期远，当代文章笔力豪。

从此年年悲悼日，燕山立雪望旌旄。

（韩倚云，中华诗词学会高校诗歌工作委员会副主任兼秘书长）

悼杨叔子院士

科星西坠落，闻讣泪垂流。

机械思新创，文章论大猷。

提携真意奉，倡议苦心呕。

今日君归去，唱酬少故俦。

（吴硕贤，中国科学院院士、中华诗词学会高校工作委员会及科技文创工作委员会顾问）

悼念杨叔子先生

先生吾仰之，嘉树匡庐留。

绥怀庠序教，无药世堪忧。

天远诗为路，海深情作舟。

心如羊叔子，名共九江流。

（时新，山西省诗词学会顾问）

痛悼母校师长杨叔子先生

科教诗坛陨巨星,喻家山雨泪悲行。

人文渊薮修心智,机械轰鸣振学簧。

悉数圣贤铭叔子,尤思礼乐忆先生。

忙将论语传天下,长治中华享太平。

(肖红缨)

闻杨叔子院士仙逝

奖掖有惭还有铭,春来似拂晚风轻。

一闻噩耗暗垂泪,长恨今生未识荆。

(徐中秋)

悼杨叔子院士

诗海词山怀叔子;乡畿廊庙悼先生。

文苑楼空,十万星辰添一宿;

杏坛霜冷,三千桃李哭斯人。

(林峰,中华诗词学会高校诗词工作委员会顾问,香港诗词学会创会会长)

杨院士叔子先生千古

献身科学,宏扬诗教,文理双修留懿范;

传道乡邦,作育贤才,芝兰并秀慰先生。

(赵义山,中华诗词学会散曲工作委员会顾问,高校工作委员会副主任)

湖北诗词学会

悼湖北高校诗歌工委顾问杨叔子先生

吟坛一帜折其竿，重把风标待嫡传。

高校诗歌群引望，枫林旭日寸心丹。

（段维，湖北省中华诗词学会会长）

挽杨叔子院士

月照山声似海潮，瑜园哀讯色漻漻。

清风国士魂虽去，玉树阶庭红未凋。

万事平生控机械，一心高校育诗苗。

知音源处曾相握，槛外吟笺兴味遥。

（姚泉名，湖北省中华诗词学会党支部书记）

诉衷情令·痛悼杨叔子院士

风寒露冷众声悲，不忍鹤西归。国中顿失巨擘，何处影相随？曾忆起，举诗麾。唤春回，临屏探雅。愿君天国。再育芳菲。

（刘后清，湖北省诗词诗影艺术中心主任）

喝火令·深切哀悼杨叔子院士

冰洁渊清朗，金声玉振馨。国魂凝处是诗魂，妙语蜚声中外，华夏耀琼林。峻德巍巍竖，高勋赫赫存，献身诗教洒甘霖。播火黉门，播火子孙群，播火谷空回响，四海物华新。

（向进青，湖北省中华诗词学会原常务副会长）

人月圆·悼杨叔子

登高播火斯文育,江汉守初心。神州呼应,弦歌蝶舞,处处豪吟。

万端哀痛,九重恸绝,叔子何寻!当年聆教,耽诗未遣,独恨云深。

(沙月,湖北省中华诗词学会原副会长)

院士诗人杨叔子先生千古(联)

一鹤正高吟,霜叶燃时成贝叶;

几人能唱和,国魂凝处是诗魂。

(罗炽,湖北省中华诗词学会高校诗歌工作委员会顾问)

拟寒山体一首悼念杨叔子院士

昨夜睡眠不安稳,今晨忽然起悲声。八十九岁杨叔公,九千里外沙飞尘。机械工程是中心,人文教育乃高人。诗词写上东湖水,灵魂刻下喻家岭。

(邹惟山,湖北省中华诗词学会高校诗歌工作委员会执行主任)

悼杨叔子先生

二十年前早仰名,先生淑世有佳声。

人文风暴先擎纛,科学思维更著经。

诗化生活如大雅,才兼修治亦高行。

今朝驾鹤九天去,且祈馨香和泪倾。

(郭伟,湖北省中华诗词学会高校诗歌工作委员会副主任)

第七篇　诗词悼念

悼念杨叔子院士

高烛雄鹰去，山湖齐哀肃。

学堂群仰望，沥胆照青犊。

（盘华，湖北省中华诗词学会高校诗歌工作委员会副主任）

挽杨叔子院士（联）

科学奠基，登峰造极常瞻仰；

人文兴教，树蕙滋兰永遗芳。

（聂瑛，湖北省中华诗词学会高校诗歌工作委员会秘书长）

悼杨叔子院士

松涛一夜送悲声，晨起忽闻殒巨星。

院士楼前飞缟鹤，鸿儒府上袅清风。

三千弟子噙珠泪，多少诗篇颂美名。

科教人文德望重，国魂凝处大先生。

（聂瑛，湖北省中华诗词学会高校诗歌工作委员会秘书长）

哀悼杨叔子院士

大纛辉然出士林，兼通文理世人钦。

匠师畅想张诗翼，诗客沉吟注匠心。

任尔西洋黄货厚，唯吾东国赤情深。

谁言君别华科大，杨荫浓浓抚子衿。

（刘精源，湖北省中华诗词学会高校诗歌工作委员会副秘书长）

哀挽杨叔子院士（联）

亚欧共仰，测断丝，倡智造，发轫杨叔子；

文理兼长，善赋咏，精科研，比肩竺可桢。

（刘精源，湖北省中华诗词学会高校诗歌工作委员会副秘书长）

江城子·悼瑜珈诗社领头杨叔子先生

阴阳相隔两茫茫，鹤低翔，泪千行。犹忆当年，携手论华章。诗教基因传密码，瑜珈社，领头杨。　　年年春日聚华堂，热情昂，共商量。曲韵流觞，岁岁酿新浆。袅袅清风传万古，吟坛盛，永流芳。

（曾佐勋，湖北电视台长江诗院院长，中国地质大学（武汉）大地行吟诗社社长）

痛悼杨叔子院士

一堂哀乐揪心肺，四面悲声跨鹤归。

满腹经纶师表率，兼修文理圣明巍。

生时遗爱忠无愧，去后前贤口有碑。

院士书香歌典赋，功勋建树日争辉。

（姜云姣，洪山诗联学会秘书长）

悼华科大原校长杨叔子教授（次韵杨院士七律）

探求重任压双肩，写就"时间序列"篇。

虽证"泛函"应有界，犹疑宇宙或无边。

领军曾致学风盛，服众元因智者贤。

驾鹤西归言尚在，还如雨露润心田。

（彭友彬）

第七篇 诗词悼念

悼杨叔子院士

儒林学海数风流,教育英才志未休。

陨落文星天地泣,诗书润泽被千秋。

(雷仲篪)

江城子慢·立冬时节纪念杨叔子先生

大孤寄归鹤。湖锁钥、冬寒石钟落。上杨漠。浔阳道、似去来渊明魄。浊清略。动静圆方随意去,绳丝断、坤乾无厚薄。珞珈览读青葱,喻家谕教麟阁。 悠然先生淡泊。独桑榆梦冷,辉碧元寞。意允情诺。曾谐许、履舄觥筹交错。钓沉昨、遥祭天工开物事,华林院、何时堪再约?奉新飞瀑桃蹊 李阡陌。

(蔡勖,华中师范大学原副校长,湖北大学原校长)

悼念杨叔子先生

一生心血育桃李,十丈豪情寄竹梅。

学界诗坛持素志,人文风暴响惊雷。

(成彧)

悼念杨院士

桐叶滴霜珠,哀风夜咽鸣。

瑜珈飞缟鹤,明月送鸿儒。

功业当无憾,人文更应吁。

诗魂存笃论,雅范熠遵途。

(周艳,关山街道文化中心原主任)

· 357 ·

悼念杨叔子先生（联）

九派江声哭，倩谁知以返英灵，西回故里；
三秋冥色收，抱哀泣而怀校长，北望华中。

（砚冰寒）

沉痛悼念杨叔子先生（联）

尽毕生精力，育李培桃，创喻园第一，让国粹兴邦，参天大树民族脊；
树人世丰碑，修身立德，攻学术高峰，以诗书治校，文化耆英禹甸魂。

（苏传国）

沉痛悼念杨叔子院士（联）

叔翁驾鹤巡天去；
子弟成龙助国兴。

（涂书朗）

沉痛悼念杨叔子院士（联）

汗淌华科肥万绿；
血滋热土沃千红。

（成新林）

悼念杨叔子先生（联）

曾听演讲诗坛，方知这样为精彩；
忽报辞行尘世，可料那边亦仰崇。

（林大谟）

悼念杨叔子先生（联）

政教塑魂，漫漫古今双叔子；
士民垂泪，巍巍荆楚两穹碑。

（马健）

痛悼杨叔子院士

人文风暴奠宏基，崇尚诗教愿作梯。
哀痛杨公昨夜去，瑜珈失色众贤戚。

（周清明）

悼杨叔子院士

杨公驾鹤归，星月少光辉。
钱问尚须解，吾侪再破围。

（冯圣兵）

悼念杨叔子先生

院士人文学养深，诗词歌赋喜常吟。
忽闻辞别乘西鹤，抚摸遗容感痛心。

（蒋燕明）

千秋岁·沉痛悼念杨叔子院士

杏坛作别。从此音容缺。桐叶乱，西风烈。曾经无岁节，星月编书页。今知否，亲朋故旧肝肠裂。　　巧技称奇杰。诗教丹心热。来往处，眸澄澈。天公知己少，邀尔芝兰结。灵范仰，德华皓质朝天阙。

（朱永丽）

痛悼杨叔子先生

先生奔走倡人文,驾鹤西归奠国魂。

大纛指拨情切切,巨儒期盼意殷殷。

追思昔日音容貌,遥祝他乡美善真。

浩气诗心今尚在,文明素养传精神。

(吴红斌)

临江仙·沉痛悼念杨叔子院士

　　科学人文双肩转,诗词教育开先。今乘秋爽化成仙。皓然乘鹤去,睿智益人间。　　瑜苑江城群士悼,吟诗情发犹酣。抚今追往泪声潸。珍思多少事,踔厉写新篇。

(陈志鸿)

壬寅立冬前二日闻杨叔子院士仙逝记怀

华夏巨星陨,闻之双泪涟。

天也何残忍,地也何不怜!

吾师虽高寿,其功当尽传。

祭酒开新纪,翻手诗百篇。

科技人文并,誓使两翼全。

也曾为院士,专业何其专。

也曾为校长,贤哉真圣贤。

学子满天下,精神自延绵。

先生今仙去,哀伤满喻园。

惟愿魂当永,永在喻山巅。

(姚洪磊、魏贵芳)

第七篇　诗词悼念

悼念杨叔子院士

驾鹤乘风去远方，先生神魄闪金光。

人文科学耀寰宇，诗韵吟魂育栋梁。

（彭进波）

沉痛悼念老校长杨叔子院士

巨星陨落，山水悲音。

成就卓著，功德永存。

仰之弥高，国魂诗魂。

东湖浩淼，磨山苍青。

驾鹤仙去，精神传承。

华科师表，千古永生！

（方旅萍）

悼杨叔子院士

国魂凝处是诗魂，补气提神意味深。

院士当年言一出，至今仍有绕梁音。

（吴世干）

悼恩师杨叔子校长

光前裕后九天晖，德泽乾坤浩气巍。

铁腕忠心优渥义，弥天慧眼大仁稀。

承蒙厚爱随风韵，深感真情沐雨肥。
泪湿苍苔长久立，荆山种玉报酬微。

（王建勤）

痛悼杨叔子院士

湖阔山巍气势弘，德高望重育青松。
诗词走进鄂乡苑，院士芳魂耀宇中。

（何联华）

悼杨校长叔子先生

记得当年在喻园，清癯清韵透仙颜。
乍惊学部方祭酒，幸遇讲坛多执鞭。
科技人文融整体，诗词金句比长川。
大师今去音容在，一掬心香一仰瞻。

（谢雪峰）

悼杨叔子大师

工科院士人文帅，教育专家校长才。
驾鹤出游吟赋去，扬鞭入梦咏诗来。

（叶汉生）

第七篇 诗词悼念

悼念杨叔子先生

院士人文学养深,诗词歌赋喜常吟。
忽闻辞别乘西鹤。抚摸遗容感痛心。

(雁鸣)

敬悼中国科学院院士杨叔子先生

科学人文两并肩,潜心教化壮尧天。
国魂凝处诗魂蔚,律韵吟时风韵翩。
力克难题攻检测,别开生面育儒贤。
喻园今陨巨星去,泪雨纷飞送鹤仙。

(陈秋红)

悼念老校长杨叔子先生

喻园草木暗悲秋,学子归来泪湿眸。
教诲殷殷今已得,音容蔼蔼昨曾留。
科研可与风尘绝,诗作须穷造化求。
校长安心乘鹤去,一江后浪正东流。

(胡桂林)

华中科技大学瑜珈诗社及部分诗友

悼杨叔子院士

华科陨落一魁星,秋月河山作泣声。
科技华章襄国梦,基因文化海深情。
诗魂教育旗高举,文理兼融育俊英。
仙逝音容春永驻,诗心警语启昌明。

（刘伯棠）

沉痛悼念杨叔子先生

惊闻泰斗乘仙鹤,悲忆英容语笑声。
机械工程儒者智,人文素养理工情。
国魂凝成贤诗赋,经典启思众学生。
桃李芬芳山海敬,天长地久仰高名。

（汤漾平）

壬寅秋夕哭杨叔子校长

秋风凄冷雁南归,驾鹤哲人霜夕萎。
铁血共和大家范,诗教高唱九州垂。
科峰绝顶凤池阁,大道初心红烛词。
细雨春风几度沐,前途解惑更求谁？

（张端明）

痛悼杨叔子院士

狂飙一曲坠昆仑，万里长空浥泪痕。

至道永存英骨在，国魂凝处是诗魂。

（林林）

赞杨叔子社长

杨叔子老校长是华中科技大学瑜珈诗社的社长。他积极倡导和推进文化素质教育，高举"诗教"大旗，在全国掀起了"人文风暴"和爱诗热潮，为传承和发扬中华优秀文化做出了重大贡献。

尊崇社长德才贤，大写人文魂魄篇。

猎猎吟旗宗匠举，终成经典咏流传。

（骆艳龄）

沉痛悼念杨叔子院士联

智能制造 负神州建设千钧重任；

诗教先行 掀文化传承万里长风。

（高治、曾佐勋）

七律一首——痛悼导师杨叔子教授

导师杨叔子因病医治无效，于2022年11月4在武汉逝世，享年89岁，讣告传来，曷胜哀悼，余时客京华，疫情日亟，蓟北立雪，南望旌旐，赋此以纪思念之忱。

又听雁鸿唳夜霜，喻园噩耗倍心伤。

名师西去同时日[①]，世事冥冥讵有常。

叔向贺贫忧建德，子产轻币乐初长[2]。

浔阳诗黯存矜式[3]，遥望南天更断肠。

注：[1]"名师西去同时日"，言叔子师与涂又光师同于11月4日一天去世。

[2]"叔向贺贫忧建德，子产轻币乐初长"，以叔子师的名字作七言嵌字格联。子产轻币，见《左传》"子产告范宣子轻币"载：范宣子为政，诸侯之币重，郑人病之。子产寓书云："夫令名，德之舆也。德，国家之基也。有基无坏，无亦是务乎？"强调"有德则乐，乐则能久"的道理。

[3]叔子师的故里九江，古称浔阳，为大儒传道之地，叔子师自幼于兹深受中国传统文化的濡染。

壬寅立冬前二日挽杨叔子老师（联）

是一代名师，长留浩然正气[1]，

看万方嘉誉，齐仰峻节高风。

注：[1]《孟子·公孙丑章句上》："公孙丑问曰：'敢问夫子恶乎长？'曰：'我知言，我善养吾浩然之气。'"宋代苏轼《潮州韩文公庙碑》云："是气也，寓于寻常之中，而塞乎天地之间。"

又挽杨叔子老师（联）

学究天人[1]，真知是夙，文理兼容，喜见南天张大帜；

钩沉往事[2]，明德为崇，言惟素质，诗书遗范炳千秋。

注：[1] "天人"喻科学与人文。党的十四大召开以来取得的成就中肯定了华中科技大学的人文素质教育。叔子师撰有《身需彩凤双飞翼——谈高校加强文化素质培养问题》一文，具阐人文与科学的重要性。

[2] 叔子师担任教育部高等学校文化素质教育指导委员会主任。晚年定论之作《往事钩沉》，其扉页有其点睛名言：首先要学会做人，同时必须学会做事；以做事体现与升华做人，以做人统率与激活做事。他强调的大学生文化素质教育，对中国高等教育影响深远。

再挽杨叔子老师（联）

七十年来[①]，不忘初心，矢志道艺，倡导人文扬盛事；

毕生尽瘁，培桃育李，功卓杏坛，立言立德铸师魂。

注：① 叔子师坚持诗词创作近 70 载。《杨叔子槛外诗选》选取近 400 首作品，全书共分 11 个篇章，按主题依次分为民族之兴、英模之颂、科技之光、山河之恋、即事之吟、校园之美、人生之旅、师友之谊、天伦之情和病中之吟，体裁涵盖了绝句、律诗和词等近 体格律诗词以及古风。其中既有新诗，又有古体诗，是对新诗民族化、传统诗词现代化的尝试与探索。

杨叔子先生喜改唐诗表新意

2018 年 9 月 8 日上午，余看望导师杨叔子老师，杨老师赠近期由高等教育出版社出版的《杨叔子槛外诗选》与华中科技大学出版社出版的《往事钩沉》二书。临别之际，兴致勃勃告知改初唐陈子昂《登幽州台歌》"前不见古人，后不见来者。念天地之悠悠，独怆然而涕下"，如兹：

前既见古人，今更见来者。

看大江之滔滔，喜奔腾而东下。

《杨叔子槛外诗选》说明见前。

《往事钩沉》以我国著名机械工程专家、教育家、中国科学院院士杨叔子的人生经历、科研发明为主线，以个人口述与采访相结合的形式，记录了杨叔子院士从一名学子成长为一名机械工程专家、致力于推动"科学与人文"相结合的文化素质教育的教育家的人生轨迹。本书内容包括杨叔子院士幼年成长、外出求学、解决国际上断丝定量检测难题、在全国高等教育中加强大学生文化素质教育、教学评估等典型事例的叙述，还有杨叔子院士病中鲜活的休养身体、为教育为各界奉献不息的记录。内容丰富，史料翔实，全方位呈现了杨叔子院士治学为人的质朴情怀与独特魅力。

（刘克明）

深切悼念杨叔子先生

太多教诲未能忘,那载诗交叶正黄。

悲戚无从寻热语,毋需记起也思量。

(杨国清)

沉痛哀悼老校长杨叔子院士

巨星陨落雁悲空,吐尽蚕丝烛泪终。

千仞青松悬挽幛,一湖碧水哭杨翁。

大家风范名垂颂,绛帐春晖恩泽隆。

奉献杏坛功卓荦,帝邀仙界建簧宫。

(毛声芝)

悼杨院士

想当年杨校长对京剧社支持有加,杨校长曾在 1999 年获得文化部颁发的振兴京剧"金菊奖"。每逢春节初六,杨校长和我们京剧社社员们,多次在学校绿园餐厅聚唱,那情景让人记忆犹新,令人难以忘怀!

惊悉先生仙逝去,巨星陨落国人哀;

大师功绩春秋载,拙笔吟笺忆往来。

(章望平)

吊唁杨叔子院士

瑜珈诗友忆先生,心涌情思久不平。

叩首遗容挥泪别,灵堂响起哭啼声。

(李万华)

送杨叔子

驾鹤西去亮星辰,教庠丰碑烛人文。
院士标格千秋在,喻家松涛夜夜鸣。

(李文杰)

悼杨叔子会长

昨夜惊鸿苦雨声,愕然会长驾鹤行!
十年感念瑜珈好,再拜心香哀晚情!

(邓佐云)

悼念杨叔子院士

叶落黉门秋日晚,先生远驾喻园空。
音容永在诗书韵,懿德长存桃李丰。
科教兴才谋伟略,文传载道创奇功。
却知此去难重见,常记堂前几相逢。

(赵文采)

悼杨叔子院士（联）

（一）

理工光耀中华,机械信息控制论,著作等身,大儒风范;
人文幸及赤县,诗词京剧素质观,宏文迭见,智者思维。

（二）

斯人首倡，诗词进校园，而今遍地琅琅吟诵声，清音发聩，神州当感佩；
我辈皆奉，人文融科技，盖自杨翁谆谆劝学语，大师仙游，江海并痛惜。

（婉臧）

沉痛悼念杨叔子校长（联）

巨星千古，开来继往一腔血；
硕果流芳，标异领新二月花。

（刘忠）

深切敬悼国士杨叔子先生

国有杨公，圣哲之雄。

传道授业，多士云从。

格致机械，穷究奥理。

智能制造，未来开启。

高举科技，呐喊人文。

筚路蓝缕，歌诗咏吟。

有教无类，推恩施惠。

忠魂不泯，鞠躬尽瘁。

（蓝波）

杨叔子老校长千古（联）

研理工举科技大旗，潜心学问，思入风云，成就光芒四射；
治教育融人文经典，励志精神，道通天地，节操高尚永垂。

（蓝波）

悼杨叔子先生（新韵）

诗教成说首创功，丰碑堪与杜陵同。

身虽居垦荆襄地，桃李却发八宇红。

（陈良）

悼杨叔子院士

跨界文和理，精工讲与论。

裁诗名槛外，治学耀黉门。

国士高风在，喻园厚德存。

含悲难琢句，别曲慰英魂。

（郭友琴）

悼念同窗、同事七十载的杨叔子院士

终身辛劳国振兴，挚友霄汉世人惊。

峥嵘九十民族梦，桃李芬芳华科风。

（钱祥生）

悼恩师杨叔子院士

（其一）

惊悉恩师驾鹤西，音容宛在泪迷离。

华章懿德双彪炳，科技人文两适宜。

行继前贤称世范，学滋后进为人梯。

春风化雨七十载，花满喻园叶满枝。

(其二)

送别先生极乐归，大江凝咽楚云垂。
人文高倡真情显，科技长研硕论追。
七秩壮心付桃李，九州嘉誉拜宗师。
喻园灯火无寻处，欲越关山再问谁？

（刘世元）

痛悼杨叔子院士

雷鸣电闪裂昆仑，骤雨滂沱泪覆盆。
巨擘虽折余绪在，遗风引领后来人。

（周卓嫩）

悼杨叔子院士

山崩地裂撼昆仑，流断星陨恸古城。
接力薪传留后世，先生宿志永传承。

（周卓媛）

悼杨叔子先生

瑟瑟雁寒鸣，声声泣送行。
先生从此去，不忍写悲情。

（郭羊成）

第七篇 诗词悼念

借叶帅八十抒怀句敬颂於杨师叔子

九秩何劳论利名，只望圆梦计功成。

大师德业垂千古，侪辈楷模仰一旌。

后浪涌波奔大海，长征接力奋前程。

祭师再歌黄昏颂，满目青山夕照明。

（郭羊成）

悼念杨叔子院士

今天

喻园的风为何有些凄凉

校园的树为何如此悲伤

是因为那个与你同行的人

头也不回去了远方

静静地走向了天堂

今天

那么多人在低头泪两行

那么多人在抬头凝望那清瘦的遗像

那么多人在心里涌动着美好的回忆

那么多人在重复着一个巨人的过往

因为他的足迹连着华中大的命运与辉煌

啊，敬爱的院士，我们的老校长

喻园的许多第一是您亲手开创

您是机械工程专家

带领华科大人乘风破浪

攻克了无数个国际难题

获得了无数个沉甸甸的大奖

啊，敬爱的院士，我们的老社长

高举人文教育大旗

掀起了一股"人文风暴"的巨浪

深耕古典诗词创作

国魂凝处是诗魂

让人文情怀也能登上理工院校大雅之堂

给中国的高校做出了无与伦比的榜样

啊，多才的院士令人敬仰

今天，在华中大奋进的路上

我们为您点一盏心灯

将思念化作心里的曙光

愿京城的东风吹遍校园

愿喻园的明天更加灿烂辉煌

（龚国珍）

悼念杨叔子院士

您走了

走在秋季结束之前

当我把冬季的山茶眺望

得到您逝去的噩耗

站在校园的十字路口

向前，向后，向左，向右

哪一条路上没有您的脚印

哪一栋办公楼没有您睿智的思想

第七篇　诗词悼念

您是建校的先驱

一砖一瓦都留下您的手温

一草一木都留下您心中的芬芳

一湖一景都把你疲惫的身影荡漾

创新科技，人文教育

是您的理念，身体力行冲在前方

每一幅蓝图都流淌着您的心血

每个学子都是您期许的栋梁

您的平易近人为同行称道

亦师亦友，相扶相帮，能者为上

您是一道温暖的阳光

也是慰藉师生的心灵之光

您的诗词像一条长河

是高洁，自律的精神殿堂

有攻难克坚，教育求索的精髓

伉俪情深，相知相伴，地久天长

梧桐叶为您的离去垂泪

秋风声咽在校园回响

银杏叶沙沙朗诵您的诗句

秋菊怒放祭奠曾经的美好时光

您的离去，留下眷念，悲伤

在秋冬交汇的渡口

老校长，老院士，一路走好

眼泪和期望交织在远方，远方

（杨希玉）

悼念杨叔子先生

一缕风

飘来，

填补了

机械领域空白。

一缕风

归国，

只为了

心中永恒的家国情怀。

一缕风

吹向华工，

造就了

人文精神的校园。

一缕风

归去，

留下了

一片赤心在人间。

（邓力源）

第八篇

思念与传承

永远怀念杨叔子：
同学、朋友、夫妻的73年

◇ 徐辉碧

从同学、朋友到夫妻，整整73年了。我们"志同道合，执子偕老，互敬互爱，相濡以沫"，有着许许多多值得回忆的往事。在此，我就其中的十个方面，表达对杨叔子的永远怀念。

1. 入团、入党前的考验

1949年5月22日，南昌解放了。第二天，杨叔子亲眼看见解放军同人民群众水乳交融的情景，使他相信共产党，跟着共产党走。

解放后的南昌，由原来江西省立南昌一中、南昌二中、南昌女中等学校合并成立南昌一联中（后更名为南昌一中）。杨叔子从豫章中学考入南昌一联中高中二年级，我从南昌女中并入南昌一联中高中二年级。1949年，我们便成了同学。这个年级有200多名同学，分成7个班。杨叔子在高二（3）班，我在高二（5）班。

1949年暑假，我在南昌团市委组织的青年学习班学习，作为江西第一批团员，9月5日入团后，回学校学习。学校成立团支部，我被选为团支部书记。

1949年10月，团市委要求我们发展团员。得知此事后，同学们积极申请入团，其中有杨叔子。

但是在首批获准团员中，没有杨叔子，原因是他家庭成分比较复杂，要再考验一段时间。这时，他没有消极，而是加倍努力。在学习上，他在全年级名列前茅。在关心帮助同学方面也很突出。他们班上有两位女同学数学学习很困难，他利用放学后的时间，耐心帮助她们。后来，这两位同学能跟上班了，杨叔子得到同学们的好评。按照"重在表现"的原则，1950年1月26日他被批准入团，他经受住了入团的考验。不仅如此，杨叔子表现还很突出，1950年底，南昌一中选出了4名南昌市的优秀团员：程会保、杨叔子、徐辉碧和曾文礼，其中就有他和我。

20世纪90年代接受一位记者采访时，他开玩笑地谈到我曾经反对他入团的故事，他说"不打不相识"。

1955年，杨叔子已经决定永远跟党走，他申请入党了。在我们的通信中常常讨论这个问题。他知道我1953年初在部队因文化教育运动中立三等功入党，他说，我和你不同，自己家庭问题复杂，可能要经过一段时间的考验。我们在通信中，常常讨论入党问题。我鼓励他的主要有两点：一是相信党的政策"有成分论，不唯成分论，重在政治表现"；二是严格要求自己，没有任何因素影响你按照共产党员的标准要求自己。

1955年，党支部书记和杨叔子谈入党问题。他对书记说，我很希望成为一名党员，但是家庭复杂，出身虽然不好，但道路可以选择，请党支部审查。书记的谈话，给了他很大鼓励。他找了雷国璞和易德明两位同学作为介绍人，他们同意了，并鼓励杨叔子，要做好两手准备。如果这次不行，就继续努力，党的大门永远向献身共产主义的人敞开。

1956年2月6日，党支部通过了杨叔子的入党申请。他立即写信把这佳音告诉我，我们共享了难得的快乐。他激动地写了一首诗：

    红阳万里碧空明，最好佳音最激情。
    一片丹心腾热血，满怀壮志请长缨。
    终生热爱毛主席，大海长明航塔灯。
    自此螺钉装配罢，无朝无夜奋奔腾。

杨叔子对党忠诚。"文化大革命"中，在审查他所谓"潜伏特务"时，他坚决否定，没有说一句假话。他说："我相信徐辉碧没有也不可能提供相关材料。"最后，学校领导刘昆山同志到机械一系检查工作时说："没有材料，全靠推测，这样做不行，快把杨叔子解脱出来。"

杨叔子是一名忠诚的共产党员。

2. 红豆和手表

1951年1月，我响应国家号召抗美援朝，参加军事干部学校，到北京坦克学校学习。离开南昌一中后，近三年没有和杨叔子联系了。1953年部队正规化，要女同志转业，文化程度在高中二年级以上的，安排去报考大学。在短暂复习功课后，我考上了北京大学化学系。1953年9月入学，作为北大的学生多高兴、多自豪。

10月中，突然收到杨叔子即将去华中工学院桂林分部前的一封来信。信中谈到他通过在北京钢铁学院学习的老同学龙仁得到了我的地址。他介绍了自己与我分开两年多的情况，希望以后多联系。此后，我们有通信来往，但都是谈学校的学习、生活等。

1954年春天，杨叔子与同学特地到桂林良峰访相思树，寻找到了几颗相思豆，便立即将两颗相思豆用挂号信寄往北京大学26斋女生宿舍。他在信中曲折、委婉地表达了自己的思念之情，还附了王维的诗：

相思

唐·王维

红豆生南国，春来发几枝。

愿君多采撷，此物最相思。

收到红豆后，我感谢杨叔子的深情，但未做相应的回复。当时在北大校园，正是一片浓浓的"为祖国而学习"的气氛，同学们决心做三好学生。我也很努力学习，同时做好团支部书记的工作，还受到团委书记胡启立（他后来到团中央工作去了）的表扬。

2022年，是杨叔子病重的一年。当我在病房推他坐轮椅散步时，他常常问我："寄给你的红豆收到了吗？"我回答："收到了。"他又问："你保存了吗？"我回答："没有保存，对不起。"我说："事情要看最终的结果。"他明白了我的话。

中国有句古话："来而不往，非礼也。"杨叔子给我送了红豆，我应该给他送什么呢？如果要送东西，我们的关系就好像不仅是同学，而是朋友了。为慎重起见，我写信给爸爸征求意见。父亲长期在钨矿做会计，为人忠厚、宽容。他对我的回答是："你自己决定。"得到父亲的同意，我便开始考虑给杨叔子送礼物的事。

郭日娴是我南昌一中的同班同学，我们一同到坦克学校，又一同考入北大化学系。从她在大连海军学校工作的哥哥（郭日修，后任武汉海军工程学院教授）得知，大连可买到廉价耐用的胜利牌苏联手表，恰巧我得到了一份部队转业费，便买了两块，杨叔子和我各一块。收到手表后，他很高兴，这对学习、工作都有帮助。他说："见物如见人。"天天戴它，就像天天见到你。这块表他用了23年，直到不能用，杨叔子还把它保存留做纪念。他说："这是你第一次送给我的礼物，意味深长。"

3. 惊喜的电话

记得1958年《人民日报》的社论提出了"鼓足干劲，力争上游"的口号，杨叔子和我在各自的岗位上拼命工作。国庆十周年，我出席了1959年在北京召开的全国妇女建设社会主义积极分子大会。北京化工研究院党委孙书记，她是位老干部，像我们的妈妈一样关心大家。一天，她找我个别谈话。她说："小徐，我知道你的男朋友杨叔子在武汉华中工学院工作，听说他品学兼优。你们已经27岁了，应该结婚了。这样，他可以调到北京化工学院工作。"我很感谢孙书记的关心。但是我想，华中工学院是不会同意杨叔子调动的。

1959年，杨叔子和段正澄、林奕鸿等研究的第一台数控车床，在校、系的大力支持下完成了，被选为参加在北京举办的全国"大跃进"成果展览活动。学校临时决定杨叔子等负责数控车床的展览活动，并在国庆十周年前夕赶到了北京，住在华侨大厦。就在他到北京的当天下午，我打电话到华侨大厦找他。杨叔子惊讶地问我："你怎么知道我来了？"我到华侨大厦后，华工洪教务长主动提出要我们出去谈心走走。我们经过安定门走到北京化工研究院去。两年没有见面，我们聊学习、生活和工作，十分开心。最后，他还是问我："你怎么知道我来了？"的确，没有任何人告诉我杨叔子要来北京，给他打电话，完全是我主观预感他会来。而这种推测是根据我对他长期了解的信任。我深信杨叔子任何时候都会积极工作并取得成效。

1960年1月，杨叔子与徐辉碧在北京结婚。瞻仰人民英雄纪念碑后，在天安门城楼金水桥旁合影留念

在交谈中，我把孙书记要我们结婚的话告诉他了。我们决定明年（1960年）在北京完成这件喜事。在热情交谈后，杨叔子赶紧乘4路电车回华侨大厦了。这个因预感的电话让我们又惊又喜。

4. 忘不了的两斤粮票

20世纪60年代初，由于严重的天灾人祸，我国处于困难时期，粮食极度缺乏。"民以食为天"，国家决定按人定量分配粮食。在学校和国家机关，每人每月男性27斤，女性25斤。那时，每天如何分配早、中、晚的粮票，各用几两，人们都得盘算，大家感叹不够吃啊。这种困难是现在的年轻人难以想象的。

为让杨叔子能稍稍多吃点，身体好一点，我每月从自己的定量中给他寄两斤粮票。这是人之常情。杨叔子总是忘不了这两斤粮票。2000年，他为《长江日报》的"人生百味"栏写了这个故事。2015年他在病中写《往事钩沉》时，又写了这个故事。书中的小标题是："两斤粮票"。

在此摘抄部分如下：

辉碧在北京,每月定量也是 25 斤。她铁了心,做了个决定,每个月节省两斤粮票,挂号邮寄给我,她讲我的身体不好,她顶得住。就这样,一个月多两斤粮食,作为加餐,也可以加几次餐。这意味着,她就有 20 多餐,每餐要少吃一两。但是,感情因素的力量,更难以估量。每当我吃饭"加餐"、增加饭量时,心情就难以平静。这绝无丝毫锦上添花的作用,而恰如雪中送炭带来的无比温暖。

两斤粮票绝非两斤粮票本身,这粮食我吃进口也绝非粮食本身。《诗经》中的两句话,就自然而然涌上心头:"匪女之为美,美人之贻。"

爱情的力量是伟大的。他始终记得别人对他的关心。

5. 一件未收到的棉衣

1962 年 2 月,感谢学校照顾我们,将我调到华中工学院工程物理系核燃料化学教研室工作。

当年 12 月,杨叔子去北京为学校购买图书,以为几天就回来。12 月 24 日临时收到学校紧急电报,要他立即到北京、天津、沈阳和洛阳 4 个地方的十几个工厂,包括北京第一机床厂、北京第二机床厂、天津机床厂、沈阳第一机床厂、沈阳第二机床厂、沈阳第三机床厂、洛阳拖拉机厂和洛阳轴承厂等安排落实学生实习的吃饭住宿问题。那时,经济困难时期刚过去,安排吃饭住宿问题还有一些麻烦。他带的衣服也有些不够。但是他知道任务紧急而重要,收到学校紧急电报后,赶快处理完手头的工作,然后,"奋不顾身"马不停蹄跑了 4 个城市,紧张而艰苦。白天到工厂联系工作,午饭在路上啃馒头。晚上坐火车,不用去旅馆,还可以利用靠车厢的头尾部的灯光看书。只有在沈阳的一个澡堂旅馆里睡了一夜,是在澡池临时架上木板的大通铺上度过的,它是这次出差中唯一的一次睡觉。就这样,短短 7 天,跑了 4 个城市、10 多个工厂,落实了学生吃饭住宿问题,终于在 12 月 31 日回到武汉。从这件事看到,杨叔子是一位忘我工作的好同志。

在这段时间,我十分担心他衣服不够预防严寒,特别是到东北沈阳去,

第八篇 思念与传承

没有电话联系不上他,我心急如火,怎么办?我想起了在天津工作的南昌一中的一位老同学,请他帮忙。他很热情地带着新买的一件棉衣到天津机床厂、到火车站去寻找杨叔子,结果虽然使人失望,我还是十分感谢这位老同学。幸好杨叔子没有感冒生病,他挺过来了。

此事给了我一个经验教训,在杨叔子出差时,一定要考虑所带的衣物。我特地为他准备了一个旅行箱,除了各种需要的东西外,多带几件衣服。后来,有朋友和他开玩笑说,你带的衣服多了,十有七八用不上。他回答,有两三成用上也不错。

6. 赴美访学

1979年11月5日,学校决定派5位教师去美国加州圣迭戈分校做访问学者两年,我是其中之一。杨叔子鼓励我一定要好好学习,回来好好工作。他说家里的事你可完全放心。他也表达了自己有去美国做访问学者的愿望,我理解并支持他的想法。

出国学习首先要学校同意。出国前几天,在杨叔子不知情时,我去了朱九思校长办公室,谈话内容是请学校同意杨叔子赴美国做访问学者。九思同志说:"没有问题,我同意。"十分感谢学校领导对我们的关心。

到美国后,我努力做好研究工作,第一年就在导师指导下,与研究生合作发表了第一篇论文。同时,也记得去完成杨叔子交给我的任务。

我请在威斯康星大学做访问学者的南昌一中同年级同学、南京大学化学教授游效曾,帮助杨叔子联系一位机械工程方面的导师。他欣然同意帮忙。当威斯康星麦迪逊分校吴贤铭教授看了杨叔子的简历后,立即表示同意他去,并给每月500美元的资助,当时,我作为公派生每月是400美元的资助。没有想到事情办得很顺利,这与杨叔子的表现、水平有关。我完美地完成任务后,立即把好消息告诉杨叔子。我说:"你可以准备赴美了。"

杨叔子积极准备赴美,首先是参加英语口语班。他的英语读和写还可以,但是听和说不行,这是我们共同存在的问题。学习英语口语不是轻松的事。

学校、机械一系、教研室和他的团队把他的一切工作都免了，要他全力学习口语。

我在美国的两年，和杨叔子通信很勤，表达彼此的挂念。我还想看看他，于是寄了一卷彩色胶卷回家，要他们拍照寄给我。一天，在办公室午餐，当我打开他的来信看见照片时，禁不住地不断流眼泪。旁边的美国研究生对我说："你是不是太高兴了？"真是有苦难言，午餐也不想用了。杨叔子本来就瘦，照片看上去，简直是瘦得难以想象，他实在太辛苦了，很痛心。

1981年11月5日，我按时回到北京。在飞机场，不少人前来迎接亲人归来。但是杨叔子没有来，这是我们预先约定好的，我不愿他来，因为他实在太忙了。

我回到学校不久，杨叔子就要动身赴美国。他写了："两年相别不胜情，欲诉衷情诉不清。此日汝归明我去，后行总不负先行。"

到威斯康星麦迪逊分校后，吴贤铭先生本想要他主持一台机械设备的设计与制造，得知杨叔子特长是做基础研究，后重点改做"时间序列分析与工程应用"。吴先生大力支持杨叔子的工作，他也得到集体的帮助。他说："一年过得十分充实，又十分紧迫。"这一年，他只去过一次芝加哥参观国际机床展览会，其他城市都没有去过。杨叔子思乡心切，在麦迪逊的邮局，买到刚刚发行的美国五十州的州花邮票，一周一张寄航空平信回家。他说一年有54周，把这套纪念邮票用完，到时候我就回家了。

7. 院士申报

1991年，我国增选第4批中国科学院院士。我校推选出3位候选人，其中有杨叔子。推荐的理由是："杨叔子教授立足于机械工程，致力于机械工程与有关新兴学科的交叉，拓宽了机械工程学科的研究领域，在精密机械加工与机械加工自动化方面，发展了切削振动理论与误差补偿技术，研究出不解体的发动机诊断系统，解决了有关单位重大关键问题。在机械设备诊断理论与实践方面，建立了一套概念体系，发展了诊断模型与策略，还发展了钢丝绳无损检测理论与技术,解决了国际上断丝定量检测难题。时序分析的应用与工程应用上,结合系统论与数据处理技术,发展了某些理论与方法,对时序分析的工程应用上起了一定的推动作用。在专家系统应用、信号处理、机械工程机制上,也有多方面的成就。科研成果通过鉴定18项,获重要奖励9项,专利1项,发表学术论文250多篇,出版著作10种。"这段文字大约300字,它是校领导梅世炎、研究生院杨焕祥等、机械科学与工程学院团队史铁林等共同研究反复修改的结果。学校领导李德焕、黄树槐十分关心,强调写材料,一要实事求是,二要成就讲够。

  1992年1月4日上午,不知是谁告诉在外出差的杨叔子说:"中央人民广播电台广播了新增选的学部委员(后改为院士),其中有你的名字。"杨叔子不放心,反问,没有听错吧?正在此时,学校来电话要他立即回校,参加学校将要隆重举行的庆祝会。次日晚上,庆祝会在招待所一号楼下面的大厅举行。大厅里坐满了人,有领导、教师、干部和学生,他们的脸上挂着笑容,心中充满了喜悦。许多人表示热烈的祝贺,共庆学校院士零的突破,学校水平上了一个台阶,并相信学校会不断攀登更高的台阶。会后回到家,杨叔子和我兴奋地聊起来了。他激动地对我说:"不是学校安排我去美国访学,我难以做到立足于机械工程,致力于机械工程与有关新兴学科的交叉,并拓宽了机械工程学科的研究领域。这些成果来自段正澄给我实验室、师汉民和我合作,我们团队的奋力拼搏。当然我也十分努力。"我们把这一天看作是新的起点。

8. 重任在肩

  1992年12月,杨叔子正在北京开学术会议,学校打来电话,要他在北京停两天,等李德焕同志到来,没讲是什么事。两天后,他们一同去国家教委。李铁映同志见面后就说:"杨叔子同志,你是华中理工大学的校长了。"杨叔子回答说:"我不行,我没有这个能力。"铁映同志说:"你行。国家教委派人到你们学校调查,同志们推荐你。我们还询问过你怎么办大学？你说，抓三点。一是抓教学，二是抓教师，三是抓干部队伍。此外，还要抓办学思想，并且做了详细的说明。你讲得太好了，你完全可以干。德焕同志也表态，全力支持你干，就这样了，回去当校长去！"

当时，他写了《浪淘沙》一词，表达当时自己的心情：

重任落双肩，百虑难眠，深情挚语又华笺，风雨同舟四十年，一瞬依然。　何计创新篇？梦绕魂牵！成城众志是源泉。谋政须符身在位，无愧前贤。

"回去当校长去！"这是国家给杨叔子的从未有过的重任。作为共产党员应该十分努力担当起来。任校长4年后，杨叔子对我说："在大家的帮助下，我完成了组织上交给的任务，同时自己也增长了才干。"从4年当校长的回顾中，杨叔子感悟了做人、做事的4句话32字，也是成人成才的4句话32字："人生在勤，贵在坚持。敢于开拓，善于总结。尊重他人，依靠集体。理想崇高，自强不息。"按这4句话我做了如下回忆。

（1）人生在勤，贵在坚持。

接任校长后，杨叔子就规定自己，在校时每周听课一般应是两个上午，并且做听课记录。他做到了这一点。没有想到，几年后进行省部教学评估时，拿出了一大堆杨叔子听课的原始记录，这项得到很好的成绩，总评也是优。

杨叔子十分珍惜时间，每次出差前，他要工作到上车前的片刻。司机说："杨校长上车的地点是不固定的，办公室、教室、家里等。行李是随身带的，很准时。在车上还给我们讲点学校的情况，鼓励我们工作，很亲切。"

杨叔子的秘书曹素华告诉我说："杨校长年年超工作量，甚至超150%还多，他太勤快了。"

（2）敢于开拓，善于总结。

任校长期间，杨叔子认为所做的最重要的工作是开展文化素质教育。1994年，人文学院院长刘献君等决定开设人文讲座，由此开始了我校文化素质教育的第一步。直到第5讲，杨叔子才知道，并和九思老校长一同去听讲，感到效果很好，这给了他极大的启发。他认真思考了如何在此基础上，继承我校传统文化教育,开拓新领域、进入新阶段的问题。提出了对大学生进行文化素质教育的构想。杨叔子首先要得到教育部领导的支持,还要与北大、清华等兄弟院校合作。按此思路,我校一步一步地推进有关工作。杨叔子由于自己有一定的人文底蕴,对教育规律有较好的了解,在我国高校开展文化素质教育中,做了应该做的努力。

在文化素质教育工作中,他学习了很多知识后,讲了一句话:"一个国家,一个民族,没有现代科学,没有先进技术,就是落后,一打就垮,痛苦受人宰割;而没有民族传统,没有人文文化,就会异化,不打自垮,甘愿受人奴役。"此话很精辟,很有教育意义。这句话的精髓已经刻在学校人文走廊墙上,但他不同意署名。这句话已刻在杨叔子的墓碑上。

(3)尊重他人,依靠集体。

在一定意义上说,大学就是大师。与大师们的交往体现学校的关心与尊重,也是心与心的交流。杨叔子多次拜访过发展经济学创始人张培刚先生。有一次,杨叔子去看张先生时,先生正在看一本外国诺贝尔奖得主送给他的书。谈起我校文化素质教育时,张先生高度赞扬。他说:"老杨啊,文化,就是教人怎样做人啦!"杨叔子认识涂又光先生后,就感到先生文史哲兼通,中英文兼通,诗词经文熟悉,感觉是"相见恨晚"。在教育问题上,杨叔子经常向涂先生请教,收获很大。他也帮助解决涂先生的职称和办公室用房等问题。杨叔子认为要创造一个自由、宽松、和谐的学术环境,保证教师的积极性、主动性与创造性的充分发挥。

杨叔子不仅尊重教师,也尊重群众。在任校长不久,收到一位学生来信说:"杨校长,有件事情我想不通。作为一个中国的大学生,英语四级过不了关就不能获得学位证书,这点我赞成。因为要改革开放,要中外交流。但是汉语错别字一大堆,用词不妥,句子不通,文章不顺,居然可以拿到学位证书。请问杨校长,这应作何解释?"

杨叔子很重视这个问题,提出举行"中国语文水平达标测试"以引起大家对这个问题的重视,并得到校务委员会的同意。1995年6月,学校颁布了《关于提高我校学生人文素质和中国语文水平的决定》。

杨叔子有两个依靠的小集体，一是学校领导班子，二是他的教学科研团队。

杨叔子没有行政工作经验，在接受校长任务时，李德焕对他说："你放心，你干不了的大家干，我这个老同学来干，放心，一定不会出问题。"李书记是掌舵人，他确实是全力支持了杨叔子的工作，充分说明他是真诚地互相帮助。

一次，杨叔子去"引力中心"，在和罗俊的谈话中了解到：他们创业很艰苦，山洞中氡辐射剧烈，大家脸上、手上都长了白癜风。但他们努力工作的成果，得到国外专家的佩服。为了大家的健康，必须在洞口建一栋3层楼工作室。但此时是学校经济最困难的时候，管财务的副校长黄承堂说："没有钱，我只能投反对票了。"尽管如此，还是通过了建楼的决定。黄承堂同志做了极大的努力，一栋3层楼工作室建成了。

学校领导班子的团结，极为重要。2022年，在一次电话中，钟伟芳同志（当时是常务副校长）对我说："我们这个校领导班子不仅是团结的，而且在历届学校领导班子中，可能是团结得比较好的。"1996年，杨叔子说："依靠学校领导班子集体，我得以完成任期中校长的任务。"

关于杨叔子教学科研团队，2017年，在李德焕为杨叔子写的《往事钩沉》一书的序言中说："杨叔子团队取得成功的经验说明他们团队是一个优秀的团队。"李德焕认为这个团队之所以优秀是因为：①有学术方向相同、志同道合的合作者。如师汉民教授，他也是机械系的一位学术带头人，对杨叔子在我校实现院士零的突破起了很大作用。②有良好素质、甘当铺路石的助手。如杜润生同志，测试理论和实验扎实，在科研中发挥了不可替代的作用。③有素质好、潜力大、勤奋好学的弟子。杨叔子招收的一批硕士研究生、博士研究生中，许多人在毕业时都取得了优秀的成绩，如吴雅等。

随着岁月推移，杨叔子团队成员有了变动。杨叔子团队在教学方面也取得了很好的成绩。例如《机械工程控制基础》一书的出版，自1984年第一版至2023年第八版，已印刷91次，累计销售80余万册。出版社的编辑老师说："这样的成绩无疑是值得我们自豪的。同时也印证了《机械工程控制基础》作为一本教材的价值所在。我也深刻地感受到以杨院士为首的老一辈学者大家的宽广胸襟，以及他们严谨的治学态度、精益求精的工作作风。"2021年，杨叔子获得了"全国教材建设先进个人奖"。十几年来，团队的带头人是长江学者，曾经兼任机械科学与工程学院党委书记的史铁林教授。他带领团队不断前进。特别在杨叔子生病的八年中，大家对杨叔子很关心。史铁林、吴波、赵英俊、胡有民等，不论在家还是在医院，常常去看望他，给他极大的鼓励和安慰。

余东升教授不属于上面两个团队，但他是杨叔子的好朋友、好合作伙伴。不论是文化素质教育，还是外出参加学科评估，他帮助杨叔子做了许多工作。

（4）理想崇高，自强不息。

有人问杨叔子："你最钦佩的人是谁？"他回答："天安门前那块万丈丰碑所纪念的永垂不朽的人民英雄。"他说的理想崇高，就是全心全意为人民服务。杨叔子去世后，刘献君教授对我说："想到杨校长，脑子里首先冒出来的是毛主席在《纪念白求恩》中提到的五种人。杨叔子是一个纯粹的人。他的人格的力量，一是心中只有工作，二是处处以身作则，三是尊重每一个人。"在我们70多年的相处中，我感觉到，他是一个积极向上、永不懈怠的人。

9. 健康问题的争论

关于杨叔子做报告的情景，东南大学陆挺老师有一段描述："杨先生做报告十分投入，浑身充满激情，语气慷慨激昂，精神十分振奋。"这很符合实际，也是常事。每当他做报告后回到家，嘴唇全变成紫颜色。家人见到他，异口同声地叫起来说："嘴唇变紫色了！"村春说："爸爸，你缺氧了！"晓平打开氧气瓶，给他吸氧。我拿来丹参滴丸，杨易端了一杯水，要他服药。杨叔子说："没事、没事，一下就好了。"我多次和他讨论，要他做报告时,不要太激动,照样可以讲好。他不仅不接受,还认为自己身体可以坚持。这是我们一场没有结果的健康问题争论。

2014年6月,全国院士大会在北京举行。中科院院士工作局来信说,鉴于杨叔子身体不太好,要我陪同前往。我们住在京西宾馆。到后的当晚,医生到每个房间简单检查院士的身体时说:"杨院士,您有房颤。"杨叔子立即回答:"我没有房颤。"因为不符合事实,我立即说:"他有房颤。"不料,三天后他就中风住院,一病就八年半。我们经常讨论这一次有无房颤的简单争论。如果早去北京301医院看病,也许情况会更好。

杨叔子不承认自己有病,是担心看病影响工作,他总是把工作放在第一位。

10. 与疾病斗争八年半

1)发病初期

2014年6月11日上午8点,我们乘车从京西宾馆去北京会议中心听报告。开车大约20分钟,他轻轻地跟我说:"我右手有点麻!"我安慰他说:"不要紧,我给你揉一下。"过一会儿,他又说:"我右脚也有点麻!"我告诉他,不要紧,马上到了。你看,大门口有北京会议中心几个字。他无可奈何地说:"我什么也看不见了。"这时我紧张了。车一停,我大声叫:"丁汉,快来,杨老师生病了。"丁汉下车,立即请来医生,确定杨叔子中风。感谢中科院院士工作局的周到安排,仅用20分钟就将病人送到了解放军306医院。中午,躺在病床上的杨叔子醒来了。我问他:"认识我吗?"回答:"徐辉碧。"我握住他的手很高兴。没想到,下午副校长段献忠和学院党委书记周莉萍以及两位老师,乘飞机到北京专程来看杨叔子。组织上的关心,给杨叔子带来欣慰。晓平也赶到,代替我在北京照顾杨叔子。在解放军306医院住院10天病情稳定后,副校长段献忠和史铁林教授去接他回武汉协和医院继续治疗。协和医院的王朝晖主任带车到车站迎接。王主任精心治疗20天后,杨叔子病情稳定,但因他心律失常,必须安装心脏起搏器,之后就可以出院了。由于他害怕手术疼痛只有推迟进行。回家后,我们苦口婆心地劝他,告诉他心律失常者心脏常常会停止跳动3秒左右,这是很危险的。还请老同学王承喜来介绍她妈妈安装心脏起搏器的经验。我常在晚上用耳听他心脏停止跳动的情况,这是很不准确的,仅仅反映我担忧的心情。最后终于说服了杨叔子。10月9日在协和医院安装了心脏起搏器。手术过程中,史铁林和晓平在手术室门口等候,我在病房等。医生做手术很成功,大家都放心了。医生要求杨叔子平躺72小时不能动,我们守在旁边轻轻摸他的手脚,和他说说话。突然,他对我们说:"我想明白,我记忆力差了,难以写自传,但我可以写一本《往事钩沉》。"护士问他"往事钩沉"是什么意思,他做了说明,受到大家的称赞。

2)珍惜时间

(1)执笔疾书。

2015年开始,杨叔子的病情有所好转,他就按照自己成长的时间顺序开始写《往事钩沉》,每天写1000字左右,坚持了近一年。写完20多万字后,他的手开始发抖,有点头疼。因为健康问题,写作被迫停下。后来,身体稍有好转,在我协助下,增写了最后一章"在病中"。这一年,我深深见证了杨叔子的"人生在勤,贵在坚持"的精神和品格。

(2)接受采访。

2010年,中央决定成立"老科学家学术成长资料采集工程",由科协具体负责。2016年6月,许锋华教授带着科协的文件来我家。杨叔子在明白采集工程的重要意义后,便积极配合接受采访。在访谈中,许锋华感觉到他的温良恭俭的为人、乐观豁达的心态,使访谈压力变得轻松愉快。杨叔子说:"采访需要回答的其他问题,徐辉碧代表我处理。"许锋华及她的团队的工作取得了很好的成绩,2021年,《科学人文总相宜:杨叔子传》一书出版。至此,"老科学家学术成长资料采集工程丛书"已出版110种,该书属于第9批出版。

（3）思考重点。

周洪宇主编的当代中国高等教育改革口述史丛书（第一辑）邀请了十位大学校长谈教育改革，其中包括杨叔子。2018年4月，出版社的同志来家询问杨叔子的口述史完成情况。因原来的撰写人工作太忙，只好换人。杨叔子要我立即给深圳大学肖海涛打电话，请她完成此工作。海涛回答说："我很高兴接受这项任务。"好在已有许多材料的积累，她日日夜夜，抓紧时间，书终于在2020年出版了。在此过程中，反复讨论如何表达教育思想的重点与特色时，杨叔子提出"育人而非制器"，这句话成了书的名字。

（4）整理诗稿。

在病中，他整理了几十年写的诗稿，按年代分别包好。为出版《杨叔子槛外诗选》，孔汝煌老师从中选取近400首编成本书。全书依次分为：民族之兴、英模之颂、科技之光、山河之恋、即事之吟、校园之美、人生之旅、师友之谊、天伦之情、病中之吟、新体之索。在余东升教授的努力下，《杨叔子槛外诗选》2017年由高等教育出版社出版。

孔汝煌老师不仅是本书的编辑，还是指导老师。杨叔子写完一首诗后，常常会寄给孔老师请他修改。

杨叔子对他所钟爱的诗词，曾经说过一句话："国魂凝处是诗魂"，受到好评。他为中国诗教事业做了一点工作，中国诗词学会因此给他颁发特殊贡献奖。

综上所述，杨叔子说在生病期间，4本书的出版，是很不容易的，这是大家努力的成果。杨叔子要我对有关同志真诚地表示感谢。他困难地捧着书，打开一页页地看了又看，舍不得放下。

3）病情在加重

（1）2017年9月10日深夜上卫生间时，杨叔子大叫："我看不见了。"我赶紧扶他慢慢走回床边。第二天一大早就送他去同济医院看病。检查结果是血栓堵了视网膜上的微血管,无法排出,导致左眼失明。面对突然重大的打击,大家安慰他。还好,他对我说:"刘伯承将军不是只有一只眼睛吗?他还指挥打仗。"我们就鼓励他,多和他聊天,陪他外出散步,使情绪慢慢稳定。

(2) 2018年一天,我们在家后面的小花园散步。在回家路上,杨叔子突然说:"我走不动了。"幸好路边停了一辆小车,他靠着车站了一会儿,一位不认识的人走来说:"杨院士,我送您回家。"校园处处有亲人,我们对他表示了感谢。从此,杨叔子就坐轮椅了。之后,我帮助他每天站在书桌边,手扶书桌,我们边走边唱歌,锻炼身体,很开心。

我们看了家里存放的不少照片,感到十分珍贵,想起编一本影集。他建议以"桑榆记事"为名。他很欣赏名句:"莫道桑榆晚,为霞尚满天。"2022年,影集印好后,遗憾的是他已经看不见照片了。

2020年87岁生日当天,杨叔子、徐辉碧在家门口的院子里散步谈心

2019年,杨叔子父亲杨赓笙故居在湖口落成,其中还新建了一间杨叔子院士展室。湖口县政府特别邀请杨叔子去参加落成典礼,他多么想去!但医生怕出问题,没有同意。杨叔子只得要我作为他的代表去湖口。

在中华人民共和国成立70周年之际,杨叔子获得"庆祝中华人民共和国成立70周年"纪念章。十分高兴。他说:"这是对自己的极大鼓励。"

同时,《教育奠基未来——新中国教育70年70位教育人物》一书出版了。很荣幸,杨叔子是70人之一。

在中国共产党成立100周年之际,杨叔子和我获得"光荣在党50年"纪念章。我们感到特别自豪,要永远不忘初心,牢记使命。

2020年新冠疫情中,段正澄院士、李德焕同志相继去世。杨叔子十分悲痛,连续几天不断流泪。2022年,杨叔子得知熊友伦院士当选"全国最美教师",一年来难得见笑容的他高兴地说:"熊友伦院士成绩卓著,他是我的好朋友。"

(3) 2021年12月,突发青光眼,杨叔子双目失明,医生说无法治好,这是致命的打击。他看不见亲人、朋友,不能看电视,不能看书,很痛苦。全家人不断地安慰,用轮椅带他逛校园。每到一处就停下,给他讲解情况,回忆往事。从他的饮食、睡眠、情绪看,健康每况愈下,令人担心。

4)最后一个月:2022年10月

(1) 国庆三天回家。

2022年2月开始,因病情发展,杨叔子基本上住在医院,他常常说:"我要回家去,你们要理解病人的心情。"国庆节,我们接他回家住了三天。他躺在床上亲切、低声、断断续续地对我说了一些话,可归纳为以下几点。

一是关于他自己。他说:"我是在党教育培养下、在大家帮助下成长的。我一生为国家、为人民做了一点贡献,我是幸福的。"二是关于徐辉碧。他说:"我们志同道合,相互帮助。你也为国家、为人民做了一点贡献。你也是幸福的。我爱你,记住'天长地久有时尽,此爱绵绵无绝期'。三是关于我们三代五口之家,是个和谐、可爱的家庭。要保持、发展。四是我可能不行了,死后之事,丧事从简。

在他说话时,我止不住地流泪,简单回答说:"我明白。"

(2) 在校医院病危。

10月6日,学校70周年校庆。听说尤政校长在大会上表扬有贡献的教师中有杨叔子。我转告他了,他立即回答说:"你们也是有贡献的。"可见,他头脑还清楚。

每天早上,我走进病房,在他的病床边对他说:"杨叔子,我来看你了。"如果他回答"我们念诗吧",表明他高兴。如果他回答"我要睡觉",表明他身体不好。每天中午 12 点我回家时,一定要对他说:"再见了,明天早上来看你。"他用英文回答:"I love you!"

10 月中旬,他的情况时好时坏。不久,他突发带状疱疹。医生判断,杨叔子的免疫力很低,加之心衰指数不断上升,医生决定他转协和医院。

(3)离开我们的时刻。

因疫情,杨叔子去协和医院只能有护工一人陪同,我实在难以接受。每天,我给护工每小时打一次电话询问他的病情。我更想和杨叔子谈话,很让人失望,他听不见,说不出。住院的第四天早上,护工突然来电话说,杨叔子手开始肿了,我赶紧告诉院长。病情发展很快,全身肿了,医院在紧急抢救治疗。晚上 8 点左右电话通知我立即去医院。到协和医院病房后,见到尤政校长、医院胡院长、王主任和七八个医生,还有机械学院的老师们。他们给我介绍了病情,安慰我。不一会儿,一位医生说,身体指标上升了。此时,我靠近病床,看了他,大声喊"杨叔子",但没有回音。大家劝我回家去休息。我一到家,就给晓平打电话问情况,他回答说:"爸爸 10 点 53 分去世了。"

我一夜未眠。"枕前泪共阶前雨,隔个窗儿滴到明。"

附:怀念杨叔子诗六首

杨叔子生前要我每天读一首唐诗,我没有做好。

现在他走了,我要不负他的遗愿。一边学唐诗,一边仿照唐诗,学习写几句诗,以此对他的怀念。

仿崔颢《黄鹤楼》

叔子驾鹤已西去,此地空余院士楼。

叔子一去不复返,白云年年空悠悠。

仿杜甫《梦李白二首》

叔子入我梦,明我长相忆。

数夜频梦你,此意何由寄。

仿杜牧《清明》

清明时节雨纷纷,冒雨急往叔子坟。

莫问孝园何处是,车行直向二龙村。

仿王维《九月九日忆山东兄弟》

君在仙乡为仙客,每逢佳节倍思亲。

可知家人登高处,遍插茱萸少一人。

仿李商隐《无题》

探病时难别更难,窗外风雨百花残。

春蚕到死丝方尽,蜡炬成灰泪始干。

仿白居易《花非花》

言在耳,离暂聚。深夜来,黎明去。来如入梦不多时,去似行云无觅处。

言传身教，家风淳朴

◇ 李晓平

一、学习传统文化 传承家风庭训

祖父杨赓笙（1869—1955），民主革命人士，国民党元老之一。他从小聪慧过人，12岁就读完了"十三经"，18岁中秀才，后入白鹿洞书院就读，又入京师国子监深造。1938年，爸爸杨叔子5岁时，祖父对他说："你不小了，应该学习了，我先教你读唐诗吧。"祖父教爸爸的第一首诗是李白的《静夜思》，一边讲，一边倾诉他的心声。爸爸9岁前跟祖父读了四年的中国传统文化的经典，后又读了一年的私塾，也是读中国传统文化的典籍。所有这些，传递着前辈的爱国心，奠基着爸爸的民族魂，这使他在积极接受中国共产党的教育中成长。

爸爸在中学、大学学习期间，先后入团、入党，他是在马克思主义、毛泽东思想培养下成长的。他的学习成绩排在全班前列，他关心集体。即使是在学习、生活节奏紧张的日子，他仍然挤时间学习传统文化，如读唐诗。工作后，他的教学、科研以及后来的行政工作等，很是忙碌，但他一如既往，偷闲学习，因为他热爱传统文化。

二、充满传统文化的家风

我们是个三代五口之家，爸爸是传统文化家风的言传身教者。

女儿杨易1989年出生时，爸爸给她取名为杨易。他说："易经是一本体现中国传统文化的重要著作。"希望杨易继承传统文化。杨易5岁开始，

永远的楷模　无限的思念
——杨叔子院士纪念文集

爸爸就教她背唐诗，直到上小学，她能背唐诗 200 首。后来，还用笔记本抄写了满满一本诗，保留至今。现在，杨易的低调为人，思维敏捷，口述清晰，可能与重视传统文化的家风有关。我的夫人杨村春的业余爱好是京剧。爸爸虽然不会唱京剧，但是重视京剧，因为它是传统文化的重要部分。担任校长时，爸爸十分支持京剧社的工作，经常参加他们的活动。他去世后，京剧社的同志们参加了追悼会，流下了怀念的眼泪。村春一直是京剧社的积极分子，平日在家刻苦练习，多次参加全国高校京剧演出。

1986 年，我和杨村春结婚，30 多年来与爸爸相处，向他学习的地方很多。

2014 年 6 月 11 日，爸爸突然中风，中午妈妈来电话要我立即去北京，我在傍晚赶到解放军 306 医院，这是他生病的第一天。2022 年 11 月 4 日晚上，在武汉协和医院，我在他身旁，这是他生命的最后时刻。8 年多，凡是爸爸住院必有我陪伴，他和妈妈都说我很孝顺，这是中国传统美德。民间常说，"久病床前无孝子"，而爸爸妈妈常说，"我家久病床前有孝子"。

爸爸 81 岁生病，同龄的妈妈就不再返聘工作，而是在家照顾爸爸。从爸爸中风直至离开我们，他未中断学习传统文化。为适应他病中学习和方便接待来看望他的同事、朋友，妈妈选择并布置了靠门口的明亮小客厅，一张书桌上的小书架放着他喜欢看的传统文化书籍。每天上午 9 点左右爸爸开始阅读，一边看书，一边在书的空隙做点笔记，大约一小时后，妈妈会要他休息。他们俩或聊天，或唱歌，或散步，心情愉快。爸爸妈妈常常在一起念诗，爸爸对唐诗很熟悉，常做讲解。对毛泽东的诗词，从 1925 年的《沁园春·长沙》到 1963 年的《满江红·和郭沫若同志》，他们会背诵几十首，还兴致勃勃地讨论。

不幸的是 2022 年，爸爸失明了，不能看书了，他感到十分痛苦。他常叫着："快给我书，我要看书。"妈妈流着眼泪把书给他，安慰他。

爸爸住院时，妈妈每天就坐在病床边，他们两人同时念诗，一口气可以背诵二三十首。医生、护士看见后都很惊奇地说:"杨院士真了不起,还会背这么多首诗。"在爸爸走的前 10 天左右,他对妈妈说:"对不起,我无力再念诗了。"

爸爸离开了我们,妈妈很伤心,晚上经常梦见爸爸,仿唐诗写了几首诗,以怀念他。例如:

仿崔颢《黄鹤楼》

叔子驾鹤已西去, 此地空余院士楼。

叔子一去不复返, 白云年年空悠悠。

爸爸一生爱读书,为了满足他的喜爱,在他骨灰下葬时,墓穴中放了一本宋词和一副眼镜。愿爸爸安息!您长眠,我们永念!

2015 年杨易从英国爱丁堡学习回来后全家人合影
前排左起:徐辉碧、杨叔子
后排左起:杨村春、李晓平、杨易

2020 年磨山游

2022 年 8 月,家人到校医院看望杨叔子
前排左起:杨叔子、徐辉碧
后排左起:李晓平、杨易、李小军、李辉、李诗

永远怀念叔外祖父杨叔子

◇ 孙肖南

2022年11月4日晚10点53分，叔外祖父杨叔子因病医治无效，在武汉协和医院逝世，享年89岁。我是晚上11点半钟听到消息的，顿时泪如泉涌悲痛万分，喊了一辈子的"杨叔叔"走了，永远离开我们了。在华工将近70年的时间里，他每次来我们家看望母亲的情景，一幕一幕浮现在眼前，当晚连吃两次安眠药，依然彻夜未眠。

2017年，孙肖南（后排右）、徐俊农（后排左）看望杨叔子夫妇

杨叔子是我妈妈的小叔叔。因他比妈妈小很多，我们亲切地叫他"杨叔叔"。母亲在世时，我常听母亲说："爷爷杨赓笙的一生是追求民主革

命的一生,是追求孙中山先生理想的一生,杨赓笙爱国、爱民、爱故乡,当然也爱家庭,他自己对孩子们的要求与教育是严格的,其中首要的是修身做人,是爱自己的国家、民族。杨赓笙对学生的要求是'教忠教孝教修身',对自己的孩子们更是如此,希求家风庭训'清廉爱国,师表崇德'能传承下去。小叔叔从小就是在这种家庭环境中长大的。"

叔外祖父杨叔子从小耳濡目染其父亲杨赓笙的高尚品格和善举,并在他心灵上留下了深深的烙印。杨叔子是机械工程方面的专家,一生致力于机械工程与有关新兴学科交叉的研究,着重研究机械工程中的信息技术与智能技术,为拓宽机械工程学科的研究领域做出了巨大贡献。他倡导在全国理工科院校中加强大学生文化素质教育,在国内产生了强烈的反响。诗情缘自幼学家训,他说自己的学前教育是一本本的诗书典籍,9岁入小学时,许多诗词已烂熟于胸。父亲的高尚品格和善举,一直激励着他热爱国家,追求光明和进步。

他牢记家风庭训"清廉爱国,师表崇德",一心为国家的强大出力。他是一个爱党爱国重情重义的人,他勤奋、刻苦、努力,忠诚党的教育事业,尊重同事,关心学生,总是将名利让给他人,自己退在后面。他去美国做访问学者一年,徐阿姨去美国做访问学者两年,他们俩在美国期间,将全部精力用于学习研究美国的先进科学技术,自己省吃俭用,回国时带回的主要是大量学术资料用于报效国家,回国前买的一点电器礼物,自己家仅留了一台电视给女儿看,其余基本上送给亲友和同事了,以感谢大家对他们家的帮助。他总是记得别人的好,我母亲说,小叔叔做人就像他父亲杨赓笙一样,做到了"清廉爱国,师表崇德",他从不说别人的不好,哪怕是在"文革"中整过他的人,他也一样对人好。

他治学严谨,要求学生"先做人,后做事,再做学问",但对学生又无比关爱,无论学生在校期间和毕业离校之后,始终关注并循循教导学生,凡是他的学生都感到自己很幸运,遇到这样好的恩师。他对家人也是如此,徐阿姨对他无微不至地关怀帮助,尤其是在2014年病倒以后,徐阿姨承担了他从生活、医疗、护理到工作安排和接待等一切方面的事务,他感激之情铭刻内心,我总是听到他说谢谢徐阿姨,我就说,其实不用说谢,因为是自己家里人,这是应该做的。他教导我说:"小南,你不要认为是家里人就是应该做到的,就不用谢。我和你徐阿姨相濡以沫一生,越是家里人,在我困难的时候帮助我照顾我,就越应该从心里感谢,这样才是对她的尊重,才是相敬如宾,我们之间的感情才更深。"

听他一席话,我受到很大的教育,也明白了为什么每年过年杨家大家族聚会时,他总是说谢谢我们家子女代替他照顾了我母亲,也明白了为什么我父亲孙盛海去世这么多年来,他和徐阿姨每年多次看望我的母亲,原来,他对亲人的感情如此之深,这是一种血浓于水的骨肉之情。

中华人民共和国成立后,1953年华中工学院刚建校,校本部还没建起来,学校暂时借住武汉大学部分校舍,我母亲杨似男和杨叔子在武大偶尔遇见,他们叔侄相见分外高兴。从那时起至今,杨叔子和我们一家就一直在华工这所大学生活了。因为杨家是大家族,杨叔子是母亲的小叔叔,母亲辈分低一辈,但年龄又比他大一些,在家里母亲一直称呼杨叔子小叔叔,但对外不敢,因为在那个年代讲家庭出身的阶级成分,所以我的父亲母亲就要我们兄妹按革命同志称呼杨叔子、徐辉碧,于是我们就叫杨叔叔、徐阿姨,这一叫下来,就改不了口,我们从小叫到老还是这样叫,而且还觉得亲。实际上,杨叔叔、徐阿姨一直是把我们兄妹五人当成自己的儿女一样对待,小时候父母不在家就是杨叔叔、徐阿姨来看我们,我们有困难有问题就会找杨叔叔、徐阿姨,请他们为我们指导。每当杨叔叔、徐阿姨事业进步取得成绩时,父母亲会感到特别高兴,因为他们的成绩也代表了学校的成就。我们两家既有骨肉亲情,更有革命感情。1992年我的父亲孙盛海突然病逝,叔外祖父杨叔子当时在北京大兴出差,闻讯后立即给我母亲发来一份唁电,在电文中他说:"惊悉盛海同志病逝,不胜悲痛,我们骨肉相亲相互支持,你们的帮助我永铭内衷。望您与孩辈节哀珍重身体,杨叔子于大兴。"

永远的楷模 无限的思念
——杨叔子院士纪念文集

那个年代,在我国邮电局发普通电报是一件平常事,但如果发一份特别印制格式的电报就不寻常了,也不是一般人能想得到的,只有非常重情有心的人才会这样做。我父亲去世一年后,华工画友自发为父亲办了一个孙盛海书画遗作展,在这次展览中,叔外祖父杨叔子亲自到场仔细观看,并赋词留言:

调寄《蝶恋花》

一片深情盈溢画,硕果丰收,汗水长浇洒。无愧丹青人去也,哀思和泪潸然下。 赣鄂相逢何所写?俭朴刚贞,敬业无分夜。迹伟功垂光四射,瑜珈苤葱君恩谢。

如今,最敬爱的叔外祖父杨叔子离开我们了,喊了一辈子的杨叔叔走了。杨叔叔,您一路走好,我们永远怀念您。

杨叔子的唁电全文

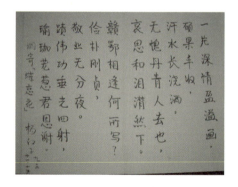

杨叔子为纪念亲人而作的词

怀念舅舅

◇ 黄农红

舅舅离开我们已经一个月了,在这一个月中我常常想起我们在一起的点点滴滴。我常说,我是在爱中长大的孩子,所以学会了爱!其中有一份爱就来自舅舅、舅妈。

五年级开始,寒暑假我就独自往返于武汉和江西樟树之间。到了武汉,舅舅和舅妈都很忙,所以我就是小当家,一日三餐都去食堂买饭菜,想吃什么买什么。舅舅和舅妈还给我零花钱,于是华工的小商场也是我喜欢去的地方,我特别留恋那里卖的糕点。小时候我也是一个非常好吃的人,每次离开武汉都是大包小包地带东西回家。走的前一个晚上舅舅一定会给我两份钱,一份要我交给妈妈,一份留给我自己,印象中每一份都不会少于50元,1981年的50元是一笔巨大的财富!后来我读初高中时,包括大学,我每次过生日,舅舅都会给我汇款,数额越来越多,那是我的一笔巨款,足够支持我零花。当然舅舅最喜欢送我书,每次都是他带我去书店精心挑选,尽管搬家几次,但是我都保留着,这些书也会一直陪着我!

对已逝亲人的思念只会越来越强烈,我非常相信有多维空间,相信终有一天亲人还能再相见!

怀念姑父

◇ 徐江

从小家里的爷爷、奶奶和父辈们总是提及远在武汉学识渊博的姑父和姑姑。爷爷总是在报纸上收集他们的新闻报道，从这些新闻报道配发的照片和家里的照片中我对姑父和姑姑有了一个模糊的印象，另外也种下了知识改变命运的种子。

1996年在考上华中理工大学到学校报道时，第一次在西一区33号502的家里见到了姑父，厚厚的镜片下有着睿智的眼神，第一感觉既熟悉又陌生，但是姑父的热情招呼和嘘寒问暖，让我脑海中原有模糊的印象变得真实起来。上大学后的第一堂"高等数学"课，姑父来到了教室后面旁听，虽然他没有说什么，但让我认识到了基础科学的重要性。学校通过开设一系列的人文讲座，让我认识到了"先做人，后做事"的重要性。大学时每个月末都会去姑父和姑姑家里吃饭，每次见面姑父总会问问我学习和生活的情况，然后勉励我要好好学习。后来读研究生才了解到原来姑父的一个研究方向是钢丝绳检测，姑父在科研和在美访学期间一直思考如何通过钢丝绳检测保障人民生命和财产安全，虽然已经取得了大量的成果，但他对未解决的问题一直记在心里。2006年去南昌开电磁无损检测年会，他被邀请做特邀报告，当我们课题组和他讨论关于钢丝绳桃形环可以实现检测的时候，他非常开心地表示"终于把这个遗留的难题解决了"，脸上还露出了欣慰的笑容。

姑父虽然已经离我们而去，但是他的思想、教育理念、为人处世的方式一直在督促我走下去。姑父，我们一直怀念您！

先生驾鹤西去，道德风范长存
——深切悼念九江学院名誉校长杨叔子院士

◇ 甘筱青

2022年11月5日早上7时59分，杨叔子院士夫人徐辉碧教授给我发来短信：

"2022年11月4日晚10点53分，89岁的杨叔子在协和医院平静地离开了我们。在场的尤政校长、史铁林、杨祥良等同志和家人万分悲伤。

上个月国庆节期间，杨叔子从医院回到家三天，他对我说，我身体可能不行了。回顾我这一生，在党的培育下，在同志们的帮助下，做了一点工作。我是幸福的。我们相处七十年来，从同学、朋友到夫妻，感情非常好！生活是美好的。让我们相互牢记一句话：天长地久有时尽，此爱绵绵无绝期。当我死的时候，一定要丧事从简。……"

噩耗来得突然，内心无法接受。我赶紧给徐教授电话，经核实后不禁悲痛万分。我向徐教授及家人表达了对杨院士的深切悼念。

2022年11月5日上午，华中科技大学发布讣告：

"中国共产党优秀党员、我国著名机械工程专家、教育家、中国科学院院士、原华中理工大学校长、全国优秀科技工作者、全国教育系统劳动模范、全国优秀教师、全国五一劳动奖章获得者、大学生文化素质教育的先行者、华中科技大学机械科学与工程学院教授杨叔子同志，因病医治无效，于2022年11月4日22时53分在武汉不幸逝世，享年89岁。……"

位于庐山之麓、长江之滨、鄱湖之畔的九江学院，是杨叔子院士家乡唯一的综合性本科院校。关于杨叔子院士对九江学院的支持、引领与帮助，涌上笔者心头。

1. 受聘九江学院名誉校长，指导学校各项工作

百里匡庐，钟灵毓秀。千年白鹿，代有鸿儒。自2005年12月始，杨叔子院士受聘为九江学院名誉校长，指导学校的人才培养、科学研究、服务社会、文化传承与创新等各项工作。杨叔子院士指出，九江学院是一所很有发展前途的综合性高校，它的办学立足点应该是为地方、为区域经济服务。它不仅对赣北地区的经济与社会发展起着重要作用，其影响力还辐射到湖北、安徽两省的相邻地区。

2. 每年为师生做《踏平坎坷，成人成才》的励志报告

杨叔子院士，一位清瘦儒雅、精神矍铄、令人尊敬的长者，在自身工作领域做出突出贡献的同时，热爱并传播祖国优秀传统文化，一直以来致力于青年学生特别是理工科学生的人文素质提升，足迹遍及国内百余所院校，举办人文讲座200余场，吸引了近20万人次的听众。2008年至2014年，杨叔子院士不辞辛劳，每年应邀到九江学院，以"踏平坎坷，成人成才"为主题做精彩的报告，激励广大九江学院学子争做"知识上更富有，思维上更聪明，能力上更突出，身心上更健康，人格上更高尚的无愧于时代"的青年。杨院士思路清晰、旁征博引、引经据典、妙语连珠，每次都赢得在场师生的阵阵热烈掌声，在全体学生中也产生了强烈的反响。

当代青年，如何在成长中成才、取得成功，杨叔子在报告总结了自己宝贵的人生经验和成功秘诀。那就是：第一条，人生在勤，贵在坚持。这是成人、成才、成功的基础。要成就事业，必须勤学、深思、笃行、专心、有恒。一个人事业上的成功，天资、机遇和环境、勤奋，缺一不可。第二条，敢于开拓，善于总结。这是成功的关键因素。成功就是在工作中有创新、有突破。一个国家、一个民族只有创新，才有动力，才有力量的源泉。没有创新，就没有一切。"日日新，又日新，作新民"。创新的同时，当然也要善于总结。第三条，尊重他人，依靠集体。这是成功的保证，是成功的外部条件。做事一定要把人际关系处理好。成果是大家一同工作创造出的。"众人拾柴火焰高"，"人心齐，泰山移"。融洽的人际关系，深厚

的同志情谊，相互尊重与支持，使大家心情十分舒畅，干劲十足。第四条，理想崇高，自强不息。没有崇高的理想，绝对不可能成才；没有崇高的理想，绝对不可能勤奋，不可能坚持勤奋；作为一个中国人，要心向神州，魂萦华夏，为祖国、为民族做贡献。

杨叔子感慨于九江学院得天独厚的文化地理环境，感慨于中华民族上下五千年延续不断的中华文明，鼓励青年学子既要重视科学文化，又要重视人文文化；"身需彩凤双飞翼"，方能"会当凌绝顶，一览众山小"。他认为，科学文化与人文精神完全可以相融，科学的创新来源于人文底蕴，人文精神培养爱国情操，开拓境界，使人知识广博、眼界开阔。中国的古典文化包含了许多深刻的哲学思考，理工学科提升人文素质，对于师生将来的发展和做出更大贡献都会大有帮助。杨院士殷切希望大学生树立正确的世界观、人生观、价值观，努力提高自身综合素质，学好本领为家乡、为祖国做贡献。今天是桃李芬芳，明天就成为国家栋梁，成为国家建设人才。

3. 设立"叔子爱莲奖学金"

杨叔子院士从2009年开始，每年出资6万元，在家乡的大学——九江学院设立奖学金，并多次亲临学校给学生颁奖，与获奖的同学一起畅所欲言，谈人生和理想。理学大师周敦颐曾在九江创办濂溪学堂并写下著名的散文《爱莲说》，其中的警句"出淤泥而不染，濯清涟而不妖，中通外直，不蔓不枝，香远益清，亭亭净植"影响深远。近20年来，杨叔子院士大力推动大学生的文化素质教育，倡导科学与人文的融合，成效显著，因此，由学校提议并经杨院士认同，把杨院士设立的奖学金称为"叔子爱莲奖学金"，旨在奖励那些学习成绩在中等以上，同时在思想品德方面表现优秀的九江学院学生，激励广大学子热爱祖国，服务人民，发扬中华民族的优秀传统美德。

4. 推进大学生文化素质教育

近20年来，杨叔子院士不仅立足于机械工程领域，在先进制造技术、设备诊断、信号处理、无损检测新技术、人工智能与神经网络的应用等方

2012年，杨叔子和九江学院获"叔子爱莲奖学金"的学生合影

面取得一系列成果，而且怀仁者之忧，担木铎之责，奔走启蒙，积极倡导和力行，在全国高校开展大学生文化素质教育。杨院士之意，旨在使文明不被割裂，精神的进步不至落伍于物质的发达，科技的发展不至脱离理性的缰绳；旨在使人性得到张扬，人性与灵性得到高度结合，培养代代学子做有根底的人，做有责任感的人，做有诚信的人，做有感恩之心的人，做有创新精神的人。2012年10日12—15日，由教育部高等学校文化素质教育指导委员会和九江学院主办、庐山白鹿洞书院承办的"2012年中华经典重读与文化传承创新学术研讨会"在九江学院举行。杨叔子院士致辞时指出：中华文化博大精深，我们要把科学文化与人文文化结合起来，推进文化育人。

5. 扶持九江学院科研创新团队

九江学院于2013年6月申报杨叔子院士工作站并获批。这个省级院士工作站以江西省数控技术与应用重点实验室为依托，搭建了省重点实验室、长江学者史铁林教授为首的华中科技大学高端柔性团队、院士工作站三位一体科研创新平台，在人才培养、科技创新、服务地方经济、做大做强九江、促进昌九双核发展中发挥了更大作用。

第八篇 思念与传承

6. 支持"中华经典的公理化诠释"学术创新团队

自 2008 年以来，九江学院组建了"中华经典的公理化诠释"学术创新团队。该团队运用公理化方法对《论语》《孟子》《荀子》《老子》等中华经典进行诠释，以基本假设、定义、公理为要素，推导证明众多蕴含在中华经典中的命题，便于东西方人士超越文化语境局限，准确理解中华文化经典。杨叔子院士对这一工作给予了高度评价和大力支持。他指出："这一探索十分重要，极富价值。这因为，第一，这一探索展示了我国传统文化博大精深；第二，这一探索特别阐明了儒家文化睿智丰厚；第三，这一探索尤其论证了《论语》思想伟大不朽；第四，特别重要的是，这一探索富有开拓性地证明了可以引入公理化方法来对我国传统文化有关方面进行系统梳理、诠释与深入理解、领悟，用以弥补我国传统文化学术研究方法的缺陷与不足。"杨叔子院士多次欣然为这项研究的系列著作写"序"，并在白鹿洞书院主持学术研讨会。

7. 出席九江学院"千年文脉、百年办学、十年升本"校庆活动

2012 年 5 月 18 日，九江学院迎来"千年文脉、百年办学、十年升本"校庆。学校名誉校长杨叔子院士回校出席庆典活动，并做即兴讲话。他说，九江学院举办"千年文脉、百年办学、十年升本"庆祝大会，内涵丰富，意义深远：十年升本，天翻地覆，成绩斐然；百年办学，风雨兼程，多姿多彩；千年文脉，源远流长，博大精深。1901 年但福德护士学校成立之时，正是八国联军侵略中国第二年，此后 100 年间，多少仁人志士，流血牺牲，为民族的独立和人民的幸福而奋斗。著名物理学家杨振宁先生 2006 年 4 月 20 日演讲时说，20 世纪世界发生了两件重大事件，一件是科学技术革命，第二件就是中国人民站起来了，而且成为世界第二大经济大国。这是非常了不起的。九江学院有丰厚的人文底蕴，有独特的区位优势，又恰逢九江良好的发展态势。唐代著名大诗人李白在《春夜宴桃李园序》中写道："况阳春召我以烟景，大块假我以文章。会桃李之芳园，序天伦之乐事。"希望九江学院的同学，今天是桃李芬芳，明天就成为国家栋梁，成为国家建

设人才。相信九江学院师生长风破浪，团结一致，彰显特色，取得更优异的成绩。

8. 出席"湖口起义"100周年学术研讨会

为进一步弘扬以爱国主义为核心的民族精神，深入挖掘九江籍民主革命先驱的历史功绩，激励广大师生牢记历史，缅怀先烈，刻苦求学，在实现"中国梦"的进程中焕发青春光彩，2013年6月7日，九江学院召开了纪念"湖口起义"100周年学术研讨会。杨叔子院士等湖口起义先驱后裔，江西省、九江市及湖口县的政协及相关部门领导，国内外部分高校教师代表参加了研讨会。大家相聚在九江，回望历史，缅怀先烈，寄语未来。这次研讨会进一步促进广大师生更好地牢记历史，缅怀先烈，成人成才。

2013年6月7日，杨叔子参加在九江学院召开的纪念"湖口起义"100周年学术研讨会

先生驾鹤西去，道德风范长存。我们将永远铭记杨叔子院士为九江学院做出的杰出贡献，杨院士永远活在我们心中。

（甘筱青，南昌大学原副校长、九江学院原校长、江西省人大常委会环境与资源保护委员会副主任委员）

深切怀念当代"仁人""国士"杨叔子院士

◇ 孔汝煌

杨叔子院士离开我们已经9天。2022年11月9—12日，新京报记者石润乔女士对我做了电话、微信采访。由于呛咳，不便多说话，采取了书面问答形式。石记者提出的十个问题很系统，集中到对作为诗人的杨院士的认知，这也与我想要表达的想法相契合，就把这篇采访问答录存，权作对学精德高的大先生杨叔子院士的怀念。

2019年，孔汝煌来武汉看望杨叔子

石记者2022年11月10日发来采访提纲。

1. 您和杨老师是什么时候相识、成为朋友的？

我与杨先生因倡导诗教相识相知。2002年4月22日全国首届诗教"两创"（即创"诗词之乡"、创"诗教先进单位"）经验交流（杭州）现场会议在浙江经济职业技术学院（我退休前服务的单位）召开。杨院士应邀做了《科学人文相融则绿》的学术报告。我作为会议策划人之一，通过中华诗词学会主要领导人孙轶青会长与梁东常务副会长得以正式结识杨先生。

当时有诗记事：

听杨叔子院士专题学术报告

（依前韵 2002 年 4 月 22—23 日）

春草池塘似碧茵，鸣禽园柳斗精神。

海天成趣波云谲，鱼鸟相谐水乳亲。

芝郁兰馨梁苑茂，石童泉竭谢山贫。

人文科学相融绿，制器育才分野申。

此后按期寄送给杨先生我所主编的《中华诗教》业内交流内刊，杨先生用中科院便笺回示鼓励，惜因办公室多次迁移遗失。此前，分别于 1999 年 9 月和 2000 年 10 月在武汉、深圳全国中华诗词研讨会上听取杨先生的学术报告，心生仰慕。

2. 从挚友的角度来看，在您眼中杨老师是一个怎样的人？

承杨先生家人不弃，在悼念花圈中征询代署"挚友"，我欣然高攀。在我心目中，杨先生是脉管中流淌着民族优秀文化精神血液的赤诚爱国者，充盈着家国情怀的谦谦君子。我同意华科大与媒体称之为学精德高的"大先生"、"当代知识分子的优秀代表"。我在挽联中则直称为当代的"仁人""国士"（2022 年 11 月 5 日）。

敬悼杨叔子院士联

孔汝煌

仁人远游，蠡口石钟长鸣，夸父嫦娥迎郢客；

国士安息，琴台弦指未绝，喻园桃李茁江城。

第八篇　思念与传承

3. 看到您在悼文中讲到，杨老师多次化用王粲《登楼赋》名句"人情同于怀土兮，岂穷达而异心"。想请教一下您，我们应当如何去理解这句古诗文？我们应该如何去理解杨老师在化用这句名句背后蕴含的思想和情致？

杨院士自幼熟读国学经典及诗文，善于古为今用，推陈出新，往往化用甚至反用传统诗赋意象，创为新意。王粲《登楼赋》名句"人情同于怀土兮，岂穷达而异心"，主旨在抒发滞留他乡、怀才不遇之个人牢骚情绪。杨先生则常用以表达自己牢记根本、不忘初心的家国情怀（这正如黄遵宪诗学中的"世俗"之情与"万古之性情"的区别）。

4. 您和杨老师各自最喜欢哪位诗人？最喜欢哪些名句？您最喜欢杨老师写的哪首诗？

我印象中杨先生最喜爱当代毛泽东诗词，他在诗教论文中引用前人警句最多的是毛泽东诗句，如《忆秦娥·娄山关》，杨先生比较了李白的《忆秦娥》，认为毛词下片后三句"从头越，苍山如海，残阳如血"，"其气象与意境绝不亚于"李白同牌词的结拍："音尘绝，西风残照，汉家陵阙。"在诗词创作中杨先生直接引用或化用毛泽东诗句，在我印象中多达数十处。杨先生最喜欢充盈革命豪情以及爱国情怀和蕴含哲理的前贤名句，如毛泽东的"待到山花烂漫时，她在丛中笑"、文天祥的"人生自古谁无死，留取丹心照汗青"、刘禹锡的"劝君莫奏前朝曲，听唱新翻杨柳枝"、龚自珍的"落红不是无情物，化作春泥更护花"等。我个人最推崇杜甫，尤喜他的《登楼》。其颔联"锦江春色来天地，玉垒浮云变古今"感时之意与眼前景象浑然天成，是我创作中的师法圭臬。可能就在推崇现实主义反映时代精神的古今名作这点上，杨先生与我有交汇处。就我个人的欣赏视角而言，最喜欢杨先生的《浪淘沙·游九江锁江楼》，曾在附骥杨先生合著的《诗教文化新论》的一篇文章中许为"展现出雄健豪宕、悠远苍凉的意象世界之美"。

5. 看到您在悼文中讲到，杨老师多次以竹洁梅清写夫妻情贞。如《武夷山休假并赠辉碧》有句"丹山碧水留双照，竹洁梅贞对素秋"。想请教一下您，我们应当如何理解"竹洁梅贞"这个意象？

杨先生在诗中用竹梅意象之"意"有传统的一面（如张岱年、程宜山《中国文化精神》所指出，梅竹等意象是传统诗人常用以表现"刚健有为、自强不息的精神"），如"比翼长空朝共产，梅操竹节永坚贞"（1962年3月18日写的《喜迎辉碧由京调我院工作》）；而在《武夷山休假并赠辉碧》诗中的"丹山碧水留双照，竹洁梅贞对素秋"则除了上述一般含"意"外，还如杨先生自注所说："竹梅，即青梅竹马。"意含杨、徐自高中同学、共同追求进步时已暗生情愫，由同学、同事而夫妻，爱情之忠贞不渝。前述杨先生交代给徐老师的遗言中"此爱绵绵无绝期"，即改用《长恨歌》结句而来，改"恨"为"爱"，境界之超越，何止千里。

6. 我在徐老师写的自述里读到，您和杨老师经常在电话里交流诗作，这个习惯是否已经持续了很多年？

是的。杨先生虚怀若谷，不耻下交。在他的两本诗选（2009年出版的《杨叔子槛外诗文选》和2017年出版的《杨叔子槛外诗选》）的编选过程中，面谈、书信、电话、微信是我俩经常的商量推敲通道，前后持续不下四五年。尤其在他2014年6月患脑梗以后，在开始的一年多时间里，杨先生坚持"诗助康复"，除了每日背诵经典诗文以助恢复记忆外（可惜特定脑区已局部受损，对某类人事完全失忆了），坚持写绝句，几乎每日都有新作，每作必传以文字稿，我即提出修改意见后返回。杨先生谦卑虚己，从善如流。对朋友的切磋意见，无不如此。

7. 通常，您和杨老师会在什么情况下聊起诗？

多数情况是在唱和推敲过程中，我的文档中仍保留有估计近百首与杨

第八篇　思念与传承

先生的唱和赠答诗。杨先生早期的诗，可能受"押大体相近的韵""旧体诗束缚思想，不宜在年轻人中提倡"等观点的影响，有时不甚注意格律的严谨，在选编过程中便会自然地交流对格律、立意、章法、对仗等问题的看法。

8. 您认为杨老师作为诗人、喜爱诗歌这一面，我们应当关注哪些方面？

杨先生热爱诗歌，尤其是传统诗词。作为诗人的杨先生有明确的真、善、美、新的价值尺度，还有民族性、时代性、群众性的中华诗词可持续发展观，更有执着的诗教育人追求。杨先生之所以身体力行地倡导并践行诗教，原因就在于他所概括的中华诗词的育人功能：对外部世界，可以观、兴、群、怨；对主观世界，能立德、启智、健心、育美、燃情；合而为创新思维与能力的培养。这些是我认识的杨先生诗学思想的主要方面，也是我们应充分学习与继承、弘扬的宝贵文化财富。至于杨先生诗教思想所开辟的教育学与诗文化发展观的二维学术空间，可参看我附骥杨先生的新著《诗教文化新论》的前言。

9. 和杨老师相识的这些年，杨老师的创作风格是否经历了不同阶段的变化？

是的。诗词的创作风格总是与作者的个性、时代风尚密切相关，在稳定中蕴含变化。杨先生的创作风格基调是雄健豪放，但也有不少感情细腻的婉约之作，阴阳相济的和谐之美是杨先生诗歌风格的总体追求。前述《浪淘沙·游九江锁江楼》即为一例。全词是：

　　碧浪撼危楼，浩荡奔流。长虹远卧暮云收。铁马纵铮衔旧恨，几度春秋？！　　主客共优游，胜景相酬。浔阳不是旧江头。犹有琵琶低语诉，两样心忧？

上片雄健豪宕，下片悠远苍凉，有阴阳和合之美。

· 419 ·

杨先生诗歌风格经历了前后变化，转折期大体是以新世纪前后倡导诗教为契机。前期纯属个人业余爱好，从未公开发表，并未在声律、诗艺方面用大力气，风格较为单一，偏于阳刚激越，政治思想色彩浓烈，艺术上则相对稚嫩。新世纪前后，因公推杨先生为诗教擎旗人，开始公开发表诗作，随着思想解放，渐在诗学钻研与诗友切磋方面用些功夫，在姚鼐、刘熙载论壮美与柔美相济中，在意象－意境论中汲取营养，在思想性与艺术性相融、阳刚与阴柔相谐方面取得长足进步，逐渐形成了杨先生自己的创作风格。

10. 回忆起和杨老师共度的日子，您最怀念的是什么？

我在追随杨先生诗教行迹、由相识而相知的二十余年中，有些经历没齿难忘。

难忘已82岁高龄的杨先生2015年12月应我要求（留作纪念），用硬笔誊写为我的《诗教文化刍论》所作的序言"生平愿寄兴强国，一辈希求化绮霞"，三千多字，写满了整整七页华科大信笺。杨夫人徐教授说，抄错重来，三天里写了好几遍。

难忘2009年10月31日杨院士趁来杭讲学之便，邀我陪同踏访他先父到过并见于遗诗的西湖胜迹，杨先生袒露了对作为辛亥元老的先严杨赓笙先生的缅怀之意、思亲之情，是平日印象中危坐论道杨先生赤子孝心的另一面。

当日有诗记事：

有怀并序奉杨叔子先生指正

是日陪同叔子先生亲访先严辛亥元老杨赓笙前辈八十年前西湖吟踪。

谁识行吟六一翁[①]，词人亦在党人中[②]。

烽烟避地西湖长，怀抱问邻东越雄[③]。

夕照雷峰情似昨，柳笼孤屿兴难穷。

丽辞清句云山忆，展卷临风感慨同。

第八篇 思念与传承

注：①杨赓笙先辈曾两次来西湖，时在 1929 年冬、1930 年夏，时年 61 岁，自号六一翁。

②杨赓笙《西湖补诗补》第 15 页《补诗补刊后口占》有句："老夫欲向苍苍问，不作词人作党人！"

③《西湖补诗》第 2 页《吊张苍水墓》有句："再把新坟添一座，未知公意可能容？"

难忘 2014 年 6 月杨先生于院士大会病倒后，在康复期他的第一首诗就是给我的，如下：

2014 年 7 月 3 日

病中感复

杨叔子

感君诗屡赠，愧我和难回。

欲语何由达？情长句自来！

至当年 12 月 25 日的半年中，几乎每日有手机短信往返，一如既往地唱酬切磋，在脑力受损的情况下，仍吟咏不绝。选录如下：

9 月 13 日 20 点 58 分

孔老师：您好！夫人好！9 月 25 日是您生日，小诗一首，聊博一笑，以达真忱，并希指教。杨叔子敬上 9 月 13 日

诗贺孔汝煌寿

杨叔子

欲达深情琢句难，铮铮高义入云端。

倾情小作为君寿，日夜沉思一再三。

9月24日22点2分

院士指正

普吉岛之游归吟七七自寿叠韵二律其一

孔汝煌

斜阳莫叹去难留,七七犹堪杖海游。

岁月催人虽亲药,诗书乐意却添筹。

总缘去日曾多难,教惜晚晴应寡求。

印度洋流会人意,云天共我两悠悠。

9月25日10点42分

　　孔老师:您好!夫人好!七七自寿诗二首和座谈会一律拜读,深受教诲。读后感到第一首诗改数字,是否更好?仅供参考,请指教。叔子上

斜阳贵在去难留,无限风光杖海游。

岁月催人虽亲药,诗书乐意却添筹。

正缘去日曾多难,更惜晚晴应细求。

印度洋流会人意,云天共我两悠悠。

9月25日11点6分

　　先生真一字师也,何况八字,照收。谢谢,汝煌拜上。

10月20日9点39分

七律·安装心脏起搏器感赋

杨叔子

　　今年6月11日院士大会第三天突然中风,幸抢救及时,多方努力,千回百试,成功安装起搏器,感赋。

第八篇 思念与传承

妖袭汹汹未失魂，回天扁鹊术何存。

山穷水尽无他路，柳暗花明只此村。

脉动重开新境界，心频合拍旧衡门。

身康幸有青山在，岁月精华倍足尊。

孔老师：离开医院之日，向外第一次发出讯息，即此信，作为友谊长青之证！叔子 2014.10.20

10月20日10点10分

叔子先生：祝贺康复，感谢高义，寄以期待。特发在您住院日所写七律以达衷心。

慰祝叔子先生全面康复赋于复查日（10月8日）

孔汝煌

波鱼电雁两情牵，汉水钱江一脉连。

二竖无情掣今夏，诸昆有望待新篇。

金风木铎江天远，丹桂清香惠泽绵。

凿凿傥论明器育，更期擎帜寿延年。

（10月21—26日经往复三次讨论修改初得定稿）

12月6日11点57分

读杨叔子院士《寻美古典诗词，践行中华文化》
——长江讲座录音整理稿

孔汝煌

三三美善九归真，慧眼诗词解读新。

硕果丰盈珍嫁接，芳林别赏一枝春。

2014年12月6日18点42分

读12月6日邮件特此奉和

杨叔子

蒙君解读揭题真,阿睹传神面目新。

我得新诗诚指点,吟坛共不负芳春。

2014年12月7日7点17分

孔汝煌《叠前韵奉和》（诗略）

先生此番整理讲稿,证明宝刀不老,更宜养护。汝煌上

孔老师：12月7日诗拜读,今特叠韵奉和,务希指教。叔子

2014年12月10日18点37分

次韵奉和

诗诗次次赐教真,次次诗诗受益深。

心有阳和寒不惧,好同梅雪共迎春。

杨先生的《往事钩沉》（出版于2018年）第九章特为此事记述一节（第288—290页）,深感荣幸。

难忘先生折节下交,诗友加兄弟,不是兄弟胜于兄弟,在我历次病中,抚慰有加。2020年6月30日在我癌症手术前,杨先生已不能亲致诗信,再三叮嘱其婿李晓平教授代转一万元。再三谢却致先生严责晓平兄"这点事都办不好",只得含泪收下,这是我八十余年中收受的第一次私人馈赠的"巨款"。

（孔汝煌,浙江经济职业技术学院教授）

江汉云停汗青永载鸿儒绩，赣鄱波咽故里长萦院士魂
——家乡湖口人民沉痛悼念杨叔子院士！

◇ 湖口发布

2022年11月4日晚，中国科学院院士、我国机械工程专家、教育家、华中科技大学教授、原华中理工大学（现华中科技大学）校长杨叔子，因病医治无效，在武汉逝世，享年89岁。

"江汉云停汗青永载鸿儒绩，赣鄱波咽故里长萦院士魂。"

"理工泰斗学贯中西智能制造辟新域，惋巨星陨落醉晚遗梦。人文典范才誉南北素质教育开先河，惜大师作古喻园留芳。"

"情系桑梓，国士无双。叔子院士，愿您魂归故里。"

噩耗传来，家乡湖口人民心情无比沉痛！

"沉痛悼念杨叔子院士！"石钟山下，鄱湖岸边，杨赓笙故居哀乐低回，气氛庄严肃穆。故居上空，苍鹰盘旋，是翱翔，更是不舍！

湖口人民沉痛悼念杨叔子

吊唁厅设在杨叔子院士事迹展厅，大门上方黑底白字，写着"沉痛悼念杨叔子院士！"，大门两侧的挽联概括着杨院士的生平功绩。厅堂正上方悬挂着黑底白字横幅"沉痛悼念杨叔子院士"，横幅下方是杨叔子院士的遗像，遗像面前整齐摆放着菊花和花篮。

群众前往杨叔子故居吊唁

11月8日,湖口县委书记曾宝柱,县委副书记、县长陈洋,县委副书记刘奇,县人大常委会主任史文,县政协主席梅媚等四套班子领导及社会各界群众代表,在此吊唁缅怀杨叔子院士。

上午十时整,大家胸戴白花,手持菊花,整齐列队叔子故居院内,集体默哀三分钟后,依次缓步来到杨叔子院士遗像前,献上鲜花,深深三鞠躬,在仔细端详遗像后,缓缓离开。

连日来,闻讯前来吊唁的群众络绎不绝。他们有的手持鲜花,有的手捧花篮,安全有序前来,面向杨叔子院士的遗像,献上鲜花,深深鞠躬,而后依依不舍地移步至事迹展区,缅怀杨叔子院士的生平事迹。

"清廉爱国,师表崇德";"出国就是为了回国";"做学问先学会做人,做中国人,做现代化的中国人";"一个国家,一个民族,没有现代科学,没有先进技术,就是落后,一打就垮,痛苦受人宰割;而没有民族传统,没有人文文化,就会异化,不打自垮,甘愿受人奴役"……杨院士忠言,如雷贯耳。展区中《诗书传家》《学成归国》《学术成就》《教书育人》《桃李满门》《心系家乡》《比翼双飞》等板块,内容翔实,图文并茂,令前来吊唁的群众驻足流连。

"我与杨院士有过两次见面,交谈甚欢。杨院士为人谦和,富有家国情怀,是我终身崇拜的偶像。"市民殷泽君眼中噙着泪花,步出吊唁大厅,

湖口中学全体师生表达对杨叔子的无限缅怀

复又折回,想再多看一看杨院士遗像。

机关单位及乡镇的干部、企业职工、个体工商户、学校师生、市民群众……自发前来吊唁的人群一波接着一波。

"2019年,我作为媒体记者随同县领导一起去武汉看望过杨院士。返程前合影,杨院士特意拉上我,令我倍感温暖。"记者刘可对三年前的那一幕记忆犹新。

"杨院士是中国的骄傲,也是我们湖口的骄傲!小孩刚放学,我带着她一起来给杨院士送束鲜花,就是想让孩子从小好好学习,树立正确的人生观、价值观、世界观,学习杨院士的爱国精神、科研精神。"个体户曹超说。

"不管孩子成绩如何,首先三观要正,要从小培养她的家国情怀。"傍晚时分,市民蔡睿从工地赶来,郑重献上花篮,寄托对杨院士的满腔哀思。

自2011年起,杨叔子院士连续11年向家乡母校湖口中学资助"杨叔子·卫华助学基金"共200余万元,激励千余名品学兼优及困境家庭学生梦圆大学。"学习是基础,思考是关键,实践是根本,结合方成人。"杨院士早年便将其治学经验传授给万千莘莘学子。11月7日,母校湖口中学为杨院士召开追悼会,表达全体师生对杨院士的无限缅怀之情。

"湖口发布"微信公众号(湖口县委、县政府官方发布平台)发布杨

永远的楷模　无限的思念
——杨叔子院士纪念文集

院士去世的消息后,市民纷纷留言表达哀思:"学为人师,行为世范!家乡的骄傲!杨老一路走好!""两袖清风朝天去,一树梅花寄此身。""巨星陨落,华夏同悲。老先生一路走好!感谢您为祖国的付出。""杨老一路走好!家乡人民永远不会忘记您。"……

市民留言表哀思

故乡山海远，情深不为念

◇ 江西省湖口中学

云山苍苍，江水泱泱，先生之风，山高水长！家乡人民永远怀念您！

情深者，不以山海为远。

杨叔子，拥有过很多名号，也做出过很多贡献，但是他对于故乡湖口尤其是母校湖口中学的情感最值得称道。

1986年1月下旬，杨叔子去广东从化温泉参加一个学术会议，此地山清水秀，修竹繁花，郁郁葱葱，似无冬夏，难辨春秋。特别是从化有些景色和家乡湖口的月亮山、松寿山等处相似，杨叔子不由触景生情，想起1985年11月在九江市参加专家顾问组成立会期间，应湖口县县长曹志平邀请回故乡之行。家乡的一草一木令他流连忘返，挥之不去，不由诗兴大发，填《满江红》词一首，寄抒情怀：

> 年流卅六，蒙相邀，重回故里，非梦幻，乡音切切，往事历历。校设山巅曾攻读，侣游岸畔时嬉戏，最爱是，夕照满城墙，霞映水。
>
> 梅洲远，双钟伟，湖浩瀚，江无际，喜旧城新貌，楼房栉比。入夜亲朋争话旧，侵晨情景竞霜醉。浴朝阳，放眼立矶头，东流急。

杨叔子在谈到令自己终生难忘的三个地方时如是说，出生的地方——江西湖口不能忘。他这样说了，也这样做了，是一个不折不扣的热爱故土的君子。

杨叔子关心母校的建设，对学校的请求无有不应。他曾为母校题词：

厚德·博才·强体·躬行。指出"才者，德之资也；德者，才之帅也；体者，业之基也"。这份题词寄予了杨叔子对湖口中学深深的期望，也为母校的建设提供了思想支撑。

十几年来，杨叔子设立的"杨叔子·卫华助学基金"，先后资助了我校 1000 余名优秀学子，直接资助金额 200 多万元，是我校规格最高、影响面最广的资助奖项。而在湖口中学首届"杨叔子·卫华助学基金"颁奖大会上，杨叔子更是不顾自己年近八旬高龄，毅然长途跋涉来到大会现场。发表讲话时，他几度落泪，为湖口的进步，为母校的荣光，为少年的成长……兴学扶教，功在千秋；高风义举，传之弥远。湖口中学"杨叔子·卫华助学基金"每一次奖励都凝聚着杨叔子不忘桑梓、关爱家乡的一片赤子之心。

又是一年长空鸣雁，又是一年桃李飘香，杨叔子八十岁了。当岁月变成星辰，历史成为沧桑，八十岁的杨叔子，八十年时光与往事，层层沉积，儿时朦胧中的山色湖影，而今越发深刻清晰。是谁最长久地驻留在心中？是什么最深切地打动过自己的心灵？多少个夜里无眠，是因为对故土的思念；多少次梦中乍醒，是剪不断那份浓浓的故乡情。

杨叔子在自己的诗歌《八十岁了！》写道："走过了八十年，还有多少时日？桑榆不晚，媲美朝霞寸阴贵；青山夕照，别有黄昏无限丽！"他希望自己能赤条条地来，赤条条地离，诚诚恳恳地留下人生岁月这一笔。多么纯洁的心灵、多么质朴的心愿，阳光洒在杨叔子的脸上，温暖留在故乡人心里。

斯人已逝，懿德长存。台山脚下，云蒙低沉；净心湖畔，草木含悲。有一种力量，从你的指尖悄悄袭来；有一种关怀，从你的眼中轻轻放出。我们想，仰望星空，宇宙深处那一颗名为"杨叔子"的星，定会星辉璀璨，光明永恒！

白首不改故乡情

◇ 江西省湖口中学

杨叔子院士,是家乡湖口人民的骄傲。

这不仅仅是因为他是在湖口出生,也不仅仅是因为他是名人,更是因为他的故乡情深,桑梓情怀。

他一生都说自己是湖口人,但他一生在湖口生活的时间并不长。

他生于1933年,故居就在美丽的上下石钟山之间。然而日寇的入侵,使得他在五岁时就随家人颠沛流离于他乡,直到抗战胜利后,十三岁才返回家乡。1948年,又考入了九江市同文中学,从此就在外地求学,工作。算起来,他在湖口生活的时间还不满9年。

他在湖口生活的时间虽然不长,但他一生都对湖口充满了深厚的感情。

他回忆童年,还清楚地记得家乡的一草一木,记得上石钟山、下石钟山的风物和掌故。晚年写文章时,还能完整地记得湖口的牧童歌谣《鸭鸭黄》:

  细伢内,你从哪里来?

  我从王母娘娘塘里放牛来。

  几长的草?

  一尺长。

  几满的水?

> 一满塘。
>
> 哪个送饭细伢内吃？
>
> 姆妈娘。
>
> 么事下饭？
>
> 鸭鸭黄。
>
> 咸还是淡？
>
> 我冇尝，还带回来送给姆妈娘。

这首童谣，现在就是一直生活在湖口的人也未必能唱得出了，可在他的脑海里，一直萦绕着家乡的旋律。

1985年，他在离别36年后重回湖口。少小离家，乡音犹在，他十分高兴，兴奋地同家乡人说起了湖口土话——乡音无改，乡音难忘啊！

看到家乡那熟悉的山山水，看到家乡那翻天覆地的变化，他诗兴大发，写了一首《满江红》：

> 年流卅六，蒙相邀，
>
> 重回故里，非梦幻，
>
> 乡音切切，往事历历。
>
> 校设山巅曾攻读，侣游岸畔时嬉戏，
>
> 最爱是，夕照满城墙，霞映水。
>
> 梅洲远，双钟伟，
>
> 湖浩瀚，江无际，
>
> 喜旧城新貌，楼房栉比。
>
> 入夜亲朋争话旧，侵晨情景竞霜醉。
>
> 浴朝阳，放眼立矶头，东流急。

2011年，他到九江参加纪念"湖口起义"100周年座谈会，又不顾年迈体衰，专程来到湖口，瞻仰先辈的革命遗踪，探访故居。

他还在湖口中学建立了"杨叔子·卫华助学基金",先后资助了千余名优秀学子,直接资助金额累计200余万元。这是该校目前规格最高、影响面最广的资助奖项。

在湖口中学70年校庆时,他虽然不能亲身参加,还特意题词,表达了自己对母校的思念、对后辈的期望。

杨叔子为湖口中学70年校庆题词

湖口县美丽的山水,善良亲厚的乡亲,民族的苦难,家族的优良传统,铸就了他一生的乡梓情怀、爱国情怀。

他出生于湖口的一个书香世家。杨家自先祖宏高公明代任职湖口教谕,历经十五代人,代代秀才不断,被称为"一线穿珠秀才杨家"。父亲杨赓笙是江西最早的同盟会会员之一,一直追随孙中山先生参加民主主义革命,后来,杨赓笙先生毁家纾难,就在湖口,在石钟山上,协助李烈钧将军发动了中国革命史上著名的"二次革命"。他一直记得小时候随父母在江边祭拜李将军返乡灵柩的情景。

他清楚地记得,在逃难中,他父亲给他启蒙教唐诗,第一首就是"床前明月光,疑是地上霜。举头望明月,低头思故乡"。他记得父亲的谆谆教诲:"看到月亮,就要想到故乡,想到湖口,想到石钟山,想到家乡父老,想到我们的中华民族,想到日寇侵占了我们的土地、践踏我们的同胞……"

理解了他的故乡之情,我们也就理解了他一生的爱国报国之情。在国外留学,学成归国之时,有人问,留美年薪上万,为何回国,他没有解释,而是反问:"为什么不回国?"是的,热爱家乡,热爱祖国,这是一种已经融入血肉的深厚感情。爱家乡,不需要理由;爱祖国,不需要理由!

正因为如此,他赢得家乡人民的爱戴和崇敬。在乡亲们的心中,他是一座永久的丰碑。

听听湖口中学后学晚辈在"杨叔子·卫华助学基金"发放典礼上的心声吧:

  科学催生了今天的文明,科学孕育了明天的希望;
  科学与创新是一个民族进步的灵魂,
  科学与创新是一个国家发达的力量。
  作为科学家,您身体力行,
  多少个春夏秋冬您埋首实验,
  多少个白昼黑夜您伏案疾书;
  您把工程与信息交叉,
  您将机械和人文糅合。
  您肩负着祖国的未来,
  肩负着民族的昌盛,
  您放飞爱的希望,
  收获灿烂的阳光。

  当岁月变成星辰,历史成为沧桑
  当又是一年长空鸣雁,又是一年桃李飘香
  忘不了啊,忘不了
  您曾经在三尺的讲台上,默默耕耘,无私奉献。
  您曾经在教学的舞台上,播撒种子,收获希望。
  即便一天天,星辰使您皱纹深延;
  即便一年年,岁月使您鬓发添霜。
  您是园丁,播种浇水,无微不至,语重心长;
  您是红烛,蜡炬成灰,无怨无悔,甘守清泪两行;
  您是火炬,把知识的光明照亮每一个地方;

第八篇 思念与传承

您是灯塔,为我们指明前进的方向。
您是我们全体湖中人永远的骄傲,
您是我们全体湖中人永恒的力量。

您像春天融化的小溪润物无声地流淌在孩子们的心田,
您像夏天炙热的阳光普照着每一个孩子成长的足迹,
您像秋天慷慨的万物给予孩子们学识的硕果,
您像冬天圣洁的雪花赐予孩子们做人的道理。
您把慈爱给予了孩子,
您把温暖送给了家长,
您把经验传授给年轻的后来者,
您把所有的一切都无私地献给了您所热爱的事业。
昨天的您,呕心沥血让多少桃李如此芬芳,
今天的您,率先垂范为湖口赢得如此荣光,
明天的您,一如既往终将科学与教育的神圣更加弘扬。

小草因为阳光的照射才焕发出勃勃生机,
鲜花因为水分的滋养愈显娇艳芳香;
大树因为土壤的供给才傲然挺立,
而我们因为沐浴着您的阳光雨露才茁壮健康成长。
是您物质上一次又一次的帮助解决了我们学习生活上的各种困难,
是您精神上无微不至的关怀激励着我们向着一个个梦想起航。
您的爱心奉献是我们生根发芽的沃土,
您的关怀鼓励是我们茁壮成长的阳光。
您的恩情比山更高,比海还深。

永远的楷模　无限的思念
——杨叔子院士纪念文集

是谁最长久地驻留在您的心中？
是什么最深切地打动过您的心灵？
多少个夜里无眠，是因为对故土的思念；
多少次梦中乍醒，是剪不断那份浓浓的故乡情。
阳光洒在你的脸上，温暖留在我们心里。
有一种力量，正从你的指尖悄悄袭来，
有一种关怀，正从你的眼中轻轻放出。
在今天这个特殊的日子里，
我们向您献上我们最真挚的祝福：
紫萱常笑凝芳瑞，
青松又见披绿襟。
白发犹展千里志，
银丝激励后来人。
杖朝之年重策骏，
满腔豪气再征程。

他，永远活在家乡人的心里。

出处何由初志改,桑泥梓土竞芳香

◇ 江西省湖口中学

叔旦炜德,情婴国运,皓首穷经成杏坛泰斗;
子陵高风,马跃科林,赤心论道称学苑大家。

——题记

鄱湖漾春意,石钟拥蓝天。地灵多人杰,风流万代传。
翘楚杨叔子,功著气浩然。铭诵先生事,启智谱华篇。

杨先生家学渊源,生于"一线穿珠秀才杨家"。幼承庭训,笃志爱国。"绝非一挞求齐语,却是三笞训鲁公"(杨先生父杨赓笙诗)。垂髫学唐诗,见《无衣》而养爱国情,读《静夜》而悟民族魂;总角习经典,因《孟子》而知"富贵不能淫",由《大学》而明"在止于至善"。时逢抗战,民不聊生,故随父辗转,负笈求学。虽荆榛满目,羊肠九曲,然拔丁抽楔,刮摩淬励,"奋读钟山意味长,矶头峻峭论文章"(先生诗《返乡感赋》),终至学贯文理,并蓄东西。学成留校,筑坛华科。首倡智能制造,力主人文教育。名冠院士,位尊校长。桃李璀璨,成就斐然。

"青山朝别暮还见,嘶马出门思旧乡",钻坚研微之余,先生常凝望滔滔江水,托乡思于鄱湖;"书卷多情似旧人,晨昏忧乐每相亲",传道授业之外,先生总仁视巍巍龟山,寄雁书于钟山。乡思殷殷,情在骏奔。

山花翘首，碧水萦肠。"重回故里，非梦幻，乡音切切，往事历历"（先生《满江红》），戊子年，先生再回故乡江西湖口，亲访母校，终酬桑梓愿；"梅州远，双钟伟，湖浩瀚，江无际"（先生《满江红》），己丑年，先生义设"卫华助学基金"，激励后学，更显赤子情。"儿时旧事不能忘，奋读钟山意味长……出处何由初志改，桑泥梓土竟芳香"（先生《返乡感赋》），先生欣然命笔，为母校题词"厚德·博才·强体·躬行"，八字箴言，词简意丰，理念深刻，寄意殷勤。

时至今日，助学基金已设十五载，惠及学子千余人次，奖励金额超两百万元。葱郁石钟山，盛揖先生乌鸟反哺之高义；浩渺鄱阳湖，盈唱先生励学强国之衷情。百千俊彦，沐先生之雨露，攻自我之课业。效曾三颜四，重禹寸陶分。焚膏继晷，孜孜以求。心连桑梓，志系国家。母校湖口中学铭感先生之德，特建"净心广场"，专栏记之，以明其得鱼忆筌之心，彰其春风化雨之效；故乡县政府深味先生之泽，辟筑"杨叔子故居"，影像宣之，以弘其科研卓越之功，旌其厚植桑梓之情。闲暇之日，节假之时，总有万千游人，徜徉其间，静听先生科学求真、人文求善之事迹，淬炼自我踔厉奋发、回报家国之初心。

"人不率，则不从；身不先，则不信。"启事在教诲，成事在榜样。先生以光风霁月之懿范，树济世为民之表率；以厚德博才之景行，育鄱湖子民之情怀。惟愿家乡代代学子，沐先生之泽，弘先生之志，明学习之要义，树人生之航标，笔开千条路，智绽万朵花。

　　　　胸藏丘壑，纬地经天，赋丽堪为梁苑客；
　　　　节犹兰菊，握瑜怀瑾，行高更著祖生鞭。
　　　　鄱湖泱泱，石钟苍苍，先生之风，山高水长！

哀思一缕何处寄，江南江北悲秋风
——沉痛哀悼杰出校友、中国科学院院士杨叔子

◇ 九江同文中学

11月4日晚，九江市同文中学杰出校友、中国科学院院士、机械工程专家、杰出教育家、原华中理工大学校长杨叔子，因病医治无效，在武汉逝世，享年89岁。11月4日下午，在他生命的最后时刻，杨叔子还不忘为母校同文中学155周年华诞写下"好字当头，求真务善，日臻完美"，这竟成了他对母校最后的祝福。同文师生惊闻此讯，悲痛万分，乃衔哀致诚，遥奠以文，告慰杨叔子院士校友在天英灵。

为国铸器，为国育人

杨叔子，江西湖口人，1933年9月生，1948年就读于同文中学，1952年考入武汉大学工学院机械系。他一生致力于机械工程与信息技术、人工智能等新兴学科的交叉研究，带领团队开辟了我国智能制造研究的新领域，是国内智能制造的首倡者。他推进了时间序列分析的工程应用，实现了无颤振切削，攻克了钢丝绳断丝定量检测等国际难题，为我国机械工程的发展做出了重要贡献。

杨叔子曾任华中理工大学校长，先后获得国家级有突出贡献专家、全国教育系统劳动模范、全国高校先进科技工作者、全国优秀教师、全国五一劳动奖章等荣誉称号。他还获得国家自然科学奖、国家发明奖、省部

级科技奖 20 余项、专利 5 项，出版专著、教材 14 种，获省级以上教学、图书重要奖励 13 项（其中国家优秀教学成果一等奖 3 项）。

杨叔子虽然是工科领域专家，但在其担任校长期间，积极倡导科学教育与人文教育相融合，在高校中率先开展文化素质教育，倡导科学教育与人文教育相融合，他如此告诫学生："一个国家，一个民族，没有现代科学，没有先进技术，就是落后，一打就垮，痛苦受人宰割；而没有民族传统，没有人文文化，就会异化，不打自垮，甘愿受人奴役。"本着这样的理念，他连续担任第一、二、三届教育部高等学校文化素质教育指导委员会主任，为践行"科学与人文教育相融合"躬体力行。

岁月辗转，往昔难忘

考入同文高中后，杨叔子便与母校结下了不解之缘。他在 2012 年 4 月为《光明日报》"母校礼赞"专题所撰的文章《"读好书"与"做好人"》中提到进入同文时的波折："我在家乡湖口县立初级中学毕业，县里没有高中，而隔江的九江就有所著名的同文中学，学风好，水平高，秋季我考入了同文。当时别人告诉我，我语文、数学、英语考得非常好，几乎满分；

2012 年 4 月 24 日，杨叔子在《光明日报》上发文畅谈母校校训

而物理、化学考得很糟,远不及格。面对这一特殊情况,学校考虑了很久:这个学生取不取?取!一定取!这么好的语、数、外,难道理、化真的差吗?这定有原因,这个学生定能培养得很好!"一个学期之后,杨叔子不负同文的期待,在六七十人的班级中名列第二。

多年之后,这段短暂的求学经历在他的记忆中依然鲜活如新。他忆起自己的语文老师汪际虞,彼时年近五旬的汪老师在课堂教学中常引经据典,课堂总是充满欢声笑语。杨叔子对汪老师所教一篇课文《为学一首示子侄》印象深刻,至晚年还能背出文章内容:"是故聪与敏,可恃而不可恃也;自恃其聪与敏而不学者,自败者也。"汪老师以文中的思想教诲学生要辛勤为国学习,让他深刻体会到学习之道在于知理后要去学、去行动,而不是停在言语中,那样只能是纸上谈兵。杨叔子也得到了进行理化学科更深入学习的机会,在此期间,他逐渐意识到自己初中之所以化学学不好,除了教学条件太差这一客观原因外,更与自己不能正确对待老师的尖锐批评有关,便也认识到要认真对待他人的教育与批评,不断砥砺自身,追求进步。次年秋,因随家庭辗转,杨叔子离开了同文。但"读好书,做好人"的校训,却铭记在他心中,伴随他奔赴山海远方。"这个校训真好,既可以理解为——要读好的书,要做好的人;也可以理解为——要把书读好,要把

2009 年 11 月 17 日,杨叔子来校寄语母校师生

人做好。不管是哪种理解,都可归结为:读书,要有益于身心健康;做人,要有益于国家、人民;读好书是为了做好人,做好人就要求读好书。虽然,我在同文中学只读了高一,但我永远忘不了同文中学。"这是杨叔子对母校同文中学的深情回忆。

落红有情,音容永存

"滴水之恩,当涌泉相报。我来九江,有三个地方必去,其一,就是同文中学。"杨叔子始终记得对他影响深远的同文,多年来他频繁来往于武汉与九江之间,以一个杰出教育者的热忱滋养着曾经滋养过他的母校。1997年6月,杨叔子卸任华中理工大学校长,他受邀前来参加母校同文中学130周年庆典,自此之后,他多次往返于长江两岸,先后七回母校,一直牵挂着、见证着同文这棵"古樟"年轮增长、枝叶新绿。2002年同文中学135周年校庆、2007年140周年校庆、2009年与2012年的校友联谊总会座谈,他多次回到母校与师生、校友交流。2014年、2018年同文中学校领导去武汉探望拜访杨叔子,他也一直关注着母校的发展情况。2017年10月,年事已高的他依然为同文中学150周年校庆写下贺信:"祝愿母校在新时代中国特色社会主义思想的指引下,坚持立德树人,发展素质教育,

2017年10月,杨叔子为母校150周年校庆致贺词

2018年,同文中学校领导赴武汉看望杨叔子

不断提升办学水平,提高人才培养质量,为实现社会主义现代化和中华民族的伟大复兴做出更多更大的贡献!"

让同文人永远铭刻的是,2008年12月2日,杨叔子回到母校,和近400名师生及各届校友、嘉宾共同见证"同文讲坛"的隆重开坛。杨叔子进行开坛第一讲——做了题为《踏平坎坷,成人成才》的励志报告,结合自己的成长过程和人生经历,讲述了成人成才的过程和应当具备的要素。报告会上他澎湃的激情、广博的学识、风趣的谈吐、崇高的爱国情操,唤起台下学生心中年轻的梦想,为他们推开通向辽阔世界的大门。2011年10月18日,时已78岁高龄的他再次回到"同文讲坛",为师生做长达两个小时的励志报告,以一句句朴实恳切的话语,向同文学子、向樟苑的明天,播种新的希望。

2008年12月2日,杨叔子做《踏平坎坷,成人成才》的励志报告,为"同文讲坛"隆重开坛

"学习是基础,思考是关键,实践是根本,结合方成人",他为母校同文题下的这二十个字,依旧镌刻在思齐楼的外墙上,鎏金璀璨,永不褪色,在每一个日升月落之时,照亮着一代代同文学子的求学之路。

匡庐含悲，长江呜咽，先生之风，山高水长。而今，同文的浓荫再不能迎接杨叔子的下一次回访；"好字当头，求真务善，日臻完美"，杨叔子校友的音容话语将永远被同文师生铭记。杨叔子校友归于人类群星闪耀的夜空，于超越生命长度的无尽未来，为大地上的人们指引着前行的方向。

　　星驰何处？国士陨江城，万里悲风动梓里。

　　德传千古！人文育后学，三尺杏坛谱春秋。

　　杨叔子院士校友永垂不朽！

第九篇

华年光影

痛悼！中科院院士、华中科技大学原校长杨叔子逝世

◇ 人民日报

11月4日晚，中国科学院院士、我国机械工程专家、教育家、华中科技大学教授、原华中理工大学（现华中科技大学）校长杨叔子，因病医治无效，在武汉逝世，享年89岁。

为我国机械工程的发展 做出了有重要影响的贡献

杨叔子，1933年9月生于江西省湖口县。华中科技大学教授，机械工程专家、教育家，1991年当选为中国科学院院士。原华中理工大学校长、华中科技大学学术委员会主任。

致力于机械工程与信息技术、人工智能等新兴学科的交叉研究，带领团队开辟了我国智能制造研究的新领域，是国内智能制造的首倡者。他推进了时间序列分析的工程应用，实现了无颤振切削，攻克了钢丝绳断丝定量检测等国际难题，为我国机械工程的发展做出了有重要影响的贡献。

中共十五大与十六大代表，教育部高等学校文化素质教育指导委员会主任，中国高等教育学会顾问，中华诗词学会名誉会长，中国机械工程学会特邀理事，湖北省人民政府咨询委员会主任委员，湖北省科协副主席，湖北省高级专家协会会长等。曾任国务院学位委员会委员、中国科学院技术科学部副主任、中国人工智能学会副理事长、中国振动工程学会副理事长、中国高等教育学会副理事长、教育部机械工程学科教学指导委员会主任等。

先后受聘为清华大学、复旦大学、浙江大学、南京大学、同济大学、上海交通大学、天津大学、华南理工大学、重庆大学、西北工业大学、东北大学、第四军医大学 30 余所高校兼职教授、顾问教授、名誉教授。

荣获国家级有突出贡献专家、全国教育系统劳动模范、全国高校先进科技工作者、全国优秀教师等称号，全国五一劳动奖章获得者。先后获国家自然科学奖、国家发明奖、省部级科技奖 20 余项，专利 5 项，出版专著、教材 14 种，获国家级、省部级教学、图书重要奖励 13 项（其中国家优秀教学成果一等奖 3 项）。曾任第一、二、三届教育部高等学校文化素质教育指导委员会主任。

高举人文教育大旗
"我们要培养文理兼备的人才"

作为华中科技大学的首位院士、老校长，杨叔子是一名杰出的教育家。身为机械工程专家的他多次讲到一句话："一个国家，没有先进的科技，一打就垮；没有民族精神，不打就垮。"

1990 年 4 月 24 日，在原华中理工大学老校长朱九思的推动下，该校瑜珈诗社正式成立。这是当时全国理工院校中，第一个面向师生的诗社。

诗社成立后，吸引了华中大量师生参与。杨叔子更是身体力行，在全校范围内，把诗词列入选修课。每学期在学生中开办两个班，一个是一般创作班，一个是提高班。

当时，杨叔子还对自己的博士有硬性规定：必须会背诵《道德经》和《论语》的前七篇，否则不能毕业。

为什么搞科学的要学习诗词？杨叔子的答案很简单："育人是全面的，我们要培养的是文理兼备的人才。"他说，纵观世界文明，其他几个文明现在都已经消失了，只有中华文明不但没有消失，还继续在传承和发展。中华诗词作为文明的重要元素，现在需要更多人去学习和应用。

在担任校长期间，杨叔子高举人文教育大旗，积极倡导在我国高等院校，特别是在理工类院校中加强大学生文化素质教育，在全国范围内掀起了一股"人文风暴"。由他任编委会主任、汇集国内高校人文讲座精品的《中国大学人文启思录》系列丛书，发行数十万册，至今畅销不衰。

长江日报曾经报道，杨叔子的家极其简朴，客厅的书桌上，码放着《孟子》《诗词韵律合编》等中国古典文集，他的夫人徐辉碧介绍，杨叔子每天坚持阅读中国诗词等书籍并写文稿。

赋诗填词是杨叔子工作之外的最大爱好，从1946年写第一首诗起，他保存下来的诗词超过600首。晚年的杨叔子致力于弘扬传统文化、推崇孔子思想和儒家经典，曾抱病赶赴新洲"问津学堂"开讲，从始至终在贯彻着"科学理性和人文知识必须相辅相成"的信念。

永驻华中大人心中的"大先生"
——追记杨叔子院士

◇ 光明日报

2022年11月4日22时53分,中国共产党党员、我国著名机械工程专家、教育家、中国科学院院士、原华中理工大学校长、全国优秀科技工作者、全国教育系统劳动模范、全国优秀教师、全国五一劳动奖章获得者、大学生文化素质教育的先行者、华中科技大学机械科学与工程学院教授杨叔子同志,因病医治无效,在武汉不幸逝世,享年89岁。

1989年的人生旅程中,杨叔子院士将具有卓著贡献的69年时光,留在了苍郁葱茏的喻园,留在了高质量快速发展的华中科技大学。

"出国就是为了回国"

生于乱世,长于乱世,是杨叔子幼年生活的真实写照。1933年9月5日,杨叔子出生于江西省九江市湖口县一书香世家。他的父亲是被誉为"辛亥风云人物"的民主革命先驱杨赓笙。父亲提出的"清廉爱国,师表崇德"的家风庭训,影响了杨叔子的一生。

随着父亲躲避抗日战火的岁月,杨叔子无法进入小学接受正规教育,5岁起便在父亲指导下念古书。9岁进入高小学习时,杨叔子已遍读"四书"、《诗经》、《书经》,唐诗三百首与百篇古文更是烂熟于心。深厚的传统文化教育,在他心中埋下家国情怀的种子。

1952年,国家百废待兴,怀揣工业报国梦,数学成绩总是第一名的杨叔子报考了武汉大学机械系。院系调整时,该系并入华中工学院。1953年,他转入新成立的华中工学院机械工程系继续学习。谈起大学时光,杨叔子脱口而出的一个词是"艰苦"。

1956 年,杨叔子加入了中国共产党,他激动地写下了《七律·喜讯批准入党》,用"自此螺钉装配罢,无朝无夜奋奔腾"来表明自己激动的心情以及要用所学技能为组织贡献力量的决心。同年,杨叔子毕业并在华中工学院机械工程系金属切削机床教研室担任助教。1980 年,杨叔子成为系里的学科带头人,47 岁破格晋升,成为当时湖北省最年轻的两位正教授之一。

1981 年,杨叔子前往美国威斯康星大学麦迪逊分校做高级访问学者。访问期间,杨叔子分秒必争、潜心学术,完成了一本题为《动态数据的系统处理》的讲义初稿。临近访问期满,美国方面以优厚的待遇来挽留杨叔子,希望他延期返华。面对优越的科研环境和可观的年薪,杨叔子没有犹豫,毅然踏上了回国的路程。

有人问他:"为什么要回国?"杨叔子反问:"为什么不回国?"因为在他心里始终坚持——"出国就是为了回国"。1982 年底,杨叔子学满归国。

"见困难就上"

"见困难就上"是杨叔子在科学探索和研究道路上一贯的行事风格。

——填补国内空白,时间序列分析的工程应用结出硕果

在美国访问期间,杨叔子接触到了时间序列分析的相关研究,并意识到其在机械制造领域的应用价值。回国后,杨叔子将在美国学习的收获与教学科研相结合,大力推动时间序列分析在国内机械工程中的应用研究,填补了国内在时间序列研究领域的空白,使得中国的时间序列研究达到其至领先国际先进水平。

在实践方面,杨叔子带领团队与武汉军区总医院三内科、六七二医院以及华中工学院附属医院合作,开展肠鸣音临床检测研究。后来,杨叔子又在卫生统计领域中引入时间序列分析方法,建立模型,成功实现对人口

死亡情况的群体预报及气象因素分析。

在理论方面，杨叔子通过课程教学、举办会议以及著书立说等途径，进一步发展了时间序列分析的理论研究。1983年，杨叔子以《动态数据的系统处理》讲义为基础，为华中工学院机械工程系研究生开设了"时间序列分析及其工程应用"课程。同时，杨叔子积极联络相关专家学者，促成了国内"时间序列分析在机械工程中的应用学术讨论会"的定期召开。

杨叔子连同王治藩、吴雅等人对《动态数据的系统处理》讲义进行反复修订，最终形成了颇具影响力的《时间序列分析的工程应用》一书。书中提出的众多概念与方法，填补了国内在时间序列研究领域的空白，大多达到甚至领先国际先进水平。

——攻克国际难题，钢丝绳断丝定量检测至今仍处于先进水平

随着改革开放后国民经济的迅猛发展，对精密器械、精密仪器制造的需求与日俱增。钢丝绳是工业生产中的常用部件，它的承载能力直接关系到设备及人身安全。断丝是钢丝绳损伤的极端表现，一旦发生断丝则意味着钢丝绳无法继续工作。当时，国际上普遍认为对钢丝绳断丝进行定量检测是不可能完成的事情。

但杨叔子以"见困难就上"的行事风格，相信中国人可以凭借自己的努力攻克这一国际性难题。1984年底，他与同事接下了这项世界难题——"钢丝绳断丝在线定量检测"。他们与煤炭部抚顺煤研所合作，经过反复试验，仅花一年工夫，就研制出"钢丝绳断丝定量检测系统"，解决了这个世界难题。他们还结合电磁理论、信号处理技术、计算机技术、模式识别等多学科知识，不断在实践中修正系统，相继开发出"GDIY-Ⅰ型便携式钢丝绳断丝检测仪"和"GDJY-Ⅱ型钢丝绳断丝定量检测仪"等。

这一系列仪器在断丝定量检测技术方面是国内首创，达到了国际先进水平，并荣获国家发明奖。直到今天，这项技术在国际仍处于先进水平，不仅运用在钢丝绳上，也运用到了油田的抽油管上。

——再铸科研领域里程碑，首倡智能制造成为国家战略

20世纪80年代以来，以智能技术及信息通信驱动为标志的第四次工业革命开始萌芽，智能制造就是这次工业革命的核心议题。杨叔子发现，仅仅将人工智能引入机械制造，只会形成一个个"智能化孤岛"，无法从总体上提升制造中决策的自动化水平，要迈向智能系统的全面智能化，必须从"人工智能在机械制造中的应用"上升到"智能制造"。

1989年，"机械制造走向2000年——回顾、展望与对策"大会在华中理工大学召开。杨叔子在会上宣读了以"智能制造"为主题的论文，在国内首次探讨智能制造系统的问题。1991年，杨叔子率先在华中理工大学组建了智能制造学科组，带领团队开展国内最早的关于智能制造、智能装备等方面的研究工作。1992年，华中理工大学组建智能与集成制造研究中心，为我国智能制造领域的基础性研究开了先河。1993年，杨叔子牵头申报的"智能制造技术基础"的国家自然科学基金重点项目获准设立，成为我国首个智能制造方面的重点项目。

在杨叔子提出"智能制造"之初，这一概念并未受到国内同行的认可与重视。如今，智能制造已上升为国家战略。

掀起"人文风暴"

除了在科研领域取得辉煌业绩，杨叔子也因在国内理工科高校中掀起声势浩大的"人文风暴"而享誉高教界。

多年的教育教学经历，使杨叔子对我国高等教育的弊病甚为明晰。他认为，我国高等教育的主旋律应是"育人"，而非"制器"，其真正使命是培养既有爱国情怀，又有创新意识的"现代中国人"。但长久以来国内高等教育却表现出过窄的专业教育、过弱的文化陶冶等问题，掣肘着我国高层次人才的培养质量。这是杨叔子倡导文化素质教育的根本原因。

而让杨叔子下定决心推进文化素质教育，还与其亲身经历的两件"小事"有关。

第一件事是杨叔子在美国做访问学者时，几位美籍华人教授对我国的教育现状提出质疑："中国来美的留学生，ABC（英语）很好，XYZ（专业知识）很棒，可是对中国古典文化、民族历史、地理知识知之甚少，这种学生毕业以后能不能为自己的国家努力工作？"

第二件事是杨叔子在1994年初任校长时收到一封学生来信。信中说："杨校长，有件事情我想不通。作为一个中国的大学生，英语四级过不了关就不能获得学位证书，这点我赞成。因为要改革开放，要中外交流。但是汉语错别字一大堆，用词不妥，句子不通，文章不顺，居然可以拿到学位证书。请问杨校长，这应作何解释？"

这两件事情引起了杨叔子的深思：如果一个人对自己国家的地理、历史知之甚少，对悠久的传统文化一无所知，甚至都不能掌握自己国家的语言，那怎么会对祖国产生深厚的感情呢？怎么会为民族服务呢？鉴于此，杨叔子希望通过实行文化素质教育，通过科学教育与人文教育的有机融合来培养爱国情怀与创新意识兼备的现代大学生。

为了将这一理念落到实处，杨叔子在华中理工大学领导班子的支持下，于1995年面向各层次学生首次举行了"中国语文水平达标测试"。随后，学校还通过开办人文讲座、首创大学生文化素质教育基地等多项有力措施，在全国高教界逐步掀起人文热潮。同时，杨叔子不断走出校门推广文化素质教育。他先后在清华大学、北京大学等国内百余所院校举办人文讲座300余场，吸引听众30余万人次。此外，由他任编委会主任、汇集国内高校人文讲座精品的《中国大学人文启思录》现已发行数十万册。

如今，中国高等教育界广泛传颂着杨叔子的一句名言："一个国家、一个民族，没有现代科学，没有先进技术，就是落后，一打就垮；然而，一个国家、一个民族，没有民族传统，没有人文文化，就会异化，不打自垮。"

今年（注：2022年），杨叔子从医院回到家中三天，他同爱人徐辉碧教授说："回顾我这一生，在党的培育下，在同志们的帮助下，做了一点工作，我是幸福的。"

而今,他将"人生在勤,贵在坚持"的毕生奉献留在了华中科技大学,将"学高为师、德高为范"的卓著贡献留在了华中科技大学,将"爱国情怀与创新意识兼备"的殷切期望留在了华中科技大学。三尺讲台上,那个激情吟诵诗词歌赋的"大先生"身影,将永驻华中大人的心中。

(光明日报记者夏静、张锐,通讯员范千、高翔、粟晓丽)

痛别杨叔子院士！
曾疾呼"没有人文精神，不打自垮"

◇ 中国青年报

11月4日晚10时53分，有"中国高校人文素质教育第一人"之誉的中国科学院院士、我国机械工程专家、原华中理工大学（现华中科技大学）校长杨叔子，因病医治无效，在武汉逝世，享年89岁。

杨叔子，1933年9月生于江西省湖口县。和许多中国孩童一样，少年杨叔子学会的第一首诗是《静夜思》。

1938年，日本侵略者逼近江西湖口，5岁的杨叔子跟着家人逃难途中，辛亥元老、曾做过孙中山秘书的父亲杨赓笙，将诗中游子思乡之情化作山河破碎的悲愤，嘱告年幼的杨叔子一句一句铭刻在心，奋发图强。

一心向学的时光里，也有过少年意气。

化学课上，有些调皮的杨叔子被老师批评："杨叔子没有化学头脑，学不好化学。"他从此就不好好学化学了。

中考时，杨叔子投考了九江市同文中学，险些落榜：他的语数外成绩几乎满分，但是物理化学不及格，其中化学只考了可怜的25分。

杨叔子后来得知，之所以录取他，是因为同文中学的考官看到他几近满分的语数外成绩时，首先想到的是，"这个孩子语数外学得这么好，物理、化学会真的差吗？"

让杨叔子无限感慨的是，多少年后，即使是已经做了大学校长的他，遇到和自己当年情形相仿的学生，想帮一把，却有心无力，"今天的硬性标准不能扬其长避其短，牺牲掉了一部分有禀赋的孩子"。

第九篇　华年光影

"九层之台，起于累土"，这位从小背诗拼不过哥哥老是被打的科学家认为，后天的勤奋最重要。

在华中科技大学，流传着一段传奇故事：为了节约时间，杨叔子从1956年大学毕业参加工作，到结婚，到有女儿，全家人吃了30年的食堂，直到女儿1986年结婚后才有了改变。

在国门还没有完全打开的年代，睁眼看世界需要充分地掌握外文知识。华中科技大学的老同事们至今自叹不如，每次和杨叔子一起坐火车出差，晚上车厢内的灯熄了，正在背单词的他没有停下，拿起单词书径直走到了厕所门前，借着门口微弱的光线继续背了起来。

杨叔子没有辜负父亲的期望。他一生致力于机械工程与信息技术、人工智能等新兴学科的交叉研究，开发出国内第一个信号处理系统，出版国内第一本《基于知识的诊断推理》的学术专著，发表国内第一篇智能制造的学术论文，47岁成为湖北省当时最年轻的两位正教授之一，成了华中理工大学（现华中科技大学）第一位院士。

他还被称为国内高校领导人中"人文素质教育第一人"，在大学校长任上掀起的"人文风暴"，时至今日依然影响着千千万万的大学生。

1994年，一封在校学生的来信吸引了时任华中理工大学校长杨叔子的关注。这位同学在信中提出一个困惑：为什么中国大学生英文考试不及格，拿不到学位证，但他们写文章，错别字一大堆，用词不妥，造句不通，文章不顺，照样拿学位？

杨叔子将这封信带到了校长办公会上。

在他的提议下，一个我国高等教育史上里程碑式的决定诞生了：不论本科生、硕士研究生、博士研究生，必须通过学校组织的"中国语文水平达标测试"，不合格者不予颁发学位证书。同时，系列人文讲座也在他的倡导下开始创办。

一场声势浩大的"人文风潮"由此发端，清华、北大、南开等名校纷纷加入人文素质教育的大潮。

杨叔子有一句名言："一个国家、一个民族，没有现代科学，没有先进技术，就是落后，一打就垮；然而，一个国家、一个民族，没有民族传统，没有人文文化，就会异化，不打自垮。"

见证今天许多青少年的浮躁和压抑，这位耄耋老人更加笃定自己的这一人生信条——科学文化和人文文化交融，两翼齐飞，不可或缺。

从20世纪90年代开始，杨叔子一直在公开呼吁取消中学文理分科，改革中小学课程体系，开展素质教育。

"文理分科培养出的是1/4人，甚至是1/8人。""没有科学的人文是残缺的人文，没有人文的科学是残缺的科学。"在许多公开场合，杨叔子都毫不留情地直陈其弊："分科太细，甚至学工的不懂理，更不懂文，学机械的不懂电气，学制造的不懂汽车，如何能有交融和创新？"

多年来，他对自己的博士研究生有一个广为人知的严格要求，就是博士学位论文答辩前要先背《老子》，后来又加上了《论语》的前七篇。

这一"另类"要求，也曾给杨叔子带来了不少争议，但是看到越来越多的年轻人浮躁、焦虑和压抑，他坚信自己是对的，"背是形式，最重要的是在潜移默化中让学生浮躁的心宁静下来，让人的精神升华起来"。

这位总是寄望于青少年一代的老院士曾对中国青年报记者坦言，这其实是在补中学甚至小学的"课"。多年奔走大学、中学讲坛，他有一个一以贯之的观点，那就是"要先育人，后制器""两者相辅相成，缺一不可"。

而今，那个在人文素质教育讲堂上，置身无数青年学子之中、舞动着双手、大声吟诵那些撞击青春心灵的古诗词的老校长身影，永远定格在无数华中大学子的心中。

（中国青年报记者雷宇）

痛别！杨叔子先生，一路走好！

◇ 中国教育报

他是资深的机械工程领域专家，着眼于工程实际，研制出"钢丝绳断丝定量检测系统"，解除钢丝绳安全后患；他是有远见卓识的科学家，敏锐地察觉智能制造的风潮，在我国首倡将人工智能和机械制造紧密结合，推动我国制造业发展；他是杰出的教育家，担任华中理工大学校长期间，提倡科学人文并进，在全国范围内掀起了一股"人文风暴"……

11月4日晚，因病医治无效，中国科学院院士、中国机械工程专家、教育家、华中科技大学教授、原华中理工大学（现华中科技大学）校长杨叔子在武汉安然逝世，享年89岁。

他扎根喻园70载，将自己的一生奉献给了华中科技大学和祖国教育事业。他被授予全国教育系统劳动模范、全国高校先进科技工作者等多项荣誉，也将自己伟岸的形象永远留存在了人们的心中。

愿为伟大复兴中国梦的逐梦人

杨叔子1933年9月出生于江西省湖口县一书香世家，他父亲是被誉为"辛亥风云人物"的民主革命先驱杨赓笙。受父亲影响，杨叔子从小在浓厚的红色文化氛围中长大。1937年，抗日战争全面爆发。其间父亲杨赓笙带着未满5岁的杨叔子，举家逃难，一路颠沛流离至江西黎川。

时隔多年，杨叔子依然记得父亲当时的话："我们都是炎黄子孙，绝不做亡国奴！如果日军追上我们，我们全家就投河自尽。一个也不准活！"

1953年，怀揣着工业报国梦，杨叔子进入新成立的华中工学院机械工程系修读学业。杨叔子回忆当年，"虽数学、物理等基础课程门门优秀，但面对实操性强的机械工程学依然显得有些力不从心"。杨叔子咬牙坚持了下来，在1956年顺利毕业并留校任教。他说，"人生在勤，想要成人成才，就必须克服困难"。

工作后，杨叔子第一时间就加入了中国共产党，还激动地作诗一首《七律·喜讯批准入党》，用"自此螺钉装配罢，无朝无夜奋奔腾"来体现自己激动的心情以及为组织贡献自身力量的决心。

为了做好教师这个职业，杨叔子日思夜想，刻苦钻研，仔细制作课堂教案。连哪里停顿、哪里提问、哪一块黑板如何书写，他都会提前做好安排。

1981年，杨叔子前往美国威斯康星大学麦迪逊分校做高级访问学者，临近访问期满，美国方面以优厚的待遇来挽留杨叔子，但杨叔子却坚定地回应："我出国就是为了回国。""父亲在我幼小的心灵中播下了爱国的种子。这种子，浸润着中华魂，生长着爱与恨，我永远不会忘记。"杨叔子说。

勇当机械工程领域的科技攀登者

谈到在威斯康星大学麦迪逊分校做高级访问学者的时光，杨叔子用"学问朝朝做，文章页页加"来评价当时的生活。

当时，他坚持每日学习、科研、备课，过着清苦的生活，最终不负众望，与吴贤铭教授一同完成了《时间序列分析及其工程应用》讲义，回国后在华中工学院开设了这门新型课程，填补了国内时间序列研究领域的空白。

归国不久，杨叔子和同事师汉民等又面临着一项新的挑战——"钢丝绳断丝在线定量检测"。钢丝绳主要应用于矿山、缆车和电梯等装置中，因使用损耗断丝达到一定数量后会导致断绳。"当时，国内外都没找到对钢丝绳断丝数量进行准确定量检测的方法。"

经过200多天的日夜奋战，杨叔子和他的科研团队对大量方法逐一测试，终于研制出一套精确的钢丝绳断丝定量检测系统，在工程应用、节约运行成本和减少安全事故等方面发挥了尤为重要的作用。

20世纪80年代，以智能制造为核心议题的第四次工业革命开始萌芽，杨叔子以前瞻性的眼光将人工智能引入机械工程，提升了制造领域的智能化水平。

在杨叔子带领下，1992年，华中理工大学组建智能与集成制造研究中心，1993年一项名为"智能制造技术基础"的国家自然科学基金重点项目获准设立。一系列成果提高了我国制造业在国际市场的竞争能力，推动了我国经济发展。

立足于机械工程领域，致力于机械工程同微电子技术、计算机技术等新兴技术领域交叉学科的研究与教学，杨叔子接连取得系列重要科技成果，荣获国家自然科学奖、国家发明奖、省部级科技奖20多项，专利5项。在国内外发表学术论文数百篇，出版专著、教材等14种。

他是高校人文素质教育第一人

"中国大学生英语等级考试不及格，不能获得学位，我赞成，因为改革开放要用外语；但是学生在日常写作中错别字一大堆，用词不妥，造句不通，文章不顺，竟然也可以拿到学位。请问校长，这应作何解释？"

1994年，时任校长的杨叔子收到一位学生的来信，顿觉醍醐灌顶。"一个国家没有科学技术，就是落后，一打就垮；一个民族没有人文精神，就会异化，不打亦垮。"

虽是理工生，但因自幼跟着父亲学习古籍，杨叔子积淀了深厚的传统文化功底。他热爱文学，常常写诗作文。因此，他深深了解文学对于教育的重要性。

他将这封信带到了校长办公会上，提议应加强大学生素质文化教育。于是，一项轰动全国高等教育界的决定诞生了：在华中理工大学，不论本科生、硕士研究生、博士研究生，必须通过学校组织的"中国语文水平达标测试",不合格者不予颁发学位证书。紧接着,系列人文讲座、大学生文化素质教育基地也在杨叔子的倡议下纷纷创办。

  担任校长期间,杨叔子高举人文教育大旗,积极倡导在我国高等院校,特别是在理工类院校中加强大学生文化素质教育,在全国范围内掀起了一股"人文风暴",清华、北大、南开等名校纷纷加入人文素质教育的大潮。

  由他任编委会主任、汇集国内高校人文讲座精品的《中国大学人文启思录》系列丛书,发行数十万册,至今畅销不衰。"大学教育必须把科学和人文融合起来,大学的主旋律是'育人',而非'制器',是培养高级人才,而非制造高档器材。"杨叔子院士的话言犹在耳。

(中国教育报记者程墨,通讯员尚紫荆)

痛悼！华科大老校长杨叔子逝世

◇ 长江日报

刚刚，长江日报记者获悉，11月4日晚，中国科学院院士、我国机械工程专家、教育家、华中科技大学教授、原华中理工大学（现华中科技大学）校长杨叔子，因病医治无效，在武汉逝世，享年89岁。

这位华中科技大学首位院士、老校长，他的一生成果斐然。

作为机械专家，他着眼于工程实际，研制出"钢丝绳断丝定量检测系统"，使国内传统机械工业焕发出新的生机；

作为科学家，他敏锐地察觉到学科交叉的发展趋势，在我国首倡智能制造，将人工智能和机械制造紧密结合；

作为教育家，他担任华科大校长期间，带领学校跻身"211"行列，是高校文化素质教育的倡导人之一；

他还深耕古典诗词创作，诗词结构严谨，格调高雅，将国学和科学巧妙融合。

他曾说："一个国家、一个民族，没有现代科学，没有先进技术，就是落后，一打就垮；而没有民族传统，没有人文文化，就会异化，不打自垮。"

前不久，杨叔子对爱人徐辉碧说："回顾我这一生，在党的培育下，在同志们的帮助下，做了一点工作，我是幸福的。"

留学后毅然回国
迎难而上攻克国际难题

生于乱世，长于乱世，是杨叔子幼年生活的真实写照。

杨叔子生在书香世家，幼年时随父亲躲避抗日战火，无法入小学接受正规教育，5岁起便在革命元老的父亲杨赓笙指导下念古书。直到9岁入高小学习时，他已遍读"四书"与《诗经》《书经》，唐诗三百首与百篇古文更是烂熟于心。深厚的传统文化教育，在他心中埋下家国情怀的种子。

1981年，他被公派到美国做高级访问学者，为期一年。临近访问期满，美国方面以优厚的待遇来挽留杨叔子，希望他延期返华。当时，他的一年工资只相当于600美元，而在国外，一位教授年薪至少数万美元。有人问他："为什么要回国？"杨叔子反问："为什么不回国？"

回国后，他在华中工学院大力推进时间序列分析在国内机械制造领域的应用，开设了"时间序列分析及其工程应用"这门研究生课程，及时把国外先进成果传递回国，填补了国内在时间序列研究领域的空白，使得中国的时间序列研究达到甚至领先国际先进水平。

1984年底，他与同事接下了一项世界难题——"钢丝绳断丝在线定量检测"，用仪器自动检测出钢丝绳中一个捻距内的断丝数量。长期以来，国内外均未找到对钢丝绳断丝数量进行准确定量检测的方法，一度被认为是"不可能完成的任务"。但杨叔子素来的行事风格是"见困难就上"，他相信中国人可以凭借自己的努力攻克这一国际性难题。

仅花一年工夫，他们就研制出"钢丝绳断丝定量检测系统"，这一系列仪器在断丝定量检测技术方面是国内首创，达到了国际先进水平，并荣获国家发明奖。直到今天，这项技术在国际仍处于先进水平，不仅运用在钢丝绳上，也运用到了油田的抽油管上。

像钢丝绳断丝定量检测这样的机械设备诊断难题，只是杨叔子解决众多理论及实践课题中的一个。

第九篇　华年光影

随着社会工业化程度的提高，现代机械设备日益增多，对机械设备进行诊断便成为现代工业技术研究的热点，杨叔子迅速进入机械设备诊断领域，做起机械设备的诊断"医生"。面对西方发达国家争先恐后地发起智能制造工程，杨叔子敏锐地注意到人工智能与机械制造相融合的新趋势。将人工智能引入机械工程，提升制造领域的智能化水平，成为杨叔子科研生涯中又一个里程碑式的成就。

凭着这些创新成果，1991年，58岁的杨叔子当选为中科院院士，成为华中科技大学第一位中科院院士。

他是科学家也是诗人

虽是理工生，杨叔子却浪漫细腻，热爱写诗。在他的自传《往事钩沉》中，每翻两三页就会出现他写的古诗。无论是留校、入党、结婚等人生大事，还是送别同事、外出旅行、阅读书籍等日常感怀，他都用诗歌来抒发和记录。60余年来写下700多首诗稿。

爱好文学的他，也尤其重视学生的文化素质教育，并率先倡导在全国高校尤其在理工科高校中加强大学生文化素质教育。

1994年，时任校长的杨叔子收到一封学生来信，信中说："中国大学生英语等级考试不及格，不能获得学位，我赞成，因为改革开放要用外语；但是学生在日常写作中错别字一大堆，用词不妥，造句不通，文章不顺，竟然也可以拿到学位。请问校长，这应作何解释？"

杨叔子将这封信带到了校长办公会上。

在他的提议下，一个我国高等教育史上里程碑式的决定诞生了：不论本科生、硕士研究生、博士研究生，必须通过学校组织的"中国语文水平达标测试"，不合格者不予颁发学位证书。同时，系列人文讲座也在他的倡导下开始创办。一场声势浩大的"人文风暴"由此发端，并迅速席卷全国，清华、北大、南开等名校纷纷加入人文素质教育的大潮。

要求博士研究生背《论语》
语文不及格不发毕业证

多年来,他对自己的博士研究生有一个广为人知的严格要求,就是博士学位论文答辩前要先背《老子》,后来又加上了《论语》的前七篇。这一"另类"要求也给杨叔子带来了不少争议,但是看到越来越多的年轻人浮躁、焦虑和压抑,他坚信自己是对的,因为工程师不能成为"文(人文文化)盲"。

"背是形式,最重要的是在潜移默化中让学生浮躁的心宁静下来,让人的精神升华起来。"

杨叔子是华中科技大学人文素质讲堂的倡导者和推行者。1993年之后,在他出任华中理工大学校长的4年多时间里,他大力推行大学生人文素质教育,在这所理工院校掀起声势浩大的"人文风暴",其影响力波及全国高校。

每晚教学楼阶梯教室挤满了学生,人文素质讲堂成为一代华科大人的记忆,成为时代的风景线。不少外校学生也从三镇各处慕名而来。永远不够坐的260多个阶梯座位,即便是江城炎夏时节,悬挂在空中的也只有5只老式吊扇;有时同一时间有几个人文讲座,也只能让那些著名的学者们屈就更小的教室。

直到现在,华中科技大学给每一个学子都深刻地烙上"人文"痕迹——所有学生,每年考一次中国语文,不及格不发学位证;理工科学生每年必须拿两个人文学科学分,否则不能毕业;"中国语文"课程作为理工科学生的必修课,不及格不发毕业证。

"没有科学的人文是残缺的,没有人文的科学也是残缺的。"他多次公开呼吁,取消中学文理分科,改革中小学课程体系,开展素质教育。"文理分科培养出的是1/4人,甚至是1/8人。"在许多公开场合,杨叔子都毫不留情地直陈其弊,"分科太细,甚至学工的不懂理,更不懂文,学机械的不懂电气,学制造的不懂汽车,如何能有交融和创新?"

杨叔子院士对人文学科的倡导，也在学生们心中留下了深刻的烙印。

就在今年 9 月举行的华中科技大学 2022 级本科生开学典礼上，中国工程院院士、华中科技大学校长尤政引用了杨叔子的一段话："大学教育必须把科学和人文融合起来，大学的主旋律是'育人'，而非'制器'，是培养高级人才，而非制造高档器材"，他以此寄语新生，为国成才而不仅是个人求学，关注学术而不仅是关注学分，要成为既有科学精神又有人文素养的高素质人才，真正肩负起民族复兴的时代重任。

（长江日报记者陈晓彤、汪洋）

痛别！杨叔子逝世

◇ 湖北网络广播电视台

11月4日晚10点53分，中国科学院院士、我国机械工程专家、教育家、华中科技大学教授、原华中理工大学（现华中科技大学）校长杨叔子，因病医治无效，在武汉逝世，享年89岁。

他是一位成就卓著的机械工程学家，一个有着深厚文学修养的诗人，一个在大学校长任上掀起"人文风暴"、被称为国内高校领导人中人文素质教育第一人的教育家……

1980年，47岁的杨叔子破格晋升，成为当时湖北省最年轻的两位正教授之一。1981年底，杨叔子被公派到美国威斯康星大学做访问学者。一年后，杨叔子谢绝来自美国大学的聘请，毫不犹豫回到母校。当时，他的工资一年只相当于600美元，而在国外，一位教授年薪至少数万美元。有人问他："为什么要回国？"杨叔子反问："为什么不回国？"留学开拓了杨叔子的视野，更让他看到了差距。1984年底，杨叔子与师汉民教授以及同事接下了一项世界难题——"钢丝绳断丝在线定量检测"。经过他们的反复试验，仅花一年工夫，就研制出"钢丝绳断丝定量检测系统"，解决了这个世界难题。直到今天，这项技术在国际仍处于先进水平，不仅运用在钢丝绳上，也运用到了油田的抽油管上。如何对机械设备进行故障监测与诊断，成为现代工业技术研究的热点之一。杨叔子迅速进入这一领域，做起机械设备的诊断"医生"。杨叔子与同事、学生一起，推进了机械设备诊断学的体系、内容与诊断方法，研究还涉及发电机、汽车发动机、舰艇发动机等等。

凭着这些创新成果，1991 年，58 岁的杨叔子当选为中科院院士，成为华中理工大学第一位中科院院士。

高校人文素质教育第一人

杨叔子有一句名言："一个国家、一个民族，没有现代科学，没有先进技术，就是落后，一打就垮；然而，一个国家、一个民族，没有民族传统，没有人文文化，就会异化，不打自垮。"

1994 年，时任校长的杨叔子收到一封学生来信，信中说："中国大学生英语等级考试不及格，不能获得学位，我赞成，因为改革开放要用外语；但是学生在日常写作中错别字一大堆，用词不妥，造句不通，文章不顺，竟然也可以拿到学位。请问校长，这应作何解释？"杨叔子将这封信带到了校长办公会上。在他的提议下，我国高等教育史上一个里程碑式的决定诞生了：不论本科生、硕士研究生、博士研究生，必须通过学校组织的"中国语文水平达标测试"，不合格者不予颁发学位证书。同时，系列人文讲座也在他的倡导下开始创办。一场声势浩大的"人文风暴"由此发端，并迅速席卷全国，清华、北大、南开等名校纷纷加入人文素质教育的大潮。

作为机械专家，他着眼于工程实际，研制出"钢丝绳断丝定量检测系统"，使国内传统机械工业焕发出新的生机；作为科学家，他敏锐地察觉到学科交叉的发展趋势，在我国首倡智能制造，将人工智能和机械制造紧密结合；作为教育家，他担任华中理工大学（现华中科技大学）校长期间，带领学校跻身"211 工程"建设行列，是高校文化素质教育的倡导人之一；他还深耕古典诗词创作，诗词结构严谨，格调高雅，将国学和科学巧妙融合。

每一年都为学生送上生日祝福

"新宇同志：你好！明天是你的 47 岁生日。现在干得不错，未来一定会干得更不错。国家的希望，学校的希望，寄托在你们这样的人才身上，'海阔凭鱼跃，天高任鸟飞'。叔子贺""新宇同志：明日是你满 48 岁，特此祝贺，'千钧霹雳开新宇，万里东风扫残云'。学校重担落在你们风华正茂的一代肩上，何况你来日更长，也正因为如此，'健康第一'对你们更加重要，'风物长宜放眼量'。我深信，我们会竭力支持你的工作，这是我们责任所在。深深祝你与你全家好！真挚感谢你们的关心、支持与谅解！友谊长青！杨叔子。"……

连续多年，杨叔子都准时为学生邵新宇（现中国工程院院士、湖北省副省长、华中科技大学原党委书记）发送生日祝福，一条条短信写满了老师对学生的爱与牵挂。

杨叔子爱人徐辉碧教授回忆道："上个月国庆节期间，杨叔子从医院回到家3天，他对我说，我身体可能不行了。回顾我这一生，在党的培育下，在同志们的帮助下，做了一点工作。我是幸福的。我们相处七十年来，从同学、朋友到夫妻，感情非常好！生活是美好的。让我们相互牢记一句话：天长地久有时尽，此爱绵绵无绝期。当我死的时候，一定要丧事从简。"

痛别杨老
一路走好！

（湖北网络广播电视台记者吴简雅、牛中毅）

没有人文的科学是残缺的
——追忆大先生杨叔子院士

◇ 湖北日报

他是我国智能制造基础理论与关键技术研究及工程应用的开拓者；

他在我国高校首倡并大力推进文化素质教育；

他是华中科技大学第一位院士，担任过校长；

他是师生们口中"学高为师、德高为范、文理兼修的大先生"。

2022年11月4日22时53分，中国科学院院士杨叔子先生在武汉不幸病逝，享年89岁。

云山苍苍，江水泱泱

"首先要学会做人，同时必须学会做事；以做事体现与升华做人，以做人统率与激活做事。"

在杨叔子院士所著、其夫人徐辉碧撰写后记的《往事钩沉》一书中，扉页上便是杨叔子亲笔写下的这句话。他的一生，也是这句话的真实写照。

1933年，杨叔子出生于江西省湖口县。他生在书香世家，幼年随父亲躲避日寇战火，学会的第一首诗是《静夜思》。成年后，在很多场合，杨叔子都说起乱世中辗转各地没有条件求学的经历，这也是他思乡爱国的起源：立志在"床前明月光"的伴随下，为中国崛起奋发图强。

他一生致力于机械工程及其与信息技术、人工智能等新兴学科的交叉研究，开发出国内第一个信号处理系统，出版国内第一本《基于知识的诊断推理》的学术专著，发表国内第一篇智能制造的学术论文，47岁成为湖北省当时最年轻的两位正教授之一，是华中理工大学（现华中科技大学）第一位院士。

华科大机械科学与工程学院康宜华教授至今记得，杨叔子带领他们攻克钢丝绳断丝定量检测国际难题的过程。"杨老师身体力行，和团队成员有时一干就是通宵，假期也很少休息。"在杨叔子鼓励和带领下，钢丝绳团队几代人接力突破，成为国际钢丝绳"探伤"最强力量。

就在两个月前，华科大建校70周年之际，学校举办《杨叔子院士喻园70年图片展》暨"杨叔子教育基金"启动仪式，致敬他做出的突出贡献。"看过展览后，多想亲耳聆听大先生的教诲，可惜再也不能了！""云山苍苍，江水泱泱。华枝春满，天心月圆。老师一路走好！""高山仰止，先生千古！"……截至目前，相关政府部门、兄弟院校、学术领域及校内师生、校友等各界人士，通过各种形式对先生表达敬意与怀念。

以文化人，以人化文

"一个国家，一个民族，如果没有现代科技，没有先进技术，一打就垮。而如果没有优秀的历史传统，没有民族人文精神，不打自垮。"

这是杨叔子的一句名言。

5岁起便在父亲指导下念古书，9岁入高小学习时，杨叔子已遍读"四书"、《诗经》、《书经》、唐诗三百首与百篇古文等。此后岁月，他一直信奉并推广科学与人文"同源共生"。

1993年，杨叔子被正式任命为华中理工大学校长。初任校长，他收到一封学生来信，信中说："杨校长，有件事情我想不通。作为一个中国的大学生，英语四级过不了关就不能获得学位证书，这点我赞成。因为要改革开放，要中外交流。但是汉语错别字一大堆，用词不妥，句子不通，文章不顺，居然可以拿到学位证书。请问杨校长，这应作何解释？"

此前，杨叔子在美国做访问学者时，几位美籍华人教授也质疑过："中国来美的留学生ABC（英语）很好，XYZ（数学）很好，也懂得美元、英镑（经济),就是不太了解长城、黄河(地理),不太了解文天祥、史可法(历史),也不太知晓'四书'、《老子》、《资治通鉴》和《史记》(传统民族文化),这种学生毕业以后能不能为中华民族服务?"

这两件事情引起杨叔子深思,也促使他下定决心,高举人文教育大旗,积极倡导在我国高等院校,特别是在理工类院校中加强大学生文化素质教育,在全国范围内掀起一股"人文风暴"。由他任编委会主任、汇集国内高校人文讲座精品的《中国大学人文启思录》出版发行后,至今仍影响着千千万万的大学生。

曾经受益于人文教育的学生们,至今仍留念着那样的时光:"多少次从南三跑到西五(注:学校教学楼),占座位听人文讲座。那条法国梧桐荫翳的路,当年觉得是那样长,秋冬季飘着的絮,弄得人鼻子发痒真烦人。今天,这已是回不去的殿堂了。老校长,一路走好!"

有匪君子,终不可谖兮

大先生不仅属于华科大,属于科学界,还属于普通大众。

作为全国优秀科技工作者、全国教育系统劳动模范、全国优秀教师,杨叔子多次走出校门,走近大众,进行科学、人文普及教育。

湖北日报全媒记者别鸣曾经在2013年多次采访杨叔子。他回忆,当年3月24日早上7时50分,他和湖北省图书馆相关负责人前往杨先生家中,接先生做长江讲坛的讲座。先生早已准备妥当,站在门口微笑着等待他们。当天讲座全场爆满,听众掌声一次比一次热烈。"先生是一位极具人格魅力、有智慧有风骨的前辈高人!如其诵读的《诗经》名句'有匪君子,终不可谖兮',乃高雅真君子。"

获悉先生离世,武汉市第十一中学特级教师王忠文悲痛不已。他找出一封珍藏多年的信,那是杨叔子2004年写给他的回信。他说,当年市教育局组织一场报告会,邀请杨叔子讲绿色教育,会后,他写信向杨叔子请教,谈到自己正在研究这一课题,没想到一周后便收到杨院士亲笔写的5页长信。信中写道:"教育是育人,而非制器。'绿色教育'正是从此延伸出来的……"

得知先生去世,江西九江学院撰文怀念名誉校长杨叔子。"您说,青年大学生是祖国的明天,要把建设国家的担子挑起来,稳稳妥妥地挑好。您说,青年教师要去做奉献自己、服务大众的'傻瓜',要信念执着、品德优良、知识丰富、本领过硬……"文中流淌着师生对先生满满的眷恋:怀念先生不顾年迈体弱、工作繁忙,每年都抽空来校指导,给大学生做报告,和青年教师座谈;2009年起,杨先生每年捐资表彰学生;2011年起,他在家乡的湖口中学先后资助千余名优秀学子,直接资助金额200余万元。

临终前,杨叔子对夫人徐辉碧说,"回顾我这一生,在党的培育下,在同志们帮助下,做了一点工作,我是幸福的。我们相处70年来从同学、朋友到夫妻,感情非常好,生活是美好的。天长地久有时尽,此爱绵绵无绝期。当我死的时候,一定要丧事从简。"

大师远去,先生千古!

(湖北日报记者方琳,通讯员王潇潇、高翔)

追忆"大先生"杨叔子：
49年前来十堰支教为汽院培养出第一批研究生

◇ 十堰晚报

11月4日晚10时53分，中国科学院院士、我国机械工程专家、教育家、华中科技大学教授、原华中理工大学（现华中科技大学）校长杨叔子，因病医治无效，在武汉逝世，享年89岁。

杨叔子院士曾在汽院建校初期来堰支教，将他的人文教育理念和工科技术知识传授给了第一批汽院学子，为汽院培养了第一批研究生人才，为汽院在短时间内由专科职工大学正式获批为社会本科大学做出了贡献。后来他五次来到汽院讲学，为大学生教育提供了方向。

49年前支持二汽 首次来到十堰支教

对于汽院机械工程系的学生来说，杨叔子院士的名字并不陌生。4年前，杨叔子最后一次来到汽院讲学，现场人山人海。那也是杨叔子第七次来到汽院。

1969年，后历任湖北汽车工业学院副院长、常务副院长、院长的季峻调入第二汽车制造厂（现东风汽车公司），当时二汽集聚成千上万的国内外先进技术与装备，汇集大量高级技术人才与能工巧匠。国家要在这里创建一所中国第一流的现代化汽车工业院校。然而，受多方面因素影响并未建成。

1972年，时任第二汽车制造厂厂长饶斌提出：培养人才"办大学已刻不容缓"，季峻开始负责筹建二汽工人业余大学（后改名为二汽职工大学、

1983 年正式更名为湖北汽车工业学院），其间坎坷不断，招生、教室、教师等都成了问题。经过不断努力，二汽工人业余大学顺利建成并投入使用。第一个学期的课程表终于安排出来了，可上课的老师却迟迟来不了。

无奈之下，1973 年 7 月 8 日，季峻到武汉求援，找到他的老同学杨叔子。杨叔子陪季峻带着二汽党委的求援信，抱着一线希望到原华中工学院院长朱九思家中求助。

让人意想不到的是，第三天中午就接到通知，华中工学院党委决定，二汽工大今后所缺的讲课教员由华中工学院全包了。1973 年秋天，华工派来二三十名第一流的教员，其中就包括杨叔子。杨叔子来十堰后，将他的人文教育理念和工科技术知识传授给了第一批汽院学子，为汽院培养了第一批研究生人才，并为汽院在短时间内由专科职工大学正式获批为社会本科大学奠定了基础。

带两个馒头早出晚归 一周上 20 多节课

1973 年 9 月，杨叔子来到二汽工大为学生们上机制课。当年红卫分校在铁皮活动房子里上课，六堰分校则在车间生活间上课。当时市内交通不便，杨叔子每天吃了早饭，就带两个馒头到学校，早出晚归，啃冷馒头充饥。

为了给学生上课，杨叔子经常往一个个车间跑，在一台台机床上看、画、记，在机床的海洋里漫游一个月。他当时住在设备制造单身宿舍，阴冷的房间、薄薄的棉被，生活条件虽然十分艰苦，但杨叔子的教学质量却是一流的，他经常一周上 20 多节课，嗓子哑了，就喝胖大海，第二天照样上课。

冬天寒冷，路上结冰。六堰分校的教室里四处透风，没有暖气，学生们坐在屋内冻得直发抖，但杨叔子仍坚持上课，并且讲课十分投入，很有激情，受其感染，学生也忘记了寒冷。杨叔子经常说："能用自己的知识为工人阶级服务，感到很荣幸。"

"第一次见到杨老师，只见他身着蓝布衫，戴一副眼镜，身材瘦削，中等个儿，人很热情。他见到我们这些新学员客气地说：'要向工人师傅们学习。'"杨叔子在汽院教的第一批学生赵百代回忆说。

汽院建校之初，二汽各厂也有大量新设备需要进行安装调试。为了加快进度，满足生产需要，总部要求汽院的学生也要参加安装调试，杨叔子也和学生们一起参加发动机厂的劳动。由于学生都是来自企业的工人，对干活不陌生，但是面对设备发生的问题，却不会处理。杨叔子就搞起了现场教学，讲述机床的主要结构和分析问题的顺序。

"当时我们组进行的是发动机连杆倒角机的调试。经杨老师指点，我们最终获得了成功，解决了机床震动问题。我还写了一篇研究论文刊登在二汽科技杂志上，受到了厂里的表扬。"赵百代说。

与汽院有不解之缘 受聘该校"名誉教授"

杨叔子与汽院有着不解之缘，从20世纪70年代首次来到汽院支教，为汽院培养人才，再到1993年9月10日华中理工大学与东风汽车公司协商决定成立华中理工大学研究生院东风汽车公司分部，杨叔子代表华中理工大学来到汽院参加签字仪式。

此外，杨叔子还多次到汽院讲学，他的课堂颇具感染力，每次讲学台下学生总是人满为患，学生们都觉得听了杨叔子的课受益匪浅。

2014年，杨叔子院士受聘为汽院"名誉教授"，做客汽院"明德讲坛"和"东风讲坛"讲学。当时，他已八十高龄，为了让更多学生听课，烈日当头，他坚持了两个多小时。所有人都担心他会晕倒，但面对学生的提问，他仍耐心一一解答。

当选中科院院士后，请杨叔子做报告的高校有很多，大家看重的不仅是他在专业方面造诣深厚，更重要的原因是他在教人做人上堪称楷模。虽为大学校长，仍然坚持为学生讲课，仍然是坐硬板凳，甚至坐在长条椅上与学生们讨论科技发展规划，十分简朴务实。

杨叔子的一生成果斐然,但他一直保持着谦逊的品格,前不久,他还感慨地对爱人讲:"回顾我这一生,在党的培育下,在同志们的帮助下,做了一点工作,我是幸福的。"

斯人已逝,先生千古!

(十堰晚报记者王琪)

附录

杨叔子年表

1933 年

9月5日，出生于江西省九江市湖口县，在家排行第五，男孩排行第三，故名叔子。共有兄弟姐妹六人，按年龄顺序依次为：杨锄非（男）、杨辛妹（女）、杨静娴（女）、杨仲子（男）、杨叔子（男）、杨静婉（女）。

父亲：杨赓笙（1869—1955），号咽冰，生于江西省湖口县三里乡上杨村。早年就读于白鹿洞书院、京师国子监、江西大学堂。后加入同盟会，是江西最早的同盟会会员之一，曾任孙中山的秘书长。1913年7月，担任江西讨袁军总司令部秘书长，撰写《江西讨袁军总司令檄文》，与李烈钧一起领导湖口起义；1926年至1929年，担任赣军总司令部秘书长兼参谋长、江西省民政厅长、江西省代省主席，主持赣政；1949年，响应中国共产党的和平号召，组织江西和平促进委员会，并被推为主任委员；赣州解放后，担任江西省第一届人民政治协商会议特邀代表和江西文史馆馆员。

母亲：李昆玉，祖籍广东，李烈钧的义妹。

1937 年

7月，湖口县发生大洪灾，县里几近淹没，父亲杨赓笙从并不富裕的家中拿出仅有的口粮分给受难的乡亲们。父亲的仁义之举，对其影响深远。

1938 年

因日寇逼近湖口，全家开始逃难。逃难途中，跟随父亲杨赓笙学习古诗文。

1943 年

9 月，在黎川县日峰镇第一区中心小学（今黎川县第一小学）就读高小一年级（相当于现在小学五年级）。

1944 年

9 月，在黎川进入江西中学念初中一年级。

1945 年

10 月，抗日胜利后，全家由黎川乘船返回湖口。

1946 年

进入湖口彭泽联合初级中学（今湖口中学）念初二、初三年级。

1948 年

春季，从湖口彭泽联合初级中学毕业。

9 月，考入九江市同文中学读高中一年级。

1949 年

4 月上旬，全家从湖口迁往南昌，借读于南昌私立豫章中学（今南昌市豫章中学）。

5 月 23 日，南昌解放第二天，在南昌街头看到军民一家亲的情景，

附录 杨叔子年表

深受震撼,下定决心跟着中国共产党。

9月,考入江西省立南昌第一联合中学(今南昌市第一中学)高二(三)班继续高中的学习,结识徐辉碧、涂序彦。

1950年

1月26日,于江西省立南昌第一联合中学正式加入中国共产主义青年团。

暑期,参加南昌学生团员干部训练班,结识在江西省立南昌第二联合中学(今南昌市第二中学)就读的王义遒。

年底,被评为南昌市优秀团员。

1951年

7月,由江西省立南昌第一联合中学毕业。原准备考大学,后服从组织要求留校工作,任教导干事,分管校部校章及保密资料管理工作,同时兼任初三(七)班班主任。

1952年

为响应国家工业化的号召,以"调干生"的身份参加高考。由于国家采用分区招生原则,报考当时中南地区排名第一的高校——武汉大学,被顺利录取,10月进入武汉大学工学院机械系就读。

11月,中南军政委员会文化教育委员会召开高等教育计划会议,确定在武汉建立华中工学院(今华中科技大学)、中南动力学院(未成立)以及中南水利学院(今武汉大学水利水电学院);决定成立"三院联合建校规划委员会",由查谦出任委员会主任,张培刚任办公室副主任。

1953年

暑假，积极参与华中工学院的建校工作。华中工学院由原武汉大学、湖南大学、广西大学、南昌大学的机械系全部和电机系的电力部分，以及华南工学院机械系的热能动力部分、电机系的电力部分合并组成，是一所以机电类专业为主的新型工科院校。

因武汉大学院系调整，由武汉大学工学院机械系转入华中工学院机械工程系（今华中科技大学机械科学与工程学院）就读，与叶声华同班。因华中工学院机械工程系校本部未竣工，赴广西桂林分部学习，为期一年。

1954年

5月底，从桂林回到武汉，在华中工学院机械工程系继续大三的学习。

6月初至7月1日，在株洲机车车辆修理厂进行认识实习。

7月至9月中旬，从株洲回校后参加武汉防汛工作。

1955年

暑假，被分到北京第一机床厂进行第一次生产实习。

父亲杨赓笙在南昌病逝，享年85岁。哥哥杨仲子将母亲李昆玉接到北京生活。

1956年

寒假，到沈阳第一机床厂进行第二次生产实习。

2月6日，在华中工学院正式加入中国共产党。

4月，提前毕业，留校任教，被安排在华中工学院机械工程系金属切削机床教研室担任助教，随即被选赴哈尔滨工业大学机械系进修，在孙靖民老师的指导下，完成关于机床设计的毕业论文。

7月，从华中工学院正式毕业。

1957年

在齐齐哈尔带学生实习。

1958年

前往株洲制造航空发动机厂，研制液压仿型的数控车床。

担任华中工学院机械工程系金属切削机床教研室主任。

1959年

国庆前，与几位老师合作，成功研制出液压仿型的数控车床。

国庆，作为华中工学院的代表，到北京参加"大跃进"成果展览会，展出开发的液压仿型数控车床。

1960年

1月23日，与徐辉碧办理结婚手续，正式结为夫妻。

6月上旬，赴南昌有关工厂落实学生实习食宿问题。

9月，晋升为华中工学院讲师。

华中工学院被批准成为全国重点高等学校。

1961 年

春节，在北京与母亲李昆玉、哥哥杨仲子一家团聚。

4月上、中旬，在无锡参加国家机械工业部门召开的关于机械行业专题会议。

1962 年

3月18日，夫人徐辉碧从北京化工研究院调入华中工学院，与其团聚。

12月25日至31日，到北京、天津、沈阳、洛阳等地联系约10家工厂，落实师生实习事宜。

1963 年

3月至4月，在沈阳指导毕业实习，主要精力投注于沈阳第一机床厂，兼顾沈阳第二、第三机床厂工作。

1964 年

2月中旬至3月12日，在济南指导学生毕业实习。

6月，接教育部指示，作为学校骨干教师，被选派到上海机床厂，在该厂劳动锻炼一年，开展磨床试验研究。

1965 年

6月上旬，在上海机床厂劳动期满，从上海返回武汉。

从华中工学院机械工程系金属切削机床教研室抽调至机械原理教研室，担任党支部书记。

1968 年

1月，将徐辉碧弟弟最小的女儿认作女儿，并为其改名为杨村春。

1969 年

11月，赴咸宁马桥参加学校"斗、批、改"。

12月1日，被下放到咸宁高寨大队锻炼。

1970 年

在咸宁高寨大队接受隔离审查。

1971 年

在咸宁向阳湖学校农场管理食堂一年。

12月31日，从咸宁向阳湖学校农场返回华中工学院。

1972 年

11月，赴沈阳第二机床厂参加国内外卧式镗床技术水平分析会议。

与杨荣柏一同编写教材。

1973 年

11月，前往湖北十堰第二汽车制造厂指导教学，同时在十堰张湾区六堰和花果街道两地授课。

1974 年

11月27日，完成湖北省第二汽车制造厂教学任务，返回武汉。

1975 年

上半年,第二次前往湖北十堰第二汽车制造厂,继续开展机床课的教学工作,并参与该厂技术攻关。

10月,第三次前往湖北十堰第二汽车制造厂,开展厂校"合办班"的教学工作,担任"75113"班班主任和授课教师。

1977 年

5月27日,与"75113"班学生拍摄毕业照。

1978 年

研究方向由金属切削机床转向机械工程与相关新兴学科的交叉研究,着重于机械工程中的信息技术与智能技术。

8月,晋升为华中工学院副教授。

9月,招收第一批硕士研究生汪大总和韦庆如,并指导以路亚衡教授名义招收的博士研究生王治藩。

1979 年

5月16日,在《机床》上发表论文《三支承主轴部件静刚度的分析与讨论》。

1980 年

8月28日,在《华中工学院学报》上发表论文《δ 函数在机械制造中的应用》。

10月，在仅任两年副教授的情况下，破格晋升为教授，成为当时湖北省评选的两名年轻的正教授之一。

为研究生开设"机械工程控制"与"变分法"课程。

1981年

4月，被华中工学院授予"教学质量优秀二等奖"证书。

10月，论文《机床主轴部件静刚度研究》被武汉市科学技术协会授予一九八〇年度优秀论文一等奖。

12月31日，在《高等教育研究》上发表论文《为培养研究生努力开出新课》。

12月，赴美国威斯康星大学麦迪逊分校（University of Wisconsin–Madison）机械系做访问学者。

在 *International Journal of Machine Tool Design and Research*（《国际机床设计与研究》）上发表论文 *A Study of the Static Stiffness of Machine Tool Spindles*（《机床主轴部件静刚度研究》）。

招收硕士研究生秦争鸣，因准备出国，暂由杜润生指导。

1982年

全年，在美国威斯康星大学麦迪逊分校访问，并在合作导师吴贤铭教授的支持下，开展时间序列分析及其在工程中的应用研究。

5月25日，被中华人民共和国机械工业部聘为高等工业学校机械制造（冷加工）类专业教材编审委员会委员。

10月，论文《机床主轴部件静刚度研究》被收录于《中国机械工程学会机械加工学会第二届学术年会论文集》。

12月，从美国威斯康星大学麦迪逊分校访问结束后返校。

招收硕士研究生：陈小鸥。

1983年

上半年，为华中工学院机械工程系研究生开设"时间序列分析及其工程应用"课程。

7月，被西安交通大学聘为《应用力学学报》编委。

10月中旬，在学校支持下，组建工程测试教研室。

10月28日，在《华中工学院学报》上发表论文《平稳时间序列的数学模型及其阶的确定的讨论》。

10月28日至12月27日，应《机械工程》杂志之邀，在该刊物上开设"动态数据的系统处理"系列讲座，主要介绍对有序的动态数据的系统处理、ARMA模型及其方法。

12月23日至24日，在以其为代表的一批威斯康星大学麦迪逊分校访问学者的倡导下，第一届"时间序列分析在机械工程中的应用学术讨论会"在华中工学院举行，这是我国首次召开时间序列分析这一数学方法在工程中应用的学术讨论会。

12月，被华中工学院授予"八三年度先进工作（生产）者"荣誉证书。此后，连续三年获得年度"先进工作（生产）者"证书。

招收硕士研究生：丁洪、梅志坚、赵卫。丁洪与梅志坚硕士毕业后继续在杨叔子门下攻读博士学位。

1984年

2月，与王志藩等人开始合作研制"APPLE-Ⅱ微型机在线信号（动态数据）处理系统"。该系统于 8 月 22 日至 23 日通过湖北省科委与教育厅主持的鉴定，被鉴定专家一致认为在国内先进水平中处于领先地位，具有重大经济效益与实用价值，建议迅速投入生产，推广使用。此后，全国 30 多个单位向他们购置此系统，为国家节约外汇 100 余万美元。

3 月至 4 月，在《机械工程》上继续开设"动态数据的系统处理"系列讲座，主要介绍动态数据处理的最佳预测与建模。

3 月，与杨克冲主编的《机械工程控制基础》由华中工学院出版社出版，内容包括机械工程控制的基本概念、传递函数、时间响应分析、频率特性分析、系统稳定性判据、系统性能与校正以及系统辨识等。该书于 1992 年 5 月被中华人民共和国机械电子工业部评为第二届全国高校机电类专业优秀教材一等奖，并经多次修订，一版再版，目前已更新至第八版。

9 月 10 日，被全国机电液控制系统研究会聘为研究会学术委员会副主任委员、《机电液控制系统学报》委员会副主任委员；20 日，被全国机电液控制系统研究会聘为研究会副理事长。

10 月，论文《刀具磨损在线的时序监视》被收录于《第三届机床设计与研究年会论文集（一）》；论文《计算机时序分析在机械制造中的应用》被收录于《第三届机床设计与研究年会论文集（二）》。

11 月，在第一届全国时间序列分析会议上被中国数学会及中国概率统计学会选为时间序列分析专业委员会委员。

12 月 26 日，在《华中工学院学报》上发表论文《时序建模与系统辨识》。

冬季，牵头与广州军区第一总医院耳鼻喉科合作研制"眼震电图微电脑分析仪"。

年底，开始与师汉民合作研究钢丝绳断丝定量检测技术。

招收硕士研究生：叶兆国。

1985年

上半年，应天津大学机械系彭泽民教授之邀，赴天津大学为机械制造专业研究生讲课，主讲内容为"时间序列分析的工程应用"。

2月初，受西北轻工业学院徐元昌邀请，访问西北轻工业学院，做学术报告，介绍华中工学院机械工程系教学改革与科学研究情况。

4月，《振动信号的微型机在线分析与监视》《信号（动态数据）的微型机在线处理》《时序分析在机械制造中的应用》《时序建模与系统辨识》四篇论文被武汉市科学技术协会评为自然科学优秀学术论文二等奖。

5月28日，被天津大学聘为该校机械系兼职教授。

6月24日，项目"《机械工程控制基础》教材及教学的研究"被华中工学院授予"一九八五年度教学研究成果二等奖"证书。

7月，研制的"眼震电图微电脑分析仪"投入使用。

9月28日，项目"APPLE-Ⅱ微型机在线信号（动态数据）处理系统"被华中工学院评为科学技术研究成果二等奖。

10月28日，在《华中工学院学报》上发表论文《金属切削过程颤振预兆的特性分析》。

10月，被全国高校机械工程测试技术委员会总会聘为全国高校机械工程测试技术委员会信号分析学术组成员。

11月，被九江市人民政府聘为专家顾问组成员，并应邀参加九江市社会经济发展战略规划论证会议。

12月2日至4日,课题"滚珠丝杠副导程误差微型机测量、分析与处理系统"在陕西省汉江机床厂通过国家鉴定。该课题是机械工业部"六五"期间的重点科研课题,由汉江机床厂与华中工院共同研制完成。

与上海长海医院胸外科(全军胸外科研究中心)合作研制"脉图心血管功能联机监测系统"。

招收首届博士研究生:周安法;硕士研究生:李劲松、欧阳普仁、刘克明。李劲松硕士毕业后继续在杨叔子门下攻读博士学位。

1986 年

3月1日,被华中工学院授予"一九八五年度优秀共产党员"证书。

3月10日,被《机床》编辑部聘为杂志编辑委员会委员。

5月,接待在美国威斯康星大学麦迪逊分校的合作导师、美籍华人吴贤铭教授。

5月,论文《平稳时序连续模型建模的探讨》《时序分析及其在机械制造过程自动化中的应用》《金属切削颤振预兆的特征分析》被湖北省科学技术协会评为自然科学优秀学术论文二等奖,论文《微型机信号的在线处理与工况监视》被湖北省科学技术协会评为自然科学优秀学术论文三等奖。

6月16日,被武汉水利电力学院聘为机械设计及制造专业技术职务评审组成员。

6月,论文《诊断技术的时序模型方法》被 Proceedings of CSMDT'86 Conference June 4-7, 1986(《中国机械设备故障诊断技术学会(筹)首届年会暨国际学术讨论会论文集》)收录。

9月10日,被华中工学院授予"执教三十年"荣誉证书。

10月，被华东工学院聘为该院兼职教授。

12月，被华中工学院授予"一九八六年研究生教学质量优秀乙等奖"证书。

12月，论文《时序模型与系统辨识》被华中工学院授予优秀论文奖。

论文《APPLE-Ⅱ微型机在线信号（动态数据）处理系统》被收录于《湖北省计算机优秀应用成果、优秀软件公报（1981—1985）》。

被评为湖北科技精英。

招收博士研究生：丁汉、陶涛、郑小军、尤政；硕士研究生：昌松、谭沈安、桂修文。

1987年

2月10日，成果"眼震电图微电脑分析仪"被中国人民解放军总后勤部授予中国人民解放军科学技术进步二等奖。

3月，论文《机械工程诊断中的时序方法》被收录于《时间序列分析在机械工程中的应用论文集（第二集）》。

5月1日，被中国振动工程学会聘为《振动工程学报》第一届编委会委员。

5月1日，项目"APPLE-Ⅱ微型机在线信号（动态数据）处理系统"被湖北省人民政府授予湖北省计算机优秀应用成果奖证书。

5月1日，在《华中工学院学报》上发表论文《机械设备诊断学的探讨》。

5月10日，被中国动态分析设计学会聘为学会名誉理事长。

5月16日，在《机床》上发表论文《一种无颤振机床技术的研究》。

7月，被中华人民共和国国家机械工业委员会聘为高等工业学校流体运动与控制专业教学指导委员会委员，并被该委员会授予"高等工业学校机械制造（冷加工）专业教材建设"证书。

8月29日，在《机械工程》上发表论文《人工智能在机械设备诊断中的应用》。

10月1日，被航天工业部第702研究所、航天工业部第八情报网联合聘为《强度与环境》顾问。

10月28日，在《水利电力机械》上发表论文《专家系统的原理、现状和发展趋势》。

12月，在《动态分析与测试技术》上发表论文《SD375 Ⅱ型动态分析仪上三维谱阵图分析功能的开发及其应用》。

研制出"钢丝绳断丝定量检测系统"，该系统主要包括"钢丝绳在线检测"和"交互式断丝分析与识别"两个部分，综合应用了电磁理论、信号处理原理、计算机技术、模式识别等多学科知识，在断丝定量检测技术方面属国内首创，达到国际先进水平。

招收博士研究生：吴雅；硕士研究生：康宜华、郑尚龙、戴林钧、徐海贤、杨光友。康宜华硕士毕业后继续在杨叔子门下攻读博士学位。

1988年

1月24日，"微机补偿磨削四级丝杠的研究"通过鉴定，鉴定结果为"技术水平达到国际先进"。

1月，国家教育委员会批准华中工学院改名为"华中理工大学"。

1月，被中国科学院应用数学研究所聘为该所多元分析与时间序列分析研究奖评审委员会委员。

2月5日，申请"电磁无损探伤传感器"实用新型专利。

2月7日，研制的"脉图心血管功能联机监测系统"通过解放军总后卫生部组织的鉴定。该系统将医学与工程技术相结合，将生物流体力学与医学生理学原理用于脉搏波分析，鉴定专家一致认为该系统是"我国一项具有特色的独创性成果，其功能达国际水平"。7月9日，"脉图心血管功能联机监测系统"被中国人民解放军总后勤部授予中国人民解放军科学技术进步奖二等奖。

3月1日，在《机械工程》上发表论文《机械制造的发展及人工智能的应用》。

3月，被中国机械工程学会授予优秀学会工作者证书。

4月1日，在《信号处理》上发表论文《人口死亡的时序模型分析及其群体预报》。

5月1日，在《长沙铁道学院学报》上发表论文《金属切削过程颤振和在线监控的研究》。

5月，论文 *Investigation on the Intelligent Electromagnetic to Flaw Detector and Its Application in Quantitative Inspection of Write Ropes*（《智能电磁探伤仪的研究及其在钢丝绳定量检测中的应用》）被收录于 *Proceedings of International Symposium on Automation and Robotics in Production Engineering*（《生产工程中的自动化和机器人技术国际研讨会论文集》）。

6月8日至11日，出席由国家自然科学基金委员会材料与工程科学部组织的"机械制造的未来"研讨会，并向会议提交论文《人工智能在机械制造中的应用》。国家自然科学基金委员会材料与工程科学部李恒德主任在开幕式上要求，在这次会议的基础上产生一个题为"机械制造走向2000年"的研究报告，论述机械制造的作用和地位、现状与发展趋势，以及我们的差距与对策。杨叔子、师汉民等11位参会代表被指定为研究报告起草委员会委员。

6月，在《华中理工大学学报》上发表《信号的人工智能处理系——基于知识的信号处理方法的探讨》《设备诊断专家系统的核心结构探讨》《灰色预测和时序预测的探讨》《钢丝绳断丝定量检测中径向随机晃动误差的补偿》等十四篇论文，杨叔子在其中的十篇论文署名中均排在前三。

6月30日，论文《时序模型的诊断方法》与《动态数据的时间序列分析》被湖北省机械工程学会评为1986年、1987年度优秀学术论文二等奖，《人工智能在机械设备诊断中的应用》《机械设备诊断系统的探讨》《专家系统及其机械工程应用》《机械设备诊断学的探讨》四篇论文被评为1986年、1987年度优秀学术论文三等奖。

6月，被中国振动工程学会聘为学会第一届理事会常务理事。

6月，被华中理工大学授予"一九八八年优秀共产党员"称号。

7月1日，在《振动工程学报》上发表论文《钢丝绳断丝信号的定量解释》。

7月，项目"时间序列及其工程应用"被中华人民共和国国家教育委员会授予科学技术进步奖二等奖。

7月，项目"金属切削机床颤振的非线性理论"被中华人民共和国国家教育委员会颁发科学技术进步奖二等奖证书；8月28日，该项目又被中华人民共和国国家科学技术委员会颁发1987年国家自然科学奖四等奖证书。

9月1日，被重庆大学聘为机械运动精度理论及测试国际学术会组织委员会委员。

9月30日，在《振动工程学报》上发表论文《机床颤振的早期诊断与在线监控》。

10月17日，被聘为中国振动工程学会动态信号分析分科学会主任委员。

10月27日，在《工业控制计算机》上发表论文《机床颤振的计算机控制技术的研究》。

年底，成果"水轮发电机组稳定性试验研究"通过四川省电力工业局组织的技术鉴定，该研究以有关振动理论（特别是转子动力学理论）为基础，研究水轮机组有关的振动规律，研制了具有十大功能的在线分析系统，鉴定认为"这一成果处于国内先进水平，在某些功能上属国内首创"。

被国家人事部评为有突出贡献的中青年专家。

招收博士研究生：史铁林、钟毓宁、陶友传；硕士研究生：翁平、莫西林、丁忠平、柯石求、吴功平、李维国。

所在的华中工学院机械工程系更名为"华中理工大学机械工程一系"。

1989年

1月，成果"钢丝绳断丝在线检测装置"通过中国金属工业总公司组织的技术鉴定，鉴定专家认为"此装置能确保钢丝绳的安全使用，具有显著的社会效益与经济效益，它的研制成功超越了前人成就，属于国际先进水平"。

3月，完成《时间序列分析的工程应用》初稿，将初稿作为研究生学习用书在内部发行，同时寄给国内近100位专家广泛征求意见。

4月至6月，携吴雅在《机床》杂志上开设"时间序列分析在机床上的应用技术"系列讲座,讲述时间序列分析方法的理论基础及其在机械工程领域的具体应用。

5月15日,联合英国伯明翰大学与湖北省计量测试学会,在华中理工大学组织召开首届测试技术与智能仪器国际学术讨论会。

6月8日,被国防科学技术大学聘为该校兼职教授。

6月,被湖北省科学技术进步奖励评审委员会聘为委员会委员。

6月,成果"用动态法快速测定桥梁承载能力"通过城乡建设部科技发展司组织的技术鉴定,鉴定专家认为该研究成果在国内处于领先地位,在一些方面达国际水平。

7月,作为校方主持人,会同湖北省第二汽车制造厂组织承担该厂攻关课题"Mx-4曲轴连杆颈车床振动、噪声源分析与对策"。

8月15日,在《广西大学学报(自然科学版)》上发表论文《云锡矿工肺癌的时间序列预测方法》。

8月,与吴雅合撰的著作《机械故障诊断的时序方法》由西安交通大学出版社出版。全书共分为六章,前三章属于时序方法的基本内容,介绍了时序方法的基本概念、最常用的ARMA模型的模型特性和建模方法。后三章是机械故障诊断中的时序方法的应用研究,介绍了故障诊断的时序模型直接法、时序方法的判别函数和主特征量的提取,并给出了大量国内最新的应用成果实例。

9月10日,项目"站在学科前沿培养高层次人才"被湖北省教育委员会授予"一九八九年湖北省普通高等学校优秀教学成果二等奖"证书。

9月,被中华人民共和国国家教育委员会、中华人民共和国人事部、中国教育工会全国委员会联合授予"全国优秀教师"证书及奖章。

10月13至16日，在华中理工大学组织召开专家系统工程应用1989年国际学术会议（ICESEA'89），并主编出版会议论文集。

10月30日，被天津大学聘为该校机械系兼职教授。

12月20日，被武汉市机械工业委员会、机械工程师进修大学武汉分校联合授予"继续教育优秀工作者"荣誉证书。

招收博士研究生：吴波、李作清、陈国锋；硕士研究生：雷鸣、何涛、陈根林、盛秋林。雷鸣硕士毕业后继续在杨叔子门下攻读博士学位。

1990年

1月11日，成果"基于知识的发动机诊断系统KBSED"通过湖北省教育委员会主持的技术鉴定，鉴定专家认为该系统"在诊断理论、知识表达方式、状态监测、系统实现等方面同国内外现有的系统相比，均具有新的见解、新的发展，达到国际先进水平"。

1月至3月，携吴雅在《机床》杂志上继续开设"时间序列分析在机床上的应用技术讲座"的后五讲，讲述时间序列分析的其他方法与应用。

3月，发表论文《新型管道有源降噪系统的试验研究》（《强度与环境》1990年第1期）、《高效管道有源降噪系统——理论与试验》（《振动工程学报》1990年第1期）、Space-Domain Feature-Based Automated Quantitative Determination of Localized Faults in Wire Ropes（《基于空间域特征的钢丝绳局部故障自动定量检测》）（Materials Evaluation 1990, Vol.48, No.3）。

4月，项目"水轮发电机组稳定性试验研究"被四川省人民政府授予"1989年度四川省科学技术进步奖三等奖"证书。

6月，被湖北省科学技术协会聘为湖北省第三届自然科学优秀学术论文评审委员会委员。

6月，与郑小军合撰的著作《人工智能与诊断专家系统》由西安交通大学出版社出版，主要介绍人工智能及其发展，专家系统的结构与建造，知识的表示与利用、诊断专家系统及其实例等内容，为人工智能在机械故障诊断中的应用提供了一定的理论基础与实践借鉴。

6月，论文 On Knowledge-Based for Complex Systems（《基于知识的复杂系统研究》）与 A Theoretical and Experimental Investigation for the Chatter Suppression by On-Line Adjusting the Cutting Tool Angle During Machining Process（《切削加工过程中在线调整刀具角度抑制颤振的理论与实验研究》）被收录于 Proceedings of the International Conference on Vibration Problems in Engineering（《工程中的振动问题研究国际研讨会论文集》）。

6月30日，在《机械工程》上发表论文《产品设计、制造、维护的智能技术》。

7月1日，被中共华中理工大学委员会授予"一九八九至一九九〇年度优秀共产党员"称号。

10月23日，"Mx-4曲轴连杆颈车床振动、噪声源分析与对策"课题在第二汽车制造厂通过专家鉴定。鉴定专家一致认为该项目"解决了二汽生产中这一紧迫的重大关键问题，产生了重大的经济效益。项目研究在理论分析和实验研究上都比较周密，学术思想活跃，富于创见，本成果处于国际先进水平"。

10月28日，在《自动化学报》上发表论文《汽车发动机诊断专家系统AEDES》。

10月，论文《机械制造走向智能化》被收录于《机械工程（机电一体化专辑）》。

11月4日，被国家高技术自动化领域专家委员会聘为中国第一届CIMS学术会议学术委员会委员。

12月20日，国家"七五"重点科技攻关项目成果"工程数据库管理系统"通过由机电部计算机司组织的鉴定，鉴定专家认为该系统"属国内首创，在微机环境下，在总体设计、版本管理及将知识库引入工程数据库等方面达到80年代国际先进水平"。

12月，被国家教育委员会、国家科学技术委员会联合授予"全国高等学校先进科技工作者"称号。

招收博士研究生：丁少华、梅宏斌、徐志良、高红兵、阎明印；硕士研究生：何景光、朱心飚、郑军。

1991年

3月，项目"微机补偿磨削四级丝杠的研究"被陕西省机械工业厅授予机械工业科技进步一等奖。该研究由汉江机床厂与华中理工大学合作完成，采用离散勒让德多项式序列预报控制算法，成功地在五级精度机床上稳定地磨削出四级精度丝杠。

4月，在《计算机学报》上发表论文《基于深知识的多故障两步诊断推理》，在《振动工程学报》上发表论文《时变金属切削过程颤振的线性、非线性时序模型》。

5月1日，在《华中理工大学学报》上发表论文《机床切削系统的强迫再生颤振与极限环》。

5月，与吴雅合撰的著作《时间序列分析的工程应用（上）》由华中理工大学出版社出版，主要介绍时序分析与系统辨识、系统分析间的关系，ARMA模型的工程意义及其时域和频域特性，离散模型与连续模型的转换，AR 模型、ARMA 模型的建模方法等。

6月18日，被中国机械工程学会授予"中国机械工程学会1986—1991年度先进工作者"称号。

7月2日，在《振动工程学报》上发表论文《基于知识的发动机诊断系统的研究》。

7月，项目"切削过程动态稳定性在线监控的基础理论和技术"与"钢丝绳断丝定量检测理论及其技术"被中华人民共和国国家教育委员会授予国家教育委员会科学技术进步奖二等奖。

8月29日，在《强度与环境》上发表论文《钢丝绳磨损和绳径缩细无损检测的研究》。

9月，被中华人民共和国国家教育委员会、中华人民共和国人事部联合授予"1991年全国教育系统劳动模范"称号与"人民教师"奖章。

10月1日，为表彰其为发展我国高等教育事业做出的突出贡献，国务院决定为其发放政府特殊津贴。

10月1日，在《应用力学学报》上发表论文《机床非线性颤振的描述函数分析》。

11月9日，被中国机械工程杂志社聘为《中国机械工程》杂志编委会委员。

11月，当选为中国科学院学部委员（现中国科学院院士）。

12月31日，在《华中理工大学学报》上发表论文《机械设备诊断策略的若干问题探讨》与《机械设备诊断学的再探讨》。

为深入研究智能制造，在华中理工大学组建智能制造学科组，从事智能制造基础研究，成员主要包括丁洪、吴雅、杜润生、吴波等。

博士研究生吴雅的毕业论文《机床切削系统的颤振、噪声及其控制——理论与实践》在答辩时创华中理工大学博士学位论文答辩高分记录，随后入选科学出版社首批"博士丛书"出版计划。

招收博士研究生：王雪、何岭松、黄其柏、赵英俊、黄锐、李白诚、郭兴；硕士研究生：刘辉、周汉明、王贤江。刘辉硕士毕业继续在杨叔子门下攻读博士学位。

1992年

1月，被国家自然科学基金委员会聘为该委员会学科评审组成员。

3月1日，在《中国机械工程》上发表论文《测量自动化、集成化和智能化》。

3月20日，被湖北省科学技术协会授予"湖北省优秀科技工作者"证书。

3月，项目"Mx-4曲轴连杆颈车床振动、噪声源分析与对策"被湖北省人民政府授予科技进步二等奖。

4月1日，在《振动工程学报》上发表论文《柴油机喷油系统压力波形的特征抽取及描述方法》。

4月14日，被中国人工智能学会聘为学会第三届理事会副理事长。

4月20日，被国务院学位委员会聘为委员会第三届学科评议组（机械工程评议组）成员。

4月30日，在《中国机械工程》上发表论文《智能制造技术与智能制造系统的发展与研究》，阐释智能制造技术与智能制造系统的联系与区别，指出智能制造是21世纪的制造技术，分析了智能制造在发展中的问题，提出我国智能制造的近期研究重点应为其关键基础技术。

4月30日,在《计算机学报》上发表论文《基于模糊理论与覆盖技术的诊断模型》。

4月,在北京参加两院院士大会。

4月,与吴雅合撰的著作《时间序列分析的工程应用(下)》由华中理工大学出版社出版,主要介绍最佳预测与控制,模态参数估计,模式识别与故障诊断,表面形貌分析,多元时序、非平稳时序以及非线性时序的主要模型,时间序列的状态模型以及这些模型的工程应用等。国防科技大学卢天贶教授认为,《时间序列分析的工程应用》具有视野开阔、勇于创新、突破传统、注重运用、内容丰富与资料翔实等特点。同年,《时间序列分析的工程应用》获第六届"中国图书奖"二等奖。

5月,项目"时间序列分析工程应用的基础理论研究"通过由湖北省教委组织的专家通信鉴定。此研究为"时间序列及其工程应用"项目的深化。鉴定意见为:"具有重大的理论价值和实际意义,产生了巨大的经济和社会效益,各项成果大都达到了国际先进水平,有的项目处于国际领先地位"。该项目获1992年国家教育委员会科学技术进步奖二等奖。

6月29日,在《强度与环境》上发表论文《集成霍尔元件在钢丝绳缺陷检测中的应用》。

7月,项目"金属切削机床的震颤及其噪声控制"被中华人民共和国国家教育委员会授予国家教育委员会科学技术进步奖二等奖。

8月20日与9月14日,先后被同济大学、东南大学聘为兼职教授。

9月30日,在《固体力学学报》上发表论文《机床切削颤振的定常与时变特性》。

9月,研制的"GDIY-I型便携式钢丝绳断丝检测仪"被江西省经济委员会授予"一九九一年江西省优秀新产品一等奖"。

10月27日,在《自动化学报》上发表论文《设备诊断型专家系统的一种开发工具》。

10月,因领衔完成"钢丝绳断丝在线定量检测方法与仪器"项目,以第一发明人获中华人民共和国国家科学技术委员会授予的"国家技术发明奖四等奖"证书与奖章。

11月12日,成果"GDJY-Ⅱ型钢丝绳断丝定量检测仪"通过湖北省科委主持的成果鉴定,鉴定认为该仪器"具有设计新颖、技术先进、体积小、重量轻、操作携带方便的特点,在技术上达到国际领先水平"。

11月下旬,在国家自然科学基金委员会的组织下,访问新加坡南洋理工大学,代表华中理工大学与其签订为期四年(1993—1996)的"模具智能设计、制造及系统的开发"合作研究协议,杨叔子、吴雅、杜润生、吴波等为课题组重要成员。

12月30日,申请"定量检测细长导磁构件缺陷的装置和方法"专利。

发展了一种工件丝杠热伸长误差的智能补偿技术,与汉江机床厂合作完成3米C级精度滚珠丝杠的磨削。

牵头向国家自然科学基金委员会建议设立智能制造重点项目。

招收博士研究生:邵新宇、梁建成、谈兵、鲁宏伟、石磊、刘建素、赵东波、卢江舟、胡亦农、高宝成、崔汉国、罗欣、胡阳、刁柏青;硕士研究生:周建国。

1993年

1月11日,从华中理工大学机械工程一系工程测试教研室主任直接被任命为华中理工大学校长。

2月12日，申请"无缝管材高速冷轧机芯棒监测装置和方法"专利。

2月，被清华大学聘为该校精密仪器与机械学系（所）兼职教授。

2月，被选为湖北省第八届人大代表。

4月28日，参加湖北省第八届人民代表大会第一次会议。

5月，被中国机械工程学会聘为机械工业自动化分会第四届管理委员会常务委员。

7月10日，被李烈钧教育基金会聘为该会顾问。

8月15日，被武汉诗词学会聘为该会顾问。

8月，作为大会主席（Co-Chairman），赴北京出席"第一届全球华人智能控制与智能自动化大会"（CWCICIA'93-The First Chinese World Congress on Intelligent Control and Intelligent Automation），并向会议提交了《基于神经网络的汽轮机组故障诊断系统》一文。

9月4日，项目"机械类研究生专业基础课程设置与教材建设"被中华人民共和国国家教育委员会授予"一九九三年普通高等学校优秀教学成果二等奖"。

9月10日，华中理工大学与东风汽车公司协商决定成立华中理工大学研究生院东风汽车公司分部，作为学校代表出席并签字。

10月10日，作为代表参加国家教育委员会直属高校工作委员会第四次全体会议。

10月，被中国机械工程学会聘为《机械工程学报》第六届编委会委员。

10月，成果"GDJY-Ⅱ型钢丝绳断丝定量检测仪""基于参数模型的智能化预测及其应用""基于知识的发电机诊断系统"被湖北省科学技术委员会授予"湖北省科学技术成果奖"证书。

12月10日，项目"机械类研究生专业基础课程设置与教材建设"被湖北省人民政府授予"湖北省普通高等学校优秀教学成果一等奖"证书。

12月31日，在《中国科学院院刊》上发表论文《努力开拓现代机械工程学研究领域》，介绍了其团队在切削颤振、机械设备诊断、精密加工、智能制造等领域的主要研究成果。

12月，与丁洪、史铁林等合撰的著作《基于知识的诊断推理》由清华大学出版社和广西科学技术出版社共同出版。该书以复杂系统的诊断问题求解为主要研究对象，阐述了基于知识的诊断推理的理论、方法与系统及应用实例，为国内第一本研究智能诊断的专著。

在 Computers in Industry（《计算机在工业中的应用》）上发表论文 Intelligent Prediction and Control of a Leadscrew Grinding Process Using Neural Networks（《基于神经网络的丝杠磨削工艺的智能预测与控制》）。

推荐博士研究生李军旗赴日本东京大学学习智能制造。

牵头申请的国家自然科学基金重点项目"智能制造技术基础"获批。

代表华中理工大学与湖北省邮电局签订合作协议，为华中理工大学争取到 CERNET 华中地区网络中心设置地，使华中理工大学在全国高校中率先建立校园网。至今，该网络中心的具体地点和建筑都未改变。

招收博士研究生：管在林、易传云、余佳兵、陈维克、朱钒、陈培林、薛鸿健、张征、李才伟、徐宜桂、李军旗。

1994 年

2 月，被中国科学报社聘为《中国科学报》顾问。

3 月 3 日，在其倡议下，华中理工大学举行第一期人文讲座。

4 月 6 日，被国家自然科学基金委员会聘为《中国科学基金》杂志第三届编辑委员会委员。

4 月中旬，应马来西亚纪永辉、马明月夫妇邀请，与段正澄、王运赣教授以及陈厚勤处长，一行四人赴新加坡、马来西亚访问。

4 月，项目"螺纹磨削智能控制系统的研究"和"机电设备状态监测与故障诊断专家系统"被国家教育委员会授予科学技术进步奖二等奖。

5 月 20 日，被湖北省机械工程学会聘为该会第五届理事会副理事长以及常务理事。

6 月 30 日，被国家自然科学基金委员会聘为委员会机械学科评审组成员。

9 月 2 日，被华中理工大学聘为湖北省"亿利达青少年发明奖"评选委员会主任委员。

10 月，被镇江市人民政府聘为镇江市人民政府科技顾问。

10 月，因业绩卓著，被中国作家协会创作联络部、世界文库出版社及北京作家创作与出版服务中心载入《中国英才》大型系列丛书。

11 月，被中国自动化学会聘为智能自动化专业委员会顾问。

在其大力倡导之下，学校在全国理工科高校中率先举起人文素质教育大旗。

所在的华中理工大学机械工程一系更名为"华中理工大学机械科学与工程学院"。

向诺贝尔物理学奖得主杨振宁颁发聘书，授予医学奖得主 Erwin Nehr 华中科技大学名誉博士学位。

牵头承担国家自然科学基金重点项目"智能制造技术基础"，该项目由华中理工大学、南京航空航天大学、西安交通大学和清华大学四所高校联合承担。

招收博士研究生：刘世元、李锡文、胡春华、左力、李东晓、张中民、浦耿强、李录平、韩西京、龚发云、刘克明（非1985年入学刘克明）。

1995 年

2月16日，被国家自然科学基金委员会聘为第一届（1994—1996）国家杰出青年科学基金评审委员会委员。

4月6日，被中国机械工程学会设备维修分会聘为"设备诊断名词术语"编委会顾问。

4月17日，申请"磁性吸附表面固定热电偶"专利。

5月15日，在《高等教育研究》上发表论文《努力提高研究生培养质量 建设第一流社会主义大学》。

5月，项目"基于知识的设备诊断的基础理论与方法研究"被国家教育委员会授予科学技术进步奖一等奖。

6月14日至17日，主持在华中理工大学召开的首届国际智能制造会议。

6月20日，被西安交通大学聘为机械制造系统工程国家重点实验室第一届学术委员会顾问。

7月，与丁洪、史铁林等合撰的著作《基于知识的诊断推理》被中华人民共和国新闻出版署授予第七届全国优秀科技图书二等奖。

7月，与康宜华等合撰的著作《钢丝绳断丝定量检测原理与技术》由国防工业出版社出版，内容包括钢丝绳检测的意义、检测技术的产生和发展以及现有的检测方法与仪器、钢丝绳的结构以及与检测相关的钢丝绳缺陷特征、钢丝绳的磁化问题、断丝漏磁场的检测原理与方法、断丝探伤传感器结构的设计、计算机辅助检测系统的构成、检测信号在线定量识别方法等。

9月22日，被华中理工大学机械科学与工程学院聘为塑性成形模拟及模具技术国家重点实验室学术委员会委员。

9月，参加在华中理工大学召开的"全国高等学校加强大学生文化素质教育试点院校第一次工作会议"，被推选为试点院校协作组组长，并做《身需彩凤双飞翼——谈高校加强文化素质培养问题》报告。

10月10日至11日，在中国振动工程学会第三届理事会第一次全体会议上当选为中国振动工程学会第三届理事会副理事长。

11月10日，被中国高校金属切削研究会聘为该会顾问。

11月18日，参加华中理工大学申请进入"211工程"的部门预审会议，并做报告《团结奋斗，跨世纪，创一流》。

12月8日，参加加强大学生文化素质教育报告会，并做题为《双翼健劲，长空竞胜》的报告。

12月10日至15日，应香港孔教学院院长汤恩佳邀请，赴香港孔教学院参加一年一度的孔子诞辰活动。

12月12日，"基于知识的设备诊断的基本理论与方法""机电设备状态监测与故障诊断专家系统""螺纹磨削智能控制系统的研究"

等科技成果被梁亮胜侨界科技奖励基金理事会、湖北省归国华侨联合会授予梁亮胜侨界科技奖励基金一等奖。

在其大力倡导之下，华中理工大学规定本科生、硕士研究生、博士研究生在校期间每年都必须通过学校组织的"中国语文水平达标测试"，否则不予颁发学位证书。

招收博士研究生：江汉红、轩建平、黎洪生、张海霞、周杰韩。

1996 年

1月9日至18日，赴台湾参加海峡两岸高等教育现状学术研讨会，访问台湾成功大学等高校。

1月10日，在《学位与研究生教育》上发表论文《加强素质教育实行两个"优先"》。

1月15日，在《计算机科学》上发表论文《BP网络的全局最优学习算法》。

1月25日，被大连理工大学聘为该校兼职教授。

4月，被中华人民共和国机械工业部聘为全国高等学校机电类专业教学指导委员会委员。

8月30日，在《华中理工大学学报》上发表论文《一种新的单层神经网络学习算法分析模型》，在《中国机械工程》上发表论文《重型机械工艺设计中机床资源动态模型的研究与应用》。

9月17日，论文《机床强迫再生颤振的研究与控制》与《智能制造技术与智能制造系统的发展与研究》被中国机械工程学会授予1991—1996年度优秀论文奖。

9月30日，在《华中理工大学学报》上发表论文《CNC系统中三次参数样条曲线的插补算法》和《δ-网分形指纹及其在图像匹配中的应用》。

10月28日，教学改革项目"在理工科大学中加强文化素质教育的研究与实践"被华中理工大学授予校级优秀教学成果一等奖。

10月，发起并任编委会主任的《中国大学人文启思录（第1卷）》由华中理工大学出版社出版。截至目前，共出版发行了10卷，其中第1卷至第6卷任编委会主任，第7卷至第10卷任顾问。

10月，出席华中理工大学人文讲座，并做题为《传统文化·人文底蕴·大学教育》的演讲。

11月12日至15日，参加在湖南大学召开的第二次全国高校大学生文化素质教育试点院校工作会议，并做题为《永必求真 今应重善》的专题报告。

11月，在 Artificial Intelligence in Engineering（《工程中的人工智能》）上发表论文 A Parallel Distributed Knowledge-based System for Turbine Generator Fault Diagnosis（《基于并行分布式知识的汽轮发电机故障诊断系统》）。

12月上旬，带领华中理工大学接受教育部组织的本科教学工作水平评估。

招收博士研究生武新军、张洁、吴伟蔚、李晓峰、张桂才、李斌、崔汉锋、周传宏。

1997年

3月30日，在《振动工程学报》上发表论文《基于神经网络的结构动力模型修改和破损诊断研究》。

4月20日，参加中国振动工程学会成立十周年暨第三届理事会第二次会议。

4月，因1995年4月至1997年4月担任湖北省科学技术协会第四届委员会常务期间为湖北省科技进步与该会发展所做出的重要贡献，被湖北省科学技术协会授予荣誉证书。

5月20日，被国务院学位委员会聘为国务院学位委员会第四届学科评议组（机械工程评议组）成员。

6月，应邀参加母校九江同文中学130周年校庆。

7月1日，参加华中理工大学校长任免仪式并发表讲话，卸任华中理工大学校长职务，由时任常务副校长周济接任。

8月，担任华中理工大学校学术委员会主任。

8月，参加湖南省高校领导干部暑期研讨会，并做题为《预则立，不预则废——关于大学发展战略思想的几点思考》的演讲。

9月10日，项目"在理工科大学中加强文化素质教育的研究与实践"被湖北省人民政府授予湖北省普通高等学校优秀教学成果一等奖；10月24日，被国家教育委员会授予国家级教学成果一等奖。

9月18日，参加中国共产党第十五次代表大会。

11月11日，被机械工业部制造技术研究中心聘为机械工业部制造技术研究中心动态设计与故障诊断技术研究室首席专家。

11月，参加国家教委面向21世纪机械类专业教改组工作会。

12月，"智能制造技术基础"项目顺利完成。

在其大力倡导之下，华中理工大学要求博士研究生必须会背《老子》和《论语》前七篇，否则不予进行博士学位论文答辩。

在其大力倡导之下，华中理工大学在全国高校中率先建立大学生文化素质教育基地。

招收博士研究生：程涛、熊良才。

1998 年

1月16日，参加在厦门大学举行的两岸大学教育学术研讨会，并做题为《下学上达 文质相宜——论知识如何转化为能力、素质》的报告。

2月，项目"汽车汽轮发电机组机电耦合动态分析与扭振研究"被湖北省人民政府授予湖北省科学技术进步奖一等奖。

3月，与赵英俊、杨克冲等合撰的著作《非晶态合金传感器技术与应用》由华中理工大学出版社出版，内容包括非晶态合金传感器技术的基本原理和应用、非晶体合金与传感器技术有关的基本性能、敏感功能和材料处理方法、非晶体合金传感器的设计与开发方法、四类非晶态合金传感器的工作原理和典型结构。

4月，被中华全国总工会授予全国五一劳动奖章。

5月15日，在《传感技术学报》上发表论文《一种新型非晶态合金磁场传感器的设计与优化》。

5月，在四川联合大学参加第三次全国高校加强文化素质教育试点工作研讨会。

6月，参加国际人工智能工程应用学术会议并发表讲话。

9月，在《振动工程学报》上发表论文《柴油机燃烧压力波振动识别研究》《基于动力学数学模型的故障检测与诊断理论和方法综述》。

10月8日，被全国振动与噪声技术及应用会议组织委员会聘为全国振动与噪声技术及应用会议第一届组织委员会顾问。

11月4日，在深圳大学与潘懋元一同被聘为该校名誉教授，并做讲座。

11月6日，在广州参加大学生文化素质教育（通识教育）研讨会，并做题为《现代大学与人文教育》的报告。

11月,参加在江南大学举办的院士论坛,并做题为《面向二十一世纪的大学素质教育》的讲话。

12月,被"世纪颂"中华诗词大赛组织委员会聘为中华诗词大赛组织委员会主任。

在 Sensors & Actuators A: Physical(《传感器与执行器A辑:物理》)上发表论文 A Novel Co-Based Amorphous Magnetic-Field Sensor(《一种新型的钴基非晶磁场传感器》)。

教育部高等学校文化素质教育指导委员会正式成立,被任命为委员会主任。

招收博士研究生:来五星、肖健华、饶贵安、李巍华。

1999年

3月30日,在《中国机械工程》上发表论文《基于因特网的设备故障远程协作诊断技术》,在《华中理工大学学报》上发表论文《基于高阶统计量的机械故障特征提取方法研究》。

4月,被香港理工大学推荐为1999年度"杰出中国访问学人";10月29日,参加在该校举行的1999年度"杰出学人成就表扬典礼"。

5月16日,被中国高校切削与先进制造技术研究会(原中国高校金属切削研究会)聘为中国高校切削与先进制造技术研究会第六届理事会顾问。

5月30日,在《机械与电子》上发表论文《大直径钢丝绳直径连续测量方法与装置》。

5月,"智能制造技术基础"项目通过专家组验收。

6月9日，参加在成都举行的高等教育教学内容和课程体系改革计划理工科项目经验交流会。

6月28日，在《成都大学学报（自然科学版）》上发表论文《中国古代工程制图的数学基础》。

8月15日，在《无损检测》上发表论文《磁性无损检测技术中磁信号测量技术》。

9月10日，著作《时间序列分析的工程应用（上、下）》被湖北省出版奖励基金会授予湖北出版佳作奖、荣誉奖。

9月30日，在《中国机械工程》上发表论文《依托基金项目 开展创新研究——国家自然科学基金重点项目"智能制造技术基础"研究综述》。

12月，在南京大学参加大学教育思想国际讨论会。

招收博士研究生：胡友民、张智勇、余东升（教育学专业）、郭昊龙（教育学专业）。

2000年

1月25日，被普通高等学校机械设计制造及其自动化专业新编系列教材编审委员会聘为名誉主任。

2月18日，为表彰其1997—1998年度在机械工程控制基础等领域的科技成果，被梁亮胜侨界科技奖励基金理事会、湖北省归国华侨联合会联合授予梁亮胜侨界科技奖励基金二等奖证书。

2月29日，在《中国机械工程》上发表论文《网络化制造与企业集成》。

3月15日，在《科学新闻周刊》上发表论文《先进制造技术——

促进经济增长的百年大计》。

5月26日,原同济医科大学、武汉城市建设学院与华中理工大学合并,组建华中科技大学。

5月,论文《系统集成,整体推进面向21世纪改革机械工程教学——"机械类专业人才培养方案及教学内容体系改革的研究和实践"项目工作汇报》被收录于华中理工大学出版社出版的《面向21世纪机械工程教学改革新进展》一书。

6月25日,在《无损检测》上发表论文《磁性无损检测技术中的信号处理技术》。

7月23日,参加在昆明举行的《大学生文化素质教育书系》编委会会议。

7月25日,在《高等教育研究》上发表论文《面向21世纪改革机械工程教学》。

提出"绿色教育"理念,指出绿色教育是科学教育与人文教育交融而形成的一个整体。

招收博士研究生:黄树红、陈勇辉、刘志平、郜庆路、王峻峰、陈磊(教育学专业)。

2001年

4月30日,被中华人民共和国教育部聘为2001—2005年教育部高等学校机械学科教学指导委员会主任委员、机械设计制造及其自动化专业教学指导分委员会委员。9月25日参加在武汉举办的2001—2005年教育部高等学校机械学科教学指导会工作会议。

6月4日至22日,作为专家组组长,先后在北京航空航天大学、天津大学与同济大学参加教育部组织的"211工程"项目验收。

6月30日，论文《信息时代和网络条件下的制造业发展及其前景》被收录于《新世纪科技与湖北经济发展——2001首届湖北科技论坛论文集》。

9月30日，在《华中科技大学学报》上发表论文《AR模型参数的Bootstrap方差估计》。

10月22日至24日，在湖南大学参加第一届国际机械工程高等教育学术会议。

11月18日，参加南昌一中百年校庆院士亭揭幕仪式。

11月30日，在深圳大学参加教育部高等学校文化素质教育指导委员会。

12月，项目"面向21世纪机械工程教学改革"被中华人民共和国教育部评为国家级教学成果奖一等奖。

在 The International Journal of Advanced Manufacture（《国际先进制造杂志》）上发表论文 Intelligent Machine Tools in a Distributed Network Manufacturing Mode Environment（《分布式网络制造模式环境中的智能机床》）。

招收博士研究生：王伏林、郝远（教育学专业）、姚忆江（教育学专业）。

2002年

1月25日，在《高等教育研究》上发表论文《现代高等教育：绿色·科学·人文》。

5月14日至16日，在重庆参加"中南·重庆片高等学校文化素质教育理论研讨暨经验交流会"，并做发言。

5月，被西北大学与西北工业大学联合聘为国家大学生文化素质教育基地顾问。

6月1日，参加中国科学院院士大会，并宣读了题为《科学人文 和而不同》的论文。

6月10日，参加同文中学135周年庆典会。

6月25日，在《清华大学教育研究》上发表论文《科学人文 和而不同》。

9月7日，参加华中科技大学第二期中华诗词创作班开学典礼。

11月2日，在中山市一中做题为《踏平坎坷，立志成才》的报告。

11月8日至14日，在北京参加中国共产党第十六次全国代表大会。

招收博士研究生：蔡洪涛、何锐波。

2003年

4月13日至14日，参加在华中科技大学举办的全国文化素质教育工作暨基地建设研讨会，并在开幕式上发表讲话。

10月16日，出席湖北省"高科技时代与文学艺术"高层研讨座谈会，并做发言。

10月，论文 Forced Regenerative Chatter and Its Control Strategies in Machine Tools（《机床加工中的强制再生切削及其控制策略》）被中国机械工程学会与《机械工程学报》编辑部评为《机械工程学报》创刊50周年优秀论文。

11月20日，在《机械工程学报》上发表论文《先进制造技术及其发展趋势》。

附录 杨叔子年表

11月，论文《先进制造技术及其发展趋势》被武汉市科学技术协会在振兴武汉制造业学术研讨会上评为优秀论文一等奖。

12月2日，被中华人民共和国国家质量监督检验检疫总局聘为国家质量监督检验检疫总局特种设备安全技术委员会委员。

12月20日至21日，参加在暨南大学召开的全国高等学校教学研究会第四次常务理事会暨学术研讨会。

在 Journal of Quality in Maintenance Engineering（《维修工程质量杂志》）上发表论文 Feature Extraction and Classification of Gear Faults Using Principal Component Analysis（《基于主成分分析的齿轮故障特征提取与分类》）。

教育部首次设立哲学社会科学重大课题攻关项目，面向全社会公开招标。其与欧阳康、刘献君等人申报的"培育和弘扬民族精神研究"课题在激烈的竞争中中标。

招收博士研究生：易朋兴、黄弢、谢守勇。

2004年

1月15日，被中国航天第三研究院聘为中国航天第三研究院特聘专家。

2月20日，被中华人民共和国教育部聘为第二届教育部高等学校文化素质教育指导委员会主任委员。

2月25日，与欧阳康、刘献君等华中科技大学"培育和弘扬民族精神研究"课题组成员在《华中科技大学学报（社会科学版）》发表论文《当代中华民族精神的反思与建构——"培育和弘扬民族精神"研究构架》。

3月15日，在《机械工程学报》上发表论文《制造系统分布式柔性可重组状态监测与诊断技术研究》。

3月，被中国航空工业第一集团公司科技发展部聘为超精密加工技术国防科技重点实验室第二届学术委员会主任。

9月，参加在南昌大学举行的第一届全国大学生机械创新设计大赛。

10月，项目"机械类专业创新人才培养教学改革综合实践的研究"被华中科技大学授予该校2004年教学成果特等奖。

11月1日，参加在华中科技大学举行的第六届中国智能机器人学术研讨会，并发表讲话。

11月15日，出席华中科技大学第1000期人文讲座，并做题为《民族精神：中华民族文化哲理的凝现》的报告。

招收博士研究生：杨明金、王林鸿。

2005年

3月23日，向来华中科技大学做讲座的李岚清赠送大学生人文素质教育丛书。

6月2日至3日，在香港中文大学参加"人文的科学，科学的人文"通识教育主题研讨会，并做题为《文化：知识·思维·方法·精神》的报告。

6月15日，在《机械工程学报》上发表论文《基于Markov模型的分布式监测系统可靠性研究》。

8月12日，出席全国先进制造技术高级论坛暨制造业自动化、信息化技术研讨会，并做题为《再论先进制造技术及其发展》的报告。

8月29日，参加在南阳举行的"科学与中国"前沿报告会，并做题为《先进制造技术及其发展趋势》的报告。

8月，参加在南阳举行的中国科学院技术科学论坛第十七次学术报告会，向会议提交论文《文化：知识、思维、方法与精神的集》，并被收录于《技术科学论坛第十七次学术报告会议论文集（主题：科学、技术、人文）》。

9月，项目"机械类专业创新人才培养教学改革综合实践的研究"被中华人民共和国教育部评为国家级教学成果奖一等奖。10月，该项目被湖北省人民政府评为湖北省高等学校教学成果奖特等奖。

10月23日，参加在清华大学举行的纪念文化素质教育开展十周年暨高等学校第四次文化素质教育工作会议，并致开幕词。

10月，出席在华中科技大学举行的"后现代视野中的科学与人文精神"国际研讨会并做发言；论文《民族精神：中华民族文化哲理的凝现》被收录于《春雨化育 华中科技大学文化素质教育十年》。

12月4日，被九江市人民政府聘为九江学院名誉院长；5日，参加九江学院杨叔子院士雕像揭幕仪式。

参加上海科学与艺术论坛，并做题为《科技发展的世纪回眸、当前趋势与若干人文思考》的报告。

2006 年

1月15日，在《机械工程学报》上发表论文《再论先进制造技术及其发展趋势》。

1月24日，被武汉市人民政府聘为武汉市人民政府参事。

3月30日，在《高等教育研究》上发表论文《继承历史财富 不断丰富发展——由庆贺朱九思同志九十华诞而作》。

3月，参加2006年湖北省政府咨询委员会工作报告会。

4月1日，被中国高等教育学会聘为学会顾问。

5月，受邀担任中国机械工程学会特邀理事，受邀担任香港中文大学《大学通识报》顾问。

6月19日至20日，参加天津大学"211工程"验收。

7月30日，在《中国大学教学》上发表论文《面向工程，打好基础，全面发展》。

10月24日至12月4日，担任本科教学水平评估专家组组长，先后参加郑州大学、汕头大学、哈尔滨工业大学三所高校的本科教学工作水平评估。

11月3日至6日，出席在复旦大学召开的第五届全国信息与电子学科研究生学术研讨会，并做题为《德才兼备 自强不息 志在创新》的专题报告。

12月，论文《总结过去，分析现在，谋划未来，将文化素质教育推向新的阶段》被收录于《十年探索 十年发展——纪念文化素质教育开展十周年》。

2007年

2月7日，出席在北京举行的全国校园文化活动研讨会，并做题为《校园文化与时代精神》的报告。

3月10日，被澳门科技大学聘为该校荣誉教授。4月23日，在该校举办讲座。

3月14日，与复旦大学前校长、英国诺丁汉大学校长杨福家院士等在华中科技大学人文讲座深切交流大学的使命以及大学生的职责。

3月28日，在《高等工程教育研究》上发表论文《机械创新设计大赛很重要》。

3月30日，在《南京邮电大学学报（社会科学版）》上发表论文《"人是为别人而生存的"——写在"相对论"诞生100周年之际》。

3月，论文《走出"半个人"的时代》被《现代教师人文与师德读本（上）》收录。

4月18日，被湖北省人民政府评为湖北省科普先进工作者。

5月13日，出席在东华大学举办的首届上海研究生机械工程学科学术论坛开幕式，并做发言。

5月20日至12月14日，担任本科教学水平评估专家组组长，先后参加深圳大学、天津大学、清华大学、华南理工大学、西安交通大学、电子科技大学六所高校的本科教学工作水平评估。

6月15日，代表华中科技大学接见和陪同李嘉诚，参加李嘉诚来校访问座谈会并发表讲话。

6月，著作《时间序列分析的工程应用（上、下）》（第2版）由华中科技大学出版社出版。

7月，在 Frontiers of Mechanical Engineering in China（《中国机械工程前沿》）上发表论文 Cutting Force Model for a Small-diameter Helical Milling Cutter（《小直径螺旋铣削切削力模型》）。

9月9日，在武汉理工大学参加2007中国科协年会工业设计分会场开幕式暨工业设计与创意产业高峰论坛，并做题为《科学求真·人文为善·艺术致美·工业设计务和谐》的演讲。

11月15日，在《中国机械工程》发表的论文《网络化制造与企业集成》获得首届"中国百篇最具影响优秀国内学术论文"奖。

11月18日,参加同文中学140周年校庆。

招收博士研究生:吴庆华。

2008年

4月1日与5月1日,先后在《装备制造》上发表论文《制造、先进制造技术的发展及其趋势(上)》《制造、先进制造技术的发展及其趋势(下)》。

4月至6月,担任教育部本科教学工作水平评估专家组组长,先后参加东南大学、国防科技大学本科教学工作水平评估。

5月17日至19日,参加在汕头大学举行的中国CDIO工程教育模式研讨会,并做题为《CDIO——工程文化教育》的报告。

5月31日,在《高等教育研究》上发表论文《大学的生命:日新之德——为温家宝总理在同济大学百年校庆时的讲话发表一周年而作》。

7月15日,在《机械工程学报》上发表论文《以人为本——树立制造业发展的新观念》。

11月16日至18日,参加江苏大学主办的"高等教育改革发展30年"高层论坛暨《高校教育管理》第一次编委会会议,并做题为《踏平坎坷,成人成才》与《走向"制造-服务"一体化的和谐制造》的报告。

11月,被陈嘉庚科学家基金会聘为陈嘉庚技术科学奖第三届评委委员会委员。

12月1日,在九江学院做《实施素质教育,造就创新人才》的报告。

12月2日，出席"同文讲坛"开坛首讲，做题为《踏平坎坷，成人成才》的励志报告。

12月6日至7日，回黎川看望家乡人民，并做了报告。

12月，访问母校湖口中学。

12月，被中国教育电视台网站、腾讯网、中国教育新闻网、中国青年网联合授予改革开放30年"中国教育风云人物"荣誉证书。

2009 年

1月，被中国机械工程学会聘为《机械工程学报》第九届编委会委员。

8月，著作《杨叔子槛外诗文选》由华中科技大学出版社出版。

8月至9月，与刘献君、欧阳康主编的《民族精神研究丛书》系列论著由人民出版社相继出版，该丛书由《民族信念与文化特征——民族精神的理论研究》《现实挑战与路径选择——民族精神的对策研究》《社会理想与精神追求——民族精神的实证研究》《文化反思与价值建构——全球化与民族精神》《思想碰撞与方法借鉴——民族精神的比较研究》等五本书构成。

9月28日，在《高等工程教育研究》上发表论文《再论机械创新设计大赛很重要——纪念中共中央、国务院＜关于深化教育改革全面推进素质教育的决定＞颁布十周年》。

9月，项目"机械专业高素质人才培养体系的建设与实践"被中华人民共和国教育部评为国家级教学成果奖二等奖。

9月，著作《弘扬与培育民族精神研究》由经济科学出版社出版。

11月15日，参加九江学院"叔子爱莲奖学金"颁发仪式暨杨叔子院士万人报告会。

11月22日至23日，在南京出席由教育部素质教育指导委员会主办、东南大学和高等教育出版社共同承办的"文化素质教育课程建设与教学改革"专题研讨会，做题为《认清新形势，加强文化素质教育及其课程建设》的报告。

11月，项目"机械专业高素质人才培养体系的建设与实践"被湖北省人民政府授予湖北省高等学校教学成果一等奖证书。

12月，《杨叔子文化素质教育文集》由华中科技大学出版社出版。

招收博士研究生：王二化、高阳、张嘉琪。

2010年

3月，为《峥嵘岁月 追忆敬爱的黄树槐教授》作序。

4月21日，做客北京交通大学"院士校园行"名师讲坛，为研究生做《踏平坎坷，成人成才》的专题报告。

4月，被中华人民共和国教育部聘为第三届教育部高等学校文化素质教育指导委员会主任委员。

5月23日，出席瑜珈诗社成立20周年庆典暨国学院中华诗词研究中心成立大会，并发表讲话。

7月16日，为《中国大学"科学精神与实践"启示录》作序（该书还未正式出版）。

11月13日，参加华中科技大学香港校友会30周年活动。

11月27日，出席在中国人民大学举行的高等学校文化素质教育开展十五周年纪念大会并致辞。

11月，著作《杨叔子教育雏论选（上、下）》由华中科技大学出版社出版。

在 IEEE Transactions on Robotics（《电气与电子工程师协会交易机器人学杂志》）上发表论文 Kinematic-Parameter Identification for Serial-Robot Calibration Based on POE Formula（《基于POE公式的串联机器人标定运动学参数辨识》）。

招收博士研究生：杨璠。

2011 年

1月20日，为《只凭天地鉴孤忠：杨赓笙诗作及生平大事集》作序。

2月20日，在《机械制造与自动化》上发表论文《高端制造装备关键技术的科学问题》。

4月，为甘筱青著作《〈论语〉的公理化诠释》作序。

6月2日，陪同胡锦涛视察武汉光电国家实验室（筹）。

10月18日，在同文中学"同文讲坛"做励志成才专题报告。

11月，在湖口中学捐资设立"杨叔子·卫华奖助学基金"，出席首届湖口中学"杨叔子·卫华助学基金"颁奖仪式，并做题为《懂得感恩 坚持勤奋》的报告。

12月9日，出席深圳大学杨叔子院士奖学金颁奖仪式暨学术报告会，并做《踏平坎坷，成人成才》主题演讲。

招收博士研究生：熊晶。

2012 年

4月13日至14日，出席高等学校文化育人研讨会暨第五次文化素质教育工作会议开幕式并致辞。

4月20日，在无锡参加中国科学院航空发动机与燃气轮机先进制造技术战略研究研讨会。

4月24日，在《光明日报》上发表论文《"读好书"与"做好人"》。

4月28日，出席在湖北工业大学举办的"长机科技杯"2012年湖北省大学生机械创新设计大赛暨第五届全国大学生机械创新设计大赛湖北分区预赛开幕式，并发表讲话。

5月18日，参加九江学院"千年文脉、百年办学、十年升本"院庆。

5月，在《学位与研究生教育》上发表论文《文化的全面教育 人才的拔尖创新》。

7月7日至8日，在北京参加2012年国际大学生物联网创新创业大赛全球总决赛，并做题为《人生在勤，贵在立志》的讲座。

8月15日至16日，参加在北京举办的以"科学与艺术——数字时代的科学与文化传播"为主题的2012年科学与艺术研讨会，并做题为《热烈的祝贺衷心的祈愿——致"2012年科学与艺术研讨会"》的开场报告。

9月，著作《瑜园诗选（五）——献给华中科技大学六十周年校庆》《杨叔子科技论文选（上、下）》《杨叔子散文序函类文选（上、下）》由华中科技大学出版社出版。

10月12日，出席九江学院机械与材料工程学院柔性引进高端人才签字仪式。

10月13日，出席在白鹿洞书院举行的2012年中华经典重读与文化传承创新学术研讨会开幕式。

10月15日，参加华中科技大学暨机械科学与工程学院60周年庆典活动。

12月，被中国共产党九江市委宣传部、九江市精神文明建设指导委员会办公室评为 2011—2012 年度"感动九江十大人物"。

招收博士研究生：张贻春、张康。

2013 年

6 月 7 日，出席在江西省九江市举行的纪念"湖口起义"100 周年座谈会。

7 月，《杨叔子科技论文选》荣获中南地区大学出版社 2011—2012 年度优秀学术著作一等奖。

9 月 8 日，在武汉与学生和家人共庆 80 周岁诞辰。

11 月 28 日，出席九江学院院士工作站杨叔子院士入站协议签字仪式暨深化校企合作推进卓越计划研讨会。

11 月，《机械加工工艺师手册》（第 2 版）由机械工业出版社出版。

12 月 25 日，在深圳大学做《寻美古典诗词，践行中华文化》的演讲。

2014 年

2 月 12 日，申请专利"一种带尺寸定位孔的具有显示装置的算盘"。

2 月，主编的《中国著名大学校长毕业训词》由华中科技大学出版社出版。该书收录了 50 余篇中国近现代最有影响力大学校长的毕业训词，聚焦大学生应如何应对"就业即失业""铁饭碗""走后门"等毕业后遇到的现实问题，通过引经据典，对时事进行深刻的点评，至今仍具有重要现实意义。

4 月 25 日，出席在浙江经济职业技术学院举办的中华诗词文化学院揭牌暨首届诗词骨干培训班开班仪式。

5月12日至13日，出席在华中科技大学召开的第六次全国高等学校文化素质教育工作研讨会，并在开幕式上致辞。

5月26日，在湖北汽车工业学院"明德论坛"上做《踏平坎坷，成人成才》主题报告。

6月9日至11日，在北京参加中国科学院院士大会。6月11日突发脑卒中，住进北京解放军306医院。6月20日转院至武汉协和医院接受治疗，7月20日出院。

2015年

2月15日，为挚友涂序彦的著作《潇洒集：诗六百首》作序。

撰写《往事钩沉》一书。

2016年

8月22日，被湖北省老教授协会聘为老教授事业贡献奖名誉会长。

接受"老科学家学术成长资料采集工程"采集小组的采访。

2017年

3月，与康宜华、陈厚桂等合撰的著作《钢丝绳电磁无损检测》由机械工业出版社出版。该书以作者所在的研究团队近30年的研究与应用成果为基础，主要论述钢丝绳电磁检测原理与方法，首次系统介绍了缠绕式提升钢丝绳、摩擦式提升钢丝绳、电梯钢丝绳、索道钢丝绳等的在线检测方法与系统。该书被收入"'十二五'国家重点图书出版规划项目现代电磁无损检测学术丛书"。

4月，《杨叔子槛外诗选》由高等教育出版社出版。

5月，与赵英俊教授在武汉协和医院名家讲坛做报告。

2018 年

1月19日，杨叔子院士当代诗教理论研讨会在浙江经济职业技术学院召开。

5月，自传《往事钩沉》由华中科技大学出版社出版。

2019 年

6月，出席2018—2022年教育部高等学校文化素质教育指导委员会成立大会。

9月，入选《教育奠基未来——新中国教育70年70位教育人物》。

2020 年

6月，获"庆祝中华人民共和国成立70周年"纪念章。

10月，出席华中科技大学教育科学研究院40周年庆典暨教育科学交叉创新发展论坛。

2021 年

6月，学校党委颁发"光荣在党50年"纪念章。

9月，被国家教材委员会授予"全国教材建设先进个人"称号。

2022 年

1月，合著《诗教文化新论》由华中科技大学出版社出版。

5月，《诗教文化新论》首发暨学术研讨会在杭州举行。

11月4日，在武汉逝世。

后 记

杨叔子院士是一位备受尊敬和爱戴的科学家、教育家，他以纯粹而高尚的人格魅力，团结带领一批志同道合的各界才俊，将全部的时间和精力都奉献给了挚爱的教育事业，为我国的科学和教育发展做出了重要贡献。他的一言一行时常体现出一种精神和力量，那是发自内心的真情流露，每一位与他接触的同志都深有感触，是公认的具有浓厚家国情怀的"大先生"。杨院士的不幸离世，在社会各界引起很大反响，有感于杨院士的人品、学识和贡献，众多媒体、学术机构和个人从不同角度写了大量的纪念文章，对杨院士奋斗的一生和取得的突出贡献进行了回忆和总结，特别是他身上表现出的科技报国和创新教育的信念引起了社会的广泛共鸣。作为跟随杨院士从事文化素质教育工作的一批后学，我们觉得这些文章不仅真实地再现了杨院士辉煌的一生，对当下的青年学生和广大教育工作者具有重要的教育意义，而且文中很多教育理念和实践对今天的中国高等教育事业也有很大的启发和借鉴意义，是一笔重要的财富资料，将这些文章汇集整理为一本文集，也是对杨院士最好的怀念。

随着收集的资料越来越多，三个非常现实的问题呈现在眼前：一是众多的资料如何进行分类编排，二是每个板块的文章如何选取，三是作者文中的大量图片如何选用。编辑小组的同志们认真阅读收集的资料，精心思考，多次讨论后最终形成了目前的板块分类目录。文章的选取也是一个非常艰难的过程，每篇文章都是一份情感的表达，每篇文章都有其内在价值，但由于文集篇幅所限，难以一一录选。经过征求多方意见，我们拟定了选取原则：文章有真情实感，记录的事实内容真实可信；作者与杨院士在学习、工作、生活中有较多接触，所写文章客观表达了自己对杨院士的认识和评价；作者曾经就某一方面的工作对杨院士做过相关的访谈采写或研究工作；媒体文章的遴选兼顾多方又体现了一定的代表性。对于图片的选用，主要基于两个考虑：每篇文章选取的图片一般不超过三张，优先选取与学习、工作相关的图片；选取的图片与作者本人有关联。对于大家认同度比较高的图片，将以插页的形式在本书的开头体现。

在文集资料的收集整理过程中，徐辉碧老师给予了高度的关心，对文章的收集、板块的设立、选文的标准、图片的甄选等都进行了大量的指导和帮扶。徐老师年逾九旬，在悲伤之余抽出时间来听取意见，提出个人建议，特别是关于文中对杨院士事迹的描述和成就的赞誉之词，徐老师反复叮嘱我们一定要尊重事实，不能夸大，在肯定杨院士取得成绩的同时，不能忽视其团队和同事的贡献。徐老师卓越的品性和高风亮节，让我们深受感动。机械学院史铁林教授科研和教学任务繁重，依然抽出大量时间认真完成编委会分配的相关工作，特别是就一些编撰中的重大问题与主编进行了汇报沟通，为文集的按期完成付出了大量精力。华中科技大学出版社付蓉书记、阮海洪董事长对本文集的出版给予大力关心支持，提供了诸多方便，文科分社的周晓方社长和杨玲老师亲身参与了全过程，为文集出版付出了辛勤劳动，在此一并表示感谢！同时，我们也要衷心感谢撰写文章的各位作者，让我们对杨院士的认识更加充分，对其精神理解更加深刻。

资料的收集和整理过程，是不断被感动和受教育的过程。有时候我们会情不自禁地停下来问自己：如果只用一个词来描绘杨院士的一生，我们该用什么词？高尚、纯粹、奋斗等等，杨院士身上生动体现了这些令人敬佩的品格，但我们认为或许爱国才是其最内在的特质，也是其一生奋斗不止的原动力。

杨院士的爱国之情是深入骨髓、贯穿一生的。不仅体现在从小父亲的

后记

言传身教和"永远不做亡国奴"的铮铮誓言之中，还体现在"出国就是为了回国"的坚定信念里，更体现在对中国传统文化的热爱和敬畏上。作为教育家，杨院士最受人推崇的一件事就是大力倡导文化素质教育，并为之奋斗奔走几十年，深深影响了中国高等教育的人才培养观念。为什么一个机械工程领域的著名科学家会几十年如一日地推进这项"副业"？本质上也是源于他对祖国的深沉热爱。杨院士曾专门谈到文化素质教育的三个作用：让学生成人，成中国人，成先进中国人。他不止一次地表达文化素质教育的首要和核心问题就是解决学生的爱国问题，不仅要让学生学会abc、xyz，更要让他们真正懂得长江、黄河。因为他始终认为人文文化是一个民族的身份证，丢掉了身份证，时间长了，我们或许就不知道自己是谁了。

杨院士生病以后，我们文化素质教育基地的几位同事每年都会去他家里看望几次，并汇报文化素质教育的工作情况。知道基地的同志们要来，杨院士很开心，总是在家门口迎接我们。他的书桌上永远放着三本书：《唐诗宋词》《古文观止》和《毛泽东诗词》，视力因病受损以后，依然拿着放大镜坚持每天阅读。每次听他老人家讲述时代与人生，感受他对教育事业尤其是文化素质教育工作的热忱，我们都获益匪浅。谈完之后，杨院士总是亲自将我们送到楼道口，看着我们离去才进屋。即使后来坐上了轮椅，也一直保持着这一习惯。而每一次的交流总是以杨院士同样的一席话结束：谢谢你们几位对文化素质教育的贡献，希望你们能坚持下去。望着杨院士殷切嘱托的眼神，我们总会想起艾青的那句诗："为什么我的眼里常含泪水？因为我对这片土地爱得深沉。"

永远的楷模，无限的思念。谨以此书，缅怀杨叔子院士！

余东升　刘金仿　索元元
2023 年 8 月于东五楼

二维码资源使用说明

本书配套数字资源以二维码链接的形式呈现。利用手机微信扫码，按照提示操作，即可查看二维码数字资源。手机第一次登录查看资源成功以后，再次使用二维码资源时，只需在微信端扫码即可登录进入查看。

 杨叔子院士影像资料

- ▷ 踏平坎坷　成人成才（2010 年 4 月 8 日）
- ▷ 民族精神：中华民族文化哲理的凝现（2010 年 8 月 7 日）
- ▷ 再读《论语》（2010 年 11 月 7 日）
- ▷ 《杨叔子教育雏论选》出版座谈会（2011 年 1 月 22 日）
- ▷ 重读《论语》（2013 年 3 月 23 日）
- ▷ 寻美古典诗词　践行中华文化（2014 年 5 月 17 日）
- ▷ 长江讲坛：我第三个故乡（2016 年 2 月 20 日）